Kurt Diemberger

K2

TRAUM UND SCHICKSAL

Kurt Diemberger

K2

Traum und Schicksal

BRUCKMANN

Umschlag Vorderseite: Julie erreicht die »Schulter«. Über der von Stürmen zerfurchten Schneefläche, schräg unterhalb des Hängegletschers, der »Flaschenhals« und die ausgesetzte, von Eisfall bedrohte Linkstraversierung.
(Foto: © Kurt Diemberger)

Umschlag, Rückseite: Annäherung an den Traumberg.
(Foto: © Kurt Diemberger)

Gedruckt auf chlorfrei gebleichtem Papier

Die Deutsche Bibliothek –
CIP-Einheitsaufnahme

Ein Titeldatensatz für diese Publikation ist bei
Der Deutschen Bibliothek erhältlich

5., aktualisierte Auflage 2001

Printed in Germany by OAN Leipzig
ISBN 3-7654-3755-7

Inhalt

Dank

Dass ein Buch gut wird, hängt nicht allein vom Autor ab; ich möchte vielen danken: vor allem Susi Kermauner, in deren zweihundert Jahre altem Haus in Salzburg einst ein Mönch lebte... sein Geist, vielleicht, gemeinsam mit der Hausherrin, haben mich über den schwierigen Anfang hinweggebracht; dort habe ich vor eineinhalb Jahren zu schreiben begonnen – dann wurde daraus das halbe Buch. Zu Hause, auf den Hügeln von Bologna, habe ich es dann fertig gestellt. – Dank sei Teresa gesagt, meiner verständnisvollen, geduldigen Gattin; und Hildegard, meiner Tochter, für ihre Mitwirkung als Ethnologin – wie Christian, der tibetischen Nonne Anila und Tona. Aus ihrer bergmedizinischen Erfahrung haben die Ärzte Franz Berghold und Urs Wiget beigetragen, und der noch immer unverwüstliche »Karakorumprofessor« Ardito Desio hat mir wertvolle historische Hinweise gegeben – möge er hundert Jahre alt werden! Auch Xavier Eguskitza, Mari Abrego und der Zeitschrift »Pyrenaica« verdanke ich historisches Material, und Peter Gillman bedeutsame Zitate aus seiner Arbeit für »Clouds from both Sides«, Julies Buch. Clemens Sievert hat mir wichtige Tonbänder aus Innsbruck über die schrecklichen Tage im Sturm am K2 zur Verfügung gestellt – und die Vorsehung ließ mich sogar einem koreanischen Geistlichen begegnen, Choi Chang Deok, hilfreich wie alle seine Landsleute, der den Schleier des Geheimnisses von für mich unlesbaren Seiten eines Expeditionsbuchs nahm – es war von unschätzbarem Wert für die Wahrheit über eine Tragödie!

Meine Bergfreunde Erich Meusburger, Helmut Wihan und Leo Mazzakarini gaben mir nützliche Ratschläge, und K2-Veteran Dee Molenaar stellte meiner Tochter Karen seine Vorlagen für ihre Skizzen zur Verfügung. Dank sei für ihre Übersichtskarten auch Gregorio Paton und Eduard Sternbach gesagt.

Nicht zuletzt – wie hätte ich schreiben könne, hätten nicht Prof. Gerhard Flora und Frau Prof. Hildegunde Piza meine Finger »gerichtet«, hätten mich nicht gute Menschen auch sonst nach und nach »über den Berg« gebracht; wenn ich in diesen Zeilen nicht alle genannt habe, so sei ihnen dennoch Dank gesagt. Heute kann ich auch wieder filmen!

Dass ich es nicht vergesse: Sohn Ceci hat mich in den Computer eingeweiht!

Er sagt: »Na, endlich, Papa...«

Eine große Seilschaft, sie alle.

Kurt Diemberger

Vorwort

Der K2... fast zwei Jahrzehnte sind vergangen, seit der »Berg der Berge« zum erstenmal vor uns erschien – vor Julies und meinen Augen –, siebzehn Jahre sind es, seitdem das begann, was ich später als den »unendlichen Knoten« bezeichnete: ein magisches Band, das uns beide umschlungen hielt, uns an diesen Berg knüpfte, um uns nie mehr loszulassen.
Auch heute noch, wenn ich den K2 sehe, ist dieses Gefühl da, jene unerklärliche Spannung, die von uns Besitz ergriff, die uns durchdrang und aneinander schmiedete, verzaubert von dem großen, faszinierenden Kristall, der himmelwärts strebte, weiter und weiter empor, bis er ihn zu erreichen schien – ja, vielleicht berührte er den Himmel wirklich?...

Unser Traumberg. Auf seiner Spitze zu stehen und nach dem Blau des Himmels zu tasten...

Ein unmöglicher Traum.

Der K2 wird oft als »der wilde Berg« bezeichnet – nicht umsonst: Wer ihn besteigen will, gerät fast immer in einen fürchterlichen Sturm und muss aufgeben oder fällt ihm zum Opfer.

Dieser Gipfel ließ uns nicht mehr los. Als wir zum drittenmal zu ihm unterwegs waren, kleidete Julie beim Anmarsch unser Gefühl in Worte: »... K2!... K2!... ging es wie ein Echo bei jedem Schritt durch meine Gedanken. K2!... K2!... Was für ein dummer Name für den zweithöchsten Berg der Welt. Mit Gedanken an Familie und Heim, die eine halbe Welt entfernt sind, habe ich ihn aus meinem Kopf verbannt, aber wie ein sich immer wiederholender Weggesang ist er neuerlich aufgetaucht, um mich zu verzaubern, genauso, wie er es für mehrere Jahre bereits getan hat... Viele Leute würden behaupten, dass ich wirklich verrückt sei, einen Berg zu lieben, aber der K2 ist kein gewöhnlicher Berg... Als wir am Konkordiaplatz, dem Treffpunkt riesiger Eisströme, den K2 vor uns auftauchen sahen, waren wir beide sehr glücklich. Wir waren zu Hause.«

Es fällt mir schwer, zu erklären, warum für mich der Chogori – in der Sprache der Einheimischen bedeutet dies »der große Berg«, ehe auch für sie das Symbol der englischen Kartographen als »Kei-tu« zum allgemein üblichen Namen wurde – schon immer eine besondere Bedeutung hatte. Aber bereits 1970, als ich das Schlusskapitel meines ersten Buches »Gipfel und Gefährten« schrieb, konnte ich nicht umhin, einen Wunsch auszudrücken: »Gib mir das rechte Maß für das, was ich tue...« Ich weiß nicht, warum – vielleicht war es Intuition – aber seltsamerweise schrieb ich diese Worte ins Weiß des Schneefelds einer großen Fotografie an der Wand meines Heims in Salzburg. Über dem Schneefeld ragte der K2. Hoch wie der Himmel. Wo ist das Maß?

War es das, was Julie und ich finden wollten?

Bis zu einem gewissen Grad ist der Aufstieg am K2 ein Glücksspiel. Julie und ich hatten 1986 alles sorgfältigst geplant, wir waren gut akklimatisiert, hatten auch in großer Höhe kein Kopfweh – aber es war einfach das »falsche« Jahr! Aus Gründen, die außerhalb unserer Macht lagen und die ich in diesem Buch zu analysieren versuche, kam es zur größten Tragödie am K2... Aber selbst Jahre des Nachdenkens über die komplizierte Kettenreaktion, die mit einer Lawine begann und die schließlich zur Katastrophe führte, konnten nicht alle Umstände entwirren. Das Schicksal hat seinen Teil daran.

Der Fluch des »Schwarzen Sommers« war aber noch nicht zu Ende: Viele, die ihn überlebt hatten, starben bald darauf in den Bergen/im Gebirge... Jerzy Kukuczka, Wanda Rutkiewicz, Gianni Calcagno und Tullio Vidoni, Michel Parmentier... als würde der unheimliche Bann weiterwirken. In keinem Fall ist es jedoch sinnvoll, diese Ereignisse mit der von Jon Krakauer und Anatoli Bukreev beschriebenen Everest-Tragödie zu vergleichen. Am K2 gab es keine Opfer aus Mangel an Erfahrung oder aus Gründen der Kompetition – auch wenn sicherlich Fehler begangen wurden.

Dieser Berg ist einer der gefährlichsten der Welt. Bis heute haben 175 Bergsteiger/Alpinisten den Gipfel erreicht, und von ihnen haben 49 die Erfüllung des Traums mit dem Leben bezahlt. Am Everest hingegen zählt man weit über tausend Besteigungen – bei über 150 Opfern. Wie sehr das Risiko beim Aufstieg zu den beiden Gipfeln verschieden ist, das erhellt eine Statistik, die Xavier Eguskitza und Raimond B. Hue für den Zeitraum zwischen 1978 und 1999 am Everest und zwischen 1978 und 1997 am K2 erstellten (letzterer wurde 1998 und 1999 nicht bestiegen). »In diesem Zeitraum gab es am Everest pro 29 Alpinisten, die den Gipfel erreichten, einen Toten beim Abstieg (3,4 %). Am K2 starb pro sieben einer beim Abstieg (13,4 %). Leider ist der schlimme Ruf des K2 keine Erfindung.« Diese Zahlen sprechen wohl eine klare Sprache über das Risiko, das jeder eingeht, der seinen Traum verwirklichen will.

In den Seiten dieses Buches kann der Leser Schritt für Schritt der Entwicklung der fatalen Kettenreaktion folgen, die zu einer tödlichen Falle für sieben Menschen in 8000 Meter Höhe auf der Schulter des K2 führte – nur zwei von ihnen überlebten. Vielleicht kann diese Analyse dazu beitragen, dass es in einem ähnlichen Fall nicht zur Wiederholung kommt.

Der Berg will nicht den Tod derer, die da gekommen sind, um ihn zu besteigen. Der Alpinist, der sich mit ihm einlässt, bestimmt selbst zum Großteil sein Geschick, während er seinem Ziel zustrebt – in einem gefährlichen »Spiel« zwischen Risiko, Erfahrung und Schicksal.

Bologna, im Herbst 2001 — Kurt Diemberger

Der Anfang

»K2 from both sides« sollte Julies und mein Buch heißen – wir wollten es gemeinsam schreiben. Nun bin ich allein und noch voll Scheu, zu beginnen...

Fang an, Kurt!

Schreibprobe: Diese Maschine schreibt nicht schlecht, das Farbband ist neu und die Einstellung ist gut, es müssen bloß die Bauarbeiter mit dem verdammten Lärm aufhören, die Wiese nebenan ist endlich auch gemäht, der elende Rasenmäher verstummt – oder hat der Nachbar nur vorübergehend die Lust verloren? Vielleicht kann man die Ablenkungen durch etwas Whisky ausgleichen. Ich muss mit dem Daumen schreiben, denn die Finger der rechten Hand schmerzen sonst zu sehr. Die Finger – was davon noch da ist, nach den Erfrierungen am K2.

Vielleicht kann ich meinen »neuen« Zeigefinger soweit bringen, dass wenigstens er es schafft. Ob Susi einen Fingerling hat? Das Schreiben nur mit dem Daumen lenkt etwas ab. Ich will es mit dem Tonband versuchen und dann abtippen – das ist dann eine mechanische Tätigkeit, egal ob bequem oder unbequem. Aber für die Tonbandschreiberei muss man in totaler Klausur sein – nicht für das Schreiben, ich meine für die Aufm-

Mmnnnnnnnnnnnnnnnnnnnnnnnnnnnnnnnnnn

mmmmmmmmmm nahme – das »n« ist steckengeblieben, c'est la vie, Anfangsschwierigkeiten müssen überwunden werden, habe die Type solange hin- und hergebogen, bis sie nicht mehr steckenblieb (ich meine den Typenhebel). Also... siehe oben... ich meine für die Aufnahme. Dann kann entweder jemand im Zimmer sein, dem man das alles erzählt – das ist die eine Möglichkeit. Oder man muss ganz alleine sein, ohne jede Ablenkung... so dass man das Zentrum finden kann – »the center«, von dem Julie so oft sprach. Am besten erklärbar im Zusammenhang mit Meditation und mit den »martial arts« wie Aikido, Budo – da hat es nicht nur seelisch, sondern auch körperlich seine Bedeutung. Diese verfluchten Dacharbeiter!! Die Sägerei der Bretter wirft einen sofort aus jedem Gedanken – ich muss das heute als einen Tag geistigen Kampfes gegen unschuldige Widersacher betrachten, vielleicht stärkt auch das meine Energien, denn ich will schreiben... für Julie, für mich, für alle, die verstehen... Es erscheint sinnlos, das alles gelebt zu haben, und es geht einfach unter ohne jede Spur.

Selbst dann wäre es nicht sinnlos. Es hat Sinn gehabt, für den Augenblick, für uns beide, für die Erfüllung eines ganzen Lebens... Eine Verwirklichung in wenigen Jahren, von der ich nun erzählen will. Während dieser ganzen Zeit stand der K2 über uns, ein Berg, so abweisend und gleichzeitig so schön wie kein anderer. Als wäre er ein Symbol des Unerreichbaren.

Eine ewige Versuchung.

»Will we ever come back to K2? Of course, we will – –«
(Julie Tullis, 1984, in Urdokas am Baltorogletscher)

Für Julie
und alle, die sich den großen
Bergen nähern

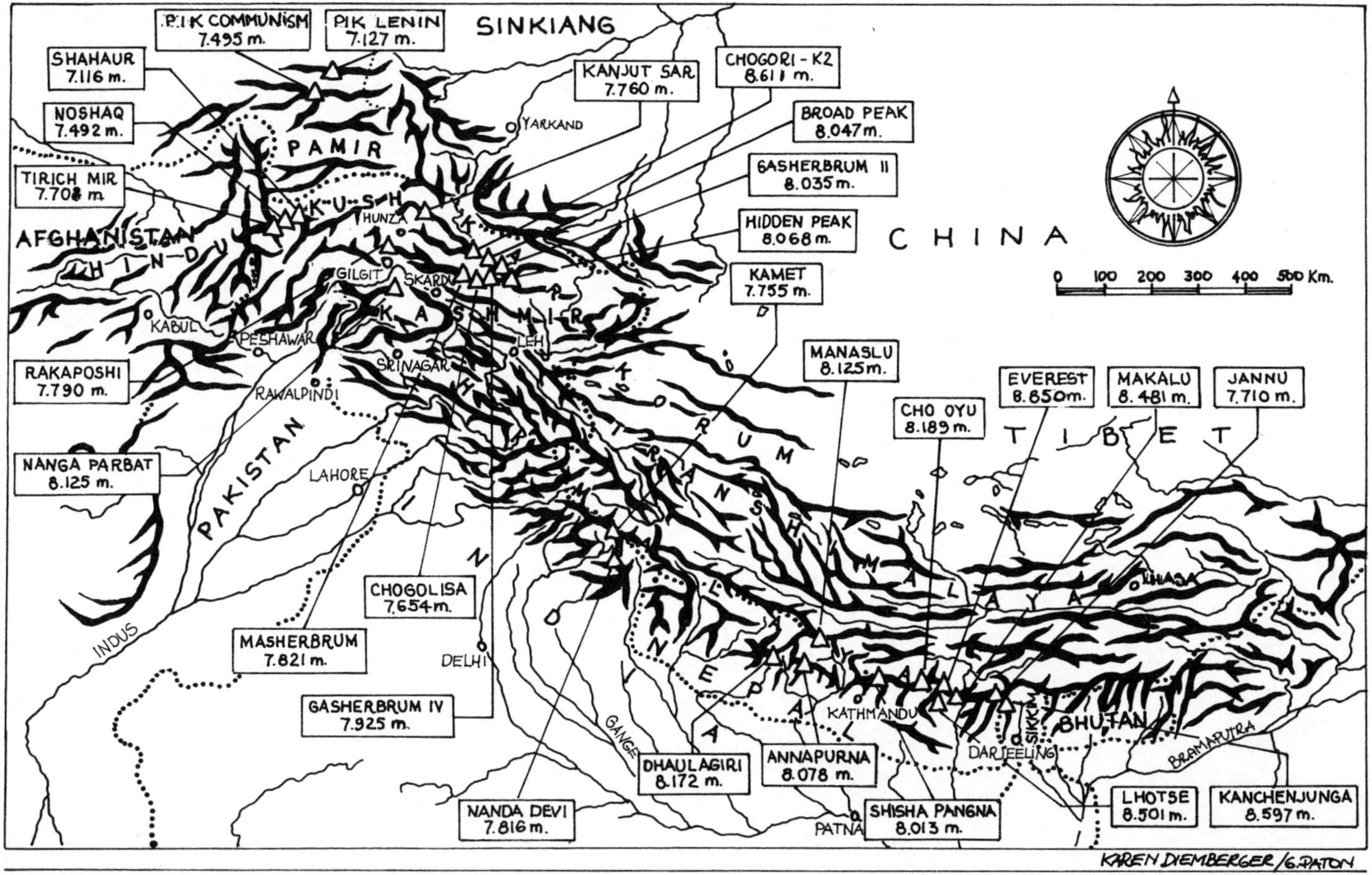

SINKIANG
P.I.K COMMUNISM 7.495 m.
PIK LENIN 7.127 m.
SHAHAUR 7.116 m.
NOSHAQ 7.492 m.
TIRICH MIR 7.708 m.
KANJUT SAR 7.760 m.
CHOGORI - K2 8.611 m.
BROAD PEAK 8.047 m.
GASHERBRUM II 8.035 m.
HIDDEN PEAK 8.068 m.
KAMET 7.755 m.
MANASLU 8.125 m.
CHO OYU 8.189 m.
EVEREST 8.850 m.
MAKALU 8.481 m.
JANNU 7.710 m.
RAKAPOSHI 7.790 m.
NANGA PARBAT 8.125 m.
CHOGOLISA 7.654 m.
MASHERBRUM 7.821 m.
GASHERBRUM IV 7.925 m.
NANDA DEVI 7.816 m.
DHAULAGIRI 8.172 m.
ANNAPURNA 8.078 m.
SHISHA PANGNA 8.013 m.
LHOTSE 8.501 m.
KANCHENJUNGA 8.597 m.
CHINA
TIBET
PAMIR
AFGHANISTAN
HINDU KUSH
KARAKORUM
KASHMIR
TRANSHIMALAYA
HIMALAYA
PAKISTAN
INDIA
NEPAL
BHUTAN
SIKKIM
YARKAND
HUNZA
GILGIT
SKARDU
KABUL
PESHAWAR
SRINAGAR
LEH
RAWALPINDI
LAHORE
DELHI
KATHMANDU
DARJEELING
LHASA
PATNA
INDUS
GANGE
BRAMAPUTRA
0 100 200 300 400 500 Km.
KAREN DIEMBERGER / G. PATON

»– – – our most desired peak« – unser K2

Ein eigenartiges durchsichtiges Grau hat alles eingehüllt – wie ein seidiger Mantel um den ganzen Gipfelaufbau. Faszinierend und bedrohlich zugleich. Spannung liegt in der Luft, erfüllt uns, die steile Schneelandschaft, Wölbungen, Eisklippen... Das Wetter wird langsam schlecht.

Trotzdem steigen wir höher: es kann nicht mehr weit sein! Wenn ein Sturm losbricht, hier in fast 8600 m Höhe, haben wir ohnehin keine Chance zu überleben. Auch wenn wir umdrehen.

Dann wollen wir vorher noch auf unserem Gipfel gestanden haben. Eine senkrechte Wandstufe im »seidigen« Licht – aus Eis. Mit dem Pickel drehe ich eine Titanschraube in die harte Fläche, es knistert und knirscht. Dann schlage ich mir ein paar Griffe und Tritte heraus – ich will mich in dieser Höhe auf kein Kunststück einlassen. Wird sich darüber ein neues Hindernis aufbauen? Werde ich in wenigen Minuten den Gipfel erblicken?

Julie sichert mich, während ich hochsteige. Wenige Meter, schon bin ich am Rand des Eisriegels, jetzt... da ist er aufgetaucht! Der Gipfel des K2! Die höchste Wölbung des Berges im zartgrauen Licht... Sanft, ja harmlos nimmt sich die Linie aus, die die fürchterlichen Abgründe dieses Berges beschließt. Eine Welle von Glück durchströmt mich!... »Come up, Julie – we are very close!« Wir sind unserem Ziel nahe.

Julie ist am Rand aufgetaucht, hebt den Kopf über die Wölbung; die Arme auf den Schnee gestützt, schaut sie hinüber, hinauf... »Be still«, sagt sie; und dann sehe ich nur ihre Augen, ihr Gesicht, den Ausdruck der Verwunderung, das Staunen; diese vertrauten dunklen Augen unter den vereisten Haarsträhnen, ruhig, wie in einem stummen Zwiegespräch empor zur Wölbung des Berges gerichtet.

Was denkt sie, was sagt sie dem höchsten Schnee?

Drei Jahre schon umwerben wir den Berg der Berge...

Jetzt wird das Unerreichbare erreichbar. Nichts mehr kann ihn uns nehmen.

Doch es ist spät! Das Wetter ist langsam am Umfallen – es scheint in seltsamer Weise nur den Atem anzuhalten, gewährt uns Augenblicke, gönnt uns eine Frist. Das magische Licht kann uns nicht täuschen – auch wenn es jetzt wieder heller aussieht.

»Julie, let's go – –.« Plötzlich bin ich unruhig. Sie blickt mich an und lächelt, wie aus einer fernen Welt zurückgekehrt... »Yes, let's go up!«

Der Traum dreier Jahre wird sich in wenigen Minuten erfüllen.

Der einsame K2: Vor 30 Jahren am Baltoro, mit Hermann Buhl

Schscht – schscht – schscht – schscht – Die Schneereifen schleifen durch im Sonnenlicht glitzerndes Pulver, über herausragende Eisrippen, Bodenwellen.

Vor mir, trotz der Mühe in dynamisch abgezirkelter Bewegung, mit kurzen Schritten – Hermann Buhl. Seine kleine, fast zierliche Gestalt, deren Energie man spürt, während sie sich vorwärts schiebt, durch das unregelmäßige Gelände des Godwin-Austen-Gletschers. Vor mir der graue, breitkrempige Filzhut über dem Rucksack, die feingliedrigen Hände, die sich bei jedem Hochheben der schmalen, über den Schnee schleifenden ovalen Holzreifen auf die Skistöcke stützen, um das Gleichgewicht zu halten – den vorausspähenden Blick aus den immer wachen Augen Hermanns, mit dem er das Gelände prüft, kann ich nur ahnen. So tasten wir uns vorwärts, an langen Reihen spitzer Eisgestalten vorbei, wie durch einen märchenhaften, im Zauber erstarrten Wald. Freie Flächen dazwischen, der Moränenrücken, verschneit...

Wir sind allein, hier im Herzen des Karakorum, umgeben von gewaltigen Gletschern, einer vielfältigen, wilden Welt aus Eis und Stein, Bergspitzen, Granittürmen, Phantasiegestalten – die tausend Meter und darüber in den Himmel aufragen, einige noch viel mehr...

Außer Hermann und mir und unseren drei Gefährten im Basislager gibt es im Mai 1957 keinen Menschen am Baltorogletscher.

Marcus Schmuck und Fritz Wintersteller aus Salzburg und unser jetzt »arbeitsloser« Verbindungsoffizier Captain Quader Saeed, der schon seit vielen Wochen von einem etwas bunteren Leben in Lahore träumt, gehören mit uns zur einzigen Expedition im Umkreis von etlichen hundert Kilometern in der ganzen Saison. Wir sind allein im Bereich des riesigen, 58 km langen Eisstroms des Baltoro, der mit seiner Bergwelt zu den schönsten und einsamsten Plätzen der Erde gehört. Unzählige Seitengletscher führen zwischen Gipfel von atemberaubender Größe und Steilheit hinein, zu Linien, deren Harmonie unerklärlichen Zauber ausstrahlt, zu Plätzen, wo niemand die Frage nach dem »Warum« stellt, weil die Antwort so klar vor ihm steht. Mein Traum, einmal im Leben im Himalaya zu sein, zu den höchsten Gipfeln der Erde aufzusteigen, ist in Erfüllung gegangen – ich bin 25 Jahre alt. Hermann Buhl hat mich mitgenommen, nachdem mir mit der Überwindung der Riesenschaumrolle an der Königsspitze die damals wildeste Eiskletterei der Alpen gelang. Ich bin überglücklich – weiß, dass ich alles in diese Chance setzen werde...

Wahrend wir unsere Spur, vom kilometerweiten Concordiaplatz des Baltoro kommend, nun in bald 5000 m Höhe über den verschneiten Seitengletscher ziehen, der seinen Namen dem Kartographen Godwin Austen verdankt, einem der ersten Erkunder um die Mitte des neunzehnten Jahrhunderts, denke ich daran, dass Adolf Schlagintweit, der erste Europäer, von dem man sicher weiß, dass er in die Nähe des Baltoro gelangte, nirgends in die Namensgebung eingegangen ist. Hingegen erhielt der uns jenseits des Concordiaplatzes gegenüberliegende, mit vielen parallel verlaufenden feinen Linien bedeckte Seitengletscher den Namen des Reisenden G. T. Vigne – auch wenn er ihn nie betreten hat –, und Martin Conway, der Leiter der ersten Expedition, die 1892 im Karakorum auch bergsteigerische Ziele verfolgte, wurde später Lord und erhielt einen rund 6000 m hohen Schneesattel »gewidmet«.

Im Vergleich zu ihnen sind wir keine »Entdecker« mehr – und sind es doch: jeder für sich. Wenn du so in menschenleeres Land zwischen riesigen Bergen vorstößt, wird dir das Herz weit, empfindest du beim Blick um die nächste Ecke gewiss nicht anders als die ersten, die hier waren. Denn noch herrscht die Stille zwischen den Gipfeln, reicht die Spannung wie ein Gewölbe von Berg zu Berg, scheinen dir manche Tage ein Geschenk des Himmels! So wie dieser heute...

Über uns ragt der Broad Peak – auf den noch kein Mensch seinen Fuß gesetzt hat. Der dreigipflige Achttausender erhebt sich wie ein Drachenrücken, dessen Schuppen in den Himmel stehen. Für mich umwittert Geheimnis die dunklen Felsen... noch nie hat sie jemand berührt... Ich bin glücklich, dass der Berg das Ziel unserer Expedition ist.

Doch heute gehen Hermann und ich auf den K2 zu... Immer näher wächst vor uns in unglaublicher Regelmäßigkeit die größte Pyramide der Erde auf. 8611 m* haben die Messungen der Kartographen ergeben, rund 240 m niedriger als der Everest, doch um vieles schwieriger. Zweifellos einer der schönsten Berge, die es gibt.

Die internationale Expedition von Oscar Eckenstein – zu der auch die Österreicher Pfannl und Wessely gehörten – hat 1902 den ersten bergsteigerischen Vorstoß unternommen und gelangte am Nordostkamm an einem Gratgipfel über 6500 m. Doch 1909 eröffnete dann die große Expedition des Herzogs der Abruzzen an der felsigen Südostrippe des K2 (Abruzzensporn) die Route, die sich später als die beste herausstellen sollte. Man gelangte freilich nur bis 6250 m. Dafür glückte es dem Herzog und seinen Bergführern, an der Chogolisa bis knapp 7500 m vorzustoßen – ein Höhenweltrekord für viele Jahre! Nur rund hundertfünfzig Meter hätten zum Gipfel gefehlt! –

Hermann Buhl ist stehen geblieben und blickt zu dem schimmernden Trapez aus Eis und Schnee in 30 km Entfernung hinüber... »Ein schöner Berg«, murmelt er.

* Bei der letzten Neuvermessung mit G.P.S.-Geräten (über Navstar-Satelliten-Signale) konnte die italienische wissenschaftliche Expedition, die ich 1987 begleitete, neue Höhen für K2 (8616 m) und Everest (8872 m) ermitteln. Derzeit gilt für den K2 die alte Höhe, für den Everest 8850 m.

Das sieht aus wie ein gewaltiges Dach im Himmel... denke ich. Doch schon wendet Hermann sich wieder dem K2 zu: »Schade, dass der schon bestiegen ist. Aber es müsste großartig sein, ihn zu überschreiten – – den Felsgrat links hinauf und rechts über den Sporn hinunter.« Und dann erklärt er mir alles über den Abruzzensporn, den Weg der Erstbesteiger, alles, was er weiß über die riesige Expedition der Italiener vor drei Jahren. Neun Hochlager! Und 5000 m Fixseil sollen sie am Sporn angebracht haben. Ardito Desio, ein Geologieprofessor, habe die Expedition geleitet, Lacedelli und Compagnoni, zwei von den elf Bergsteigern, hätten schließlich den Gipfel bezwungen: ein nationales Ereignis, das ganz Italien in einen Taumel der Begeisterung versetzt habe. Ja, die beiden seien mit Sauerstoff gestiegen – aber: zuletzt sei ihnen der doch ausgegangen – und sie hätten trotzdem nicht aufgegeben! Er lacht: »... Du siehst, es geht auch ohne!« Und er spricht von Mallory und Irvin, die 1924 vom Gipfelgang am Everest nicht mehr zurückgekommen waren – obwohl sie es mit Sauerstoffgeräten versuchten. Davon, dass man neun Jahre später einen Pickel auf 8500 m gefunden hat und noch heute darüber rätselt, ob sie ihr Ziel erreicht haben. Und er erzählt von Norton, der am Everest ohne Sauerstoffgerät über diese Höhe hinauskam, und von Fritz Wiessner dem, ebenfalls »ohne« aufsteigend, 1939 am K2 auch nur noch etwas über zweihundert Meter fehlten! Hermann ist lebhaft geworden, seinen Augen, den Handbewegungen seh ich's an: er würde am liebsten auch gleich ohne Sauerstoffgeräte und Hochträgerhilfe – im »Westalpenstil«, wie er das nennt – den K2 angehen. »Der K2 ist schön«, sagt der Hermann und blickt wieder hinauf, »ja – – man müsste den linken Grat hinauf und den rechten hinunter«... murmelt er versonnen.

Aber der Berg sieht so himmelhoch aus wie sonst keiner, wir sind nur winzige Pünktchen vor diesem Felsklotz, der wie ein Kristall schimmert weil Schnee und Eis ihn bedecken. Nein, ich habe eigentlich kein Verlangen. Ich bin glücklich mit unserer Wahl: der Broad Peak ist noch unbestiegen – und beinahe sechshundert Meter niedriger als der K2. Für unser Vorhaben, das viele für eine Verrücktheit halten, besser geeignet als der zweithöchste Berg der Erde. Im Weitergehen denke ich an unseren Achttausender: 1954 hat es den ersten und einzigen Versuch an ihm gegeben – eine deutsche Expedition unter der Leitung von Dr. Karl Herrligkoffer. Er verlief abenteuerlich: Beim Aufstieg über die von Eislawinen bedrohte Route fanden Bergsteiger plötzlich gewaltige Blöcke vorm Zelt, an einem spiegelblanken Eiswall von rund 500 m Höhe glitt der Österreicher Ernst Senn aus, sauste mit der Geschwindigkeit eines Bobfahrers in die Tiefe und kam unverletzt im sanften Schnee eines Hochplateaus zum Stillstand. Eisige Herbststürme gaben der Mannschaft schließlich in rund 7000 m Höhe den Rest, zwangen sie zum Aufgeben.

Im spiegelnden Eis des »Walls« haben wir vor Tagen noch ein Depot der Deutschen entdeckt: Eierlikör, Magenbitter, Ausrüstung und... eine drei Jahre alte, aber noch immer vortrefflich schmeckende Salami! Dazwischen gab es noch eine Büchse mit zartem italienischem gerolltem

Speck! Sie hatte offensichtlich eine Odyssee zwischen dem K2-Basislager und den Höhen des Broad Peak hinter sich – ehe die Delikatesse drei Jahre später in unseren Mägen landete. Ehrlich gesagt, es ist eigentlich pure Neugier, warum wir diese Exkursion zum K2 unternehmen: Wer weiß, welche Leckerbissen es dort im italienischen K2-Lager noch gibt...

Aber wir werden enttäuscht: So sehr wir auch suchen, wir finden keine Spur vom Basislager. Weiß, weit und rein ist der Gletscher, auch auf der Moräne zeigt sich nichts. So drehen wir schließlich um und watscheln auf unseren Tellern zurück...

Neugierde hatte uns auch in den Lawinenwinkel des Broad Peak vordringen lassen: Hermann wollte sich nur anschauen, welchen Weg sein ihm vom Nanga Parbat her wohlbekannter Expeditionsleiter gewählt hatte. Er selbst hat sich ja für den viel direkteren, schwierigeren, aber sicheren Westsporn des Berges entschieden, den schon G. O. Dyhrenfurth – der »Himalayaprofessor« – empfohlen hatte. Hermann war der Westsporn auch sympathischer: Ein so geradliniger, direkter Anstieg entsprach einfach seinem Charakter!

Während wir mit unseren Holzreifen, nun doch müde geworden, langsam – als hätten wir Pantoffel an – unserem eigenen Basislager »entgegenschlurfen«, tauchen in mir wie ein Kaleidoskop die Bilder unseres Weges hierher auf: Die Landung mit einer alten Dakota in einer gewaltigen Staubwolke auf einer Sandfläche bei Skardu, die als Flugplatz diente. Überquerung des Indus in einem großen einbaumähnlichen Gefährt. Die drei Wochen Anmarsch – erst durch das weite Shigartal mit seinen blühenden Bäumen, dann durch die Schluchten des Braldu, schließlich den Baltorogletscher hinauf mit 68 Trägern... von Schneestürmen behindert, so dass sie uns schließlich 12 km vom Basislagerplatz entfernt verließen. Die dann folgende Lastenschlepperei auf unseren eigenen Schultern, im Pendelverkehr, 25–30 kg Tag für Tag zum Basislager – das mit seinen 4900 m höher als der Montblanc-Gipfel war. Und Hermann Buhls Trostworte: »Das ist alles gutes Training für später, für den ersten Achttausender im Westalpenstil!« Dann der Westsporn: hinauf und hinunter, hinauf und hinunter, erst mit Kopfweh... dann, allmählich, ging's besser. Immer wenn wir droben beim Lager 1 die Lasten abgestellt hatten, setzten wir uns auf den Hosenboden und sausten in die Tiefe...

Wir haben schließlich 800 bis 900 m Hosenbodenabfahrt in einer halben Stunde bewältigt! Mit Rasten natürlich und entsprechender Vorsicht.

Der Broad Peak – dieser dreischuppige Drachenrücken – gleicht vom Concordiaplatz her eher einer gewaltigen Burg... je nachdem, von wo du den Berg anschaust, sieht er anders aus. Ein Berg ist »etwas«, von dem man nie genau weiß, wie »es« wirklich ist... Auf dem Rückweg hat Hermann noch einen Versuch am Trangoturm vor – oder einer anderen dieser wilden Granitgestalten am unteren Baltoro...

Wir sind eine moderne Expedition, Hermann hat es an nichts fehlen lassen, was heutzutage der Fortschritt beschert: Wir haben Gasflaschen, große – eine Trägerlast – und kleinere... die wiegen etwa 7 Kilo, für

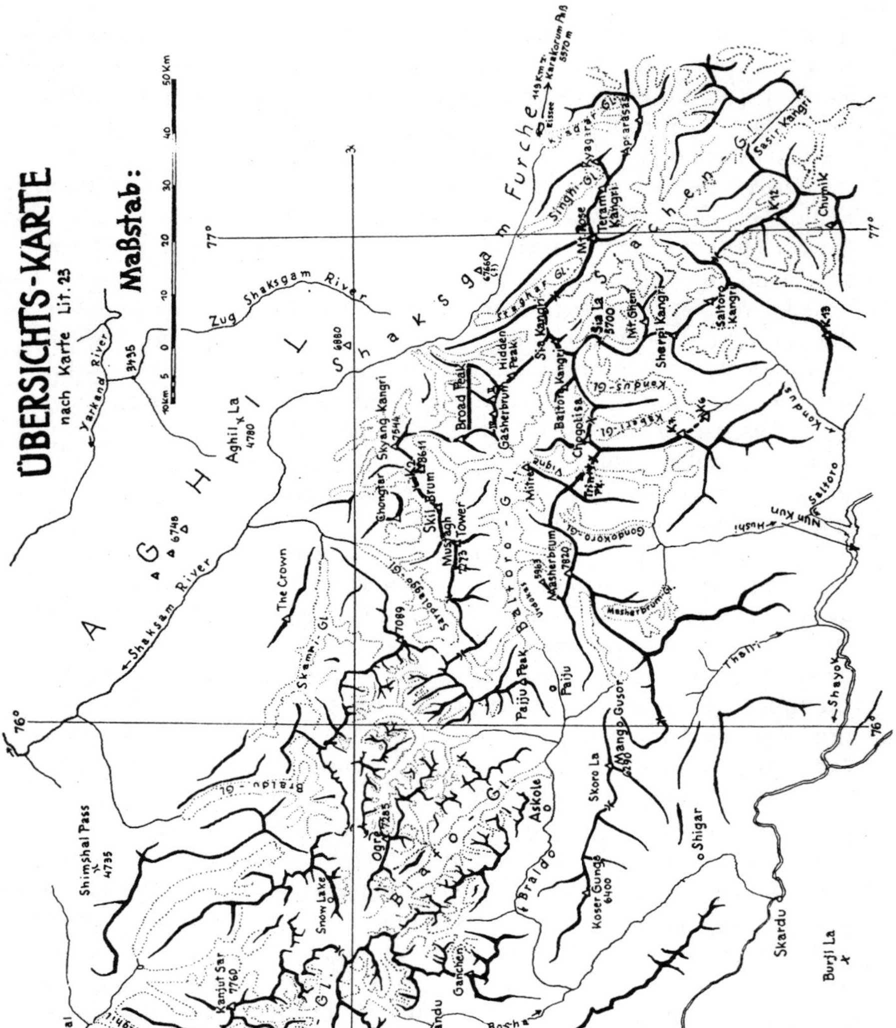

Übersichtskarte von Eduard Sternbach
nach einer Karakorumkarte von Marcel Kurz.
(Aus der Österreichischen Alpenzeitung März/Juni 1961

weiter oben. Wir haben einfache Firstzelte – außerordentlich stabil. Hervorragende, etwas unförmige Höhenschuhe aus schwerem, solidem Leder. Sie sind extra etwas größer gemacht – – so kann jeder mit Socken, Filzpatschen und was einem sonst noch an Isoliermaterial einfällt, bequem hinein... Wir haben bemerkt, dass sich Zeitungspapier ganz hervorragend bewährt! Freilich, wenn jemand mit diesen »Böcken« dann auf der Moräne daherkommt, bewegt er sich etwas unbeholfen, wie ein Taucher – der nicht der Höhe, sondern der Tiefe entstiegen ist. Bestimmt wird irgendwann einmal etwas erfunden werden, etwa ein Schuh im Schuh. Aber wir sind nicht unzufrieden, bis auf eins: der Fortschritt begleitet uns am Westsporn auch in Form eines 11 kg schweren Walkie-Talkies. Wir lassen es von Herzen gern im Lager 1 auf 5800 m! Von dort weg verwenden wir lieber das alte Zettel-System, bei dem man die Nachricht für jemanden, der vom nächsten Hochlager herunterkommt, einfach im Zelt deponiert.

Lager 2 ist eine natürliche, von uns erweiterte Schneehöhle unter dem Rand eines Hochplateaus in 6400 m Höhe. Wir haben dort sogar eine Küche eingerichtet: Hermann Buhl schwärmt von Kartoffelknödeln, Ochsenmaulsalat, Mayonnaise, Sanddornsaft, kurz gesagt allen sauren Sachen – und Bier. Das allerdings gibt es nur im Basislager. Er nennt es ein natürliches Schlafmittel... Die erste »Dosis« hat sich freilich in einen meterhohen Springbrunnen aus Schaum verwandelt, der erst aufhörte, als die blaue Büchse aus Bayern leer war. Kein Wunder!... auf 4900 m ist der Luftdruck völlig anders! Na, wir haben's dann gelernt, nur ein winziges Loch zu machen und den Daumen draufzuhalten... so dass beim langsamen Druckausgleich unser Schlafmittel nicht mehr »in die Luft ging«.

Die Tage vergehen... Am 29. Mai stoßen wir von Lager 3 auf knapp 7000 m zur Gipfelschneide vor. Erreichen ihren nördlichen Eckpunkt, ca. 8030 m hoch. Dort entdecken wir, dass der andere Eckpunkt der gewaltigen Schneide höher ist, müssen aber, weil es bereits viel zu spät ist, aufgeben. Im Basislager beschließen wir, den Berg noch einmal zu besteigen – wegen der 20 unbewältigt gebliebenen Höhenmeter auf der anderen Seite der Schneide. Da kann man nichts machen: Das ist der Gipfel! Hermann und Marcus haben sich die Zehen etwas angefroren, und Hermann ruft nach dem »Arzt«: der bin ich. Voll Angst, doch mit beruhigenden Worten – wie richtige Ärzte das tun – gebe ich ihm eine Spritze, später noch eine. Mit Erfolg. Hermann hat mich einen Monat vor der Abreise zum »Mediziner der Expedition« bestellt. Begründung: »... du hast studiert!« Mein schüchterner Einwand: »... ja, schon, aber Welthandel«, zieht nicht. Er muss großes Vertrauen in mich gehabt haben...

Mit 27 kg Medikamenten, die mir ein »echter« Arzt zusammengestellt hatte, und einer Universalzange zum Zähnereißen, die ich glücklicherweise nie verwenden musste, war ich also der Mediziner der Expedition. Tatsächlich habe ich viele Einheimische – mit entsprechender Vorsicht – behandelt (wir hatten überdies denselben Rückweg).

Am 9. Juni ist es soweit: Nacheinander erreichen wir alle vier den Gipfel des Broad Peak. Zuletzt auch Hermann, der auf 7900 m – wohl wegen seiner Erfrierungen – zunächst aufgegeben hatte. Wie ich vom Gipfel zurückkomme, treffe ich ihn, und wir steigen gemeinsam im letzten Licht des Tages zum höchsten Punkt empor...

Es war etwa 19 Uhr, als ich mit Hermann Buhl den Gipfel betrat, und die Sonne stand ganz tief... »Alles wird jetzt wahr. Die Stille des Raumes umfängt uns. Wir schweigen. Es ist die Erfüllung: Zitternd neigt sich die Sonne dem Horizont zu. Unten ist Nacht, dort liegt die Welt: nur noch bei uns ist das Licht. Zauberhaft schimmern die nahen Gasherbrumgipfel, glänzt das Himmelsdach der Chogolisa. Direkt vor uns im Gegenlicht ragt die dunkle Masse des K2. Tieforange färbt sich der Schnee, seltsam azurblau der Himmel. Ich wende den Blick: Eine riesige dunkle Pyramide wächst hinaus in die endlose Weite Tibets. Sie verliert sich im Dunst der Ferne. Der Schatten des Broad Peak!... Ein Lichtstrahl greift über die Dunkelheit herüber zu uns, trifft gerade noch die letzten Meter des Gipfels. Staunend blicken wir auf den Schnee zu unseren Füßen. Er scheint zu glühen. Dann erlöscht das Licht...« Es war der große Sonnenuntergang für Hermann Buhl. Sein letzter auf einem Gipfel... Den K2 habe ich auch von dort oben bewundert: als riesige dunkelblaue Pyramide stand er da wie ein Scherenschnitt. Doch ich sah ihn an und verspürte keinen Wunsch in mir. Er war groß, unnahbar, und ich ließ ihn gerne allein. Nie hätte ich damals gedacht, dass er eine so bestimmende Rolle in meinem Leben spielen sollte. Erst viel später werden mich die Worte Eric Shiptons in seinen Bann ziehen.

Das Boot

Ist der helle Stern, den ich anpeile, der Sirius?

Nein, jetzt ist doch Sommer. Einer der großen Planeten?

Er leuchtet und strahlt, tanzt hin und her, hinter der schwarzen, in der Finsternis kaum wahrnehmbaren Kontur des Taus – je nach der Bewegung des Bootes in dieser Nacht auf der Nordsee.

Wenn der Stern sich zu weit vom schwarzen Strich des Taus entfernt, drücke ich mit den Händen leicht gegen die Zapfen des Steuerrads, bis die Richtung des Katamarans wieder stimmt – es geht nach England.

Von Zeit zu Zeit suche ich mir, nach einem Blick auf den Leuchtkompass, einen neuen Stern... denn alles dreht sich, unaufhörlich, auch der Himmel über dem Nordmeer. Und ich blicke lieber in die Sterne als fortwährend auf die Bussole. Verbunden mit den Stimmen des Meeres, dem Rauschen und Gurgeln der Wasser, dem singenden Geräusch der Brise in den Segeln und über den Wogen bilden sie den Raum, durch den sich das Boot bewegt und meine Gedanken ziehen...

Alfrun, meine Schwester, die mit mir Nachtschicht macht, habe ich seit einiger Zeit – sie hatte mich abgelöst – hinunter auf den im Wogengang knarrenden Diwan geschickt. Seine Laute erinnern mich von Zeit zu Zeit daran, dass das Boot schon etwas alt ist. Herbert, ihr Mann, ein erfolgreicher Berufsfilmer, hat es in Dänemark aus zweiter Hand gekauft – und außer einem Freund auch »die Familie« eingespannt, denn das Boot muss, wie er meint, unbedingt in seiner Heimatwerft überholt werden – und die liegt in der Nähe der Themsemündung.

Herbert ist ein sehr positiver Mensch – er kann alles mit einem strahlenden, überzeugten Lächeln und großer Entschiedenheit in einer Weise darstellen, dass – also nach zwei Tagen im heimatlichen Salzburg hat er mich (Landratte) so weit gehabt – mich, der ich eher misstrauisch bin, wenn es um etwas mir Neues geht.

Aber jetzt genieße ich es, komme mir wie ein Seemann vor und habe den Schock, als wir im Limfjord plötzlich auf Grund saßen und nur das Herausreißen der »Schwerter« (oder war es nur eins der einem Schneespaten ähnelnden Dinger, die unter dem Boot in die Tiefe reichen?) unser Boot rettete, längst in die freundliche Kategorie überstandener Abenteuer eingereiht. Es ist etwas Feines, so ein Boot zu steuern – 12 m lang, 6 m breit, zwei Masten – in den beiden Schwimmern (aus Glasfiber) können jeweils zwei Leute wohnen. Wenn sie es schaffen, auch schlafen. Das hängt vom Seegang ab.

Ja, wie gesagt, mein Schwager ist stolz auf das Boot, und gestern hat er mit wissender Miene mit seinem Sextanten die »Mittagshöhe« mit Hilfe der Sonne bestimmt... und daraus den Kurs berechnet. Er erschien uns allen wie ein Zauberer, und so recht geglaubt hat ihm keiner. Wenn man so mitten im Meer schwimmt... Einige Bohrinseln, die auf der Karte nicht eingezeichnet waren, haben ihn dann sichtlich nervös gemacht – und meine Bemerkung, dass die Navigation eigentlich nicht mit Erdölvorkommen verknüpft sei, hätte ich lieber unterlassen sollen.

Jetzt schläft der »Käpt'n« – wir sollen ihn nur wecken, wenn sich ein Licht zeigt. Aber es zeigt sich keins – die Masten schwanken durch den Sternhimmel, der sich langsam von Stunde zu Stunde dreht... wie bei einem Biwak in klarer Nacht am Fels des Grates.

Und wie du dort den Stimmen des Berges zuhorchst und die große Ruhe über dich kommt, so erzählt dir hier das Meer...

Letztes Jahr war ich dort, wo beides aufeinander trifft: der Fels und das Meer, dort, wo die Wogen mit ihren weißen Schaumkronen wie wilde Pferde heranrasen und gegen die Steilwände der englischen Küste donnern... »Dream of White Horses« haben die Kletterer eine Route in Wales genannt, bei der du an kleinen Griffen direkt über der berstenden, gewaltigen Brandung hängst, hinunterblickst in die schäumende Gischt und erst dann glücklich bist, wenn du die Angst überwunden hast – – –

Glück stand da in den Augen der dunkelhaarigen, in fließendem Rhythmus kletternden Britin, die sich Julie nannte; jede Regung des Körpers strahlte Kraft aus, bedeutete die Herrlichkeit des Daseins, sprach von Harmonie... so wie ein Tier ganz in seinem Element die Seele durch Bewegung ausdrückt... und Glück leuchtete in den Augen ihres weißhaarigen, sehnigen Kletterfreundes Dennis, dessen Bart und Mähne so wild wie die Gischt der See das scharfgeschnittene Gesicht in der Brise umgaukelten, während von unten die Brandung dröhnte und die salzige Luft allem einen herben Geschmack gab.

Die beiden passten in eigenartiger Weise zusammen, man fühlte einfach, dass sie in ihrem Element waren...

Dennis war Fotograf, fing die Natur mit zauberhaften Bildern ein – und Julie betrieb mit ihrem Gatten Terry, dem Urtyp eines ruhigen Försters, in dem die Kraft des Waldes steckt, einen Coffee-Shop für Kletterer in Sussex im Südosten Londons. Dort betreuten sie auch die Sandsteinfelsen, den dazugehörigen Forst und gaben Kurse. Beide waren offen, freundlich und hilfsbereit, Menschen der Tat. Es herrschte die unkomplizierte TULLIS-Atmosphäre in ihrem Heim bei Tunbridge Wells, rund um die Felsen und im Shop. Alle mochten Julie und Terry gerne. Sie bemerkten schließlich, dass die Bewegung am Gestein sich auch auf gehandicapte oder blinde Kinder günstig auswirkte, und gaben wechselweise immer wieder Kurse. Eigenartigerweise kletterten Julie und Terry nicht gemeinsam – es machte sie nervös, oder sie waren am Fels unerträglich kritisch miteinander.

Eine Vortragsreise hatte mich schon vor Jahren mit ihnen bekannt gemacht und 1975 auch nach Wales gebracht, wo Dennis lebte – mit dem Julie immer kletterte. Das wilde Meer am Fuß der Felsen hatte mich sehr beeindruckt – und vielleicht wollte ich mit meiner Einwilligung in die Fahrt nach England die Angst überwinden, die mir das fremde Element, das tobende Wasser, zweifellos eingejagt hatte; vielleicht auch – – ja, vielleicht auch wollte ich zeigen, dass ich etwas beherrschte, dem ich vorher unterlegen war.

Doch wem? Mir selbst gewiss, aber vielleicht auch Julie, dieser unerschrockenen, faszinierenden Britin. So muss es wohl gewesen sein, denn sonst könnte ich mir alles folgende nicht erklären.

Als ich Julie und Dennis so ganz in ihrem Element erlebt hatte, muss wohl der schüchterne Wunsch entstanden sein, daran teilzunehmen; etwas hinzuzubrin-

gen, aus meiner eigenen Welt. Jetzt, während ich das Steuer hielt und über die Wogen glitt, von Berg zu Tal und wieder empor, war in mir dasselbe Gefühl von Kraft, das ich dort erlebt hatte. Und ich glaubte zu spüren, warum ich dieser Küste entgegensteuerte.

Ich begann vor mich hinzuträumen: Im Geist sah ich Lohengrin und seinen Schwan durch die Silhouette der Segel zwischen den Sternen des Firmaments, und die Sage mischte sich in die Geräusche der Nacht; zwar hatte ich sie schon halb vergessen, aber ich war nicht verlegen darum, mir eine eigene, den Umständen angepasste Variante zu bauen.

Ja, ich wollte sie hinausholen, und wäre es nur für einen Tag, auf dieses Meer, das ihre Insel umgab!

»Das einzige, was niemals passieren darf« – hat Herbert gesagt –, »man darf das Boot nicht verlassen. Man darf niemals aufgeben!« Und der Ton seiner Stimme ließ keinen Zweifel darüber, wie ernst es ihm damit war. Auch wenn wir eine so genannte kleine gelbe Rettungsinsel besaßen. Herbert, der schließlich als Bergführer angefangen hat, hat selbstverständlich eine Selbstsicherung angebracht... ein Seil, in das wir uns bei schwerer See unbedingt einhängen müssen, wenn wir »draußen« sind, außerhalb der beiden großen Schwimmkörper. Das ist einzusehen. Werden wir's brauchen?

Herbert träumt ja im Stillen von einem noch größeren Boot mit allen Finessen, um sämtliche Meere der Erde zu überqueren. Er wird jahrelang daran bauen (und ist noch nicht fertig).

Sturm! Da haben wir's – – es heult und pfeift, es knarrt und stöhnt und ächzt und quietscht – –

».. fällt nicht auseinander!!« Ich klammere mich an des Käpt'ns Worte und ans Steuer (seit einiger Zeit bin ich eingeteilt).

Sturm!... Du siehst nur die Wasserwand vor dir, graugrün... Es trägt dich empor, du bist oben, schon erblickst du die nächste, stürzt in ein Tal hinunter... Da steht sie wieder vor dir... die Wasserwand... starr. Ohne Unterlass, immer aufs Neue...

Die Segel vibrieren, die Luft pfeift und singt... Gischt stäubt... Der alte Katamaran ächzt und stöhnt... Wenn es über einen Wellenberg geht, klingt es tatsächlich, als wolle sich alles in seine Bestandteile auflösen... »Das Holz arbeitet«, beruhigt mich Herbert, als ich ihn wieder einmal anblicke. Er wird's wohl wissen. Wir stehen nebeneinander am Ruder. Die nächste Wasserwand, das nächste Tal – – es nimmt kein Ende. Erschöpfend. Schließlich wirst du selber starr wie die unaufhörliche Folge der Wände. »Dass sich ja jeder, der die Nase heraussteckt, sofort mit dem Karabiner anhängt!«, hat Herbert gerufen, als es losging. Und er hat uns glaubwürdig versichert, wie schwierig, ja unmöglich es sei, einen, der über Bord ging, mit dem Segelboot wiederzufinden, bei hoher See. Ja, dass er seine Karriere als Bergführer begann, merkt man: keiner darf ohne Brustgeschirr und Karabiner hinaus.

»Windstärke 6!« schreit er in das Toben und lacht mich aus seinen blauen Augen an, »na – Kurt! – –« Ich sage nichts. Hoffentlich wird es nicht »7«...

Ich halte die Diagonale wie angewiesen, schräg, die Berge hinauf und in die Täler hinunter – wie einer, der eine Buckelwiese in Schussfahrt nimmt! Aber lang hält das keiner aus – wir wechseln uns jetzt oft ab, taumeln hinunter in einen der beiden Schwimmkörper, versuchen, hin- und herrollend etwas Schlaf zu finden. Aber alles knarrt und schnauft und gurgelt und rollt auch hier innen... Warum mir ausgerechnet der Walkerpfeiler in den Sinn kommt, weiß ich nicht; diese eintausendzweihundert Meter hohe senkrechte schwierige Granitkletterei in den Westalpen... ›Es ist nicht so anstrengend‹, denke ich bei mir, ›und der Pfeiler hält wenigstens still!‹

Ich bin überrascht, wie gut meine Schwester sich im nassen Element schlägt... na ja, wenn man so einen Gatten hat, wird man widerstandsfähig. Herberts Freund Gerhard ist ziemlich blass geworden. »Das sind halt die kurzen Wellen der Nordsee – die sind so«, kommentiert Herbert den Aufruhr des Meeres; es sollte eine Beruhigung sein.

Ein Tag ist vergangen, der Sturm ist vorbei. Erleichterung. Aber die Navigation ist im Eimer – glaub ich jedenfalls. Alfrun und ich haben zuletzt das meiste gesteuert, einfach nach dem günstigsten Schnittwinkel der Wellen... unser Kapitän, der arme Herbert – er wollte es ja nicht wahrhaben –, hatte mit einem Anfall von Seekrankheit zu kämpfen. Und Herberts Freund hat, jetzt wo alles vorbei ist, wo das Boot friedlich seinen Weg zieht, plötzlich einen Nervenzusammenbruch. Er hat genug! Aber Aussteigen hilft hier nichts! An jedem großen Berg kannst du ins Basislager absteigen, normalerweise; nein, Kurt – manchmal musst du es auch dort oben durchhalten... Zu dritt bringen wir Gerhard so weit, dass er schließlich wieder ein schmales Lächeln zeigt. Es ist fast drei Tage her, dass wir die Küste von Dänemark verlassen haben...

Wenn ich ehrlich bin, fühle ich mich wie nach dem dritten Biwak. Habe kaum je Schlaf gefunden, so etwa, wie wenn man im Stehen döst, ich glaube jetzt, dass das Segeln auf dem Meer so hart sein kann wie eine wilde, große Bergtour.

Gleichzeitig bin ich aber dem Meer nähergekommen. Das Meer ist etwas für mich geworden.

Es hat einen anderen Charakter, wenn du in ihm bist und nicht mehr an der Küste stehst, wenn du wirklich mit dem Wasser verbunden bist – nicht nur auf der Plattform eines großen Dampfers. Es ist jetzt, als hätte mich das, was das Wasser ist, durchdrungen – und das Land, die Küste, ist nur sein ferner Rand. Bevor du das nicht erlebt hast, weißt du eigentlich nicht, was das Meer ist.

Große Schiffe haben sich gezeigt... es ist eine Beruhigung.

Und Aufregung zugleich – ja nicht auf Kollisionskurs kommen! Herbert, unser Käpt'n, beweist, was er kann – die Riesen, automatisch gesteuert, können so ein kleines Segelboot wirklich leicht übersehen. Man muss sich schon selbst kümmern! Jetzt sind wir wieder allein...

Eine Küste ist aufgetaucht! Land!

Bewegung an Bord... Wo sind wir?

»Das Sonar einschalten!« erinnere ich und denke an das Intermezzo im dänischen Limfjord, wo wir plötzlich auf Grund liefen. »Du und dein Sonar... mich wundert, dass du es nicht mitten in der Nordsee eingeschaltet hast«, meint

Herbert sarkastisch, der nicht gerne an den Zwischenfall erinnert wird. Was kann ich dafür, dass ich gerne weiß, wie viel noch zum Grund fehlt?

»Die großen Schiffe haben den Kanal angezeigt«, stellt Herbert mit sachkundiger Stimme fest, »vor uns liegt England...«

›Wirklich?‹ denke ich.

»Es könnte auch sein, dass das die holländische Küste...« Ich verstumme, denn unser Käpt'n wirft mir einen vernichtenden Blick zu. Erst mein Hinweis auf unberechenbare Meeresströmungen beruhigt ihn etwas. Nein, es wird schon die englische Küste sein – aber welche? »Wir müssen die Nacht abwarten«, stellt Herbert fest. In einer Entfernung von wenigen Kilometern – man kann gerade Bäume und Häuser erkennen – werfen wir Anker. Die Nacht abwarten? Ja, dann sieht man die Signale der Leuchtfeuer, und jedes hat seinen eigenen Rhythmus... Du stoppst die Sekunden zwischen den einzelnen Signalen und schaust auf einer Liste nach, wo du bist.

So geschah es – zwar stimmte die Farbe eines der Lichter nicht, wohl aber die Zeitabstände. »Er hat vielleicht eine rote Birne eingedreht, als ihm die weiße durchbrannte und er keinen Ersatz hatte«, ist meine laienhaft einfache Erklärung. Jedenfalls ist es nun sicher: wir sind vor der englischen Küste, östlich der Themsemündung.

London. St. Katherine's Dock. The Tower Bridge. Wir sind die Themse hinaufgesegelt. Alfrun und Herberts Freund Gerhard kehren zum Kontinent zurück. Herbert und ich bleiben ein paar Tage, bis alles für die Überholung des »Schwans« in die Wege geleitet ist. Und »Lohengrin 2« geht ans Telefon und ruft bei Terry und Julie an...

Wird sie ja sagen? Mich kennt sie kaum, und Herbert überhaupt nicht. Beide sind wir österreichische Bergführer und Filmemacher. Sind das in den Augen einer jungen englischen Dame Vertrauen erweckende Berufsstände? Oder gelten wir eher als lose Abenteurer? Dabei möchte ich mich nur in ehrbarer Gesinnung für die schönen Klettertage in Wales erkenntlich zeigen – sie als Dank dafür aufs Meer bringen, erleben lassen, wie wunderbar es ist, mit einem Katamaran über die Wellen zu tanzen, bis zur Küste Frankreichs. Herbert ist einverstanden, fürs Wochenende! Und Julie?...

Kurt – so sage ich mir –, hör auf mit dem »Schwan«! Wer weiß, wie die Geschichte mit »Lohengrin« wirklich lief... Ich zögere plötzlich am Telefon. Als wir uns endlich treffen – es ist ausgerechnet Terrys Geburtstagsfeier –, sagt Julie prompt nein zu meinem Vorschlag: doch ich bin nicht überzeugt. Am nächsten Tag sind wir bei den Sandsteinfelsen und im grünen Leyswood. Jetzt versuche ich es wieder: Eine Fahrt zur Küste Frankreichs?

Wenn in jemandem ein Abenteurer steckt – dann spürt man das. Es geht irgendetwas von ihm aus, das ihn umgibt, und Julie hatte dieses »Etwas« in hohem Maße: sie war der geborene Entdecker. Ich glaube, es gab kaum etwas, wozu Julie nicht die Lust und den Mut gehabt hätte. Und wenn sie der Familie wegen auch oft stillsitzen musste – so gewiss nicht immer.

Plötzlich war sie weg! Ob sie durch den Wald rannte, die Felsen hinaufturnte, nach Wales eilte, um mit Dennis zu klettern, oder irgendwo anders unterwegs war, Terry, der gute Waldmensch, war das, wie er einmal sagte, gewohnt. So fand ich einerseits nichts dabei, zu fragen – und war trotzdem unruhig. Und sollte ich nicht unruhig sein? Eine Fahrt mit dem Katamaran zur Küste Frankreichs? Konnte ich sie vielleicht doch überzeugen?

Sie blickte mich nachdenklich an. Es war, als ob die Luft sich kräuselte, in kleinen Wellen, als ob sie sich auflöste, in einem Gewimmel von hunderttausend Punkten, und ich spürte, dass sie wollte – für Augenblicke war sie auf dem Boot und – ich weiß nicht warum – ihre dunklen Augen zwangen mich wie in einen Bann. Für Sekunden taumelte ich in ein Gefühl, das ich nicht kannte, war unfähig, zu denken. Urplötzlich war mir klar, es durfte gar nicht anders sein, sie musste »ja« sagen! Unsere Augen ruhten ineinander, und ich wusste, dass aus ihrem Mund nur eine Zustimmung kommen konnte.

Dann, als sie ihre Lippen langsam öffnete, war in ihrem Blick immer noch Zustimmung, aber auch Scheu und Zurückhaltung. Und etwas Fremdes...

»It is not possible«, sagte Julie, »I have to go to Dennis – he is sick«. Sie blickte hinauf in die Bäume, die sich langsam bewegten. Dennis hatte Angina, und sie hatte vereinbart, zu ihm zu fahren – so erklärte sie mir. Er war ihr Kletterpartner, das wusste ich seit den Tagen in Wales.

Schüchtern erst, dann immer eindringlicher, brachte ich vor, dass das Segeln bis zur französischen Küste ja nicht lange dauerte, dass es eine Gelegenheit war, die sich wohl nie mehr wiederholen würde – Herbert fuhr mit dem Boot ins Mittelmeer! Ich wollte sie unbedingt hinaus auf die See bringen; mit der hatte ich gerade gelebt, fühlte noch ihre graugrünen Wogen in mir... und ich spürte, wie sehr Julie auf dieses Abenteuer brannte. Nein, ich wollte es nicht einsehen! Doch sie sagte nein, und dabei blieb es. Auch Terrys Zureden half nichts.

Später gestand sie mir, dass es nicht nur aus Loyalität zu Dennis war, dass sie ablehnte: sie hatte das tiefe Gefühl – man mag es auch Intuition nennen – dass das nicht der Zeitpunkt war, mich besser kennen zu lernen.

Ich war sehr unzufrieden und enttäuscht, als ich wegfuhr. Wir sahen uns drei Jahre lang nicht mehr.

Dann entdeckten wir uns wieder – es war ein extremer Zufall – im selben Restaurant in Trient. Julie war mit Terry dort, ich mit Teresa und unserem kleinen Sohn Ceci. Wir wohnten sogar im selben Haus, Tür an Tür. Es scheint mir noch heute schwer zu begreifen: wir waren jahrelang auf keinem Festival mehr gewesen, niemand wusste etwas vom anderen...

Da waren wir plötzlich, als hätten die Sterne gewürfelt.

Wir gewahrten, dass sich nichts geändert hatte. Es war, als wäre ich gestern erst von England fort.

Doch – etwas hatte sich geändert...

»I would go on the boat now«, sagte Julie.

»Let's go and climb the Alps«, sagte ich.

Dann wurde daraus der Himalaya.

Der Traum vom Berg der Berge – an der Nordkante des K2

»... no mountain scene has impressed me more deeply«.
(kein Anblick eines Berges hat mich tiefer beeindruckt.)
Eric Shipton

Die Flut im Hochtal – auf Kamelrücken in Sinkiang

Hochwasser im Shaksgamtal! Der Himmel ist erfüllt von seinem Toben, einem alles beherrschenden Klang, die Luft scheint zu zittern. Mein Kamel stemmt sich gegen die Strömung des reißenden Flusses, Gischt umgibt uns und von allen Seiten das Dröhnen und Rauschen der wilden Wasser: Ich spüre, wie das Tier mit den Füßen den Grund abtastet – nach verborgenen Höhlungen, wie sie die Gewalt der wirbelnden Flut in das steinige, sandige Bett des Kaladschin-Flusses gräbt.

Hochwasser! Das ist wie die Urgewalt einer Lawine... Du weißt, dass du machtlos bist, ausgeliefert, wenn die Wasser weiter steigen – und, anders als im Wüten des Sturms auf dem Grat... hier hast du Angst... lauschst auf das Dröhnen – schwillt es an?... Wie wenn irgendwo über dir in einer Wand Schneemassen losgebrochen sind, sich herabwälzen, und du weißt nicht wo... du hörst nur das Donnern.

Haben Sinkiang-Kamele einen sechsten Sinn? Ganz ruhig scheint mein Tier zu sein, während es sich vorwärts tastet... innehält... sich gegen die Gewalt des Wassers stemmt. Verlasse dich auf das Kamel, Kurt...

Das Shaksgamtal. Hier ist sein Grund, 4000 m hoch gelegen. Es durchreißt ein menschenleeres Gebiet, einen der unzugänglichsten Plätze der Erde, Gletscher, Wüste und Hochgebirge in einem, es mag 200 km lang sein, doch noch niemand gelangte von einem Ende zum andern.

Gletscherströme riegeln wie riesige Dämme weiter oben das Tal ab. Wir müssen es vorher verlassen – doch jetzt ist es unser einziger Weg. Zwei Monate lang, fast den ganzen Sommer über, ist wegen der Schmelzwasser ein Durchkommen überhaupt unmöglich. Noch jetzt, Ende August, ist sein Boden ein Netz von Flussarmen und Inseln, mehr als einen Kilometer breit, eingeschlossen zwischen den fahlen Wänden des Kuen-Lun und Karakorum-Gebirges! Seit Tagen suchen wir uns im Zick-Zack einen Weg durch das riesige, unheimliche Tal...

Wie oft noch müssen wir die Wasser queren, gegen die Strömung kämpfen? Zwanzigmal, dreißigmal? In meiner Erinnerung steht der seichte klare Wasserlauf – herrlich reines Quellwasser... wir haben es getrunken –, der im Frühling zur Trockenzeit aus der unermesslichen Schotterebene des Talbodens an einer Stelle plötzlich zum Vorschein gekommen war, als wir hier hineingezogen sind, dem K2 entgegen... Jetzt ist das ein Bündel von Schlangenleibern, dicht an dicht, ungezählte Windungen in wildem Aufruhr, überquellend, veränderlich von Stunde zu Stunde – je nachdem, ob Wolken den Himmel bedecken oder die Sonne strahlt –, und wer weiß, wie es hundert Kilometer flussaufwärts aussieht? Die Schlangenleiber beherrschen den ganzen Talgrund zwischen den brüchigen, steilen, undurchsteigbaren Wänden der Wüstenberge – es gibt keine andere Möglichkeit. Unser Weg ist vorgezeichnet: das Tal –!

Ich spüre, wie mein Tier sich langsam vorwärtsschiebt, es ist jetzt bis über den Bauch in der braunen, schäumenden Flut verschwunden, die Bugwelle vor dem Hals wird von der Strömung fortgerissen, für Augenblicke scheint es, als würde ich samt dem Kamel mit Windeseile flussaufwärts über die Wasserfläche rasen – eine optische Täuschung, die schon etliche von uns, die sich »dagegen lehnten«, mit dem Verlust des Gleichgewichts bezahlt haben! Ich klammere mich an die Stricke im dichten Pelz des Kamels, gekrümmt, angespannt, jeden Augenblick bereit, mich in jede beliebige Richtung zu werfen, wenn das Tier plötzlich einbrechen oder den Boden unter den Füßen verlieren sollte.

Ein halberstickter Schrei lässt mich herumfahren – ich sehe gerade noch, wie Rodolfo und Giorgio in der sandigen Flut verschwinden, zwischen ihnen ragt noch der Kopf eines Kamels heraus, dem die Gewalt des Wassers die Beine vom Grund gerissen hat. Rasend schnell werden meine Kameraden abgetrieben, auf eine große Felswand zu – niemand kann ihnen helfen! Ich sehe, wie sie immer wieder verschwinden, verzweifelt mit den Armen paddeln – aber gerade ehe der Fluss gegen die Wand prallt, gelingt es ihnen, ein paar Blöcke am Ufer zu erreichen. Das Kamel ist früher herausgekommen – hat ja auch die längeren Beine! Nein, ohne diese ausdauernden, unverwüstlichen Tiere kämen wir hier aus dieser Bergwildnis auf der chinesischen Seite des K2 nie heraus! Aber gestern haben wir vier Lasten im Fluss verloren, heute drei – immerhin, ertrunken ist noch keiner von uns, obwohl es hier ausreichend Möglichkeiten dafür gibt; die wilden Bergflüsse des Himalaya und Karakorum haben schon manches Opfer gefordert.

Zur Zeit will keiner von den Gipfelstürmern mehr etwas von einem Gipfel wissen – eine Schar ausgemergelter Gestalten sind wir, denen nach vier Monaten in der Bergwüste Sinkiangs nur noch ein Wunsch in der Seele brennt: nach Hause! Mit diesem verzweifelten Wunsch stürzen wir uns immer wieder in die braune Flut des Hochwassers, das uns den Rückweg versperrt, von Flussarm zu Flussarm, von Schotterinsel zu Schotterinsel... von Tag zu Tag. Einer von uns hat allen Grund, bei jeder Querung Angst zu haben: der schmächtige Agostino, unser erster »Gipfelsieger« am K2, er ist Nichtschwimmer! Wir alle aber, 23 Mitglieder dieser internationalen, hauptsächlich italienischen Expedition, haben jetzt vom Wasser des Shaksgam genug! Wir sind von den Strapazen der vergangenen Monate am Berg gezeichnet, die Gesichter sind schmal geworden, unsere Kleider flattern gespensterhaft um die dünn gewordenen

Arme und Beine, der eine hat 15 Kilo, der andere 20 Kilo abgenommen, ich habe es sogar auf 23 gebracht! Julie, die Deutsch-Engländerin, die mit mir den Film über diese Expedition bis 8000 m hinauf gedreht hat, hat zwar nur 10 Kilo verloren, aber trotz aller Abmagerungsträume, die Frauen normalerweise haben, wäre sie zur Zeit absolut nicht für eine Schönheitskonkurrenz zu gebrauchen – ebenso wenig wie Christina, die Ärztin. Doch wenn man monatelang gemeinsam um einen Berg gerauft hat, Enttäuschungen, Ängste und Freude erlebt hat, ist man über viele Kleinigkeiten erhaben – bedeutet Hilfsbereitschaft mehr als alles andere. Ich sehe die Augen im schmal gewordenen, verknitterten Gesicht meiner Gefährtin: es zählt für mich nur, was darin steht. Sie hat trotz ihres Aussehens nichts von ihrer Energie und Stärke eingebüßt, für die ich sie bewundere. Manchmal huscht ein stilles Lächeln über die angespannten Züge unter den wirren Haarsträhnen, dringt aus diesen Augen ein Leuchten, tief und vertraut, wie der unerklärliche Schimmer der Eisberge... Was wir heraustragen, von einem der einsamsten Plätze der Erde, ist das Glück.

Wir alle kehrten in Freundschaft zurück – obwohl es eine der härtesten und längsten Unternehmungen war, die ich je erlebt habe. Einige Male war es zu vorübergehenden Spannungen gekommen, wie sie auf Expeditionen üblich sind... doch vielleicht ist gerade das italienische Temperament eines der glücklichsten, um sie zu bewältigen. Es war letztlich die gemeinsam verbrachte Zeit mit der Vielzahl der in völliger Abgeschiedenheit zu lösenden Probleme, die uns das gegenseitige Verständnis gab.

Ein Buch spielt Schicksal

»Der Nachmittag war wunderschön, und nichts störte den Blick in das große Amphitheater um mich. Die Felsklippen und Grate des K2 stiegen aus dem Gletscher in einem einzigen herrlichen Schwung bis zum Gipfel des Berges empor, viertausend Meter darüber. Der Anblick war jenseits meiner Vorstellungskraft, und ich saß da, versunken darin, in einer Art schüchterner Verzauberung, Kreise und Spiralen von Nebel, die aus unglaublich fernen Klüften und Höhlungen tauchten und wieder darin verschwanden. Ich sah Eislawinen, die vielleicht hunderte von Tonnen wogen, von einem Hängegletscher losbrechen, fast drei Kilometer über meinem Kopf. Das Eis wurde zu feinstem Pulver zermahlen und lange, ehe es den Fuß des Abbruchs erreichte, vom leichten Wind fortgetragen... kein Laut drang an mein Ohr. «

Eric Shiptons Worte aus dem Jahr 1937, in »Blank on the map« – »Weiß auf der Landkarte«. Das Buch, das ich vor Jahren in meiner Bibliothek entdeckt hatte, und mit dem alles begann. Noch heute ist es mir ein Rätsel, wieso ich eigentlich zu diesem Buch gekommen bin. Es stammte aus der Erbschaft einer reiselustigen Tante, die mit Gebirgen nichts zu tun hatte und auch nicht Englisch sprach. Wie ich aus einer Notiz im

Buch ersah, hatte sie es in Indien gekauft, vor langer, langer Zeit – als ich selbst noch in den Kinderschuhen steckte. Warum hatte sie das Buch erworben? Sie starb bald danach, und ich konnte sie nicht mehr fragen. Es muss wohl mein Vater gewesen sein, der es schließlich in meine Bibliothek stellte. Manchmal beschäftigt mich die Odyssee dieses Buches, deren Ursprung für mich im Dunkel liegt.

Ohne dieses Buch wäre ich wohl nie zur Nordkante des K2 gegangen, wäre er wohl auch nie mein Traumberg geworden.

Aber da waren diese Worte Eric Shiptons. Sie hatten den Zauber der geheimnisvollen Seite des Berges festgehalten. Ich las sie immer wieder.

»Von allem, was du tun kannst – ist die Erkundung der beste Teil«, sagt ein altes Expeditionssprichwort. Es ist gewiss ein viel größeres Abenteuer, unbekannte Täler und Berge zu entdecken als einen Gipfel, mag er auch noch so hoch sein, auf einer bereits erschlossenen und bekannten Route zu besteigen. Und doch gibt es eine Verbindung zwischen Entdeckung und Aufstieg: die verborgene Seite eines Berges erkunden, eine Route herausfinden und versuchen, ihr bis zum Gipfel zu folgen... Das gilt auch für Achttausender. Die Nordseite des K2. Eric Shipton wollte nur schauen und verfiel dem Zauber. Es ist, als ob der Geist des Berges dort schon beim ersten Anblick in dich dringt – Shipton hat ihn gespürt. Und ich glaube, ich habe dieses Gefühl aus seinen Worten übernommen, und es verwandelte sich in einen großen Wunsch – es weckte die Sehnsucht in mir, nach diesem Platz, nach diesem Berg, nach einem Weg empor durch diese menschenferne, unerklärbare Zauberwelt – – –

8616 Meter ist er hoch, der zweithöchste Berg der Erde, aber schöner, viel schöner und schwieriger als der nur 256 m höhere Everest! Die Chinesen nennen ihn »Qogir«, eine Abwandlung des heimischen »Chogori«, was soviel wie »großer Berg« bedeutet – doch man sieht die regelmäßige Pyramide, die mitten im Zackenmeer des Karakorum steckt, meist nur aus der Luft über alle anderen Gipfel emporragen. Von der pakistanischen Seite, wo man den K2 heute allgemein »Kei tu«* nennt, habe ich den Berg ja schon 1957 mit Hermann Buhl gesehen, als wir den Broad Peak angingen, dann wieder, 1979, bei der Besteigung des Gasherbrum II... Die geheimnisvolle Nordseite des K2 mit der herrlichen rund 3600 Meter hohen Kante aber erkundete ich mit einer Sonderbewilligung der chinesischen Regierung erst 1982 – gemeinsam mit »Bubu« (Enzo de Menech), einem Italiener. Wir waren nur von vier Chinesen, sechs Kamelen, zwei uigurischen Kameltreibern aus Sinkiang sowie zwei Eseln begleitet. Die Nordseite des K2 wurde dann im selben Jahr von einer großen japanischen Expedition erstmals durchstiegen, aber auf 8000 m Höhe verließen sie die Kante, querten einen Hängegletscher und erreichten den Gipfel über einen Nachbargrat. Die letzten 600 Meter der

* K^2 (Aussprache »Kei tu«) ist eine Vermessungszahl des »Survey of India«, wobei K = »Kara« bedeutet und jeder Gipfel eine Nummer bekam (1856; Montgomerie).

Kante selbst waren immer noch unbegangen, als ich nun Anfang Mai 1983 mit der internationalen italienischen K2-Expedition und einer Riesenkarawane von 120 Kamelen durch die Schluchten des Surukwat im Kuen-Lun-Gebirge und über den rund 4800 m hohen Aghil-Pass zog, hinunter in das zu diesem Zeitpunkt fast trockene Shaksgamtal. Weiter ging es zu dem 3800 m hoch gelegenen Ufer des Sarpo Laggo, eines Nebenflusses, inmitten einer riesigen Schotterfläche – doch dort war Suget Jangal, ein Naturwunder in der Bergwüste: ein grüner Platz mit Gras und ein paar Weidenbüschen. Eric Shipton hatte ihn mit Begeisterung beschrieben, Colonel Francis Younghusband und Prof. Ardito Desio hatten ihn bei den ersten Erkundungen erlebt (1887 bzw. 1929), sonst hatte diesen Quadratkilometer Grün, der nur wenigen Einheimischen bekannt war, noch kein Europäer zu Gesicht bekommen. Vom »Unteren Basislager« aus, das wir dort einrichteten (»Campo Casa« nannten es die Italiener), konnten die Kamele noch Lasten bis zum Beginn, zur »Stirn« des K2-Gletschers auf 4000 m, bringen, dann war für sie Feierabend! Das »obere Basislager« (die *Hochbasis*) sollte 1000 m höher eingerichtet werden, auf dem Eis in der Nähe des Berges. Doch durch den buckligen Irrgarten dieses Gletschers, so prachtvoll er weiter oben für das Auge auch sein mag, geht nicht einmal ein Kamel aus Sinkiang!! Da gingen nur wir – – –

Lastenschleppen – im Zauberreich der Eistürme

25 Kilometer über Schuttberge, Geröll, Eisplatten, an Felswänden über dem Eiswasser des Gletscherbachs hängend, im Zickzack zwischen erstarrten Prozessionen haushoher schimmernder Eistürme hindurch, und das alles immer wieder in wochenlangem Aufstieg mit 20 bis 30 Kilo Ladung auf dem Buckel – immer wieder über eintausend Höhenmeter! Das ist die harte Wirklichkeit für die »menschlichen Kamele« – nämlich uns, wenn wir vom Gletscherrand aus – dem Endpunkt für die echten Sinkiangkamele – den für das Hochbasislager erkundeten Platz in 5000 m Höhe erreichen und ausbauen wollen. Von dort sind es dann »nur noch« zwei Stunden bis zum Fuß des gewaltigen Sporns in der Nordwand des K2. Aber bis zum Hochbasislagerplatz braucht man vom Gletscherrand drei Tage! Es wird für fast alle zur größten Schinderei ihres Lebens – manche sind diesen »Weg« dreißigmal (!) gegangen. Natürlich war es notwendig, zwei Zwischenlager mit einigen Zelten für die Übernachtungen auf dem Gletscher einzurichten.

Für kurze Zeit half uns eine Gruppe von zwanzig Italienern, die Expeditionsleiter Francesco Santon hierfür »eingeladen« hatte, beim Lastentransport – – aber ehe sich die meisten richtig akklimatisiert hatten (zwei waren außerdem auf Hochzeitsreise), mussten sie bereits wieder zurück, ebenso wie die letzten der 120 Kamele – – schon Mitte Juni konnte das Hochwasser einsetzen. Außerdem war das Heu für die Kamele zu Ende.

Weshalb hatten wir keine einheimischen Träger? Die Antwort ist einfach: in Sinkiang gibt es keine. Nepal hat seine Sherpas, Pakistan seine Hunzas, Tibet seine Tibeter – aber in Sinkiang geht der Einheimische nur so weit, wie seine Lasttiere gehen. Kamele aber wollen von Gletschern nichts wissen! Und Esel? – – Ein Versuch, zwei Esel, die wir nicht ohne Hintergedanken im unteren Basislager am Flussufer zurückbehalten haben, zu einem Aufstieg ins ewige Eis zu bewegen, schlägt trotz aller Versprechungen und Verlockungen kläglich fehl... sie verstehen uns nicht, oder vielleicht – – verstehen sie uns nur zu gut!

Tiere gab es auch noch auf 5000 m – – – gaukelnde Falter zwischen den Eistürmen, Spinnen im Geröll – sogar einen Adler sichteten wir und Herden von Bergschafen in den Steilwänden.

Und nun fallen mir unsere »Spaghettimäuse« ein, im zweiten Zwischenlager am Gletscherrand... Sie tummelten sich plötzlich eines Abends am Boden unserer Steinküche auf der Moräne furchtlos zwischen meinen Beinen. Während wir beim Essen saßen, hielten sie immer wieder halb aufgerichtet mit den Vorderpfoten eine rohe Spaghetti, die meist ein Mehrfaches ihrer Körperlänge hatte, und zerfrästen sie in unglaublicher Schnelligkeit mit ihren Nagezähnen. Julie und ich wagten kaum die Füße zu bewegen, um das possierliche Treiben nicht zu stören. – – Gegen Ende des Sommers wurde das problematisch, denn zuerst waren es ja nur drei der niedlichen Gäste gewesen, nun aber war ihre Zahl auf sieben angewachsen. So beliebt war unsere »Osteria« am Rande des Gletschers geworden!

In Suget Jangal – dem grünen Platz am Rande der Schotterebene des Flusses, wo auf 3850 m unser »Campo Casa«, das untere Basislager, stand, hatte unsere chinesische Begleitmannschaft (Koch, Dolmetscher, Verbindungsoffizier... er hatte nicht viel zu verbinden) inzwischen mit viel Fleiß Gemüsegärten angelegt – – da wuchsen Zwiebel, Spinat, Radieschen – – und unweit davon grasten zwischen Weidenbüschen unsere fünfzig Schafe; es sah idyllisch aus, aber ihre Bestimmung waren die Kochtöpfe der Expedition (... seit damals kann ich kein Schaffleisch mehr riechen!)

Doch da war noch jemand, der mit Interesse die Veränderungen in der Tierwelt von Suget Jangal beobachtete: ein großer Wolf, der in einer nahen Schlucht hauste – – er hat 17 von unseren Schafen gerissen. Obwohl der alte Liu, ein schlitzäugiger, verwitterter Kämpfer aus der Mao-Zeit, mit seiner Flinte immer wieder auf der Lauer lag, hat er ihn nie erwischt. (Heute weiß ich: es war ein Schneeleopard.)

Voll Sorge vergrößerten wir die Gemüsegärten.

Zwischen Julie, mir und dem alten Liu herrschte ein freundschaftliches Verhältnis – aber er beobachtete uns aus den Augenwinkeln, wenn wir wieder einmal in eine ungewöhnliche Richtung loszogen – – manchmal setzte er ein Timelimit fest und bezeichnete verbotene Gletscher. Er war großartig – – und wir wurden sicher zu den ersten Bergmarathonläufern von Sinkiang. Wo wir überall gewesen sind – die Geschichten vom alten

Liu und uns beiden – darüber werde ich erst später erzählen, in einem Buch über dieses Bergland... das wunderbare Gras von Suget wächst inzwischen weiter.

Wieder und wieder steigen wir schwer beladen hinauf zum K2-Gletscher, streben durch blaugrüne Säulengänge dem Nordsporn zu...

Eistürme! Diese schimmernden Gebilde, bis zu fünfzehn und mehr Meter hoch, gleichen wegen ihrer Regelmäßigkeit einem Aufmarsch des Ku-Klux-Klan. Manche sind hohl, und wenn man in sie hineinbrüllt, gibt es einen seltsamen Ton. Sie ändern fortwährend ihre Gestalt durch langsames Abschmelzen, und hin und wieder stürzt donnernd einer in sich zusammen. Darum hält man besser einen Respektabstand ein. Nicht nur der K2-Gletscher hat diese Eistürme... Die mächtigsten und über viele Kilometer reichenden Prozessionen haben wir während einer unserer Filmexkursionen auf dem von uns erstmals bis an den Wandfuß des Achttausenders erkundeten Gasherbrum-Gletscher angetroffen. Sie gehören zum schönsten, was ich je gesehen habe – es ist ein schimmerndes Märchenreich – als wäre es aus Kristall!

Julie und ich haben für unsere Filmarbeit, die Entdeckerlust und die Lastenschlepperei rund 1000 km in der Bergwüste zurückgelegt – beide haben wir je ein paar Schuhe durchgelaufen!

Die ersten Zelte des Hochbasislagers stehen bereits Ende Mai auf 5000 m, aber die Transporte da hinauf gehen fortwährend weiter, noch bis Anfang August – als es längst schon die Hochlager am Berg selbst gibt. Eines der originellsten Hochlager wird Lager 1: es ist eine Gletscherspalte, 5800 m hoch in der Steilwand, nahe der Kante des K2. Dort verbrachten auch Julie und ich etliche Tage, um uns an die Höhe zu gewöhnen, für weiter oben zu akklimatisieren – und natürlich dabei zu filmen.

Julie war ja noch nie zuvor auf 8000 m gewesen! Jetzt waren wir erstmals auf Tuchfühlung mit dem K2 und ahnten die gewaltige Masse des Berges, die kaum vorstellbare Höhe des Sporns... 3600 m sind eine Zahl, die wenig sagt – – je weiter man hinaufkommt, desto dünner sind die Luftschichten, desto größer ist die Anstrengung, desto größer sind die Gefahren der Höhe – –

Wie wird es ihr dort oben wohl gehen? Am Nanga Parbat gab ihr der Expeditionsleiter Pierre Mazeaud – kein Freund von Frauen auf solchen Unternehmungen – nicht die geringste Chance: sie durfte nicht über 5000 m hinauf... ein harter Brocken für Julie, die vier Jahre früher den 6768 m hohen Huascarán in den Anden bewältigt hatte! Trotz vorheriger medizinischer Tests weiß auch heute noch kein Mensch mit Bestimmtheit, ob er wirklich für die ganz großen Höhen »gemacht« ist – ohne es ausprobiert zu haben. So war ein erstklassiger Bergsteiger unserer Expedition, der Steilwandfahrer Marco Cortecolo, plötzlich im Lager 2 in einer höchst gefährlichen Situation: Bergkrankheit! Nur Sauerstoff und die Zusammenarbeit der ganzen Expedition konnten Marco vorm sicheren Tode retten – – statt seiner gewagten Skiabfahrt über die glatte Steilflanke neben dem unteren Drittel des Sporns haben Julie und ich dann vom Lager 1 aus seine Rettung an den Fixseilen gefilmt – – er war nicht mehr in der Lage, die Beine zu gebrauchen, und ohne die ununterbrochene Kette der in der Wand an Fels- und Eishaken fixierten Seile hätte ihn wohl niemand mehr rechtzeitig heruntergebracht.

Doch abgesehen von diesem bösen Zwischenfall ging es am Sporn meist fröhlich zu...

5800 m – Leben in einer Gletscherspalte

»Mach die Eiszapfen nicht kaputt, wenn du die Tonfilmklappe schlägst!« gebe ich meine Drehanweisungen an Pierangelo, den bärtigen, bärenstarken Bergamasker. Aber das war nur ein Scherz – einerseits haben wir genug Eiszapfen, andererseits steht Pierangelo ja noch draußen vor dem kalten Zapfenvorhang des Lagers 1 in der Badehose! Dort draußen brennt nämlich unbarmherzig die Sonne nieder, während es gleichzeitig hier im Inneren der Gletscherspalte, die uns als Behausung dient, Minusgrade hat. Darum herrscht hier wahrlich kein Mangel an Eiszapfen, sie wachsen rascher nach als Pilze im Wald (in einer täglichen »Regen«- bzw. »Tropfzeit«, die zwei Stunden dauert – eine der Schattenseiten dieses Lagers). Du kannst sie dir immer pflücken – – für Suppe aus Eiszapfen, Tee aus Eiszapfen, superleichtes Freezedry-food, mit Eiszapfen zubereitet, und wenn du genügend lange in der Höhle sitzt, hast du bestimmt auch Eiszapfen im Bart! Ich filme durch Eiszapfenvorhänge Zelte unter Eiszapfen – Julie hat sogar ein Mikrophon zwischen zwei Eiszapfen aufgehängt. Es ist soweit! »Klappe 1... Tschak« brüllt Pierangelo durch seinen Bart, dass es in der ganzen Höhle klirrt, und während die Kamera läuft, das Tonband läuft und die Aktion abläuft, rennt Pierangelo in der Badehose rasch wieder hinaus in die Sonne.

Eintausend Meter Film, allein nur über den Aufstieg und das Leben dort oben und den Ton dazu – das haben Julie und ich so nach und nach am Nordsporn des Berges aufgenommen. Elftausend Meter werden es über die ganzen vier Monate der Expedition! Es gehört ein Quentchen Idealismus dazu, viel Glaube an das, was man erreichen will! Meist helfen die Bergsteiger da nicht sehr gern mit – Julie und ich wissen das vom Nanga Parbat –, aber hier ist es besser: so will Luca morgen die ARRI-Kamera hinauf ins Lager 2 tragen – das sind 900 Höhenmeter im steilsten Eis und Schnee! Julie und ich werden außerdem unser eigenes Zelt, das Tonbandgerät und die nötige Ausrüstung hochnehmen: als Filmteam einer Expedition bist du wegen der oft unberechenbaren Ortsveränderungen, die diese Tätigkeit mit sich bringt, in der »Lagerleiter« schwer einplanbar. Als wir das erste Mal in die Gletscherspalte kamen, war in keinem der Zelte Platz für uns. So haben wir uns dann in unserem Biwaksack in ein selbst geschaufeltes Schneeloch gelegt – was auch ging. Seitdem haben wir stets unser englisches Superleichtzelt im Rucksack, wenn wir höhersteigen – mit so etwas kann man auch einen Gipfelangriff am K2 wagen!

Mit mehr und mehr Lastentransporten von unten wird die Gletscherspalte immer wohnlicher eingerichtet: Da gibt es neben den Zelten Kochnischen im Eis, Sitzbänke im Schnee, Haken zum Aufhängen der Ausrüstung an der Wand (wohlweislich nicht dort, wo Eiszapfen wachsen, sonst hast du am nächsten Morgen alles Mögliche in Kompaktform beisammen, gewissermaßen UNIBLOCK »im Stück«!). Ja, es gibt sogar ein »stilles Örtchen«, wo man sich angeklammert an den als Selbstsicherung eingerammten Pickel über einem 50 m tiefen Abgrund erleichtert.

Nur wenn die Lawinen kommen, vergeht allen das Lachen. Da ist plötzlich ein Rauschen, dann faucht es über die Spaltenöffnung hinweg und oft auch noch etwas »zur Tür herein«, weshalb die Spaltenbewohner eine Art Schutzdach über die Öffnung gezogen haben – wenigstens teilweise.

Leben in einer Gletscherspalte auf 5800 m Höhe, mitten in einer Steilwand – – – der Mensch gewöhnt sich an alles!

7000 m – aufgeben oder weitermachen?

»Wir haben genug gefilmt mit der großen Kamera: Jetzt packen wir nur noch die Gipfelkamera und ein paar Magazine hierfür ein und versuchen ihn selbst...« Vor zwei Tagen ist unseren Spitzenleuten Agostino und Joska der Gipfel geglückt, zwei andere, Sergio und Fausto, sind dabei, ihn zu erreichen. Keiner von ihnen auf der erträumten Direttissima über 8000 m, sondern auf der Japanerroute, links hinaus. Aber der Gipfel ist der Gipfel! Besonders am K2... wo du schon sehr viel Glück mit dem Wetter haben und in Bombenform sein musst, um überhaupt hinaufzukommen. Besonders wenn ohne Sauerstoff gestiegen wird, so wie auf unserer Expedition (nur drei Sauerstoffflaschen gab es am Berg, für medizinische Hilfeleistung; sie wurden auch gebraucht – für Bergkrankheit und Erfrierungen).

Die Frage nach dem Aufgeben oder Weitermachen hat es für uns beide nur während ein paar Minuten gegeben: Als Francesco Santon, der Expeditionsleiter, über Funk anfragte, warum wir eigentlich noch immer auf dem Sporn filmten, wir hätten die große Kamera nun doch schon so lange hier oben – ob wir nicht Lust hätten, das untere Basislager am Fluss eine Weile zu besuchen?

Es klang wie ein schlechter Scherz. Nein, wir hatten keine Lust. Wir wollten den Gipfel auch – oder doch wenigstens so hoch wie möglich hinauf!

Und so sind wir mit unserem Leichtzelt und allem Drum und Dran an Ausrüstung, Verpflegung, Kocher, Gipfelkamera, Tonbandgerät etc. hinaufgestiegen zu einem Erker seitlich der Kante, der hier in ca. 7000 m Höhe wie eine Skischanze über eine ganze Flur von Gipfeln ragt. Unermessliche Fernen breiten sich vor uns aus, Berg an Berg, dunstige Täler dazwischen, glitzernde, schimmernde Bänder der Gletscher wie träge Riesenschlangen...

Seit wir das gesehen haben, wissen wir: nein, die Spitze des K2 ist für uns nicht alles. Das Leben über dem Meer der Gipfel in der Tiefe ist mindestens genauso viel. Tage, in denen die Ferne dir gehört...

Und auch die Nähe, dort unten: der kleine Sattel über dem Skyanggletscher, wo wir erst unlängst waren, weiter draußen in der fahlen Furche des Shaksgamtals der runde Kopf des Tek-Ri..., alles Plätze, die wir kennen... »Siehst du den Nanga Parbat?« Julies Stimme: »Ja, dort am Horizont, ganz allein« – – – »Und die vielen großen blauen Berge weiter im Westen?« – – »Der Rakaposhi ist einer von ihnen, der Kunyang Kish, die Baturamauer – all die Siebentausender über dem Hunzatal...« Dort waren wir letztes Jahr.

Ein Tag über der Tiefe. Nähe und Ferne...

Einen Gipfel am Ufer unseres K2-Gletschers dort unten, einen Sechstausender, haben wir Shipton-Peak getauft. Es muss sein Aussichtspunkt gewesen sein.

In der Nacht kam der Sturm. Es riss und rüttelte am Zelt, denn der Platz auf der Schanze war sehr exponiert. Du beginnst dann, an die zweitausend Meter Abgrund zu denken, über denen das Zelt steht, und wie gut die Nähte wohl genäht sein mögen, und ob man nicht doch etwas größere Steine auf die Verankerungen hätte legen sollen – – »So ein Hochlager ist immer eine Lotterie! Steigst du wegen eines Sturmes ab, versäumst du vielleicht den einzig möglichen Tag für den Gipfel! Bleibst du, so können dir bei Schneefall Lawinen den Rückzug abschneiden.« Die ewig sich wiederholenden Gedanken einer Sturmnacht im Himalaya. – Am Morgen habe ich Kopfschmerzen; aber das legt sich wieder. Der Sturm geht weiter, bis zum Nachmittag. Doch wir bleiben. Dann kommen überraschend von oben Agostino und Joska herab, zurück vom Gipfelgang, und von unten Soro und Giuliano – Umarmungen, Glückwünsche. Wir freuen uns mit ihnen; dann nehmen wir ein Interview auf. Filmteamarbeit. Doch wir sind auch Bergsteiger aus Leib und Seele! Und morgen packen wir's, hinauf zum Lager 3! Dann Lager 4 – – und dann kommt das große Fragezeichen.

7600 m – auf eigene Faust über die Himmelsleiter

Lager 3 steht auf einem scheußlichen Platz! Zwei Zelte mitten in einer »sausteilen« Schneefläche, die nach oben noch wenigstens hundert Meter hinaufreicht. Der kleinste Rutsch an Pulverschnee wischt das ganze Ding aus der Wand! Ohne jeden Halt zweitausendfünfhundert Meter in die Tiefe! Es muss wirklich gräulich sein, in so einem Lager zu schlafen. Auch wenn von den Felsen des Sporns ein Fixseil waagrecht hereinreicht – es ist sicherlich sehr unangenehm, an ihm hängend aufzuwachen, das Zelt über den Kopf gestülpt. Als ich mit Julie und Giorgio, der sich uns angeschlossen hat, eintreffe, suche ich sofort verbissen nach einem besseren Platz – – aber es ist schon zu spät, ich finde keinen. So wähle ich wenigstens den Rand des Schneefeldes, wo wir uns an dem im Fels darüber verankerten Fixseil direkt sichern können. Giuliano ist aufopfernd bemüht, mir beim Ausschaufeln einer kleinen Plattform beizustehen, was bei dem steilen Hang bis in die Dämmerung dauert; dann beginnt Julie mit dem Zeltaufstellen; wir rasten keuchend eine Weile und helfen ihr dann. Keine sehr gute Nacht – die Kocherei dauert endlos! Dabei sollte man bis zu sechs Liter trinken, pro Tag! Aber wer kann jemals soviel Schnee schmelzen, zum Teufel! Auch wenn es rundherum genug davon gibt... Ich bin grantig und ziemlich k.o....

Morgenlicht: Das Wetter ist schön, aber heute sind alle Spätaufsteher. Auch Julie hat eine miserable Nacht gehabt. Man merkt, dass hier auf 7600 m das Leben schon weitgehend auf Sparflamme brennt. Nicht umsonst habe ich vorgestern etwas tiefer eine Sauerstoff-Flasche für Notfälle deponiert. Giuliano steht ohne Hemd da und lässt sich die Elektroden einer Herzmessmaschine an der Brust befestigen. Dann gehen er und Soro los, später Julie und ich, während Giorgio zunächst noch weiterschlafen will. Luca – ein weiterer Zeltinsasse – gibt auf und steigt ab. Wir bewundern ihn: Trotz einer Kocherexplosion, die ihn im Gesicht schwer verletzt hat – die Heilung dauerte Wochen –, wollte er einen Versuch wagen.

Über uns sieht es jetzt grimmig aus: der gewaltige Abbruch des Hängegletschers, der unter dem Gipfel klebt! Rechts davon wilde Türme aus fahlgelbem kristallinem Kalkgestein, Abbrüche dazwischen, alles hintereinander gestaffelt... eine richtige Himmelsleiter! Erst gipfelwärts scheint sie sich zurückzulegen. Die Direttissima!

Julie und ich haben trotz eines morgendlichen Formtiefs unser ganzes Lager wieder zusammengepackt, steigen mühsam zu den Felsen eines ersten Abbruchs auf. Keuchend wird er bewältigt, mit langsamen Bewegungen – als wäre man ein Roboter. Immer wieder hält man inne, nur um zu atmen. Trotzdem fühlen wir uns jetzt beide wieder gut, und es erfüllt uns mit Freude.

Nach einem steilen Schotterfeld ohne Fixseilsicherung, das wir wegen des losen Gesteins im Schneckentempo mit äußerster Vorsicht bewältigen, haben wir es nun mit den Steilaufschwüngen der großen Rippe rechts des Hängegletschers zu tun. Wir sind jetzt im gelben Kalkfels. Wenn nur der Rucksack nicht so schwer wäre! Wir rasten, essen und trinken etwas, auf einem schmalen Felsvorsprung. Schön ist es ja, wenn man alles mit sich hat, wenn man so auf eigene Faust vorstößt. Wir könnten jederzeit unser Lager aufbauen – und es würde nichts fehlen.

Wo bloß Lager 4 sein mag? Viel höher kann es nicht mehr sein! Schräg unter uns in Richtung Hängegletscher haben wir vorhin einen Absatz mit Sauerstoff-Flasche entdeckt... ein alter Platz der Japaner, vielleicht ihr

Lager 4? Agostino hat uns davon erzählt, auch von einem Biwakplatz hier oben...

Giorgio ist unter uns aufgetaucht – und gleichzeitig mit ihm böse graue Wolken, die sich langsam von Pakistan her aus dem Südwesten über die Grate schieben. Das sieht echt besorgniserregend aus! Wenig später ruft er zu uns empor, er drehe um, und ob Julie, die noch nie so hoch war, nicht besser mit ihm abstiege... Sekundenlang zögere ich, hängt die Frage drohend im Raum – da gewahre ich Julies Blick: Etwas wie stumme Beschwörung liegt in den dunklen Augen. Nein, ich kann mich nicht mit dem Gedanken abfinden, dass meine Gefährtin möglicherweise in einem Wettersturz sich über die Eisfelder hinunterraufen soll, während ich hier oben noch mein Glück versucht habe. »Mille grazie, Giorgio«, rufe ich in die Tiefe, »Julie non viene!« Wir werden gemeinsam weitersteigen! Hinauf, wenn es geht – und sonst halt hinunter.

Ich sehe, wie Julie aufatmet. Trotz der immer düstereren Wolkenstimmung in der Tiefe, trotz der seltsamen, ungeheuren Helme aus Watte, die nun gegen uns höherwachsen, fühle auch ich Erleichterung. Alles haben wir miteinander geteilt auf dieser Expedition, haben die Lasten gemeinsam geschleppt, den Film zusammen gedreht, davon geträumt, wenn alles gut ginge, hier oben zu zweit in die Direttissima einzusteigen... oder doch wenigstens einer dem andern den Gipfel zu ermöglichen. Vielleicht erholt sich das Wetter noch einmal!

Weiter geht es im Zickzack durch die Steilwand, über uns dräuen die Türme. Dann, am Ende eines Bandes im senkrechten Fels der Kante – – – da sichte ich plötzlich eine Schneemauer, eine Nische! Ein wahres Schwalbennest, in das die Nachmittagssonne hineinscheint. Gelb strahlen die Felsen überall hier das Licht zurück! Der Platz ist so einmalig, dass wir beschließen zu bleiben. Das Wetter hat sich wieder beruhigt. Kaum steht das Zelt, tastet sich Gigio über die Felsen herab, mit seltsam eckigen Bewegungen, dann folgt Almo – – Biwak auf dem Hängegletscher, 8200 Meter, kein Gipfel, Resignation, Enttäuschung, Erschöpfung in den Gesichtern.

Ein paar Trostworte – aber was hilft das schon. Sie steigen ab.

Wir sitzen vor dem Zelt. »It was a good day«, sagt Julie leise. Ja, es war ein guter Tag für uns. Ein wunderbarer Sonnenuntergang taucht später Tausende von Gipfeln in eine Flut von Licht. Wir sind so hoch, dass man meint, bald den Himmel berühren zu können...

8000 m – ein Traum zerreißt im Sturm

Plätze mit Abendsonne bekommen das wärmende Licht am Morgen natürlich später. So warten wir lange, aber schließlich kommt die Sonne auch zu uns. Wir haben nicht weit hinauf heute, das Wetter ist wunderbar, und so legen wir die vereisten Schlafsäcke und alle sonstigen feucht gewordenen Kleidungsstücke zum Trocknen aus – dann lassen wir einfach die Zeit vergehen.

Geräusche von oben! Da sind Fausto und Sergio! Bald wissen wir: Die beiden haben den Gipfel erreicht, doch vorher eine fürchterliche Freibiwak-Nacht verbracht; die Höhe hat sie gezeichnet, Fausto hat sich die Fingerspitzen, Sergio die Zehen erfroren, in ihren Augen ist kein Glück, es ist letzte Anspannung. Aber das wird sich ändern, wenn sie unten sind. Soro begleitet die beiden. Sergio wünscht uns alles Gute für den Gang nach oben. Gegen 13 Uhr brechen wir auf.

Wir haben von Sergio erfahren, dass Giuliano und Adalberto heute mit einem Zelt auf den Hängegletscher hinausqueren und morgen den Gipfel versuchen wollen. In tieferen Lagern, als es noch unklar war, wie Julie sich auf 8000 in Höhe fühlen würde, hatte ich mit dem Gedanken gespielt, vielleicht mit Giuliano zum Gipfel zu gehen. Aber nun bin ich völlig überzeugt, dass Julie über diese Grenze hinaus kann.

Rasche Wolken! Dort drüben, in der Tiefe, im Westen! Sie kommen näher. Schlägt heute das Wetter um? Wir klettern jetzt auf einen Überhang aus gelbem Fels zu, daneben ragt eine senkrechte Wandstufe. Gespenstisch nahe, die Türme über uns, die Direttissima... Gott, gib uns noch einen Tag – nein zwei, an denen das Wetter aushält – denn schließlich möchten wir nach einem Versuch dort oben auch wieder lebend hinunter. Der Gipfel – wird er uns gehören?

Wenigstens ein paar hundert Meter dort oben emporsteigen, erkunden, den Fels berühren, den bis heute noch kein Auge erblickt und keine Hand gespürt hat, wissen, was dort ist – – –

Wieder eine Seillänge, dann taucht ein Erker heraus, das verknüllte blaue Tuch eines Zeltes, das unförmig auf dem luftigen Felsabsatz liegt und ein paar Ausrüstungsgegenstände umhüllt. Kein Mensch ist zu sehen. Dann entdecke ich Giuliano und Adalberto in der steilen Japanerquerung, unterwegs hinaus zum Hängegletscher. Es sieht atemberaubend aus, über der Tiefe. »Buona fortuna!« brülle ich ihnen zu und hebe die Hand – sie winken zurück. Aber die Stimmung wird jetzt immer drohender, die Sonne ist verschwunden, Nebelschwaden ziehen um die Türme, einzelne Schneeflocken tanzen – – – man spürt es wie nahendes Unheil. Julie beeilt sich mit dem Aufstellen unseres kleinen blauen Tunnelzeltes, und ich schleppe alle nur verfügbaren Felsbrocken von rundum zusammen, um die Verankerungen zu beschweren. Nicht ohne Grund: Einen halben Meter vor dem Zelteingang bricht der Erker abrupt und völlig senkrecht zum Hängegletscher ab, wir sehen von unserem luftigen Platz genau auf den Rand des riesigen Eisbalkons hinab – und darunter sind fast 3000 Meter graue Tiefe zu ahnen. Ich muss an den furchtbaren Flug eines der Japaner hinab in die Ewigkeit denken – und schleppe weitere Steine an. Gott, gib uns noch einen Tag ohne Sturm! Doch die Luftmassen geraten mehr und mehr in Bewegung – – –

Würden wir denn fit sein für einen Aufstieg morgen früh? Zurzeit geht es uns beiden gut – trotz der Anstrengung, unser ganzes Lager mit uns hochgebracht zu haben. Der Weiterweg sieht nicht zu schwierig aus von hier, doch alles ist sehr ausgesetzt. Das Problem der direkten Route bleibt zweifellos der Rückweg. Doch welche Überraschungen verbirgt der nächste Aufschwung? Haken und Seil gibt es hier... Wir kriechen in die Schlafsäcke, schmelzen Schnee im Kochtopf – da, plötzlich kippt alles ins Zelt, denn ich bin beim Halten des Topfes einen Augenblick eingedöst. Aufregung, Chaos, rasches Aufsaugen des wertvollen Wassers mit Schneebrocken – zurück in den Topf, weiterkochen,... Minuten erschöpfter Ruhe, dann endlich Tee!

Die ersten Sturmböen! Sie treffen unser Zelt mit voller Gewalt. Draußen ist nun alles in Grau – die andern beiden haben den Schutz einer Gletscherspalte aufgesucht. Schneeflocken wirbeln! – – –

Dann wird die Zeit unwichtig: es zählen nur noch die Fingerbreiten von Neuschnee, der um uns wächst, und die Gewalt des Sturmes in 8000 Meter Höhe! Das Zelt hält dank seiner Stromlinienform und meiner ange schleppten Felsbrocken der Wut der Elemente zwar recht gut stand, aber an Schlaf ist die ganze Nacht nicht zu denken. Wir reden und reden und denken angesichts des wohl bevorstehenden Verzichts, was wir getan hätten, wenn – – – es sind wunderbare Gedanken, der Wirklichkeit näher, vielleicht, weil wir so weit oben sind, Gedanken an den Gipfel, an den Vorstoß in die unbekannte letzte Höhe des Berges, die Direttissima – und an das Leben, das wir begonnen haben – –. Es ist gut, hier zu sein, diesen Platz erreicht zu haben, auch wenn der Sturm uns keinen Schritt weiter hinauf erlauben sollte. Wir sind im obersten Stockwerk unseres wundersam geformten »Hauses«, das einer Pyramide ähnelt – oder einem riesigen Kristall, an dessen sturmumtoster Kante wir uns jetzt wie zwei versteckte Spinnen – gerade noch halten können. Wir kennen ihn jetzt von unten bis oben, unseren »Traumberg«. Wir haben mit ihm gelebt.

Ob sein Gipfel eines Tages uns gehören wird? Morgen? Ein anderes Jahr? – »Ich hätte so gerne gewusst, wie es da oben, um diese Ecke herum aussieht«, meint Julie.

Der Rückzug dauert zwei Tage – viertausend Meter Seil geht es hinab! Manchmal stehen wir bis zu den Knien in reißenden Bächen von Pulverschnee. Adalberto ist bergkrank, und einen halben Tag lang helfe ich ihm längs der Kante hinunter – bis die Luft wieder dichter ist und er alleine absteigen kann (es war hart: dreimal gingen die Verankerungen der Fixseile heraus, Ursache oder Folge kurzer Stürze – für lange Zeit blieb mir davon ein schmerzender Ellbogen). Wir schafften es alle vier ohne Erfrierungen.

Hat es sich gelohnt? Eine seltsame Frage. Sie taucht immer erst auf, wenn du unten bist. Fausto brauchte Tage, bis er unter den Schmerzen der beim Gipfelgang erfrorenen Finger eine Antwort fand: »Ja, ich möchte es nie im Leben missen, dort oben gestanden zu haben – – –«

Julie und mir brachten diese vier Monate des Lebens in der Bergwüste von Sinkiang mehr, als das Erreichen des K2-Gipfels hätte bedeuten können – so sehr wir ihn uns auch beide wünschten. Die Sehnsucht, in diese Landschaft zurückzukehren, hat uns nie mehr losgelassen. Unsere

K2-Nordseite

Karen Diemberger nach einer Vorlage von Dee Molenaar

Erkundungen, Entdeckungen in der phantastischen Gletscherwelt, das grenzenlose Gipfelmeer, das sich im Blau der Ferne verlor, der Aufstieg am wilden Nordsporn des K2 – das alles war ein Teil unseres Lebens geworden, auf den keiner mehr verzichtet hätte. Wir gewahrten, dass wir beide die Stimmen verstanden, die aus diesem menschenleeren Land dringen, an manchen Tagen.

Was sich wiederum bestätigte, war, dass unsere Filmarbeit voll Sinn nicht nur für uns, sondern auch für andere war. Das erfüllte uns mit Freude, und nach Europa zurückgekehrt, gründeten wir das »höchste Filmteam der Welt«: es sollte von nun an unser Weg sein!

Der K2 selbst, dessen Gipfel wir so nahe gekommen waren, blieb seither unser gemeinsamer Traumberg… wie ein Symbol für alles, was die Zauberwelt aus Gletschereis und Wüstengebirge in uns hatte erklingen lassen.

England – Tunbridge Wells
Das höchste Filmteam der Welt

»Look!« – Terry faltet mit seinen groben Försterhänden ein briefbogengroßes Stück weißen Kartons zusammen... in ganz bestimmter Weise... er singt leise vor sich hin dabei, ich sehe, es wird ein Dreieck mit Seitenklappen – jetzt bekommt es noch eine Basisleiste – er ist der reinste orientalische Papierfaltkünstler, nicht nur einer der originellsten Fotoprofis, ich bemerke seinen Stolz, er hat sich das wohl ausgedacht – – und während er, ganz dem Kunstwerk hingegeben, angestrengt an seinem Bart kaut, dämmert es mir auch, worauf er hinaus will, denn die weiße Pyramide, die er jetzt auf den Tisch stellt, kann nur... »that is K2!« sagt Terry überzeugt – fröhlich mit dem Flair des Erfinders – »and here you write THE HIGHEST FILMTEAM and there Julie's curriculum and there your own« – er deutet auf die beiden Seitenklappen, die den K2 aufrecht halten. Phantastisch ist das! – mir geht ein Licht auf: Das ist eine sympathische Erinnerung ans Filmteam, die man den Produzenten auf den Tisch stellen kann – eine Karikatur dazu, Höhepunkte der Karriere, die Adresse... Nein, so etwas verschwindet nicht in irgendeinem Ordner, ist zu originell!

Julie strahlt, schießt mit Riesensätzen zwischen Wohnzimmer und Küche hin und her, beim Tor hinaus, um Holz zu holen, wieder herein – es geht immer alles rasend schnell... ein Riesenhund lungert dazwischen, ein meterhohes gigantisches Wollknäuel aus Neufundland, der kaum aus den Augen sieht – ein natürlicher Puffer in stoischer Ruhe.

Terry wiegt den Kopf und blinzelt mich an: »Man, how could you stand that five months in China?« Wie ich das fünf Monate in China ausgehalten habe? Ich zucke die Achseln. Recht gut – schade, dass sie vorbei sind, denke ich bei mir. Terry ist in Hochstimmung: Seit der K2-Nordkante ist Julie die höchste Frau Englands! Freilich, wenn sie noch dazu den Gipfel gemacht hätte – – – Aber das wird schon noch kommen. Er hat nichts gegen einen neuen Start: Sohn und Tochter sind großjährig, außer Haus – Julie kann jetzt ungehindert in die Welt hinaus. Und Julie? Dennis und ich, sagt sie eines Tages, hätten in ihr diese Unruhe nach der unbekannten Weite geweckt...

Doch sie liebt gleichzeitig ihr Zuhause, es hat so viele Facetten, zwischen denen sie wie ein froher Schmetterling gaukelt, manchmal still verharrend, in sich gekehrt, an irgendetwas hingegeben, dann wieder rastlos unterwegs. Seit 25 Jahren ist sie mit Terry verheiratet – leben sie zwischen den Hügeln von Sussex. Einmal war sie mit Norman Croucher, dem Bergsteiger mit zwei Holzbeinen, in den Anden unterwegs, einmal mit Dennis im Yosemite, jetzt steht der Himalaya vor der Tür, hat sie mit Macht gepackt. Aber da ist noch etwas, das – nicht geringer – wie eine alles durchdringende Kraft mit ihr lebt – etwas, von dem sie sagt, ich fände es auf meine eigene Weise in den Bergen... und das sie in der Harmonie der »Martial arts«, in Budo und Aikido entdeckt hat. Es ist wohl schwer, das jemandem zu erklären: Der »Kampfsport« erscheint je nach der Art und auch nach der Weise der Ausübung dem outsider oft brutal, mir jedoch – so wie ich ihn erlebte – eher wie eine Ballade höchster Disziplin, ein Eingehen, Reagieren auf einen gedachten Gegner – dessen Feind du nicht bist –, ein Spiel in tiefster Konzentration, das letztlich zum ICH und ES führt, dem Zentrum des Seins – aus dem du ungeahnte Kraft, Ausdauer und irgendetwas schöpfst, wofür es kein Wort gibt... Ich bekam und bekomme »es« noch immer von den Bergen, und es war das, was Julie und mich gegenseitig so sehr verband. Seltsamerweise aber eigentlich ist es ganz natürlich – wurde mir das auch in irgendeiner Weise zuteil, wenn ich oft eine Stunde nur dasaß und den »Kämpfenden« – oder Meditierenden – zuschaute. Der ganze Raum um sie war mit Energie gefüllt, es war wie eine einzige große Seele, die durch ihre Bewegungen zog... Auch ich tauchte darin ein, war erfasst. David, der Sensai – der Lehrer, ein Mann, den ich wegen seiner Einfachheit und Tiefe – nicht nur für sein unglaubliches Geschick, vor allem für seinen Geist bewundere –, wollte mich immer wieder auf die Matte bringen. Aber ich schüttelte den Kopf: meine Eisbären-Figur und mein Phlegma wären für das nicht geeignet,... und wenn »Blackbelt«-Julie (sie trug den schwarzen Gürtel der Meister) ein Dutzend Mal jemanden durch die Luft wirbelte oder selbst wie ein verlorenes Rad über die Matte rollte – sagte ich mir: ich hole mir die Essenz lieber intuitiv. David ist ein ungewöhnlicher Mensch. Er hat im Leben Julies vieles möglich gemacht. Vor einigen Jahren entdeckte er, dass er Krebs hatte. Dann kam die Krankheit plötzlich zum Stillstand – –

Für Julie gibt es überall ein »Dojo«, einen geeigneten Platz, ein »Zuhause« für ihr Aikido – es kann ein Sandplatz zwischen dem Gletscher und der Bergwiese sein, wie am Nanga Parbat, ein großer Schild aus Eis auf 5000 m, zwischen den Séracs am Fuß des K2... aber es ist immer ein besonderer Platz, man spürt es. Dort setzt sie sich in genau abgezirkelten, harmonischen Bewegungen mit einem unsichtbaren Gegner auseinander, »kämpft«... oder sitzt still auf dem Sand zwischen den Eistürmen, in Meditation versunken; auch eine Stunde und länger.

Ich kann es niemandem erklären, es ist etwas, das man versteht – oder wenigstens ahnt – oder das einem völlig unbegreifbar bleibt... wie das Hinaufsteigen zu einem Gipfel. Julie hat gewiss auch daraus ihre unglaubliche Kraft und Ausdauer für den Himalaya bezogen...

Italien – Bologna
Noch einmal zum Traumberg?

Natürlich. Was sonst! Irgendwie werden wir's möglich machen... Schnaufend steige ich den Hügel bei Bologna empor – sind's hundert, sind's hundertfünfzig Meter? Ich bin schon wieder viel zu dick! In dieser Gegend kennt man Kartoffeln fast nur vom Hörensagen – dafür gibt's PASTA! Tortellini in Brodo, Tagliatelle, Lasagne al Forno, Spaghetti con le Vongole etc. etc. Genug? Bitte, das war nur die Vorspeise...

Ich steige weiter. Natürlich gibt es eine Straße auf den Hügel hinauf – doch ich wähle den Steilhang, aus gutem Grund – – Anschließend gibt es Bocconcini, die im Öl schwimmen, Salsiccia, Faraona, Pollo, Maiale, Prosciutto, Grana – es brutzelt und trieft und duftet nach Gewürzen in den Küchen dieser Gegend! Der Vino der Bauern ist »fantastico« und »genuino« – man muss nur wissen, wo man hingeht!

›Ja‹, denke ich bei mir und wische mir den Schweiß von der Stirn, ›in der Emilia-Romagna ist die beste Küche Italiens zu Hause – haben die Leute ein rundes Gemüt... und nicht nur das.‹

Schnaufend steige ich höher, dem runden Gipfel des Hügels entgegen, wo in dieser ganzen runden romagnolischen Welt mir meine runde Schwiegermutter ein wahres Symbol für diese Gegend – eine zweifellos hervorragend schmeckende »runde« Erfindung der Kochkunst auf den Tisch stellen wird. Mir, meiner Frau Teresa, ihren beiden Schwestern und Ceci, meinem Sohn.

Ich schiele an mir hinab: höchste Zeit, dass ich auf Expedition gehe – ich habe schon wieder zwanzig Kilo Übergewicht! Oder wenigstens eine Woche ins »spartanische« heimatliche Salzburg – da koch ich selber; na – auch nicht immer. Jedenfalls stehen dort die Berge vor der Haustür.

Das höchste hier hingegen sind die Telefonrechnungen, seit es den K2 gibt.

Oder soll ich mit Jogging anfangen? Mir fehlt jede Motivation für diesen unbequemen Sport. Skifahren? Es gibt hier einen weißen »Klapf« in der Nähe – mit hunderttausend Leuten – entweder bist du Slalomspezialist, oder – –

Mein Sohn Ceci ist da großartig! Ein wahres Ski-Ass. Aber die Alpen sind weit weg, nur an ganz klaren Tagen sieht man sie vom Hügel aus am fernen Horizont.

Jedenfalls bin ich froh, dass wir vor einem Jahr die schreckliche Kanallandschaft der Ebene von Portomaggiore verlassen haben – und jetzt hier wohnen, im Apennin.

Wenn ich nicht zu Vorträgen unterwegs bin oder im Himalaya – –

Ceci ist manchmal mein Rückhalt: denn es gibt vier Frauen im Haus! Nicht, dass ich mich beklage – Teresa, meine Gattin, die ursprünglich Richterin werden wollte, ist inzwischen Frau Rechtsanwalt – so muss ich meinen Geist stets entsprechend geschärft halten. Angela ist Ingenieurin und Alida Buchhalterin – das ist ebenfalls von Vorteil. Schließlich: Schwiegermutter – das muss man ihr wirklich zugestehen – kocht hervorragend.

Aber die Berge sind weit weg.

In Peking haben Julie und ich einen rührigen Schweizer kennen gelernt – Expeditionsleiter Stefan Wörner. »He is efficient and a nice guy«, meint sie. Der fröhliche Markus Itten ist mit ihm – wir sind uns sympathisch. Gehen wir zusammen irgendwohin? Stefan hat was »auf dem Kasten«: im Vorjahr (1983) hat seine Baltoro-Expedition einen überwältigenden Erfolg gehabt – Hidden Peak, Gasherbrum II und Broad Peak bestiegen!

Stefan hatte jenen gewissen schweizerischen Humor, der trocken und nicht zu widerlegen ist: »Drei Achttausender in vierzehn Tagen« – das hatte er sich als Vortragstitel ausgedacht... weil der zugkräftig war, nicht weil er jemanden ärgern wollte – doch ein verdächtiges Schimmern war in seinen Augen, als er mir zublinzelte und von einer Plauderei mit Reinhold Messner berichtete. Ja, sich gegenseitig manchmal ein bisschen »stupfen« gehört zum guten Bergsteigerton (und den bewussten Titel konnte sich trotz Kopfzerbrechens zu jenem Zeitpunkt kein anderer leisten).

Stefan Wörner hat ein »Permit« für den K2 – eine Bewilligung der pakistanischen Regierung. Julie und ich könnten mit ihm fahren – aber die Finanzierung? Das Geld, das liebe Geld... wo treiben wir's auf? Das Telefon läuft heiß – zwischen London, Zürich und Bologna... Endlich scheint Julie etwas aufgegabelt zu haben – aber wird es wirklich klappen?

Teresa ist eine gute Gattin: sie wirkt dann, wenn ich nervös werde, voll ausgleichender Ruhe – sie hat Engelsgeduld. Man kann mit ihr ohnehin nicht streiten – versuch das mal mit einer Rechtsanwältin! Außerdem sind Italiener stets sehr gutmütig – Ausländern gegenüber noch mehr – untereinander nicht immer: Avvocato ist ein gängiger Beruf in Italien! Bergsteigerin ist Teresa keine – auch wenn ihr das Everestbasislager gefallen hat. Sie steht irgendwie darüber, ist so ausgeglichen, dass sie die Gipfel nicht anziehen. Aber sie hat Verständnis dafür, dass ich gehe... mein Leben dort oben, das weiß sie, das muss ich leben, es ginge nicht anders.

Manchmal, wenn ich von dort oben zurückkehre, wie ein grönländischer Eisbär vom INLANDSIS zum Ufer des Meeres, gibt es dort eine andere – stille Zufriedenheit.... ein anderes Glück.

Aber jetzt hat es mich wieder gepackt! Der K2! Nie hätte ich gedacht, dass ein Berg schlaflose Nächte bringen kann – weil man nicht weiß, ob man hinkommt oder nicht. Es geht ums Dortsein – der Gipfel, das weiß man, hängt noch von so viel anderem ab... es hilft nicht viel, sich vorher den Kopf darüber zu zerbrechen.

Zürich. Frühling 84. Endlich ist alles klar – wir werden mit Stefan Wörners Expedition fahren... und Engländer wollen einen Film über Julie haben, für ein Programm von »Assignment Adventure«. David South – ursprünglich Geologe – hat ein Schriftwerk hierfür verfasst, so umfangreich wie eine Doktorarbeit. Wir mögen ihn – und Julie ist bereits bis Schottland unterwegs, um die beste Bergausrüstung aufzutreiben. Die Luft vibriert wieder!

Der K2! – –

Werden wir? Werden wir nicht?
Der K2 – –
Das herauszubringen...
Dafür lohnt sich das Leben.

Als kluger Mann hat Stefan Wörner aber auch noch eine Bewilligung für einen zweiten Achttausender eingeholt – der nicht ganz so hoch ist. Für den mir wohlbekannten Broad Peak.

Das Signet unseres Filmteams

Handstreich am Broad Peak – 8047 m

»Ein Achttausender gehört dir erst, wenn du wieder unten bist – vorher gehörst du ihm.«
(Aus meinem Tagebuch 1984)

27 Jahre nach der Erstbesteigung mit dem inzwischen zur Legende gewordenen Hermann Buhl stand ich, sein letzter Seilgefährte, wieder auf dem höchsten Punkt des dreigipfeligen Drachenrückens – mit Englands »höchster Frau«, Julie Tullis.

Hermann Buhls letzter Gipfel wurde für uns beide zu einem Abenteuer, das uns fast das Leben kostete – die Besteigung dieses Achttausenders nur zu zweit, ohne große Expedition, ohne Hochträger, ohne künstlichen Sauerstoff, allein auf uns gestellt, war eine Herausforderung besonderer Art für uns beide. Ja, wir waren vermutlich das älteste Bergsteigerpaar im Himalaya, aber nach zwei Monaten am K2 bestens akklimatisiert und in Hochform – auch haben die Weltberge schon öfter bewiesen, dass Jugend nicht der entscheidende Faktor ist, weder beim Aufstieg noch fürs Überleben. Doch etwas gilt für jeden: Ein Achttausendergehört dir erst, wenn du wieder unten bist – vorher gehörst du ihm...

Als Julie und ich in unserem Biwakzelt in der Nacht auf den 18. Juli in einen todesähnlichen Tiefschlaf sanken, ahnten wir nicht, was der Morgen für uns bereithielt.

Die Lawine

Irgendwo draußen war da gerade ein Rauschen, wie von stürzendem Schnee... eine Lawine?

Sonderbar – denke ich. Als wir in der Nacht hineingekrochen sind in unser Biwakzelt in 7600 m Höhe, nach den vielen Stunden des schwierigen Abstiegs vom Gipfel des Achttausenders, angeklammert an die Felsen des scharfen Grates über einem Abgrund von dreitausend Metern Tiefe, wo man die Gletscher Chinas nur noch schemenhaft erahnen konnte –, da standen die Sterne am Himmel, hatte das zweifelhafte Wetter sich zum Guten gewendet! Was war das für ein Suchen, Meter für Meter, oft zweifelnd über das »Wie weiter?« zwischen Klippen und Schneeschneiden, im schwachen Licht unserer Stirnlampe, der einzigen, die wir hatten...

Ich vergrabe den Kopf im Schlafsack. Ja, das war ein harter Rückweg. Der Abstieg vom Gipfel eines Achttausenders ist immer eine Flucht, hinunter, zurück zum Leben, zu den Menschen – obwohl man gerade erst das Leben gesucht hat, dort oben, wo die Gipfel den Himmel berühren. Und es für unvergessliche Augenblicke fand.

Die steile Schnee- und Eiswand unter der Scharte in 7800 m Höhe hat uns beiden das letzte abverlangt, Seillänge für Seillänge sichernd hinab, auf ein in der Finsternis unsichtbares Biwakzelt zu, das da irgendwo stand, an die Steilwand angeschmiegt, am unteren Rand einer Spalte. Es war nur zweihundert Meter tiefer als die Scharte, aber wir waren müde, und in der Nacht schien es eine halbe Ewigkeit entfernt zu sein. Dann fanden wir es, tauchte es als länglicher schwarzer Fleck aus der Dunkelheit, rettende Insel in der Steilflanke – zehn Uhr nachts. Ende des Kampfes ums Überleben...

Irgendwo draußen war da gerade ein Rauschen, wie von stürzendem Schnee...

Da ist es wieder, dieses Rauschen! Dämmerlicht, der Morgen – 5.30 Uhr. Es kann doch keine Lawinen geben, jetzt! Wir sind in einer Westflanke! Es sei denn – wie elektrisiert reißt es mich hoch, denn in diesem Augenblick trommelt es auf den Zelteingang, rauscht über ihn hinweg, vorbei in die Tiefe, trommelt und trommelt, ich halte verzweifelt die Plane fest, drücke mich an den Berg – »Julie!!« Aber sie hört mich nicht, steckt tief im Schlafsack; Gott, dass wir in der Nacht noch das Zelt mit dem Seil an den Pickeln verankert haben, sonst wären wir jetzt weg – das Trommeln wird schwächer, ich kann kaum atmen vor Aufregung, das Zelt hat gehalten. Mit zitternden Fingern öffne ich den Reißverschluss, hastig, so schnell als nur möglich: ein Wall von Schnee vor dem Eingang, Tiefschnee überall, es schneit lautlos... ein Wettersturz in der Nacht! Er hat uns im Schlaf überrascht. Wir haben ihn nicht bemerkt. Die Situation ist so fürchterlich, die Gefahr so immens – zweihundert Meter Schnee im Hang über uns, die jeden Augenblick kommen können – dass ich für Augenblicke keine Worte finde, als wären meine Gedanken eingefroren, erstarrt in der Erkenntnis der Hoffnungslosigkeit, im Bewusstsein, dem Tod auf der Schaufel zu sitzen, ohne Ausweg. Vielleicht trennen uns nur noch Minuten vom Ende. Ich habe Angst, das Julie zu sagen, Angst, meiner Gefährtin das einzugestehen, aber es ist die Wahrheit: »Julie – Lawinen überall! Wir müssen sofort weg! In ein paar Minuten müssen wir hier fort sein! Vielleicht ist es schon zu spät, aber vielleicht gibt es noch einen Ausweg, wenn wir ganz schnell sind!« Ich sehe in ihren Augen, dass sie verstanden hat, aber wie sie sich aufrichtet, kommt schon der nächste Schwall, wie ein Wasserfall von oben. Ich bin hochgeschnellt, und keuchend, mit rasend schnellen Armbewegungen, gelingt es mir, die sich auftürmende und gegen das Zelt drückende Flut zu teilen – sie zur Hälfte den Hang hinab und zur anderen Hälfte in die tiefe Spalte gleich neben dem Zelt zu befördern. Für Minuten ist sie unsere Rettung, denn der weiße Schwall trifft zwar unser pralles, festverankertes Perlongehäuse voll, aber das mit Metallbögen verstärkte Minischlauchzelt, eigentlich nur für eine Person bestimmt, bietet so wenig Angriffsfläche und der Schnee gleitet sofort in die Spalte daneben hinab – zum guten Teil noch ehe er auf das Zelt drückt –, dass wir auch diese Lawine überstehen.

Am Eingang freilich, wo die Spalte fehlt, ist es eine Katastrophe! Trotz meiner Bemühungen ist ein Teil des Schnees ins Zelt eingedrungen, wo Julie in aller Hast versucht, das Notwendigste zusammenzuraffen oder, ich weiß nicht, zuerst in die Bergschuhe hineinzukommen – es ist ein Chaos, etliches ist im Schnee verschwunden, wir graben fieberhaft nach dem lebenswichtigen Kocher, rufen uns in einer Art Countdown alles zu, was wir unbedingt haben müssen, um lebend von diesem Berg hinunterzukommen, für den Fall, dass wir nicht in einer Lawine enden. Weiß der Himmel! Da kommt der nächste Schwall! Ich habe erst einen Schuh an werfe mich gegen die Schneemassen, rudere wie ein Verrückter gegen den Strom, der auf das Zelt eindringt! »Julie, gib acht, dass unsere Schuhe nicht verschwinden, ohne Schuhe, das ist das Ende!« Nichts wie fort von hier, das überleben wir nicht mehr lange, hier! Vorbei – es ist wieder vorbei mit dem Wasserfall aus Schnee. Ich ringe nach Luft. Wo ist der Schuh? Der zweite Schuh! In der Tiefe verschwunden? Das Zelt ist halb voll Schnee. Julie befreit sich keuchend, sie hat jetzt die Bergschuhe an – ich sehe es mit Erleichterung. Dann erfasst mich die Panik: »Julie, wo ist mein zweiter Schuh, ich kann ihn nirgends finden!« – »Er war gerade noch hier – nein, hier!« Sie durchwühlt den Schnee im Inneren des Zeltes, ich grabe am Eingang. Ohne Schuh – das ist an einem Achttausender der Tod. Für Minuten verblasst der Schrecken der Lawinengefahr. »Kurt – ich habe ihn!«

Dieser Aufbruch im Schneetreiben in 7600 m Höhe in einer fast hoffnungslosen Situation ließ das Finden eines simplen Bergschuhs wie ein Wunder erscheinen. Er ließ uns auch begreifen, ebenso wie die folgenden Tage, dass wir entweder den Abstieg gemeinsam schafften oder beide untergegangen wären. Das Zelt blieb zurück, die Schlafsäcke und alles Notwendige hatten wir mit uns. Zum Glück verbanden wir uns mit dem Seil. Zwanzig Minuten nach dem ersten Schneerutsch waren wir bereits unterwegs, tastend im steilen Neuschnee über den blauen Séracmauern des Broad Peak in 7500 m Höhe. Wir kamen nicht weit. Etwa um 6.15 Uhr löste sich eine große Lawine genau über uns in einem Couloir in den Felswänden des Grates...

... alles dreht sich, unten ist oben, oben ist unten, furchtbare Gewalten, gegen die Widerstand zwecklos ist, schleudern dich, tragen dich fort, drehen dich, wollen dir den Atem nehmen... der Mund ist voll Schnee, du spuckst ihn aus, bekommst einen Augenblick Luft, gleichzeitig den Mund voll Schnee... da ist wieder etwas Luft... dann bist du wieder drin... jetzt geht es den Broad Peak hinab... das wird es wahrscheinlich sein, das Ende... aber noch nicht... Luft – nicht aufgeben – da war ein Augenblick Stillstand!... Ich spüre das Seil... weiter, im wahnsinnigen Wirbel... o Julie, du auch... auch irgendwo machtlos im Wirbel gefangen, der kein Ende nimmt... nicht aufgeben... wir dürfen nicht aufgeben, auch wenn es das Ende ist... Luft... furchtbare Drehungen... Überschläge... Schläge... Luft... niemand kann ihn beenden, den Wirbel... nur er selbst... Ich will nicht...muss um Stillstand kämpfen... und Luft... ein Schlag... das Seil zieht... nein, ich lasse es nicht zu... festhalten... Stillstand!... Stillstand!!...

Stillstand. Ich bin zwischen Eisblöcken verklemmt. Die Lawine ist verschwunden.

Der Himmel da oben, blau. ich kann mich bewegen, richte mich auf: Eisblöcke, das Seil geht straff nach unten... Wo ist Julie?

... Die Gestalt, regungslos auf dem Rücken, die Arme ausgebreitet, den Kopf nach unten, bergab, im Hang unter mir; das Gesicht kann ich nicht sehen...

Es ist Julie.

Großer Gott, las sie nicht tot sein...

»Are you hurt – bist du verletzt?« rufe ich.

Sekunden der Ewigkeit... Gib Antwort!

»I am allright – but I cannot move – please help me to get up!«

Ihre Stimme. Sie lebt.

Bald habe ich sie aus ihrer Lage befreit – die Lawine hat sie, als ich zwischen den Eisblöcken zum Stillstand kam, kopfüber hinausgeschleudert in den Hang, in welcher Stellung sie dann auf dem Rücken liegenblieb. Wir können es kaum begreifen, dass wir beide unverletzt sind: Wenn wir emporblicken, sehen wir eine haushohe senkrechte Eiswand, über die wir mit der Lawine herabkamen, ehe wir in dem steilen Trümmerfeld aus Eisbrocken landeten. Die Schneeflut hat uns etwa 150 Meter über die Séracs gerissen. Wir haben unglaubliches Glück gehabt. Es schneit nicht mehr. Durch ein Loch in den Wolken blickt der blaue Himmel.

Im Schutz eines riesigen Eisturms hocken wir uns in den Schnee. In unsere Gesichter sind noch die letzten Minuten geschrieben – wir sind seelisch durchgerüttelt, auch wenn uns nichts passiert ist. Wir kochen Tee und werden langsam ruhiger. Julie spürt als Folgen eines Schlages Schmerzen am Oberschenkel, und ich habe einen schwarzen Fleck, einen Bluterguss, überm linken Auge. Kleinigkeiten. Ich habe meine Schneebrille verloren, und die Lawine hat Julie die Handschuhe ausgezogen... wir finden Ersatz im Rucksack, außer für die Schneebrille – aber das alles kümmert uns derzeit wenig. Im Vergleich zu dem, was hätte sein können – – Immer wieder blicken wir uns an: dass wir beide hier sind! Ohne Seil wäre jetzt jeder von uns irgendwo, allein, ohne Hilfe oder Möglichkeit zu helfen, ohne zu wissen, ob der andere überhaupt noch am Leben war – wir hätten uns vielleicht nie mehr gefunden.

So verlor ich 1957 Hermann Buhl an der Chogolisa.

»Als ich im Steilhang lag«, höre ich Julies Stimme, »da war nur der schweigende Himmel über mir, alles war still um mich – – – plötzlich fragtest du, ob ich verletzt sei – – – Da wusste ich, dass du lebst – –«

Nachdenklich schlürfe ich den Tee aus dem Deckel des Aluminiumtopfs, und mein Blick führt von Julie, die nun ebenfalls still ins Trinken vertieft ist, empor zum Grat des Berges...

Was hat mich denn wieder auf den Broad Peak steigen lassen – nach einem halben Menschenleben? – Wollte ich die Erinnerung meines ersten Gipfelerlebnisses im Himalaya in die Gegenwart zurückrufen? Wollte ich einfach die Plätze, wo ich mit meinem Seilgefährten war, wieder vor mir sehen – den Grat, die Flanke mit den Séracs, die Scharte mit dem Tiefblick nach China, den Gipfel mit seiner Wechte – und schauen, ob sie noch so waren wie einst, oder ob der Broad Peak sich über die Jahre verändert hatte? Wollte ich wissen, ob ich als 52-jähriger meinen Achttausender noch so packen würde wie damals mit 25...?

Oder war es eine völlig neue Herausforderung: mit Julie als Team den Berg zu zweit im Handstreich nehmen – ihn aufs neue erobern, in anderer Weise?

Es war wohl das alles gemeinsam.

Während ich unter dem riesigen Eisturm in 7500 m Höhe mit meiner Seilgefährtin langsam den Tee schlürfe und wir so nach und nach das durch das Lawinenabenteuer erschütterte Gleichgewicht wiederfinden, mischen sich in meinen Gedanken die Bilder des Aufstiegs von 1957 mit denen der Gegenwart. Als Julie und ich vor vierzehn Tagen bei einem ersten Vorstoß bis 7000 m kamen, fand ich plötzlich etwas – –

Dieser verkrümmte rostige Haken... das ist ein Haken, den ich kenne! Ein schwerer Ringhaken aus solidem Eisen, einer, der für Fels und Eis gleichermaßen gut war, in den fünfziger Jahren, und wie ihn heute keiner mehr verwendet. Ich weiß noch, wie ihn der Hermann hier in den Fels geschlagen hat, damals vor 27 Jahren, um unser Zelt für das Lager 3 dran zu verankern. Er hat geflucht, weil der Haken nicht hat halten wollen in dem brüchigen, bröseligen Kalkgestein dieser kleinen Felsinsel auf 7000 m Höhe, die wir den »Adlerhorst« nannten. Mehrere Haken waren es! Schließlich, am Abend jenes 28. Mai 1957, stand dort unser Sturmlager, bereit für den Gipfelvorstoß! Bereit für den letzen Akt des als »tollkühn« bezeichneten Unternehmens Broad Peak, den »ersten Achttausender im Westalpenstil« – ohne Hochträger, ohne Sauerstoffgeräte. Ein hartes Abenteuer! Eine echte Hermann-Buhl-Idee! Ein Riesenberg und nur vier Bergsteiger: er selbst, Marcus Schmuck, Fritz Wintersteller und ich – der Benjamin der Expedition. Zu Hause haben viele gesagt, wir sind verrückt. Gott, was haben wir geschleppt! Aber es war einer der letzten unbestiegenen Achttausender! Ein Traum – meine erste Himalayafahrt. Mit dem großen Hermann Buhl... der doch so zierlich von Gestalt war. Aber er war das Idol einer ganzen Bergsteigergeneration – ja, nicht nur: Deutschland, Österreich, die Welt bewundert diesen Mann, der den Eisriesen Nanga Parbat im Alleingang bezwungen hat – den 8125 m hohen »Nackten Berg«, der schon an die vierzig Todesopfer gefordert hat. Nach dem Erreichen des Gipfels hat er beim Abstieg eine ganze Nacht lang in der Wand gestanden, an den Fels gelehnt, auf einem kleinen Absatz in 8000 m Höhe, ein Biwak, das kein anderer überdauert hätte – er war zurückgekehrt. Ich weiß es noch, sehe das berühmte Bild vor mir: die Augen mit dem starken, durchdringenden Blick Hermann

Buhls im von Sonne, Sturm und eisiger Kälte verwüsteten Gesicht unter dem breiten Schlapphut, die Gletscherbrille in die Stirn gerückt. Sein Antlitz war in den 41 Stunden des Gipfelgangs um Jahrzehnte gealtert... Ein Bild, das die Welt bewegt hat. Ja, auch ich bewunderte und verehrte ihn seitdem – nach einem Vortrag schrieb er mir ein »Bergheil« auf meinen Ausweis, den ich fortan wie einen Schatz aufbewahrte. Ich war damals 21 Jahre alt und ahnte nicht, dass ich vier Jahre später auf dem Gipfel des Broad Peak mit ihm die Sonne hinter das wilde Zackenmeer des Karakorum würde sinken sehen.

Bei der Rückkehr über den Westsporn habe ich dann »sein« Gesicht wieder gesehen... in ihm standen all die Strapazen von tausend Metern Abstieg bei Nacht durch die Steilflanke und sein eiserner Wille, durchzuhalten, zum Leben zurückzukehren, wie am Nanga Parbat. Das unvergessliche Gesicht Hermann Buhls.

Viel zu kurz war unsere Begegnung. Wir haben nur diesen einen Gipfel gemeinsam erreicht. Wir hatten große Pläne...

Doch keiner von uns beiden konnte wissen, dass Hermann knapp drei Wochen nach dem Sonnenuntergang auf unserem Achttausender an der Chogolisa sterben würde – wo er auf dem Grat im Sturm einfach aus der Welt hinausging...

»Nun bleiben wir noch etwas hier. Exkursionen, vielleicht noch der eine oder andere Sechs- oder Siebentausender«..., schrieb Hermann nach Hause. Es ist mir, als wäre es heute: Als der Broad Peak uns gehörte, teilte sich die Mannschaft – Marcus und Fritz starteten zu einem Handstreich im leichtgewichtigsten Westalpenstil auf einen Siebentausender in der nahen Savoiagruppe, Hermann und ich wollten uns ebenfalls mit nur einem Zelt, das wir Tag für Tag höher tragen und wieder aufstellen würden, das herrliche »Himmelsdach« der 7654 in hohen Chogolisa zum Ziel nehmen.

Alles schien gut zu gehen – unser »wanderndes Hochlager« funktionierte. In 6700 m Höhe ließen wir das Zelt auf dem Grat zurück und gingen gipfelwärts. Es war der 27. Juni 1957. Hermann war in großer Form und überglücklich: In nur drei Tagen einen so hohen Berg zu bewältigen, nicht in drei Wochen – – das war sogar für ihn wie ein Traum!

Aber es sollte anders kommen...

Eine kleine Wolke zieht über die Flanke herauf, wird größer. Sie hüllt uns ein, verhüllt den Berg. Plötzlich bricht die Hölle los. Graue Fetzen wischen über den Grat... Durch Wolken von Schneestaub kämpfen wir uns höher. Gebückt stemmen wir uns gegen den Sturm...«

Ein Wettersturz – es erscheint uns unfassbar, nach dem herrlichen Morgen, mit dem dieser Tag begonnen hat.

... »Wir müssen sofort umkehren! Der Sturm verbläst die Spur, und dann laufen wir noch auf die Wechten hinaus«, sagt plötzlich Hermann, und er hat recht. Seine letzten Worte, in 7300 m Höhe auf dem Chogolisagrat – denn wenig später geschieht es.

... »Whumm! – es durchzuckt mich wie ein Schlag, alles bebt, die Schneefläche scheint einen Augenblick zu sinken. Entsetzt springe ich nach rechts hinaus...«

Es war die Wechte, die unter Hermann Buhl brach. Aber das ahnte ich erst später, als ich ihn nicht mehr sah, auf ihn wartete und er nicht mehr kam. Als ich zurückeilte, gewahrte ich die Fußstapfen seiner letzten Schritte, die zu dem Abbruch führten – er hatte bei einer Biegung die Spur verlassen und war auf den Wechtenrand hinausgegangen...

Wenn wir das Seil gehabt hätten? Konnte ich ihn halten? Oder hätte er mich mit in die Tiefe gerissen?

Ich weiß es heute noch nicht – und habe oft darüber nachgedacht. Hermann stürzte tief in die Nordwand der Chogolisa ab, vielleicht fünfhundert Meter – wegen einer nachfolgenden Lawine war nichts mehr von ihm zu sehen. Eine spätere Suchaktion verlief erfolglos. Dass ich allerdings von dort oben überhaupt noch herunterkam, verdanke ich wohl einem guten Stern. Und mir selbst – weil ich niemals aufgebe.

Hermann Buhls Gesicht verschwimmt, das weiße Dach der Chogolisa versinkt in der Ferne: Über mir ragt der riesige Eisturm, die glatte, senkrechte Wand des Séracs, über die wir herabgestürzt sind. Noch zeigt sich das Blau des Himmels jenseits des Felsgrats am Broad Peak, doch schon schließen sich die Wolken wieder.

Ja, ich bin dem Schicksal unendlich dankbar dafür, noch mit Julie hier im Schnee zu sitzen. Es erscheint mir wie ein Wunder, dass wir zwei überlebt haben und beide hier sind. Es war das Seil, das verhindert hat, dass die stürzenden Schneemassen uns auseinander rissen...

Ich halte den Blechtopf mit Tee in der Hand und weiß, dass nun wir beide, Julie und ich, den guten Stern nötig haben werden, um dorthin zu gelangen, wo ich den alten Haken fand. Wenigstens vierhundert Meter Abstieg durch Lawinenhänge...

Julie lächelt wieder, der Schreck ist aus ihrem Gesicht gewichen, die dunklen Augen unter dem Steinschlaghelm blicken mich an, und ich sehe es, dass sie die Konzentration wiedergefunden hat, die wir jetzt brauchen werden. Auch sie gehört zu denen, die niemals aufgeben. Sonst wären wir nicht hier.

Werden wir hinunterkommen?

Fünfhundert Meter unter der Séraczone, in die uns die Lawine verschlagen hat, endet der Hängegletscher des Broad Peak in einem senkrechten Abbruch. Zweitausend Meter geht es dort hinunter zum Godwin-Austen-Gletscher. Es wäre völlig sinnlos, von dem Platz, wo wir gelandet sind, gerade hinunterzusteigen...

Wir müssen traversieren, schräg abwärts, zum oberen Ende des Westsporns hin, der einzigen Abstiegsmöglichkeit zum Gletscherboden am

Fuß des Berges. Über diese Fels- und Eisrippe sind wir ja heraufgestiegen, in eineinhalb Tagen – erster Teil unseres Handstreichs am Broad Peak. Zwei Tage später ereichten wir den Gipfel. Jetzt ist es der fünfte Tag, den wir am Berg sind.

Kurz nach acht Uhr verlassen Julie und ich unseren Platz unter dem Eisturm.

– – Milchiges Licht, ziehende Nebel über uns; düsteres Blau auf den Schneehängen in der Tiefe, dann wieder blendende Heftigkeit – –

Langsam, vorsichtig, Schritt um Schritt tasten wir uns bergab. Julie sagt nichts über den angeschlagenen Oberschenkel. Sie bewegt sich etwas eckig. Schmerzt es? – – Ich frage nicht. Wir müssen uns auf die Flanke konzentrieren! Schräg unter uns durchreißt ein mattes Band die schimmernde Fläche als Diagonale – die Bahn einer Lawine; irgendwo werden wir sie queren müssen, wollen wir zum Westsporn hinab. Es ist still, unglaublich still, keine Schneerutsche mehr – als wäre der Broad Peak in einen Zauberschlaf versunken.

Aber in unseren Herzen ist keine Ruhe: Die Drohung hängt über uns in der Gipfelwand wie ein Ungeheuer, das jeden Augenblick erwachen kann. Und es ist mir, als fühlte ich die Spannung in den blauen Hängen – weiß, dass ein falscher Schritt das Gleichgewicht zerstören kann. Es ist alles abschüssiger Neuschnee!

Ich folge zunächst dem Rand der Séraczone, es erscheint mir sicherer. Als wäre hier das Ufer eines unsichtbaren Flusses, den wir durchqueren müssen. Julie ist hinter mir am Seil und setzt so wie ich bei jedem Schritt tief die Eisaxt ein – glücklicherweise haben wir beim Sturz in der Lawine dank der Handschlaufen unsere Pickel nicht verloren. Das erleichtert jetzt die Mühe des Abstiegs und gibt eine kleine Hoffnung, den anderen bei einem Rutsch zu halten. Allerdings, bei diesen Verhältnissen? Wenn der ganze Hang in Bewegung gerät – –

»Wir müssen es spüren, im Schnee, wo wir gehen sollen, abwärts ist das Risiko, dass alles in Fahrt kommt, geringer als beim Queren – aber es hilft uns nichts, wir müssen ja schräg hinüber und dürfen deshalb nicht zu viel an Höhe verlieren!« Ein Dilemma. Ich muss den Rand der Séraczone verlassen, hinein in die ungeheure Flanke!

Also fort vom sicheren Ufer – – –

Wir queren die nahe Lawinenbahn, betreten die stillen Wölbungen weiter, geneigter Hänge.

Zwei Stunden mögen seitdem vergangen sein. Wir bewegen uns in Zeitlupe, jeder Schritt ist ein Tasten; tiefer, weicher Grund, manchmal scheint er bodenlos zu sein. Nein, das ist kein unsichtbarer Fluss, es ist ein schräger, erstarrter Ozean ohne Ende – –

In seinen Wogen bleibt es der Intuition überlassen, in welchem Winkel der Hang noch gequert werden kann, und nur der Instinkt sagt dir, wo. Als wärst du ein Segler in Zeitlupe über den Ozean aus Schnee, und der Preis, um den es geht, ist das Leben...

Wieder ein Schritt.

Schließlich beginnt das Meer sich zu bewegen – in deiner Seele, während du um das Gleichgewicht kämpfst – – während deine Gedanken sich von dir lösen und in den Wölbungen aus Schnee aufgehen – – –

Wieder ein Schritt in die Wogen. Und noch einer. Hypnose der Regelmäßigkeit in Weiß... wieder... wieder... wieder... wieder...

Ja, Julie, wir sind auf dem Boot – in 7400 m Höhe am Broad Peak, und alles ist unter dem Gesetz der Schwerkraft. Die Wogen... Wogen... Wogen... Nur die Träume, die sind darüber – – Und du selbst, mittendrin. Und mitten drin bist du.

Das Leben, diese hunderttausend Schritte. Ja, das Leben ist dem Gesetz der Schwerkraft unterworfen! Wie diese Wogen aus Schnee... Schritte, Wogen, Schritte. Alles Lebendige!

– – Nur die Träume nicht. Sie sind wie das Licht. Sie sind immer oben. Deshalb sind wir ja hier. Schritte, Wogen, Licht, Gedanken... wir. Das Leben – – – Licht und Schwerkraft. Und Träume – – du und du und du, mitten drin. Die Liebe. Sie ist überall.

Wieder ein Schritt. Viele Stunden. Der tiefe Schnee, der jedes Mal nachgibt, in dem du zu versinken glaubst. Müdigkeit, Erschöpfung – sie erfasst deinen Körper, durchdringt deinen Geist! Der Wille: – – Raffe dich auf! Weiter! Hinüber!

Wir gehen, um alles, was das Leben ausmacht, zu retten. Auch die Träume. Sie haben uns hier heraufsteigen lassen.

Gibt es einen sechsten Sinn?

Wenn ja – man braucht ihn in Lawinenhängen.

Es ist mir gelungen, eine Linie durch die Flanke zu legen, die uns wieder zur Aufstiegsroute zurückgeführt hat. Bei einer großen Spalte haben wir sie erreicht – aber nun schmerzen meine Augen vor Anstrengung, und die fortwährende Konzentration auf den Weg, der tiefe Schnee, haben immer mehr Kraft von mir gefordert. Immer härter wird es, dem Bedürfnis nach Entscheidungslosigkeit nicht zu folgen, einer lähmenden Gleichgültigkeit nicht nachzugeben.

Hinter der großen Spalte hocke ich mich in den Schnee. Julie bleibt stehen... »Kurt, willst du nicht meine Schneebrille nehmen, du riskierst sonst, schneeblind zu werden!« Meine Brille hat die Lawine fortgerissen, und die Ersatzgläser haben wir im Rucksack nicht gefunden – die werden oben im mittlerweile verschütteten Biwaklager geblieben sein.

»Nein – ich will nur etwas rasten. Es kann nicht mehr weit zum Lager 3 sein, dort werde ich mir etwas für die Augen basteln.« Sieben Stunden lang spure ich jetzt schon voraus – vielleicht auch mehr. Julies angeschlagener Oberschenkel ist besser geworden, Gott sei Dank! Eigentlich sollte ich ihre Brille nehmen, aber dann hat sie selber keine; außerdem – das Wurstigkeitsgefühl hat gesiegt. Ich bleibe lieber einfach sitzen.

Graue Schwaden steigen aus der Tiefe auf, Nebel kriecht über die Hänge, rundherum sieht man gar nichts, weder Gipfel noch Gletscher, nur

Watte der Wolken, das Wetter ist miserabel. Wird es wieder schneien? Es reißt mich hoch: Wir müssen das Lager 3 in 7100 m Höhe finden, ehe es zu spät ist! »Julie, vorwärts, der Nebel... !« Ich habe es eher zu mir gesagt. Tiefer und tiefer geht es. Verdammt, das ist noch weit! Schon fallen wieder einzelne Schneeflocken! Wenn wir es nur finden, das Zelt. Sonst können wir uns nur mit den Schlafsäcken in eine Spalte oder in den Schnee setzen – ein miserables Biwak. Eine Höhle graben... aber wer von uns beiden hätte wohl noch so viel Kraft. Ich bin müde, und vielleicht eile ich deshalb so bergab: Wir müssen dieses Lager finden!

Julie geht es jetzt besser als mir. Seit bei der großen Spalte die Lawinengefahr zu Ende war, hat meine Spannung abrupt nachgelassen. »Ich will mich noch einmal einen Augenblick hinsetzen...«

Vierzehn Stunden nach der überstürzten Flucht aus unserem Biwaklager unter der Broad-Peak-Scharte klettern wir im Nebel über eine Firnmauer hinab; darunter erkennen wir im Dämmerlicht die vagen Umrisse des Zeltes von Lager 3. Bis zuletzt wurde uns nichts geschenkt: wir hatten zwar nach vielen Rasten den Eiswall über dem Lager an der richtigen Stelle erreicht, konnten aber wegen des vielen Neuschnees an diesem Punkt nicht hinab. Der Umweg forderte die letzten Energien – dann waren wir endlich in Sicherheit.

Haben wir eigentlich Angst gehabt?

Bestimmt in manchen Augenblicken, vor allem am Anfang, bei den ersten Schritten in die grundlosen Hänge hinein, als wir mitten in der Lawinenbahn waren, wo der Schnee bei jeder Bewegung des Körpers langsam ein Stück bergab glitt... dann wieder ganz plötzlich, ohne sichtbaren oder spürbaren Grund, wenn einem die ganze ungeheure Gefahr und die eigene Machtlosigkeit dem Berg gegenüber zum Bewusstsein kam. Aber schließlich gerätst du in einen Zustand, der keine Angst erlaubt, wo du einfach reagieren musst, wie der Segler auf die nächste Welle, die anrollt, oder auf die heranrasende Sturmbö, die das Boot trifft... und du glaubst an eine Art Bestimmung. Du kennst sie nicht, und doch folgst du ihr – denn sie ist dein Weg. Und du weißt: Wenn du nicht alles wahrnimmst und alles tust, um ihr zu folgen, wirst du ihn niemals finden. Du darfst das Boot nicht verlassen.

Eingeschneit, gefangen im Zelt

Es ist, als wollte der Berg uns nicht mehr freigeben. Es stürmt und stürmt. Ganze Wolken von Eiskristallen prasseln von oben über die Kante der Firnwand aufs Zelt. Wir sind heilfroh, es bis hierher geschafft zu haben, fühlen uns geborgen. Julie hat einen gehäuft vollen Topf mit Schnee auf den Kocher gestellt, sie hat den Helm abgenommen, und das glatte Haar über den dunklen, ausdrucksvollen Augen umrahmt ihr schmales, scharfgeschnittenes Gesicht mit den feingeschwungenen

Brauen und der geraden Nase. Sie ist eine starke Persönlichkeit, hat große Ausstrahlung; gleichzeitig ist sie sehr empfindsam.

Ich schaue ihr zu, durch die Schwaden aus aufsteigendem Wasserdampf und den Hauch unseres Atems, wie sie mit dem Messer den Schnee im Topf zerteilt, dann den Kopf zurücklehnt und die Augen schließt. Ich spüre ein Gefühl der Zufriedenheit, des Nicht-mehr-Alleinseins in meinem Denken und Tun am Berg, auch wenn ich weiß, dass meine Gefährtin so rätselhaft und unvorhersehbar sein kann wie die Berge selbst. Vertraut, vorhersehbar – und unvorhersehbar – – vielleicht mag ich sie gerade deshalb. Sie, die ich ursprünglich für eine »Deutsch-Engländerin« gehalten habe, ist besser gesagt »europäisch«: sie ist Spanierin, das sieht man an ihren Zügen, aber auch Deutschland und Frankreich liegen in ihrem Blut – und überdies lebt sie in England, wo sie geboren wurde: wenn unsere Meinungen verschieden sind, was vorkommt, habe ich es gleich mit mehreren Nationen zu tun! Julie öffnet die Augen, blickt mich erstaunt an – habe ich etwas gemurmelt? Ich reiche ihr mit einem versöhnlichen Lächeln ein Stück Schnee für den Topf...

Es braucht dann eine Weile, bis wir alles auf einen gemeinsamen Nenner gebracht haben: Meine Gefährtin ist eigensinnig wie eine Schneeleopardin, und sie hat zweifellos die Ausdauer eines Kamels aus Sinkiang. Mich, den man gemeinhin den »Eisbären« nennt, kann das freilich nicht erschüttern. Ich bin so ausdauernd wie sie, so überzeugt wie sie, mein sprichwörtlicher Dickkopf ist kaum geringer als ihrer... Mit anderen Worten: Wenn unsere Ansichten verschieden sind, gibt es einen gordischen Knoten – zäh wie Leder!

Glücklicherweise haben wir beide dieselbe positive Einstellung zum Leben: Hindernisse und Widersprüche müssen überwunden werden... so haben wir bisher noch immer den unlösbaren Knoten gelöst – im Einverständnis. Aus den vielen Richtungen des Windes, denen die Liebe der Ahnen folgte, hat Julie Güte und Verstehen geerbt; und von den vielen Nationen einen kämpferischen Sinn für Gerechtigkeit! Nicht einfach – –

Doch vielleicht verbindet sich der Widerspruch des Lösbaren und Unlösbaren irgendwo – –

Der »Unendliche Knoten«, vielfach verschlungen, ist eines der acht Glückssymbole des Buddhismus. Er könnte unser Zeichen sein.

Meist sind Julie und ich völlig einer Meinung: Letztes Jahr haben wir zu zweit unser Zelt und die ganze Ausrüstung auf dem Nordsporn des K2 bis rund 8000 m getragen und waren bereit für den Gipfelgang, als ein Wettersturz unseren großen Traum vom »Berg der Berge« zunichte machte. Wir haben ihn nicht aufgegeben – – und was wir vor zwei Jahren am Nanga Parbat begonnen haben, dieses abenteuerliche Leben gemeinsamer Filmschöpfung, das haben wir an dem großen Berg fortgeführt, haben dort das »Höchste Filmteam der Welt« gegründet – – heuer haben wir wieder 9000 Meter gedreht, und Julie hat den Ton dazu aufgenommen, bis wir auf 7300 m in einem der berüchtigten Stürme des

K2 zum fünften Mal den Rückzug über den Abruzzensporn antreten mussten.

Es dauert ewig, bis so ein Topf Tee fertig ist! Aus einem Schneeball wird ein Fingerhut voll Wasser... ehe du zum Trinken kommst, klebt dir die Zunge am Gaumen! – Julie wirft weitere Schneestücke in den Topf... er mag jetzt ein Drittel voll sein. Ich schließe die Augen.

Immer wieder verflüchtigte sich der Gipfel des K2 in den Wolken wie eine unerreichbare Fata Morgana – – immer wenn wir uns ihm näherten, wich er zurück – –

»Du steigst hinauf und hinunter, hinauf und hinunter. Oft gelangst du nicht einmal so weit wie vorher. Du beginnst dieses entnervende, sich immer wiederholende, kraftraubende Höherklettern zu hassen und verabscheust noch mehr, wieder hinunter zu müssen. Doch etwas zieht dich zurück,... irgendwie ist das alles ein Teil der Faszination« – so hat Julie für unseren Film »K2 – THE ELUSIVE SUMMIT« die zwei Monate am Abruzzensporn beschrieben.

War dieses »Yo-Yo« ein Grund für den »Handstreich am Broad Peak«? Musste er kommen? Wie eine stählerne Feder, die du fortwährend aufziehst und loslässt, schließlich schwirrend mit einem Satz aus dem Gehäuse springt?

Der Broad Peak war sicher eine Befreiung für uns. Mehr noch: Er war eine seelische Notwendigkeit!... »All is well, we are both very fit – but there is no conclusion – – – we took the dramatic decision to stay on«, schrieb Julie später ins Filmlog. Doch der Film allein war nicht wirklich der Grund.

Als es schließlich schien, dass niemand den Gipfel des K2 erreichen würde, war die internationale Schweizer Expedition, zu der wir gehörten, nach Hause gegangen. Julie und ich, die beiden Dickköpfe, beschlossen jedoch – aus dem klaren Gefühl heraus, dass das kein Abschluss sein konnte, weder für uns noch für den Film – hier zurückzubleiben, unser Glück am Broad Peak zu versuchen. Das war vor knapp einer Woche... Und sobald wir wieder unten wären, wollten wir eigentlich am K2 nicht nur wegen der Kameras, die wir aus Lager 2 erst herunterholen müssen, so weit hinaufsteigen als möglich... »Something draws you back« – hat Julie gesagt; etwas zieht dich zurück.

Der Broad Peak war sicherlich eine Erfüllung für uns; und eine Befreiung – vom Abruzzensporn. Doch der Gipfel des Chogori steht noch hoch darüber. Ein Berg über dem Berg. Der wird für heuer wohl ein Traum bleiben.

Wir sind eingeschneit. Wer weiß wie lange noch – –

»Tea is ready!« reißt Julie mich energisch aus meinen Gedanken. Ich fahre auf: Nicht möglich! – – dann kippt der Topf vom Kocher ins Zelt, zum Glück in eine abschüssige Ecke. Ich schlucke trocken: den Tee hab ich im Geist schon zehnmal getrunken! Ich lecke mir die spröden, aufgeplatzten Lippen. Solche Ereignisse steigern den Durst in einem Hochlager ins Unermessliche... »Anything is possible«, sagt Julie unerschütterlich, doch teilnahmsvoll und beginnt, mit rasch saugendem Neuschnee wie mit einem Badeschwamm die Bescherung zu beseitigen. Alles ist möglich – ein Schlagwort, das sie liebt. Ich helfe ihr. Jetzt fangen wir wieder von vorne an – – –

Alles ist möglich:... Am Nanga Parbat hat Julie mir im Basislager die zu langen Hosenbeine der von unserer französischen Expedition geerbten Blue Jeans mangels Nadel und Zwirn für den Rückmarsch mit Hilfe von Aufklebern der Pakistan Airlines verkürzt – – sie ist praktisch, zielbewusst und sehr entschieden. Ich hole das Beispiel immer hervor, wenn meine Toleranz in Frage gestellt wird (ich habe ihr daraufhin ein Nähzeug geschenkt – das hütet sie allerdings wie einen Talisman – –).

Nein, sie näht nicht gerne! Hingegen bewundere ich sie für ihr Organisationstalent: sie hat in ihrer Heimat fast die ganze Ausrüstung für unsere Film-Expedition beschafft. Die leichteste und beste! Alles, was wir zwei am Berg brauchen...

Eintönig bröseln die Schneekristalle auf das Zelttuch, gleichmäßig wie die Wassertropfen eines Salzburger Schnürlregens, ich strecke die müden Glieder, lausche dem einschläfernden Geräusch... es ist, wie wenn man am Ufer eines Baches liegt und zuhorcht...

»Tea is ready!« – – Habe ich geschlafen? Gierig schlurfen wir das heiße Getränk. Diesmal sind wir vorsichtig gewesen! Meine Augen schmerzen etwas... das wird doch noch eine Schneeblindheit geben. Julie macht mir einen Umschlag aus den eben verwendeten Teebeuteln. Sie blickt mich besorgt an. Es war ein harter Tag gestern, und so reden wir nicht viel.

Wieder höre ich das zischende Geräusch der ersten Schneestücke, die Julie in den Topf wirft – – für die nächste Portion – – ja, trinken, trinken, trinken! denke ich bei mir und fühle mit Erleichterung die Teebeutel auf den geschlossenen Augenlidern.

Gibt es ein Zuhause in den Wolken? – – Seit zwei Jahren ist der K2 »unser Berg« – auch wenn wir seinen Gipfel nicht erreicht haben. Wir leben mit ihm, und er steht in unserem Denken. Wir werden bestimmt zu ihm zurückkehren, ein anderes Jahr. Ob er uns dann gelingt? Und wenn nicht – – der Gipfel ist nicht alles, vielleicht sollen wir ihn nie betreten. Vielleicht soll der K2 einfach dastehen, über den blinkenden Gletschern – auf uns herabschauen, während wir verborgene Seen entdecken und namenlose Täler. Während wir in Schluchten blicken und über nie betretene Grate steigen, uns durch den Staub der Wüsten im Norden vorankämpfen und das Wasser aus den klaren Quellen an seinem Fuß trinken...

Vielleicht soll es so und nicht anders sein? Ist uns nicht gerade erst das Leben wieder geschenkt worden? Gestern – – – und noch sind wir nicht unten.

Ja, es gibt für Julie und mich eine zweite Heimat in den Wolken, und sie muss nicht der Gipfel sein. Wir möchten dieses Leben nie mehr missen.

Der K2 – – unser Traumberg. An einem großen Berg kannst du alles gewinnen und alles verlieren. Wissen wir, was uns am K2 noch erwartet? Werden wir die Stimme hören?

Es ist immer alles möglich.

*

Es stürmt und schneit weiter. Das fahle Licht, das durch die unangenehm – ja quälend – gelben Zeltwände in meine Augen dringt, wird schwächer, die Schneemenge draußen wächst unaufhaltsam, Fingerbreite um Fingerbreite, ein dunkler Rand, der sich höher schiebt. Von der Bergseite drückt die schwere Masse drohend herein... Hinaus! Freischaufeln! Für eine Weile ist es besser. Dann wächst die Dunkelheit mit ihrem Rand da außen wieder hoch, Fingerbreite um Fingerbreite.

In der Nacht überfallen mich plötzlich schreckliche Schmerzen in den Augen! Schneeblindheit! Verzweifelt wecke ich Julie: doch schon ein paar Sekunden Licht aus ihrer Taschenlampe steigern alles zur Höllenpein! Ironie des Schicksals: Bei der Suche nach Augentropfen im Rucksack in der Dunkelheit entdecken wir jetzt die Reservebrille – sie ist doch nicht, wie wir glaubten, im Biwaklager geblieben. Mit meiner Schneeblindheit können wir von hier nicht fort. Und von Stunde zu Stunde wird draußen eine Flucht nach unten immer unmöglicher.

Wir sind beide schweigsam. Langsam macht sich das Gefühl Platz, dass wir keinen Rückweg mehr haben. Julie pflegt mich, wir warten. Noch nie war das Wetter so fürchterlich, hat der Berg mit solcher Entschiedenheit die Tür zugeschlagen. Ein ganzer Tag vergeht. Und wieder eine Nacht. Wir sind in der Gewalt des Achttausenders. Wir gehören ihm.

Ich denke an den Tag des Gipfels. Als wir in der Scharte auf 7800 m ankamen und über uns die höchste Schneide des Broad Peak aus jagenden Wolken auftauchte und wieder verschwand, war es Mittag, und wir warteten zwei Stunden, dass es besser würde. Es wurde nicht, ja ich war wegen kalter Füße sogar schon am Aufgeben! Schließlich wollten wir wenigstens ein bisschen höher gehen, um aus dem Sturm zu kommen, der durch die Scharte tobte...

Die Nacht zuvor war schrecklich gewesen, kein Platz, kein Schlaf im viel zu engen Biwakzelt – aber vielleicht waren wir auch einfach nervös: Denn es war zwar sicher besser, von einem so hohen Biwak aus zu starten und nicht von einem Sturmlager 3 in 7000 m Höhe – eine Tatsache, die Hermann Buhl schon 1957 nach dem nächtlichen Abstieg erkannte – aber sollte das Wetter umschlagen, dann war man im Biwak auf 7600 m natürlich furchtbar hoch! So haben wir uns jetzt auch nicht viel über die nur 200 m höhere Scharte hinausgewagt.

Plötzlich ein Wunder!... der Sturm lässt nach! Wir begreifen es nicht gleich, aber es ist so: Phantastische Wolkentürme auf der pakistanischen Seite, klarer Tiefblick hinab nach China, Julie und ich können zum Gipfel weitergehen! – Jubel ist in mir und Freude auf ein Wiedersehen mit diesem hohen Platz... die Hoffnung darauf. Hinauf!! – – – Wie sich der Grat verändert hat, seit ich mit Hermann hier war... Wo wir 1957 mit zwei Skistöcken auskamen, heißt es jetzt in ausgesetzter Kletterei eine scharfe Felsschneide entlangturnen! Überall ist das Eis weniger geworden oder gar verschwunden – der Grat ist viel schwieriger als einst! Siebenundzwanzig Jahre sind doch auch für einen Berg voll Veränderungen. Drunten beim Lager 1 habe ich bereits die natürliche Plattform beim Felszahn vermisst, auf die Hermann Buhl und ich das Zelt stellten – es gibt jetzt eine entferntere. Das Auf und Ab der Gratzacken hier oben, der Einsattelungen, Aufschwünge – alles hat sich über die Jahre unglaublich verstärkt!

Wir nähern uns einer Kuppe. Es ist kurz nach 17 Uhr. Rund 8030 m muss das jetzt sein. Julies Gesicht strahlt – –

»Wir sind gleich auf dem Vorgipfel... dort drüben ist der Gipfel!«, sage ich; sie blickt betroffen. Dachte sie, wir wären schon da, oder ist sie erschrocken darüber, wie weit das noch ist? Mir jedenfalls schlägt das Herz bis zum Hals vor Freude! Dort drüben ist das schimmernde Dreieck des Broad-Peak-Gipfels erschienen, so wie ich es kenne, wie ich es damals gesehen habe!

Ein Kilometer vielleicht noch... durch Sonnenlicht und feenhafte Wolkengestalten. Schnell begreift auch Julie, dass trotz der Entfernung uns heute nichts mehr den Gipfel nehmen kann.

Ein ungeahntes Glücksgefühl erfasst uns. Der Weg über die Dachfläche der ungeheuren Schneide des Broad Peak wird ein Gehen über der Tiefe, für das es kaum Worte gibt. Wir folgen ihrem oberen Rand, Wolkentürme ziehen in langsamer Bewegung an uns vorbei... ein zartes Flimmern in der Luft von Millionen blinkender Eiskristalle, die Sonne...

... leuchtende Nebel, die uns verhüllen und wieder freigeben...

Es ist der Zauber des Gipfels. Ein anderer als damals mit Hermann Buhl... doch er ist da, ich spüre ihn.

Da ist die Wechte! Ganz nahe, über den letzten Blöcken des Grates ist die schimmernde Gipfelfläche aus Schnee aufgetaucht. Ich bin überrascht: Von der Scharte bis hierher waren wir kaum mehr als dreieinhalb Stunden unterwegs. Trotz der großen Höhe fühlen wir uns beide gut, und auch das zu wissen, erfüllt uns mit Freude. Nicht, dass wir etwa die dünne Luft nicht an uns verspürt hätten! Zuletzt saß jeweils einer von uns auf einem Block, schaute in das Flimmern der Kristalle, das langsame Treiben der Wolken... und atmete tief, während der andere das Seil zu Ende ging. Es war unbeschreiblich schön: ein Schauen und Atmen, Gehen und Schauen... mit Millionen blitzender Sekunden aus Eis um dich.

Um 17.45 Uhr betreten wir den höchsten Schnee.

Julie – – unser Broad Peak.

Eine irreale Stimmung. Schräges Sonnenlicht. Das Glück. Die Fläche des Gipfels – hier ist sie. Hermann Buhl... wirbelnde Kristalle. Julie... die großen, dunklen Augen, in denen Tränen stehen... Schimmernde Wolken, das Staunen! Die Gasherbrumgipfel...

Einst und jetzt. Vergangenheit und Gegenwart, die sich im Wirbel der Kristalle jenseits der Zeit umarmen. Der Zauber des Berges.

»Just the two of us«, sagt Julie leise. Nur wir zwei sind hier oben.

»Lass uns zum Wechtenrand emporsteigen und nach China hinunterblicken, erst du, dann ich – wir sichern mit dem Seil!« – –

Der Tiefblick ist atemberaubend. Das prachtvoll gewundene Band des Gasherbrumgletschers, die öde Shaksgamfurche in der Bergwüste weiter draußen, die tausend und abertausend Gipfel Sinkiangs... Dort unten, dreitausend Meter tiefer als der Schneesaum zu unseren Füßen, haben wir letztes Jahr erkundet. »Ich kann den Platz sehen, bis zu dem die Kamele gingen, unter den dolomitenartigen leuchtenden Wänden. Und wo wir wegen der vielen Eistürme nicht mehr hingelangten, die mächtige Biegung des Gletschers, hier ist sie, direkt unter uns... der verläuft anders, als wir uns das vorgestellt haben, der zieht zwischen Broad Peak und dem zweigipfeligen Kamelhöckerberg hinein!« Julie, über mir am Wächtenrand, deutet hinab, ihre Augen leuchten... dieses namenlose, menschenleere Land dort unten, dem unsere Sehnsucht gehört. Warum können wir jetzt nicht dort unten weitererkunden? – – Doch der Blick dorthin ist bereits ein Geschenk – –

Wenn wir zurückschauen, wo wir hergekommen sind, sehen wir hoch über der langgezogenen Schneide, hoch über den wallenden Wolken jenseits von ihr die gewaltige Pyramide des K2 in den Himmel ragen.

Unser Berg – – – wann?

Himmelhoch steht er da, in kristallener Regelmäßigkeit, wie ein Gesetz des Unnahbaren.

Er gehört niemandem.

Aber ist er nicht bereits unser Berg? Viele Stunden, zwei Jahre lang. Wir kennen ihn bis in seine höchsten Höhen, er ist unser, auch wenn wir den Gipfel nie erreichen sollten.

Werden wir zu ihm zurückkehren? Es ist wie ein Bann, ein unerklärlicher Zauber: Berg der Berge – ja, du hast uns. Berg der Berge, wie bist du schön!

Wir werden zu dir zurückkehren...

»Ich werde nie jemandem gehören«... sagt der K2.

Rückweg über den Wolken, die Sonne ist schon ganz tief; ich treibe zur Eile, der Abstieg bei Nacht wird keine Kleinigkeit werden! Müdigkeit, Durst. Auf der Gipfelschneide in der Nähe des Vorgipfels hole ich den Kocher heraus und mache einen Becher voll Ovo für Julie. Wir sitzen ein paar Minuten, während das Licht der Sonne vergeht und die Dämmerung hereinbricht. Dann geht es hinunter in die Nacht...

*

Lager 3 über 7000 m; wir sind eingeschneit. Julie und ich warten. Die Schmerzen in meinen Augen sind besser geworden; wir werden den Durchbruch nach unten versuchen, sowie uns das Wetter eine Chance gibt. Von unten kann niemand herauf, es ist zu viel Schnee, der Berg ist jetzt zweifellos menschenleer, obwohl an seinem Fuß drei Expeditionen warten. Julie hat an meiner Schneebrille das eine Glas mit Heftpflaster verklebt – für das schlechtere Auge. Aber am Morgen bemerke ich, dass es nicht mehr nötig ist.

Wir können zum letzten Akt unserer Broad-Peak-Odyssee starten, die zweitausend Meter Abstieg über den Westsporn.

Sie haben uns noch einige Probleme aufgegeben – keine unüberwindlichen: wegen des tiefen Schnees brauchten wir eineinhalb Tage hinunter. Am 24. Juli, neun Tage nach unserem Aufbruch in Richtung Gipfel, stehen wir wieder zwischen den Eistürmen des Godwin-Austen-Gletschers. Ehe wir unser Mini-Basislager unter dem K2 aufsuchen, das wir seit dem Abmarsch unserer Expedition nur mit zwei Trägern bewohnen, wollen wir unsere Freunde und Bekannten in den Basislagern unter dem Broad Peak aufsuchen. Wir feierten fast zwei Tage lang.

Warum?

Das Abenteuer hat keine Jahreszahl und es hat kein Alter.

Zweimal derselbe Berg?

Ich denke an den Sonnenuntergang mit Hermann Buhl auf dem Gipfel und an die Odyssee des Abstiegs mit Julie. Aber nicht nur.

Warum? – Weil ein Berg dem Menschen Erkenntnisse und Dimensionen bringen kann, die er sich sonst niemals auch nur erträumen würde.

Wie oft werden wir noch zum K2 gehen? – – Jedes Mal leuchten andere Facetten eines Kristalls auf. Jeder Schritt ist ein Schritt in unbegrenzte Möglichkeiten.

Julie sagt es einfacher: Wo ich hingehe – kann alles sein.

Ich sage: Wo alles sein kann, da gehe ich hin.

Deshalb sind wir beisammen.

(geschrieben im Herbst 1984)

Tashigang – der »Ort des Glücks«

»It's a crazy life, but it's a good life«, schreibt Julie mir nach Hause. Es ist ein verrücktes Leben, aber ein gutes Leben.

In zwei Wochen treffen wir uns wieder, diesmal in Wien. Unser Dasein führt uns hin und her: Zwischen London, Paris, Venedig, Frankfurt, München... und dem fernen Himalaya. Je nachdem, wo eine Expedition ihr Ziel hat oder wo ihr Film abgesprochen und bearbeitet wird – was oft viele Monate dauert. Letztes Jahr, nach einem Versuch am Everest-Nordostgrat, ging es von Peking über Hongkong schnell für 10 Tage nach England – Julie wollte für Terrys fünfzigsten Geburtstag alle Freunde einladen und eine gelungene Feier inszenieren –, dann brachte uns (ich kam von Bologna) eine Maschine nach Islamabad, und eine Woche darauf waren wir bereits in der Diamirflanke des Nanga Parbat, um für Lutz Maurers »Land der Berge« zu filmen – ehrlich gesagt: auch, weil es uns freute. An Atemluft fehlte es uns beiden nicht: in Lhasa bliesen wir auf Anhieb 99 Lichtlein aus – wir waren an aufeinanderfolgenden Tagen im März geboren und hatten unsere Geburtstage zusammengelegt.

War ich schon früher der »Kameramann der Achttausender«, so hat jetzt das »Highest Filmteam of the World« meist alle Hände voll zu tun.

Einerseits – andererseits müssen wir fortwährend auf der Lauer liegen, um unser unsicheres, abenteuerliches Dasein fortführen zu können. Es ist wie ein Springen von Insel zu Insel – und es gelingt nicht immer. Aber es liegt wohl in unser beider Wesen, niemals aufzugeben... Und so sind wir glücklich mit einem Leben, das oft einem Seiltanz gleicht.

Diesmal brutzeln die Eier in der Pfanne des Schicksals in Wien – beim ORF, auf dem Küniglberg, wo die abstrakte »Burg« des allmächtigen österreichischen Fernsehens thront. In den Gängen des kolossalen Gebäudes, die nach dem harmonischen Prinzip eines unerforschlichen mächtigen Gehirns angelegt zu sein scheinen – habe ich mich noch regelmäßig verirrt. Ein Weg durch den wildesten Eisbruch ist eine Kleinigkeit dagegen, eine bestimmte Abteilung beim ORF zu finden... Für mich jedenfalls. Die vollklimatisierte Luft hat mich – obwohl ihr der Sauerstoff keineswegs fehlt – immer wieder in verzweifelte Ausbruchstimmung versetzt und von Biwaks geradezu träumen lassen... wenn ich vier Wochen am Schneidetisch zubringen musste. Aber das Gleichgewicht der österreichischen Seele beherrscht auch diese Räume – ich kenne einige sehr liebenswerte Menschen dort. So brutzeln die Eier des Glücks also diesmal in der Pfanne des ORF – und deren Stiel hält ein gewichtiger Mann, der über die Finanzen der Abteilung Wissenschaft entscheidet: Magister Peter Pfannenstiel. Sein Gesicht hat die Ruhe des Vollmonds und sein Äußeres symbolisiert Unerschütterlichkeit – die hat er auch in seiner Seele. Julie und ich hatten ihn sofort ins Herz geschlossen – wirklich, nicht nur wegen des Budgets, das wir vorlegten – ebenso wie seinen

Chef, Doktor Alfred Payrleitner, der auf uns einerseits wie ein exakter Wissenschaftler, andererseits wie ein beflügelter Dichter wirkte und der so wie die freundliche runde Dame, mit der man so schön beim Kaffee plaudern konnte, Vertrauen und Zuversicht ausstrahlte. Julie und ich schwelgten und träumten davon, für dieses freundliche Dreiergespann noch viele Dörfer »aufs Tapet« zu bringen, in denen wir leben wollten – in Tibet, bei den Eskimos, im Urwald... irgendwo am Ende der Welt.

Und es war uns klar, dass unser Film dieser Art absolut »Spitze« sein musste... Wir haben unsere ganze Begeisterung hineingelegt.

Damit allein wäre der Film freilich nie gelungen: Hildegard, eine meiner beiden Töchter aus erster Ehe – mit Tona –, studierte Ethnologie in Wien. Gemeinsam mit ihrem Gefährten Christian hatte sie sich in das Leben eines tibetischen Dorfes an einem entlegenen Platz des Himalaya vertieft. Seine Bewohner waren aus geheimnisvoller Ursache vor einigen hundert Jahren von der Provinz Tingri ausgewandert und hatten sich im tibetisch-nepalesisch-indischen Grenzgebiet niedergelassen. Hilde und Christian sprachen etwas Tibetisch, wurden von einer Familie adoptiert und beherrschten die Sprache bald fließend. Ihr Leben mit den Tibetern und ihre Entdeckungen würden ein eigenes Buch füllen!

Da auch ich den Ort kannte – er lag in der Nähe eines heiligen Berges – beschlossen wir zu viert, ein Filmdokument zu schaffen, bei dem das Wissen von den beiden Ethnologen kam, die technische und gestaltende Filmarbeit von Julie und mir. Es war eine fruchtbringende Union – obwohl das Filmteam nicht »adoptiert« wurde, gehörten wir im Dorf doch »zur Familie«. Das war von unschätzbarem Wert für unsere Arbeit, und außerdem brachte uns das Leben mit den Tibetern eine der schönsten Zeiten unseres gemeinsamen Daseins.

Im letzten Augenblick wäre noch fast etwas dazwischen gekommen. Ein heiliger Platz zwischen den Bergen in der Nähe, Ort eines Fruchtbarkeitskults – mit einem zauberhaften Rhododendrenwald – gehörte ebenfalls in den Studienbereich meiner Tochter. Das war wohl eine Schicksalsfügung: Ich war etwas überrascht, als ich ausgerechnet für die erste der beiden Fahrten nach Tashigang – die ja alle Jahreszeiten decken sollten – feststellte, dass der Segen des heiligen Ortes an Hildegard nicht spurlos vorübergegangen war: ich wurde Großvater. Die österreichische Wissenschaft drückte aber ein Auge zu – im Hinblick auf die Zukunft –, und wir drehten den ersten Teil des Films nur mit Christian. Beim zweiten war Hilde selbst tatkräftig dabei – während Tona für zwei Monate das Schicksal der meisten Großmütter teilte. Es war übrigens im Basislager des Everest gewesen, wo ich schließlich von der Geburt einer Enkelin erfuhr: sie hieß Jana. Wir saßen auf Kisten von schottischem Whisky, und gleich standen ein paar Flaschen auf dem Tisch. Wir hoben die Gläser auf Jana, gemeinsam mit den britischen Bergsteigern angesichts der Chomolungma! So leicht wird man Großvater!

Auch die weißblonde Karen, Hildegards Schwester, studierte in Wien. Als ich meinte, sie könnte sich doch etwas Zeit lassen – und ich bezog mich nicht auf das Studium – schien sie mir etwas verlegen. Gerührt strich ich durch meinen großväterlichen Bart. Ich war es schon zum zweiten Mal! Diese Enkelin hieß Rubi. Der Schwiegersohn: ein Landschaftsarchitekt.

Der erste Teil des Films über das tibetische Dorf war abgedreht. Magister Pfannenstiel strahlte über das ganze runde Gesicht, er schüttelte uns die Hände und sandte uns mit Geld und Segen wieder auf den Weg zur zweiten Fahrt nach Tashigang. Christian war schon drüben, seit sieben Monaten... er lebte eigentlich fast nur noch dort.

Hildegard, Julie und ich packten unsere Koffer in Varese, Bologna, in Tunbridge-Wells bei London, in Wien... wir trafen uns in München und flogen an einem sonnigen Märztag los nach Kathmandu.

Julie und ich hatten auch unsere ganze Ausrüstung für den K2 mit. Denn nach Tashigang wäre sich eine Heimkehr zeitlich nicht mehr ausgegangen – wir mussten direkt nach Karachi, um uns dort mit den Bergsteigern von »QUOTA 8000« zu treffen – denen wir uns angeschlossen hatten. Die meisten von ihnen kannten wir von der Chinaseite des K2. Es waren unsere Freunde von der italienischen Expedition zur Nordkante. Während wir im Flugzeug saßen, dachte ich daran, wie schwierig es gewesen war, ein Arrangement zu finden, das uns eine Rückkehr zum K2 ermöglichte...

Es schien wie verhext, es wollte und wollte nicht gelingen: als ich von einer amerikanischen Expedition hörte, die zur Nordseite des K2 fuhr, war ich Feuer und Flamme! Bereit zu jeder Konzession! Das war der Platz, von dem Julie und ich träumten – – –

Ich schrieb sofort an den Expeditionsleiter Lance Owens. Ja, ich bekam sogar daraufhin einen Anruf von einem Bergsteiger aus Washington... doch dann war nichts mehr zu machen; die Verbindung riss ab, meine Briefe blieben unbeantwortet, es war ein Rätsel. Wie oft im Leben könnten Menschen anderen durch eine klare Absage vieles ersparen! Wollten sie keine Filmdokumentation? Spielte die Tatsache mit, dass eine Amerikanerin dabei war und noch keine Frau den K2 bestiegen hatte? Julie, die absolut gegen jeden Wettbewerb war, hätte ihr nie den Rang der Ersten streitig gemacht... Wir waren nur sehr traurig, dass unsere große Hoffnung, ins namenlose Land zurückzukehren, ohne jede Beachtung dahinwelkte. – Der nächste Schock war noch größer: Ich erfuhr von einer österreichischen Bergführerexpedition, die die Bewilligung für den K2 hatte. Es waren, wie ich später erfuhr, zwar nur drei Leute mit Himalayaerfahrung dabei, doch sah ich – selbst Bergführer – eine fast hundertprozentige Chance, mich ihnen rein formal anzuschließen; die pakistanischen »Rules« für Expeditionen bestimmen, dass man wenigstens zu viert sein muss; daher hat ein Zweierteam keine andere Wahl, als sich irgendwo anzuschließen.

Ich hatte den Österreichern klargemacht, dass wir uns selbst finanzierten, ein unabhängiges Team waren und bleiben wollten, mit eigener Ausrüstung, Verpflegung und allem – ja, wir hatten ihnen sogar einen

Gratisfilm für ihre Vortragsreisen angeboten. Die Antwort erschütterte mich: »Wir wollen keine Stars«... Das war es, was Hannes Wieser mir am Telefon nach Rücksprache mit den »Maßgeblichen« – wie er sagte – mitteilte. Ich traute meinen Ohren kaum: Ich fühlte mich nicht als Star, habe mich auch nach dreißig Jahren, die ich in den Bergen der Welt überlebt habe, nie als solcher benommen, es ging schließlich ja nur darum, einer bürokratischen Formalität auszuweichen! Es war mir unverständlich. Was ich nicht bedacht hatte: der K2 hatte noch keine österreichische Besteigung... leider. Und da lag wohl der Hase im Pfeffer!

Freunde von uns aus Polen hatten ebenfalls eine K2-Bewilligung. Sie hätten uns gerne mitgenommen – aber sie brauchten Dollars und keinen Film!

Maurice und Liliane Barrard, mit denen wir in Paris sprachen, hätten uns zwar in ihre Kleinexpedition aufgenommen – aber sie fuhren so früh, dass wir unseren Tashigang-Film nicht fertig bekommen hätten. Man kann schließlich nicht die Bräuche der Dörfler zeitlich vom Film her einteilen: es ist umgekehrt! In diesem kritischen Augenblick half uns Renato aus der Patsche – Renato Casarotto! Er wollte uns »einsteigen« lassen, hatte das bereits Mari Abrego und Josema Casimiro zugestanden, einem anderen Zweierteam – das wegen der verdammten Klausel ebenfalls »obdachlos« war, und die wir außerdem kannten! Baskische Freunde vom Everest 1985 – – – Es wäre eine ideale Kombination geworden. Doch auch mit ihrem Zeitplan schien das Filmen von Tashigang schwer unter einen Hut zu bringen... Ganz zuletzt erfuhr ich, dass auch Agostino zum K2 fuhr – unser Freund Agostino Da Polenza aus Bergamo! Mit ihm waren wir in China gewesen, und er fuhr später!... Agostino nahm uns ohne Umschweife mit: Julie und ich waren glücklich über diese Lösung. Eins wunderte uns: Die halbe Welt schien heuer am K2 versammelt zu sein!

Kathmandu. Ein Missgeschick! Ein scheinbar harmloser Insektenstich auf der Flugreise scheint eine gefährliche Infektion und allergische Reaktionen bei Julie hervorgerufen zu haben – die Finger schwellen an, wir eilen zum kanadischen Hospital. Dort wird Julie behandelt. Die Schwellung vergeht, aber zwei der Finger bleiben ziemlich taub. Julie macht sich längere Zeit Sorgen deshalb – im Hinblick auf den K2. Allerdings stellt sich dann zum Glück heraus, dass die Taubheit keine Kälteempfindlichkeit zur Folge hat und langsam besser wird. Da wir in Kathmandu außerdem erfahren, dass in dem Bereich, wo wir hinwollen, während der letzten Monate sechs Menschen an Meningitis gestorben sind, lassen wir uns außerdem dagegen impfen. Zehn Tage später erreichen wir endlich Tashigang – und vergessen dort alles andere.

Es ist wie ein dichtes, unübersehbares Gewölk von Bäumen, das die Hügel bedeckt – schwarz und dunkelgrün, dann wieder grüngelb leuchtend, je nach dem Licht, das in den Urwald fällt: Krause, nach oben drängende Silhouetten, ganze Wolkentürme aus Zweigen und Blättern.

Seltsam verrenkte Stämme, bemooste, oft ineinander verschränkte, gewundene Baumleiber mit hochgereckten Armen, an denen blasslila Orchideen ihre Blätter wie Finger spreizen; ganze Vorhänge aus zähen Lianen, die von den seltsamen Riesengestalten zur Erde reichen... dazwischen ein paar freie, steile Hänge, eine vorspringende Schulter – und dort, inmitten treppenartig übereinander angeordneter Terrassenfelder wenige niedrige Häuser, in Gruppen – die flachen gewölbten Dächer aus übereinander gelegten Bambusmatten reichen vielfach bis in Bodennähe. Sie rufen den Eindruck hervor, als hätte eine Schar von Fischern ihre Boote verkehrt auf die Terrassen gekippt...

Auch wenn der nächste große Fluss, der Arun, einen ganzen Tagesmarsch entfernt durch dieses Bergland rauscht, ist Wasser in Tashigang allgegenwärtig: Farne, Flechten und Moos des Urwaldes halten es wie ein Schwamm von Regen zu Regen fest, und immer wieder hängen graue Schleier über dem Land, türmen sich Wolken auf... »It's water everywhere on my tape!« hat Julie schon nach den ersten Tonaufnahmen im Dorf geklagt – mit einem Lachen – – denn es ist zu schön hier, um Kummer aufkommen zu lassen. Überall rauscht es, fern und nah... in grünen Schluchten, von dunklen Felsstufen her, über die Wasserfälle als weiße Bänder herabziehen, aus einem braungrünen Tal in der Tiefe... Ja, unmittelbar hinter dem aus starkem Bambusgeflecht und armdicken Stämmen zusammengefügten, auf vier Pfählen »in der Luft« ruhenden kleinen Getreidestadl, in dem Julie und ich unsere Filmausrüstung und uns selbst untergebracht haben – sogar da braucht man nur um die Ecke zu steigen und taucht zwischen die Felsen eines herrlich klaren Baches mit wunderbarem Wasser. Die leuchtend roten Tupfen süßer Walderdbeeren dazwischen... »Phagpa-lemu«, schmunzelt uns »Drugpa Aba« zu – die dunklen Augen im Gesicht des Tibeters mit der sonnenverbrannten Lederhaut unter dem schwarzen Kraushaar blicken uns wohlwollend an, während uns die Früchte auf der Zunge zergehen... Er ist seit Hilde und Christians Adoption ihr »Bruder« – sie wohnen bei ihm und der ganzen großen Bergbauernfamilie im Haus direkt unterhalb unseres Quartiers. Dort führt die Großmutter das Regiment. Als Drongpa Ama, was soviel wie »Haushaltsmutter« bedeutet. Der Großvater, ein ruhiger, stiller Mann, der – wie Hilde mir versichert – wunderbar erzählen kann, lebt fast das ganze Jahr auf den Hochalmen – die es bis 5000 m gibt –, und schon im Frühling zieht der Siebzigjährige mit seiner Herde barfuß über einen verschneiten Bergpass. Manchmal besucht ihn die »Alte« dort oben im Hochtal, bringt Schnaps und kontrolliert, ob er genug Butter gemacht hat!

Drugpa Aba ist ihr gemeinsamer Sohn, hat selbst schon wieder fünf Kinder – doch sein Name bedeutet »Vater von Drugpa«... das war sein erstes Kind, ein Sohn. Pasangphuti Ama – »Mutter von Pasangphuti«, seine zweite Frau, nach der Scheidung von der ersten, ist eine resolute Person, ihr grelles Lachen durchdringt sämtliche Bambusmatten und hat ihr bei uns den nicht gerade sehr schmeichelhaften Namen »die

Kreisch'n« eingetragen. Ja, es gibt Charaktere hier! Kaili – von Hilde »die lustige Witwe« genannt – – hat sogar erreicht, dass Julie das Nähzeug auspackte und mein Hemd flickte; denn eine tibetische Love-Story hätte sich, wie sie befürchtete, auf die Qualität unseres Films nicht gut ausgewirkt.

Die fesche und starke Kaili – es war ein Spektakel, wie sie mit den Stieren pflügte, als ich sie filmte – hatte, zwei Häuser tiefer, meinen Hilferuf nach notwendiger Kleiderreparatur sofort intuitiv erfasst und war herbeigeeilt: sie nickte, besah sich den Schaden und betastete sachkundig Brust, Rücken und Arme... aber, wie bereits gesagt, dann hat Julie im Interesse des Films das Nähzeug ausgepackt.

Zum Unterschied von den Ethnologen – die ja schon aus Prinzip genauso leben wollen wie die Einheimischen und das auch tun – habe ich in unserem luftigen Heim an die einem österreichischen Bergler (und Kameramann, der eine schwere ARRI halten muss) entsprechende Zusatznahrung gedacht: ein »Yak-Käse«, groß wie ein Wagenrad (aus Kathmandu), und mehrere österreichische Speckseiten. Sie sind mein Trost, wenn ich aus Höflichkeit im Kreis der um die Feuerstelle gelagerten Familie im Haus den täglichen Hirsebrei hinuntergedrückt habe, den ein bisschen Gemüse geschmacklich verbesserte.

Meine Idee, ein Huhn zu stiften und – ich muss gestehen – doch wenigstens dabei einen Flügel zu erhaschen, wurde dankbar aufgenommen: Fünf Tage lang gab es bei der Familie Hirsebrei mit Hühnersaft und millimetergroßen Fleischfaserchen...

Das war bei der ersten Reise! Jetzt, bei der zweiten, ziehe ich mich regelmäßig nach dem Essen wie ein Bär in die Höhe unseres luftigen Eldorado zurück... Julie teilt dort meine Sympathie für die nicht ethnologischen »Gänge«. Als ich eines Tages mit Speck, Thunfisch und Käse für die Bergbauernfamilie bei Großmutter auftauche, ernte ich zwar Dank, doch auch einen ethnologischen Verweis – das müsse eine Ausnahme bleiben.

Na ja...

Außer dem »Gonden« – wie der dicke, klebrige Getreidesterz genannt wird, der außer wenigen Kartoffeln die Hauptnahrung bildet – stellt die Großmutter aus Hirse und Mais auch ein säuerliches, alkoholisches Gebräu her, den Chang. Und aus diesem wiederum den grappaähnlichen Rakshi. Es ist ein abenteuerliches Spektakel: eine meterhohe dreistöckige Destillationseinrichtung aus Töpfen und einem mit kaltem Wasser gefüllten Kupferkegel, an dem sich die alkoholischen Dämpfe abkühlen und kondensieren!

Der Rakshi ist schuld daran, dass ich nur einen einzigen Sonnenaufgang gefilmt habe! Denn sowie es hell wird, taucht Drugpa Aba mit einem Morgenlied auf den Lippen an der Tür des luftigen Stadls auf, klopft höflich und schiebt eine dampfende Schale von der Größe einer kleinen Suppenschüssel herein: sie ist voll heißen Rakshis! Auch wenn man sich totstellt, da hilft nichts: die heißt es leeren – – Drugpa Aba lächelt, wir wechseln ein paar tibetische Worte, man schluckt den heißen Schnaps, Julie reicht mir die Schale, ich reiche sie ihr, sie reicht sie mir zurück, und Drugpa Aba wartet mit Engelsgeduld – – nach diesem »Hammer« sinkt man benebelt in den Schlafsack und blinzelt schließlich eher spät in die Sonne des neuen Tages – –

Was soll ich von unserer Filmarbeit berichten? Sie war interessant und ausgiebig: zwei Reisen, vier Jahreszeiten! Ein Paradies, das wir festhielten, weil wir es lebten – fern der Hektik unseres Alltags. Nur so war es möglich. Hier teilt die Natur die Zeit ein! die Leute von Sepa – so heißt diese Gegend – haben zwar ein hartes Leben, doch sie sind im Gleichgewicht mit ihrer Umwelt. Sie sind zufriedene Menschen. Wir haben selten so viel gelacht wie mit den Leuten von Sepa. Christian hat, wenn Julie und ich nicht in Tashigang waren, selbst mit einer kleinen Kamera Ereignisse festgehalten – so z. B. im Monsun, der großen Regenzeit des Sommers –, denn es sollte ja das ganze Jahr gezeigt werden. Hilde und Christian waren immer wieder bis zur Dauer von acht Monaten ununterbrochen an diesem Platz, allein oder gemeinsam – während dreier Jahre, in denen sie für die gemeinsame Doktorarbeit immer wieder zurückkehrten.

»Phagpa-lemu« – der lokale Name für Walderdbeeren – bedeutet übrigens »Schweine – gut«; allerdings, wie mir Hilde erklärte, könnte das genauso »Arier – gut« heißen. Wer die Früchte von Tashigang gekostet hat, begreift jedenfalls, dass sie beiden schmecken.

Hildegard habe ich schon als Siebenjährige auf den Gran Sasso mitgenommen, viel später dann zum Basislager des Mount Everest – wobei wir auch den über 6000 m hohen Islandpeak bestiegen –, jetzt spricht meine teils verträumt, teils resolut wirkende Tochter als vierte Sprache fließend tibetisch, die schlanke, blonde Schönheit hat immer Unternehmungslust in den blauen Augen und lässt sich nicht viel dreinreden. Für sie und Christian ist Tashigang längst zur zweiten Heimat geworden – jenseits ihrer Arbeit: sie erforschen das Leben und die Religion dieser Tibeter – die eine der ältesten dieses Volkes ist. Ein bärtiger Naksong – »einer, der ins Dunkle geht« – ist in Verbindung mit den Mächten der Natur, den Geistern, die in Felsen, Bäumen und im Wasser wohnen... er ist auch Arzt und heilt – nicht Symptome, sondern »an der Wurzel«.

Der Lama andererseits – er gehört zu den »Rotmützen«, den Anhängern der ältesten Form des Buddhismus in Tibet –, er arbeitet immer wieder mit ihm zusammen, bei Hochzeiten, Pilgerfahrten zu heiligen Stätten... beide sind verheiratet, haben Familie, ihren Hof, Felder. Klöster, Mönche oder Nonnen gibt es hier nicht.

Wenn jemand etwas über die Zukunft erfahren will, muss er eins der »Orakel« fragen: eine der drei alten Tibeterinnen aus dem Nachbardorf. Sie lesen aus der Hand, oder es spricht – wenn sie in Trance fallen – der Geist eines Berges oder die Stimme eines längst verstorbenen Lamas durch sie.

– – Im Halbdunkel des Raumes huschen die Lichter des Feuers über das Gesicht der Tibeterin; ihre Augen sind emporgerichtet, suchen in der Dunkelheit über ihr – ein seltsamer, hoher, rhythmischer Gesang dringt dabei aus ihrem Mund... sie beginnt zu beben, die Arme, die Hände, ihr ganzer Körper schüttelt sich in Trance, der Lama stellt die Fragen – sie antwortet mit eigenartiger unirdischer Stimme...

Es sind Augenblicke einer Zeit, in der der K2 sehr weit weg von uns war – und wir von ihm. Julie und ich wussten, dass wir immer wieder nach Tashigang zurückkehren würden.

Wir gehörten dazu.

Vor vielen Jahren hatte ich den Zauber eines heiligen Platzes in einem nahen Hochtal selbst verspürt – ohne zu wissen, dass ich mich an einem »Kräfte-Ort« befand. Vom Höhenhusten gepeinigt und körperlich am Ende hatte ich den letzten, eisigen Aufschwung eines Achttausenders verlassen und war in den Rhododendrenwald geflüchtet – um mit mir und der Welt klar zu werden.

Es war offenkundig: ich hatte mich damit abzufinden, nie mehr so hoch hinaufzusteigen. Wie konnte ich mich auch als 46-jähriger erdreisten, den fünfhöchsten Berg der Welt anzugehen – nach einer Pause von 18 Jahren, in denen ich zwar viele Winkel unseres Planeten kennen gelernt hatte, doch nie mehr an die 8000-m-Linie vorgestoßen war?

Ich lebte eine Woche allein zwischen blühenden Rhododendren und gewaltigen Himalaya-Tannen an einem seltsamen Ort, den ich den »Zauberwald« nannte. Dort geschah es: nicht nur wurde alles in mir klar... bedeutete kein Verzicht irgendeinen Schmerz mehr für mich – auch die Krankheit verschwand innerhalb weniger Tage. Und seltsam, als ich auf alles verzichtet hatte, kam über mich die Kraft, alles zu tun – –

Ich ging zurück und bestieg den Makalu; wenig später – im Herbst den Everest; im folgenden Sommer den Gasherbrum II; die Hingabe an das Filmen hat mich zwar manchen Gipfel gekostet, aber noch oft ging es bis in die letzten Höhen hinauf...

Dafür, dass uns manchmal die Freude, ganz oben zu stehen, versagt blieb, hatten Julie und ich die Genugtuung, anderen die wilde, kristallene und stürmische Welt der Achttausender hinunterzubringen, sie das alles mitleben zu lassen...

Julie war 47 – auch wenn sie aussah wie eine »Dreißigerin« – und ich war jetzt immerhin 54. Uns beiden ging es hoch oben immer noch prima – es war, als strahlten die Berge selbst die Energie in uns zurück, die wir bei jedem Aufstieg hergaben. Etliche Jahre wollten wir uns noch den höchsten Gipfeln widmen – der Nanga Parbat lockte noch immer, und Julie dachte an den Everest, wollte mich sogar überreden, mit ihr den Makalu wieder zu besteigen... doch Tashigang hatte uns nachdenklich gemacht, dort lag unsere Zukunft – –

Mit uns zu bringen, wie solche Menschen leben, war etwas ganz anderes als ein Film über eine Expedition; hatte sicher noch mehr Bedeutung für alle anderen! Der erste Preis auf dem Festival in Trento für »Tashigang, ein tibetisches Dorf zwischen Menschenwelt und Götterwelt« bestätigte das später.

Doch die Vergangenheit entließ uns nur langsam: Julie hatte das »Orakel« wegen des Makalu gefragt (die alte Tibeterin hatte nicht ganz klar geantwortet: sie werde sehr hoch hinaufsteigen), und in weiter Ferne wartete der K2 auf uns. Als ich wieder einmal zu Hilde über meine unerklärliche Erfahrung am Makalu sprach, lächelte sie und sagte: vielleicht war es der »Jinlab«. Und dann erzählte sie mir, was sie von einer tibetischen Nonne aus dem Everestgebiet über den segnenden Zauber der Berge erfahren hatte.

Pelbe, der unendliche Knoten, eines der acht Glückssymbole des Buddhismus, symbolisiert die unendliche Kette der Wiedergeburten und den illusorischen Charakter der Zeit. Er wird auch Lebens- oder Liebesknoten genannt.

Jinlab – der Zauber des Berges

von Hildegard Diemberger

Die Berge, Brücke zwischen Himmel und Erde, sind Sitz der Kräfte der Fruchtbarkeit. Für die Leute von Tashigang stellen Everest und Makalu die »Große Mutter und den Großen Vater des Kontinents« dar. Sie können das Heim von Riesen und Feen sein – wie der Nanga Parbat in Pakistan – oder den Lingam des Shiva symbolisieren, wie der Granitturm des Shivling im Garhwal in Indien. Berge sind für die Völker, die neben und mit ihnen leben, immer und überall an der Grenze zwischen Menschlichem und Göttlichem. Manchmal sprechen sie sogar durch Orakel zu den Menschen...

Heute sind sie Ziel bergsteigerischer Abenteuer geworden, was gleichzeitig manchmal Verunreinigung heiliger und geheimer Plätze bedeuten mag, Zweifellos aber Ursache ist für neue wirtschaftliche und soziale Verhältnisse und wohl so manches andere auch...

Wie jeder Berg seine Persönlichkeit, seine eigene »Ausstrahlung« hat, hängt die Weise, wie du ihn erlebst, von dir selbst ab... davon, wer du bist – ob du Drugpa Aba heißt und als Bauer in Tashigang lebst, oder Sheraman Khan und als Hirte aus Cachal in Pakistan deine Herde über die Blumenwiesen des Nanga Parbat treibst, oder Sundra Nanda und deine Tage als Yogi beim Gangesursprung verbringst... oder ob du dich Kurt Diemberger oder Benoit Chamoux nennst, Bergsteiger bist und deine Wiege in Europa stand... Du erlebst die Berge innerhalb deines kulturellen Horizonts, und dein Verhältnis zu ihnen hängt tief drinnen von deinem Verhältnis zu dir selbst und zur Welt ab.

Vielleicht kann das Besteigen eines Berges auch eine westliche Weise sein, »Transzendenz« zu erleben, das Verhältnis zur »Grenze« – – sei es totale Konfrontation mit sich selbst und dem, was der Berg dir an Schönem oder Dramatischem anbietet – sei es bedingungslose Hingabe, ohne sich zu fragen, warum.

Über all dies sprachen wir eines Tages in einem fernen, entlegenen Tal im Himalaya – Anila, eine lustige und gelehrte tibetische Nonne, und ich, eine junge Ethnologin, die stets zwischen vielen Fragen, vielen Erfahrungen und wenigen Antworten schwebt.

Es ist Abend... Eine Holzhütte, zwei einfache Holzbetten, zwei Schalen tibetischen Buttertees, in den wir eine Handvoll Tsampa rühren – das geröstete Gerstenmehl hat uns der ehemalige Zeichenlehrer von Anila, den wir am Weg getroffen haben, geschenkt.

Wir sind müde, wie oft am Ende eines der vielen Tage zu Fuß, die hinter uns liegen, aber die Eindrücke der vergangenen Zeit lassen keinen Schlaf aufkommen. Und wird das kleine Flugzeug zurück nach Kathmandu morgen starten? Werden die Wolken sich auflösen? Vielleicht – wir werden erst morgen daran denken. Anila zieht ihre dunkelrote Nonnenkutte aus, legt sich auf die Holzbretter des Bettes und erzählt.

Zwanzig Jahre sind vergangen, seitdem sie das letzte Mal hier war, in ihrem Kloster. Nach langer Zeit ist sie Menschen wieder begegnet, hat Dinge wieder erkannt, die sie in Gedanken weit zurückversetzt haben – in die Jahre, die sie in Za Rong Puck im Norden des Everest als junges Mädchen verbracht hat... und später hier, in Tubten Chöling, dem neuen Kloster in Nepal – nach der chinesischen Besetzung Tibets.

Dann spricht sie von den Lehren, von den Erfahrungen...

Nach dem Unterricht beim Lama im Rong-Puck-Kloster wurde sie oft alleine in eine der Gebirgshöhlen auf 5000 m geschickt, wo sie tagelang das Chö und das Za Lung praktizierte.

Da oben, am Fuß des Everest, hat sie es erlebt... Chö – die rituelle Auseinandersetzung mit allem, was einem Angst macht, und Za Lung – die Kontrolle der Energie durch die »Kanäle des Lebensatems«.

Dieses Bewusstsein und diese Kontrolle über sich selbst und den eigenen Körper erlaubt dir, Wärme, Energie, Ausdauer und Widerstandskraft in ungeahntem Maße zu entwickeln – – jenseits all dessen, was normalerweise für möglich gehalten wird. Es heißt, die Schranken zwischen sich und dem Kosmos auflösen, zwischen dem Spiel der Energien des Körpers und den Energien des Universums in ein ewiges Fließen eingehen... Kosmos im Kosmos, das Eine (eins) mit dem Ganzen, Leere, das nackte Potential der Schöpfungskräfte erreichen... Und Lung ist »der Lebensatem«, Lung ist der Wind. Die Lung Ta – die »Windpferde«, aber auch die des Lebensatems, der Lebensenergie – das sind die unzähligen Gebetsfahnen, die bei den Klöstern, auf den Passhöhen, an all den heiligen Plätzen im Wind wehen...

Anila näherte sich allmählich der Prüfung; endlich war sie soweit – hat sie bestanden. An eins erinnert sie sich besonders: Es war in einer eisigen Höhle mitten im Schnee... ein dickes nasses Baumwolltuch wird ihr auf den nackten Körper gelegt, und die Körperenergie allein – erzeugt in tiefer geistiger Versenkung durch das Rezitieren von Mantras – muss es trocknen.

Anila erzählt weiter: »In Za Rong Puck ist es kalt, der Tee, wenn du ihn nicht gleich austrinkst, wird zu Eis. Es ist anders als hier – aber ein herrlicher Ort! Am Anfang war es hart. Ich war ein zwölfjähriges Mädchen, als ich zum Kloster kam. Ich war sehr verlegen, als ich mit meinen Gefährtinnen während des Unterrichts nackt vor dem Lama stand. Wir hatten nur unser rotes Meditationsband, um die Yogastellung zu halten. Mit der Zeit lernst du aber, dass in der mystischen Erfahrung Scham nicht zu Hause ist. Du bist jenseits...«

Mystiker haben sich durch Generationen in abgelegenen Höhlen mit den Kräften des Lebens, des Todes, des Seins auseinandergesetzt. Um den Everest und den Makalu herum, in all den Be Yul, den heiligen geheimen Orten des Himalaya (Plätzen, die Kraft ausstrahlen; »Nabel der Erde«... Sai Lhe) – haben sie geweilt und meditiert.

Sie sind diejenigen, die über die Grenze des Üblichen, Hergebrachten hinausgehen, die die Gesellschaft verlassen, um die Energien zu verstehen und zu beherrschen, um jenseits von Angst und »Haften am Ich« zu gelangen, um das tiefste, reale Wesen der Phänomene zu begreifen. Von ihnen sagt man, dass sie gewaltige Entfernungen zu Fuß zurücklegten, ohne je anzuhalten, dass sie, in

Meditation versunken, sich vom Erdboden lösen – schweben – konnten und unglaubliche körperliche Wärme erzeugten, während sie tagelang still vor einem Berg verharrten. Außerordentliche Fähigkeiten, und doch nur Mittel, sogar Nebenerscheinungen, auf dem Weg zur Erleuchtung, für alle Lebewesen.

Das Mehl in meiner Trinkschale vermischt sich schlecht mit dem Buttertee, ich bin etwas ungeschickt im Anrühren und... wie immer wird mein dunkelroter Rock weiß. Mehl staubt überall! Anila schaut mich an und lacht. Dann nimmt sie mir die Schale aus der Hand, mischt schnell und geschickt, in wenigen Minuten ist sie fertig – »das ist die Nahrung, die wir in Tibet mitnehmen, wenn wir ins Gebirge gehen. Sie ist leicht und gibt dir viel Kraft... Mit etwas frischem Käse schmeckt das hervorragend, aber auch so...« Es ist wohl wahr, vielleicht auch dank des Hungers – ich finde das Gemisch herrlich!

Erzählen... Jetzt bin ich an der Reihe! Wie viele Erlebnisse sind auf einmal wieder da, viele Bilder, ein buntes Durcheinander: Die Berge – ich habe sie nie als extreme Bergsteigerin kennengelernt, weit eher mit den Menschen, die hier im Himalaya mit ihnen ihren Alltag leben. Manchmal stieg auch ich hinauf oder war mit Expeditionen unterwegs. Ich habe daher in der Nähe verschiedenster Perspektiven gelebt, die einander begegnen oder – manchmal entgegengesetzt aufeinander treffen: der Hirte, der Yogi, der Bergsteiger. Alle kreisen sie um den Berg herum, erleben seine Magie, seine Kraft und die Furcht vor ihm. Es ist kein Zufall, dass die »Ne« – wie die heiligen Plätze, die Kraft ausstrahlen, auch genannt werden – meist in versteckten Tälern der verzauberten Riesen liegen.

Auf einmal überrasche ich mich dabei, Anila vom Nanga Parbat zu erzählen: Erlebnisse zusammen mit einer kleinen und sehr sympathischen Gruppe von Bergsteigern. Wenige Menschen, viel Begeisterung, bestes Verhältnis auch mit denjenigen, für die der Berg den Alltag bedeutet – Träger und Hochweidenschäfer.

Ein Basislager völlig »in den Berg hinein«... Staublawinen, die lautlos über die Bergflanke gleiten, sich mit gewaltigem Grollen in riesigen Wolken aufbäumen und schließlich fauchend die Zelte einzuckern – trotz des Schutzes der Moräne. Wolken und wieder Wolken in ewiger Bewegung, Eistürme, Séracs, die in kurzen Zeitabständen über einen mächtigen Felskopf im Gletscher herunterdonnern – die Stimmen des Nanga Parbat, die Stimmen von Diamir. Der »nackte Berg«, wie ein ruhendes, aber stets pulsierendes göttliches Weib, ist vor uns, ist über uns – wie eine mächtige eigenwillige Fee und ihre ständig zu spürende Anwesenheit. Hoch oben glänzt ihr gelockertes Haar aus Eis – die weiten, fein gerieften Schneehänge des Bazhin – zu ihren Füßen leuchten ein paar winzige rote Pünktchen – die Zelte –, darunter eins auf einer kleinen Felsterrasse. Darin ein Mensch voll seltsamer Eigenart, ein »Kind«, und da oben seine »Liebhaberin«: Nanga Parbat, dieses verzauberte, glatte, nackte Weiß der Flanken – –

Wenn der Augenblick gekommen ist, schließt Benoit sich völlig in sich selbst – drei oder vier Tage tiefster Konzentration; Kennenlernen und Vertrautwerden mit dem Berg und seiner Persönlichkeit, tiefste Bewusstheit aller Tätigkeiten, Kontrolle über die Energien des Körpers. Seine strikt vegetarische Diät wird so eingestellt, dass sie die größte Energie zur Zeit der höchsten physischen Beanspruchung erzeugt. Und doch bleibt er gleichzeitig verspielt...

Dann das Sichhingeben, um mit und nicht gegen den Nanga Parbat zu sein, zu lieben und nicht etwa zu erobern, zu vergewaltigen. Um acht Uhr abends geht Benoit los: allein, ein winziger Rucksack, die Taschenlampe, etwas Schokolade und sechs Pistazien in der Tasche. Auf ca. 8000 m Höhe trifft er die Freunde, die bereits im Abstieg sind, um sieben Uhr abends – 23 Stunden nach seinem Aufbruch vom Basislager – kommt er selbst auf dem Gipfel an, und mit ihm der Abend – bald darauf die Dunkelheit... Die Taschenlampe lässt ihn im Stich, eine Nacht lang irrt er im Bazhin herum und findet den Weg erst in der Morgendämmerung. Am späten Vormittag trifft er im Basislager ein – völlig fertig, aber mit dem Zauber des Berges in sich...

Anila unterbricht mich: »Das ist der Jinlab des Berges – sagt sie – dieses Licht, diese Wärme, die der Berg dir gibt, wenn du ihn liebst, wenn du dich ihm völlig hingibst, wenn du ihn zutiefst ›lebst‹. Der Tradition nach steigen die Tibeter nicht bis zu den Gipfeln des Himalaya auf – mit Ausnahme von Milarepa –, auch wenn sie bei den Bergen an den heiligen, Kraft ausstrahlenden Plätzen durch das Meditieren tiefste innere Verwirklichung suchen...«

Doch wer auch immer mit der Seele als Ziel (Sem Ky Don) am Berg höhersteigt – denke ich –, er könnte sogar an den Za Lung – und vielleicht auch an den Chö-Praktizierer erinnern, der sich mit sich selbst auseinander setzt, mit den Ängsten, mit den Energien...

Er sucht die Trennung zwischen dem Ich und dem Es zu überwinden, zwischen Subjekt und Objekt – – es ist das Einswerden mit der Welt, dem Geliebten, dem Berg.

Wieder höre ich Anilas Stimme...

»Wenn du mit dir selbst und mit allem, was du tust, in Harmonie bist, bist du leicht – – dein Körper ist leicht und du kannst unglaubliche Dinge tun. Ohne Zweifel ist da auch die Frage, warum du eigentlich hochsteigst. Die Menschen gehen oft auf die Berge, ›um den Namen groß zu machen‹, um Geld herauszuholen... aber damit ändert sich alles – dann wirst du schwer – –«.

(Nach ihren Tagebuchaufzeichnungen)

*

Karachi-Airport, 2 Uhr nachts, am 15. Mai 1986:

»Agostino gave me a big hug... and the warm greeting I got from the rest of the group – I felt to be in a big happy family.« Julie ist bewegt über das Wiedersehen mit unseren italienischen Freunden vom Nordsporn. Drei Jahre sind vergangen, aber wir sind noch immer wie eine Familie, wir umarmen uns, es wird schön sein, wieder gemeinsam zum K2 zu gehen. Nein, nicht alle hier waren schon damals dabei, die Expedition von QUOTA 8000 (ein Verein, der sich im Verlauf von fünf Jahren die Besteigung aller Achttausender vorgenommen hat) umfasst 16 Mitglieder – einen ganzen Bus voll! Die Stimmung ist dementsprechend fröhlich und italienisch laut!

Wenige Tage später sind wir auf einer höllischen Fahrt über den Karakorum-Highway nach Skardu... 23 Stunden! Und was für welche – – »Der pakistanische Busdriver scherte sich weder um Schlaglöcher noch Kurven, hielt sich einfach am Steuerrad fest, um auf dem Sitz zu bleiben, seine bedauernswerten Passagiere waren am Ende der Reise durchgerüttelt und voll blauer Flecken – und Kurt hatte sich außerdem irgendwo eine Virusgrippe geholt«, berichtet Julie in ihren Aufzeichnungen über unsere neueste Filmexpedition, bei der sie, wie immer, für uns Tagebuch führt. Das war ein übler Anfang: Ich konnte meinen rechten Arm nur noch schwer bewegen, die Schultern schmerzten, ich musste mit hohem Fieber in Skardu ins Bett!

Dr. Karl Herrligkoffer – Expeditionsleiter und Arzt –, der mit einer großen Expedition dort kurz vor dem Aufbruch war, behandelte mich und brachte mich halbwegs wieder auf die Beine. Aber ich hatte beim Anmarsch durch die Braldu-Schlucht mit ihrem tobenden Wasser und ihrem fortwährenden Auf und Ab noch derartig zu kämpfen, dass Julie und ich schließlich im Abstand von zwei Tagen hinter der Hauptexpedition mit einer kleinen Gruppe von fünf Trägern folgten. Das hatte, während es mir langsam besser ging, auch einen Vorteil: Wir waren losgelöst von der allgemeinen Hast, das Basislager zu erreichen.

»Es gehörte zur Kur, die Kurt sich verordnet hatte, einen Extra-Tag an den heißen Quellen kurz vor dem Dorf Askole einzuschalten. Viele Stunden lang lagen wir in den natürlichen runden ›Felsbadewannen‹, fühlten den leichten Schwefelgeruch des dampfenden Wassers in der Nase und blickten zu schneebedeckten Bergen rund um uns empor. Das würde das letzte heiße Bad für wenigstens acht Wochen sein, und wirklich – es brachte die anhaltenden Muskelschmerzen zum Verschwinden.«

Inzwischen war Hildegard längst mit unserem belichteten Filmmaterial aus Tashigang in Europa eingetroffen, während Christian nach wie vor droben in »ihrem« gemeinsamen Dorf saß. Auch Julie und ich mussten uns erst umstellen, heraussteigen aus der Atmosphäre der Tibeter-Siedlung, in der wir gelebt hatten. Allmählich, mehr und mehr, kehrten wir zu unserem Traumberg zurück... Es sei eine doppelte Reise durch die Zeit, meinte Julie – einerseits zum K2, andererseits zu unseren italienischen Freunden. Von all den Unternehmungen verschiedener Nationalität, die sie nun schon erlebt habe, sei das Zusammensein mit den Italienern durch besondere menschliche Fürsorge ausgezeichnet, die die Atmosphäre einer Familiengruppe ergäbe. Unwichtig hierbei, dass sie nicht Italienerin und der einzige weibliche Bergsteiger sei... schreibt sie.

Noch waren wir im Bereich von Dörfern, leuchtend grüner Oasen, die immer wieder in der öden Berglandschaft auftauchten und ihr Dasein kilometerlangen, fast waagrechten Bewässerungskanälen verdankten, die die Arbeit von Generationen in die Flanken des engen Tals gegraben hatte. Das Wasser kam aus den Bergbächen, die irgendwo weit oben bei hohen Schneefeldern und Gletschern ihren Ursprung nahmen. Askole ist – auf ca. 3000 m – das letzte Dorf im schwierigen und manchmal gefährlichen Anmarsch zu den Bergen des Baltoro. Auf den über hundert Kilometern bewegst du dich meist auf sandigen Bergziegen-

pfaden, immer wieder unter Blöcken durch, die irgendwo über dir im labilen Gleichgewicht hängen, im Bereich mächtiger Wände aus zusammengebackenen Steinen, riesiger Schutthalden, die jederzeit in Bewegung geraten können – ja, es heißt die Augen offen halten! Nach eisigen Flussarmen, die zu queren sind, folgen noch vierzig Kilometer auf dem mächtigen Gletscher. Zehn bis vierzehn Tage dauert der Anmarsch in einen der wildesten Winkel der Welt!

Die einheimischen Balti verdienen als Träger rund fünfzehn Mark am Tag für sechs bis acht Stunden Lastenschleppen... 25 bis 30 kg wiegen die Kisten, Plastiktrommeln oder Seesäcke, mit denen Ausrüstung und Verpflegung der Expedition zum Basislager transportiert werden... »Die Schultern dieser Männer müssen schmerzen von den durch die dünnen Baumwollkleider schneidenden Tragseilen« – dabei leben diese Leute nur von Chapattis – Brotfladen –, Salztee und manchmal noch etwas Linsen.

Zum K2 zu gelangen, ist ein Abenteuer für sich... »Ich habe mehr Furcht davor, mich beim Anmarsch zu verletzen, als vor der kommenden Kletterei über Tausende von Fuß am zweithöchsten Berg der Welt«, schreibt Julie. Immer näher sind wir dem »Berg der Berge« – und sie spürt es – –

»... ›K2‹! ›K2‹! ging es wie ein Echo bei jedem Schritt durch meine Gedanken. ›K2‹! ›K2‹! Was für ein dummer Name für den zweithöchsten Berg der Welt. Mit Gedanken an Familie und Heim, die eine halbe Welt entfernt sind, habe ich ihn aus meinem Kopf verbannt, aber wie ein sich immer wiederholender Weggesang ist er neuerlich aufgetaucht, um mich zu verzaubern, genauso, wie er es für mehrere Jahre bereits getan hat«... »Es ist eine Leidenschaft bei mir... Viele Leute würden behaupten, dass ich wirklich verrückt sei, einen Berg zu lieben, aber der K2 ist kein gewöhnlicher Berg.«

Es war der schönste Anmarsch, den wir je erlebt haben. Die fünf Balti, die mit uns gingen, waren freundliche und hilfsbereite Leute. Wenn wir hin und wieder unterwegs die über zweihundert Träger einer großen Expedition trafen, freuten wir uns noch mehr über die Gemütlichkeit, die uns mit unserer kleinen Gruppe beschieden war.

Als wir am Concordiaplatz, dem Treffpunkt riesiger Eisströme, den K2 vor uns auftauchen sahen, waren wir beide sehr glücklich.

Wir waren zu Hause.

Das Dorf auf der Moräne – zwischen Riesenexpedition und Einzelschnelllauf

Im »Bergsteigerdschungel« der Neuzeit

Blauschwarz schillernde Körper riesiger Hummeln mit starren gläsernen Flügeln. Sie trinken. Mit ihnen im feuchten Quarzsand ein gutes Hundert Zitronenfalter, wie eine Regatta von Segelbooten, die sich versammelt hat. Ihre Flügel sind starr, sie regen sich kaum; die meisten haben sie zusammengefaltet. Nur dann und wann öffnet einer der Schmetterlinge die feingeäderten zitronenfarbenen Schwingen, dreht den Körper ein wenig, schließt sie; steckt den feinen spiralartig gewundenen dünnen Rüssel, der in der Nähe der schwarzen Augen seinen Ursprung hat, an einer anderen Stelle zwischen die winzigen Gesteinstrümmer, die die Sandbank des Flusses bilden. Einzelne, viel größere Falter, die wie schwarzer Samt schimmern und deren Flügel eine eigenartig geschwungene Form besitzen, haben sich da und dort dazwischen niedergelassen und stechen in ihrer Dunkelheit aus der farbfrohen Versammlung ab. Sie erinnern an Blüten des Urwaldes, der den Strom umgibt. Die dichte Versammlung auf der Sandbank spiegelt sein tausendfaches Leben wieder. – Nichts ahnt man in diesem Augenblick vom tausendfachen Untergang, der es möglich macht – vom Kampf ums Licht in jeder Lücke, die ein stürzender Baumriese gerissen hat, vom unaufhörlichen Werden und Vergehen, von neuen Arten, die entstehen, von alten, die sich behaupten, vom Gleichgewicht fortwährenden Lebens, das sich aus all dem ergibt...

Die Insel auf der Sandbank scheint nichts als eine Stätte des Friedens zu sein.

Sie alle trinken.

Das Basislager auf der Moräne am Fuß des K2, die wie eine lange geschwungene Sandbank im kilometerbreiten Eisstrom des Godwin-Austen-Gletschers lag, war 5000 m hoch und hatte insofern nichts mit der Versammlung von Schmetterlingen auf der Sandbank des Orinoko im Urwald von Venezuela zu tun. Doch die bunten Zelte, die scharenweise im Moränengeröll saßen, leuchteten fröhlich in bestimmten zusammengehörigen Farben, je nach der Expedition, so als hätten bestimmte Gruppen von Faltern sich an einem günstigen Platz niedergelassen. Die ruhige Bergwelt rundum war von kristallener Macht und Größe, und ihre Gewalt strahlte über das Lager nicht anders als die des Urwalds über die Sandbank.

Es schien ein Bild des Friedens zu sein; von Zelt zu Zelt luden Bergsteiger verschiedenster Nationen sich zum Tee ein, waren bereit, einander zu helfen. Sie saßen beieinander, erzählten und tranken. Aber seit der Zeit der Einsamkeit, die ich mit Hermann Buhl hier erlebt hatte, waren dreißig Jahre vergangen. Alles hatte sich verändert: Das freundliche Bild auf der Moräne verbarg ein Neben- und Durcheinander verschiedenster Expeditionsformen. Alle Spielarten – von der klassischen Zeit bis in die letzte Entwicklung der »Moderne« – waren vertreten. Menschen mit völlig verschiedenen Vorstellungen darüber, wie man einen großen Berg angeht, mit verschiedenen Ansichten über Strategie beim Aufstieg, über Risiko und Sicherheit, Bergsteiger von unterschiedlicher Härte und Erfahrung – je nachdem, wo und wie sich ihr Leben bisher abspielte und wie ihr Alltag aussah – – ich bin überzeugt, dass der Ausdruck »Expeditions-Dschungel der Neuzeit« für das, was wir heute an manchen Plätzen im Himalaya vorfinden, der einzig richtige Ausdruck ist.

Wird es dabei je zu einem natürlichen Gleichgewicht kommen? Die Frage ist schwer zu beantworten denn die Situation ist künstlich. Menschen mit geringem Tiefgang beim Beurteilen von Problemen glauben da, schlicht und einfach alles mit dem Schlüssel brüderlich verbindender Kameradschaft lösen zu können. Aber so einfach ist die Geschichte meist nicht... besonders am Berg! Anders als im Basislager stehen beim Zusammentreffen mehrerer Expeditionen auf einer Route nicht nur positive Folgen da...

Erst wenn man auch die Gefahren des Zusammenseins klar erkannt haben wird – und den Mut haben wird, ihnen offen zu begegnen* – erst dann werden in Zukunft alle gemeinsam als Freunde im Basislager ihren Tee trinken können, ohne Opfer einer Illusion zu sein.

Schon 1979, als ich zum Gasherbrum II zog, war es mit der Einsamkeit am Baltoro vorbei: ein rundes Dutzend Expeditionen schlug nach und nach ihr Basislager am Fuß der großen Berge auf. Wir besuchten uns gegenseitig von Berg zu Berg, von Basislager zu Basislager – Einladungen zu Tiroler Speckknödeln hier, zu japanischem Fisch dort, zu französischen Delikatessen, spanischem Schinken und Rotwein wechselten einander ab. Der Baltoro war anders geworden – in freundlicher Weise. Nur wer die Zeit der Einsamkeit kannte, trauerte ihr nach – –

1984 gab es das runde Dutzend Expeditionen bereits an einem einzigen großen Berg: dem Broad Peak. Wie verwundert hätte wohl Hermann Buhl geblickt, wäre er noch einmal den Westsporn hinaufgestiegen... Zelte hier und da, fixe Seile nicht nur im extrem steilen, spiegelnden Blankeis – wie unser »Eiswall« ihn bot, den man jetzt nicht mehr ging – ja, der Westsporn war in großen Abschnitten völlig versichert...

Doch erstklassige Alpinisten, wie Peter Habeler und Wojciech Kurtyka, wären fast zu Tode gestürzt, als alte Fixseile rissen oder Verankerungen herausgingen. Die größere Anzahl von Menschen täuschte etliche durch ein Gefühl größerer Sicherheit... und mancher glaubte, in einem improvisierten Biwak oberhalb der Scharte auf 7800 m warten zu können, und

** Eine der Folgen des Massenbergsteigens ist auch das Müllproblem. Die internationale Bewegung Mountain Wilderness sucht seit ihrer Gründung in Biella 1987 nach aktiven Lösungen zum Schutz der Bergwelt. Ihre ›Free K2‹-Expedition säuberte 1990 den Abruzzensporn und das Basislager.*

holte sich schwere Erfrierungen. Der technisch nicht allzu schwierige Broad Peak war in keiner Weise »ein sicherer Berg« geworden.

Wohl auch gerade deshalb, weil er als leicht galt...

Würde eine ähnliche Situation sich nun am K2 wiederholen? Das buntgetupfte, weit hingestreckte Zeltdorf, die in Inseln gruppierten Farbflecken, das alles erinnerte mich an das Bild, das die Moräne am Fuß des Broad Peak 1984 bot. Doch der K2 war um vieles schwieriger! Und um vieles höher! Ein Berg über dem Berg... Was würde geschehen? Die meisten blickten der Zukunft optimistisch entgegen – denn das bunte Basislager war ein freundlicher, gastlicher und niemals langweiliger Ort, mit Freunden und Bekannten, mit einer eigenen, sehr positiven Atmosphäre...

Wir sitzen mit dem baumlangen Renato und der zierlichen Goretta zusammen – dem Ehepaar Casarotto – im Inneren ihres mächtigen blaugrauen Hauszeltes. Es hat die Größe eines Zimmers und beherbergt in einer Ecke ein weiteres kleines Zelt, ein rotes Firstzelt, in dem die beiden schlafen. Längs einer Wand im Inneren steht eine Reihe von Plastiktrommeln mit Ausrüstung und Verpflegung. Man kann immer noch bequem hinübergehen zu einer gemütlichen Sitzecke, in der wir jetzt bei Kaffee und Gorettas selbstgebackenem Kuchen (das will was heißen in dieser Höhe!) plaudern. Renato erzählt aus der Vergangenheit und von seiner Situation am Berg. Er gehört zu den besten Bergsteigern der Welt, ihm ist u. a. 1983 die Erstbesteigung des schwierigen nördlichen Broad-Peak-Gipfels im Alleingang geglückt. 1979 nahm er teil an Reinhold Messners K2-Expedition: Sie hatten sich eine wilde Route am Südsüdwestgrat ausgesucht – die weiter oben dann einer eigenartigen Linie in der Wand daneben folgte, die ihr Entdecker Reinhold als »Magic Line« bezeichnete. Gegen Renatos Willen war die Expedition dann aber aus verschiedenen Gründen auf den Abruzzensporn ausgewichen, und über ihn hatten Reinhold Messner und Michel Dacher den Gipfel des K2 erreicht. Renato, dem der SSW-Grat als sein wirkliches Ziel erschien, hatte daher noch eine offene Rechnung mit der aufgegebenen Route zu begleichen: Er wollte sie im Alleingang bewältigen! Nun musste er feststellen, dass er diese Route auch noch mit den Italienern von »QUOTA 8000« teilte... Außerdem mit einer amerikanischen Expedition, die von ihrer ursprünglichen Route abgeschwenkt war – und schließlich war noch eine polnische Expedition im Kommen, ebenfalls für diesen Grat... es war für den Alleingänger frustrierend, wie viele andere sich da noch auf »seiner« Route bewegten. Das, obwohl er – menschlich gesehen – mit allen gut auskam, ja, einige der Bergsteiger waren mit ihm befreundet (der Vergleich mit Lianen, die sich an einem Urwaldbaum und aneinander selbst hochranken – und die natürlich nichts gegeneinander haben –, drängt sich mir bildhaft auf).

Es ist selbstverständlich, dass zwei große Gruppen, die zusammenarbeiten, schneller und besser vorankommen können – – der praktische Vorteil eines solchen »Verbundsystems« dehnt sich unsichtbar auch noch auf sämtliche Nachfolger aus, es sei denn, die Fixseile werden wieder abmontiert – was nicht oder selten geschieht. Aber jeder, der an eine solche Route kommt, findet gewiss von den Vorgängern her zumindest Haken und Zeltplattformen vor, so dass in einer gewissen Weise die endgültige Erstbegehung das Resultat der Kollaboration aller, die auf dieser Route tätig waren, darstellt. Manche begrüßen dieses System, andere verabscheuen gerade diese Tatsache – und hätten lieber den unberührten Berg. Die Wirklichkeit entspricht unmöglich jedermanns Träumen!

Ähnliche Erscheinungen hat es aber auch immer wieder bei großen Erstbegehungen in den Alpen gegeben...

Übrigens sind 1979 die Franzosen in einer viermonatigen Expedition auf dem Südsüdwestgrat bis in unmittelbare Nähe des Gipfels vorgedrungen – es fehlten ihnen nur noch ca. 200 Höhenmeter! Die Route verlief im oberen Teil nicht auf der »Magic Line«, sondern links davon, doch hat sie für viele den Namen beibehalten. Ja, Renatos Situation auf dem überfüllten Grat war für einen Alleingänger wenig reizvoll.

Wer überhaupt nicht davon begeistert war, noch andere auf »ihrer« Route vorzufinden, das waren die Österreicher, die später als die meisten Expeditionen eingetroffen waren. Sie glaubten allen Ernstes daran, den Abruzzensporn für sich alleine zu haben. Erstaunt blickten sie über das riesige Zeltdorf am Fuße des K2 und steckten zunächst einmal in Form eines Claims zum heimlichen Vergnügen der anderen »Dörfler« mit einem hellblauen Seil einen ziemlich umfangreichen Raum um das eigene Lager ab – es war offensichtlich, dass in diesem Raum das Aufstellen fremder Zelte unerwünscht war. Doch die österreichische Seele ist sehr anpassungsfähig – das zeigte sich später.

Als jedenfalls Julie und »Star« Diemberger mit Gitarre das blaue Seil überschritten, saßen wir dennoch bald freundschaftlich mit ihnen bei »Bergvagabundenklängen« und Bier beisammen. Und ich erzählte den Jüngeren von der »guten alten Zeit« mit ihrer Einsamkeit.

Österreichische Jodler sind auf der ganzen Welt eine Attraktion!... Schon eilten ein paar der dunkelhäutigen stämmigen Koreaner herbei – die übrigens auch den Abruzzensporn bewilligt bekommen hatten. Nach einigem Zureden stimmten sie schüchtern in die Jodlerklänge ein – – die österreichisch-südkoreanische Mischung klang exotisch. Die insgesamt neunzehn Koreaner waren die größte Expedition an diesem Platz, und auch sie waren etwas später – am Beginn der vierten Juniwoche – eingetroffen. Da stand Zelt an Zelt, sie hatten Hochträger, wollten mit Sauerstoffgeräten aufsteigen, waren das Urbild einer großen, klassischen Expedition auf einen Achttausender. Gleichzeitig waren sie höchst modern ausgerüstet – nicht umsonst lassen Sportartikelhändler aus aller Welt heute Bergausrüstung billigst in Korea anfertigen. Sonnenbatterien speisten drei Videokameras, die ein Fernsehteam aus Seoul bediente, im »koreanischen Block« des Dorfes konnte man sogar ins »Kino« gehen: die Besteigungsgeschichte des K2 im Videobild, später dann James Bond in »Diamonds are forever«, und noch später – – gab es sogar einen für Minderjährige nicht zugelassenen Film aus Kalifornien. Die Koreaner waren großzügig: das Kino wurde zum »Wanderkino« und machte die Runde auf der ganzen Moräne... sogar vom eine Viertelstunde entfernten britischen Basislager am Rande des Savoiagletschers – die Engländer versuchten den Nordwestgrat – trudelte man ein, um »James Bond« zu sehen. Wenn man zwei bis drei Monate zwischen Fels und Eis lebt, ist etwas Abwechslung willkommen. Immer öfter kamen Alan Rouse, Jim Curran, die Burgess-Twins und andere Briten aus ihrer »splendid isolation« hinter der Gilkey-Pyramide zur Hauptmoräne herüber – – auf den »Strip«, wie sie sagten. Was sie dabei wohl außer der Buntheit an Las Vegas erinnerte?...

Zu diesem Zeitpunkt hatte es noch keinen folgenschweren Unfall gegeben... nur ein italienischer Journalist, der den K2 vom »Sattel der Winde« aus fotografieren wollte, fiel mit Ski in eine Spalte, blieb jedoch fünf Meter tief darin hängen. Der Mann hatte gute Nerven: als erstes sandte er seine Kamera hoch, und wir mussten ihn fotografieren; dann erst durften wir ihn heraufziehen... Eine solche Gelegenheit gibt es nicht so oft im Leben! – meinte der leidenschaftliche Reporter.

Insgesamt liefen mit-, neben- oder nacheinander in dieser Saison vierzehn verschiedene Unternehmungen am K2; zehn hiervon waren Expeditionen: die französisch-internationale von Maurice Barrard am Abruzzensporn; auf derselben Route auch noch die Österreicher und die Koreaner; QUOTA 8000 hatte sowohl für den Abruzzensporn als auch für den SSW-Grat bezahlt; Casarottos Alleingang führte ebenfalls diesen Grat empor, desgleichen die Expedition der Amerikaner und die der Polen; dann waren da noch die Engländer und Herrligkoffers internationale Expedition – alle auf der pakistanischen Seite des K2! Nur eine Expedition, es waren Amerikaner, versuchte sich am Nordsporn auf der Chinaseite. Dazu kamen noch drei gesonderte Teams am Abruzzensporn: die beiden Basken; Julie und ich; die Schweizer Fuster und Zemp – die zwar zu Herrligkoffers Expedition gehörten, doch selbständig (über den Bereich des Permits hinaus) tätig waren (sie waren nicht die einzigen, die deshalb später in Islamabad eine nachträgliche Gebühr von 45 000 Rupien erlegen sollten!) und schließlich noch der jugoslawische Alleingänger Tomo Cesen, der später kühn und spontan auf neuer Route zur Schulter aufstieg.

Es ist wohl verständlich, dass das Tourismus-Ministerium in Anbetracht des massiven Ansturms auf die Berge (ein Drittel bis fast die Hälfte gilt den Achttausendern) schon vor Jahren präzise »Rules and Regulations«, also Vorschriften – ausgearbeitet hat, um Herr der Lage zu bleiben und mit Hilfe der Verbindungsoffiziere die Kontrolle zu behalten. Einige der Bestimmungen scheinen allerdings am grünen Tisch entworfen, andere, sehr nützliche, wie etwa zum Schutz von Natur und Umwelt – werden leider oft nicht eingehalten; und manchmal treibt die Praxis köstliche »Blüten«, wie etwa diese – – –

Der »deutsche Block« auf der Moräne hatte eine Besonderheit: diese »vorschriftswidrige « Zeltgruppe wurde später umgetauft und offiziell unter dem Titel »Lager l« geführt! Das Hauptbasislager mit dem Expeditionsleiter Dr. Karl Maria Herrligkoffer befand sich in einer Stunde Entfernung am Fuß des gleichfalls genehmigten Broad Peak – und wie uns ein pakistanischer Verbindungsoffizier beteuerte, war es nicht erlaubt, dass eine Expedition mehr als ein Basislager errichtete! Doch »Heureka!«... der Basisstützpunkt für ihr zweites Bergziel – den K2 – konnte vom Broad Peak her auch als »Lager 1« empfunden werden... selbst am Baltoro wiehert gelegentlich der Amtsschimmel!

Vor dem geräumigen Messezelt dieses Lagers, in dem wir öfter bei Knödel, Sauerkraut und traumhaftem Preiselbeerkompott beisammen saßen – stand wie ein Zeichen deutscher Leistungsbetontheit ein spezielles »Fahrrad«: ein Ergometer. Darauf konnte man – mehr oder weniger gebremst – länger oder kürzer in 5000 m Höhe strampeln. Ich kannte Herrligkoffers wertvolles »Lieblingsspielzeug« schon aus dem Jahr 1978 – dort hatte genau dieses Ding in 5300 m Höhe auf der Moräne des Everest gestanden... der Karl ließ mich sogar darauf strampeln – es war ein Test! Ich sehe ein Leuchten in allen Medizineraugen.

Obwohl niemals auf dem Rad zu entdecken – war hier doch der zur Zeit zweifellos stärkste Mann im Himalayabergsteigen zu Hause: Jerzy Kukuczka. Er gehörte mit seinem Landsmann Tadeusz Piotrowski zu dieser internationalen deutschen Expedition. »Jurek« war beim Wettrennen um alle Achttausender dem großen Reinhold dicht auf den Fersen, und obwohl beide einen wirklichen Wettkampf in Abrede stellen – war es zu diesem Zeitpunkt noch ungewiss, wer gewinnen würde (Reinhold Messner schaffte »alle Vierzehn« dann bis Herbst 1986, Kukuczka rund ein Jahr später). Hier hatte der freundliche, eher stille untersetzte Pole mit dem frischen Gesicht eines Bauernburschen – und mit klaren Augen, die Ruhe und Überlegung verrieten – etwas ganz Besonderes vor: die noch unbezwungene Direttissima durch die Südwand! Sein bärtiger Partner hierfür war so ruhig wie der K2 selbst: Piotrowski war, wie man in Österreich sagen würde, »ein Riegel von einem Mannsbild«. Einer der besten Winterbergsteiger Polens, unerschütterlich! Obwohl die beiden anfänglich noch die Unterstützung der beiden Schweizer, eines Deutschen und von »Little Karim« hatten (über diesen legendären Hunza-Hochträger gibt es sogar einen Film), nahmen alle an, dass das eigentliche Problem nur die zwei Polen selbst im reinsten Alpinstil in Angriff nehmen würden. Riesige Séracs bedrohten den Mittelteil der Route mit Eisfall... und dann ging es schwindelerregend hinauf im kombinierten Gelände, steil, immer steil... direkt in den Bereich des alten »gedachten« Ausstiegs aus der Magic Line hinauf: vereiste Rinnen, Couloirs, sperrende rostbraune Felsriegel – »eine Mausefalle, wenn das Wetter umschlägt« – kommentierte der alte Himalaya-Fuchs Norman Dyhrenfurth den Ausstieg aus der »Direttissima«. Ja, Norman! Es war eine Freude für

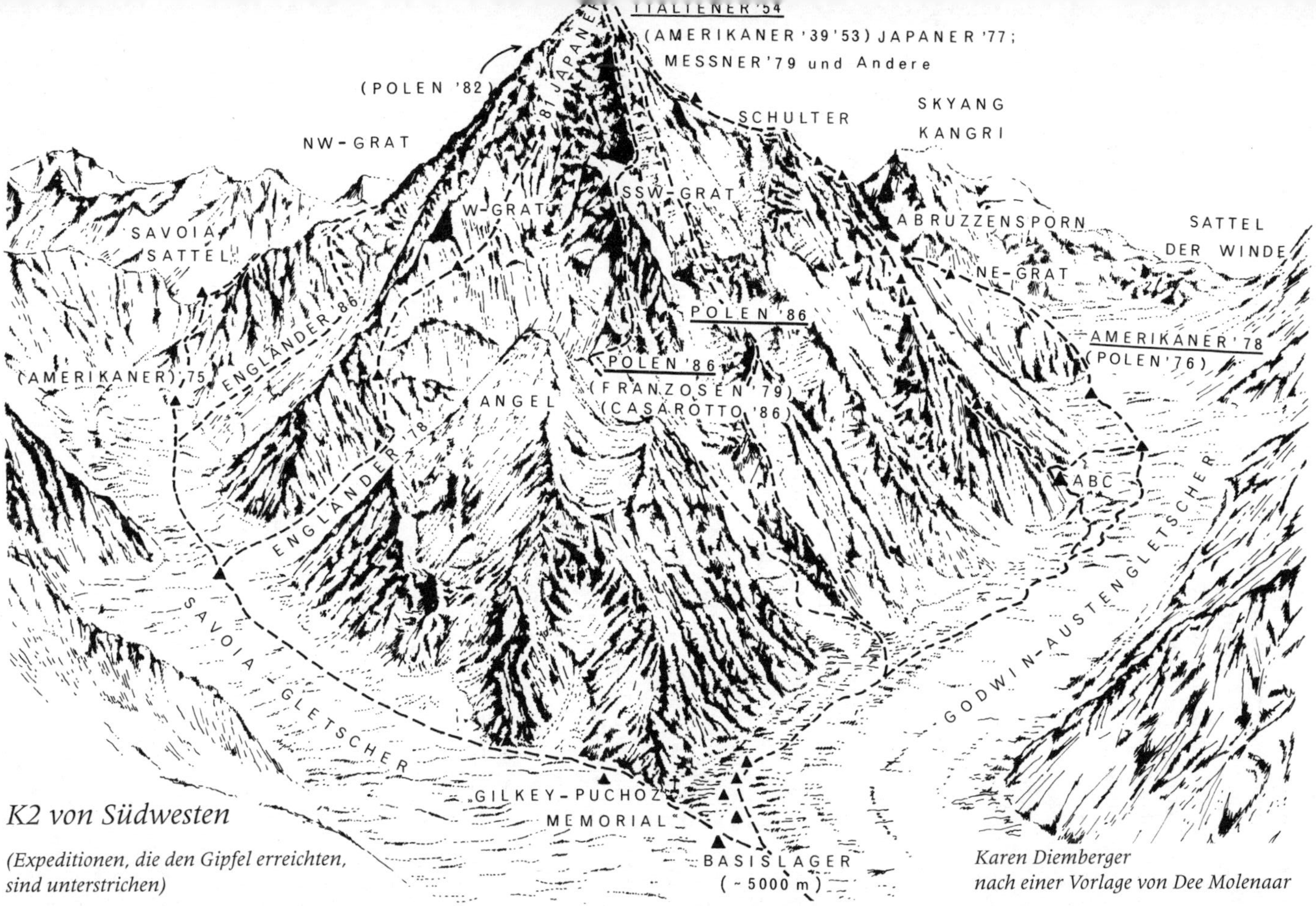

K2 von Südwesten

(Expeditionen, die den Gipfel erreichten, sind unterstrichen)

Karen Diemberger
nach einer Vorlage von Dee Molenaar

mich, ihn wiederzusehen. Denn obwohl wir beide grundsätzlich in Salzburg wohnen, sind wir so viel unterwegs, dass wir uns daheim nie begegnen. Gemeinsam sind wir 1960 am Dhaulagiri gewesen – Norman hat den Expeditionsfilm gedreht, dem ich die Gipfelszenen beisteuerte. Es war eine abenteuerliche Expedition – bei der erstmals ein Gletscherflugzeug mit Ski hoch oben im Himalaya gelandet war, auf dem Nordostsattel des Dhaulagiri – Ernst Saxer und Emil Wick gelang dabei die höchste Gletscherlandung der Welt, nach neueren Messungen in der Nähe der 6000-m-Linie; dann ist das Flugzeug zu Bruch gegangen – es gab Chaos –, aber wir haben insgesamt zu acht den Gipfel trotzdem bewältigt. Es ist nicht ausgeschlossen, dass es der höchste war, dessen Erstbesteigung ohne Sauerstoffgerät gelang.

Diesmal drehte Norman den Film für die Herrligkoffer-Expedition. In umfangreicher Gesellschaft: alle zusammengerechnet, die auf dem »Strip« mit Filmerei und Assistenz beschäftigt waren, »kurbelte« da ein Dutzend Leute – höher am Berg freilich nur wenige! (Dass unser deutscher Produzent, wie ich kürzlich mit Erstaunen vernahm, uns in einem Brief gerichtliche Schritte angedroht habe, ist eine freie Erfindung. Die Italiener hatten von Anfang an ihren eigenen Kameramann! Dass man einem Kollegen aber auch mal etwas zur Hand geht, gehört zur Berufsehre.)

Die anstrengende und gefährliche Hochgebirgsfilmerei erfordert nicht nur große Hingabe, sondern oft eine vielen Bergsteigern fremde Einstellung: längeres Durchhalten bei Stürmen, mehr Depots, weniger Eile, extreme Geduld und Widerstandskraft – manchmal einem Seefahrer vergleichbar, der auch nicht, wenn ihn die Lust verlässt, aus dem Boot steigen kann. Am Berg »kreativ« unterwegs zu sein, erfordert einen Alpinismus eigener Art.

Deshalb genießen Julie und ich, obwohl wir zur Expedition von »QUOTA 8000« gehören, dennoch völlige Unabhängigkeit. Unser Ziel ist der K2 über den Abruzzensporn – und ein Film über die verschiedenen Aspekte des Zusammenlebens, das die »Neuzeit der Expeditionen« hier formt; natürlich gehört auch der Aufstieg dazu, daneben die Geschichte des Berges – – QUOTA 8000 hingegen ist ganz auf den SSW-Grat eingestellt. Vorläufig.

Zunächst allerdings gibt es eine kleine Sensation: der junge Franzose Benoit Chamoux – er gehört gleichfalls unserer Expedition an – schafft den Broad Peak in einem Tag! Er ist nicht der erste – schon 1984 ist das dem Polen Wielicki gelungen; Julie und ich waren am Berg, als sein Team die Spur legte – anders sind solche Geschwindigkeitsrekorde nicht möglich. So ein »Bergläufer« trägt natürlich kaum etwas... Spurarbeit, Hochlager, Rückhalt bei einem plötzlichen Wettersturz – das obliegt dem voraussteigenden Team. Es bleibt nichtsdestoweniger eine gewaltige sportliche Leistung!

Inwieweit sie auch bergsteigerisch bedeutungsvoll ist, darüber gehen die Meinungen auseinander – man kann so etwas unmöglich mit Reinhold Messners Alleindurchsteigung auf neuer Route an der Diamirflanke des Nanga Parbat vergleichen, ja auch nicht mit Renato Casarottos zähem, monatelangem Ringen am SSW-Grat. Wenn der »Bergläufer« ohne Last eine Route benützt, die von Bergsteigern mit Gepäck für einen Aufstieg mit Last präpariert wurde (meist mit fixen Seilen), dann verwandelt sie sich, relativ gesehen, für ihn in eine »sportliche Rennbahn«, eine Art Hürdenlauf nach oben – er kann sich fast ausschließlich auf seine Körperleistung und den effektivsten Rhythmus konzentrieren. Gewiss ist auch das ein Abenteuer!

Bergsteigerisch bleibt es jedoch nicht vergleichbar. Was dabei unabsichtlich an purem Geschwindigkeitsdenken auf alle übrigen »abstrahlt«, – ist eine kaum zu übersehende Folge.

Doch Benoit kehrte glücklich über sein Abenteuer zurück, er strahlte übers ganze Gesicht – das war etwas schmäler geworden – und wollte ein Foto mit dem »Broad-Peak-Opa« haben! Das bekam er natürlich. Und sein Team – das möchte ich betonen – hat er nie in den Schatten gestellt! Später gelang ihm eine noch größere Leistung – mit demselben System: der K2 über den Abruzzensporn in einem Tag! Also – schlecht ist der schmächtige Junge nicht!

Ich kenne außer ihm einige Spitzenleute, die wie er Vegetarier sind. Nicht, dass ich ein Müsli verachte – aber wenn ich meinen handfesten Speck, die Prisaola und den Hartkäse einpacke, weiß ich, dass das für meine »Höhenform« die solideste Basis ist. Sicherlich, Steinböcke fressen Gras – aber ein Schneeleopard, der auch schon bis 6000 m gesichtet wurde, lebt gewiss nicht von Kartoffeln. Beide Lebensweisen bewähren sich in großer Höhe.

Was bemerkenswert ist: Benoit hat eine eiserne Gründlichkeit bei der Vorbereitung und Durchführung seiner Unternehmungen. Gerade darin aber hat der jüngste Spross im Expeditionsdschungel mancher gegenwärtigen Unternehmung etwas voraus: er improvisiert nicht. Das in neuerer Zeit sich ausbreitende »Wir werden's schon irgendwie pack'n« – sei es, was die Akklimatisierung oder die Vorbereitung des Aufstiegs angeht – ist gefährlich und schwer einzudämmen. Da wird so oft über verschiedene Stile diskutiert – mit oder ohne Sauerstoff, Groß- oder Kleinexpedition, mit oder ohne Hochträger etc. –, dabei funktionieren sie bei konsequenter Durchführung alle! Doch wenn diese fehlt – wird vieles Glückssache. Beim Zusammenwirken mehrerer Unternehmungen auf einer Route erhöht sich diese Gefahr – auch wenn man sich in einem Notfall besser helfen kann. Denn das Sich-aufeinander-Verlassen ist nicht nur positiv zu sehen. Der Mangel einer einheitlichen Leitung ist dabei das größte Handicap eines solchen »Multibetriebs«.

Die pakistanischen Verbindungsoffiziere im Dorf mögen das wohl auch empfunden haben – sie trafen sich regelmäßig beim Ranghöchsten, einem »Major«. Und die Expeditionsleiter? Lösten Probleme mit Absprachen. Immer? Und hinreichend? Gewiss in bester Absicht... doch das

Zusammentreffen verschiedener Unternehmungen wird neben der positiven menschlichen Seite auch stets zusätzliches Risiko bedeuten. Eine der Lehren jenes Sommers.

Höchst interessant war es, bei Spaziergängen auf der Moräne – man kann in dieser Höhe nicht länger als eine Stunde konzentriert filmen – auch ärztliche Meinungen zu hören. Dass die oft recht verschieden sind, weiß ich von vielen Expeditionen. Eins ist sicher: während wir 1957 und später – zur raschen Erhöhung der für den Sauerstofftransport wichtigen roten Blutkörperchen regelmäßig Vitamin B12 schluckten, ist man mittlerweile davon abgekommen... denn das Blut wird davon zu dick, der Hämatokritwert steigt, die Gefahr von Erfrierungen nimmt zu. Jetzt hält man mehr davon, Vitamin E zu geben! Von der Blutverdünnung, die man vor etwa zehn Jahren als Mittel für bessere Achttausendergipfelgänge anpries, ist man längst abgekommen: ein französischer Arzt versicherte mir, sie sei viel zu gefährlich – würde man sie in wirkungsvollem Maße betreiben, müsste ein Hospital in der Nähe sein! Und bezüglich einer »Wunderdroge zur schnellen Akklimatisierung und gegen Bergkrankheit« herrschte auf einem der letzten Ärztekongresse in London alles eher denn Einigkeit; angeblich soll es nicht ratsam sein, sie zu nehmen, wenn man bereits akklimatisiert ist – dann hätte sie Übelkeit und eine Art »Überakklimatisierung« zur Folge. Der Bergarzt Urs Wiget sagte mir, dass bei falscher Diagnose auf Ödem ein Diuretikum das in großer Höhe im Körper ohnehin schon rare Wasser entziehe! Das kann bei dem dicken Blut dort oben fatale Folgen haben... Ich fühle mich jedenfalls verpflichtet, alle zu warnen, auf 8000 m bedenkenlos Pillen zu schlucken, die ein wohlmeinender Kamerad hervorholt – das gilt für jedes Medikament; nur die Diagnose eines Arztes sollte Veranlassung sein.

Am Dhaulagiri hatten wir einmal nach Einnahme eines Kreislaufmittels zwar alle warme Füße, aber die Form war dafür »im Eimer«, und der Gipfel des Nanga Parbat ist mir durch ein Medikament entgangen, das ich in der Dunkelheit für Aspirin hielt. Ich möchte den Medizinern hier keineswegs ins Handwerk pfuschen – aber wie der Mensch auf 8000 m Höhe reagiert, wie viel er aushält etc., das ist noch wenig erforscht. Medikamente soll meines Erachtens einer dort oben nur nehmen, wenn es gar nicht mehr anders geht – und höchstens, um noch hinunterzukommen. Die Akklimatisierung ist eminent wichtig: drei Wochen für einen Achttausender!

Doch hören wir, was ein bekannter Bergarzt zum Thema zu sagen hat:

Die Höhe als medizinisches Risiko

von Urs Wiget

Die Einflüsse großer Höhen auf bergsteigende Menschen können in drei verschiedenen Themenkreisen behandelt werden:

1. Das verminderte Sauerstoffangebot für den Körper (die akuten Höhenkrankheiten);

2. der Einfluss anderer physikalischer Eigenschaften der Höhe auf den Menschen (Trockenheit der Luft, Kälte und Wind, verstärkte Strahlung);

3. das Problem der Reisen in subtropische Breitengrade und in Regionen mit wenig Rettungsmöglichkeiten.

1. Der lebensnotwendige Sauerstoff wird entlang eines Druckgefälles von den Lungen ins Blut und von dort in alle Zellen des Körpers gepresst – genau wie das Wasser ein Gefälle braucht, um zu fließen. Die treibende Kraft ist der Luftdruck, das heißt das Gewicht der auf Meereshöhe ungefähr 40 Kilometer hohen Luftsäule über unseren Köpfen. Je höher wir steigen, umso geringer wird der Luftdruck. Er beträgt auf ungefähr 5500 Meter nur noch die Hälfte des Wertes der Meereshöhe und auf dem Gipfel des Mount Everest nur noch knapp ein Drittel. 21% der Luft ist Sauerstoff. Dieses Verhältnis ändert sich mit steigender Höhe nicht. Der mit dem geringeren Luftdruck ebenfalls verminderte Sauerstoffdruck führt damit zu einem immer größeren Sauerstoffmangel, je höher man steigt.

Der Sauerstoffmangel ist die Hauptursache der Höhenkrankheiten. Die Toleranz gegenüber dem höhenbedingten Sauerstoffmangel ist von Mensch zu Mensch stark verschieden und vermutlich genetisch geprägt. Sie ist weitgehend unabhängig von Geschlecht, Alter und Trainingszustand.

Die ›akute Bergkrankheit‹ ist eher eine Befindlichkeitsstörung als eine eigentliche Krankheit. Sie kann ab einer Höhe von 2000 Metern auftreten und beginnt erst 4 bis 24 Stunden nach Ankunft in der Höhe. So entwickeln die Passagiere der Bergbahnen, die Menschen innerhalb von kurzer Zeit in große Höhen bringen und kurz darauf wieder hinunterfahren, keine akute Bergkrankheit.

Die Anzeichen einer akuten Bergkrankheit, wie Kopfweh, Appetitlosigkeit, Schlaflosigkeit, Unlustgefühle, Schwindel und das Anschwellen von Gesicht, Händen und Füßen, verschwinden oft ohne jegliche Behandlung von selbst innert 24 Stunden, wenn man auf der gleichen Höhe bleibt und keine Anstrengung unternimmt. Bei starken Kopfschmerzen kann man 2 x 500 Milligramm Aspirin oder Paracetamol alle 3 bis 4 Stunden nehmen.

Wenn die beschriebenen Anzeichen nach 24 Stunden nicht verschwunden sind, oder wenn das Kopfweh sich nach maximal 4 Tabletten Aspirin oder Paracetamol wieder meldet, muss man absteigen und nicht zuwarten, bis sich die Situation verschlimmert und dann einen Abtransport nötig macht.

Auf Höhen über 3500 Meter kann die akute Bergkrankheit in eine lebensgefährliche Form der Höhenkrankheit, ein ›Höhenhirnödem‹, übergehen. Dabei tritt Blutwasser aus den Blutgefäßen des Hirns aus und erhöht den Druck im Innern des Schädels.

Dieser Hirndruck ist verantwortlich für die drei Hauptzeichen eines Höhenhirnödems: schweres Kopfweh, das auf die beschriebenen Medikamente nicht reagiert; Erbrechen, das keine Linderung bringt, und eine immer stärker werdende Gangunsicherheit.

Wenn ein Bergsteiger unter einem Höhenhirnödem leidet, sind alle Hirnfunktionen beeinträchtigt. Wir glauben, dass dadurch viele unerklärliche Abstürze in technisch einfachem Gelände und katastrophale Fehlentscheidungen erfahrener Höhenbergsteiger erklärt werden können.

Bei der zweiten lebensgefährlichen Form der Höhenkrankheit, dem ›Höhenlungenödem‹, tritt Blutwasser aus den Lungenblutgefäßen aus und überschwemmt die Lungenbläschen. Bei dazu veranlagten Bergsteigern kann das Höhenlungenödem innerhalb von wenigen Stunden ab Höhen von 2000 Metern auftreten, mit oder ohne dass der Patient vorher über eine akute Bergkrankheit geklagt hat. Die Anzeichen sind eine immer stärker werdende Atemnot in Ruhe mit oft blaugefärbten Lippen und Husten, sowie eine plötzliche, unerklärliche Verminderung der körperlichen Leistungsfähigkeit.

Für die beiden schweren, lebensgefährlichen Höhenkrankheiten gibt es keine bessere Behandlung als die Behebung der Ursache: den Abstieg. Wenn die Krankheiten lebensbedrohlich erscheinen und/oder wenn ein Abstieg aus einem Höhenlager wegen der Nacht oder dem Wetter nicht unmittelbar möglich ist, besteht die Chance einer medikamentösen Behandlung, die es dem Patienten eventuell erlaubt, mit eigenen Mitteln abzusteigen. In diesen schweren Fällen behandelt man das Höhenhirnödem und das Höhenlungenödem gleich, denn sie treten oft gemeinsam auf: 20 Milligramm Nifedipin alle 6 Stunden und dazu zuerst 8 Milligramm Dexamethason, danach alle 6 Stunden 4 Milligramm. Diese starken, verschreibungspflichtigen Medikamente sollten so kurz wie möglich (ein bis zwei Tage) eingenommen werden, ohne dass ein Arzt befragt werden kann. Wenn möglich, sollte Flaschensauerstoff verabreicht werden.

Für alle Arten der Höhenkrankheit kann ein ›simulierter Abstieg‹ versucht werden: Der Patient wird in einem speziellen, weitgehend luftdichten Kunststoffsack einer Atmosphäre ausgesetzt, die ungefähr derjenigen einer 2000 Meter tieferen Höhenlage entspricht. Dazu muss mit einer Handpumpe Luft in den Sack gepumpt werden, bis ein entsprechender Überdruck entsteht. Die sich entwickelnde Kondensationsfeuchtigkeit und ein Anstieg der ausgeatmeten Kohlensäure im Sack beschränken eine Überdrucksitzung auf ungefähr eineinhalb Stunden. Dieser leichte (4.5 kg) und einfach zu bedienende Sack stellt damit eine nicht zu erschöpfende Sauerstoffquelle dar. Es wurden auch verzweifelt erscheinende Fälle von Höhenödemen mit dem Überdrucksack mehr oder weniger erfolgreich behandelt, doch muss man sich darüber im klaren sein, dass diese schwerkranken Patienten im Innern des Sackes nicht zuverlässig zu überwachen sind.

Es sei jedoch nochmals betont, dass Medikamente und Überdrucksack den Abstieg des Patienten nicht ersetzen dürfen!

Die Vorbeugung der Höhenkrankheiten ist einfach, doch zeigt die Erfahrung, dass oft auch einfache Regeln nicht eingehalten werden. Viele Expeditionen haben bewiesen, dass auch höhenempfindliche Bergsteiger erfolgreich in sehr große Höhen vorstoßen können, wenn sie sich Zeit nehmen! Der Körper kann sich recht gut an das verminderte Sauerstoffangebot anpassen, wenn man ihm Zeit lässt. So glauben wir, dass die Schlafhöhe beim Anmarsch von 3000 Meter weg täglich nicht um mehr als 300 bis 500 Meter gesteigert werden soll. Auch darf man auf keinen Fall höher steigen, wenn man sich nicht wirklich wohl fühlt. Husten und Atemnot in der Höhe einfach als ›Höhenhusten‹ oder ›Bronchitis‹ abzutun, hat schon mehreren Höhenbergsteigern das Leben gekostet.

Eine Vorbeugung der akuten Bergkrankheit ist bei speziell anfälligen Personen mit dem Medikament Azetazolamid möglich. Dies sollte jedoch nur unter Absprache mit einem erfahrenen Expeditionsarzt eingenommen werden.

Die Häufigkeit der Höhenkrankheiten ist schwierig einzuschätzen. Wir wissen jedoch, dass bei schnellem Anstieg auf die Cap. Regina Margherita (4559 m) im Monte-Rosa-Gebiet 57% aller Bergsteiger deutliche Anzeichen einer akuten Bergkrankheit zeigen. Die Häufigkeit des Höhenlungenödems wird in großen Studien mit ungefähr 10% der Personen angegeben, die schnell auf Höhen über 3500 Meter steigen. Von den Bergsteigern, die wirklich an einem Höhenlungenödem leiden, sterben 3 – 6%. Dass es wirklich genetisch speziell empfindliche Menschen für die Entwicklung eines Höhenlungenödems gibt, zeigen die folgenden Zahlen: Mehr als 50% der Personen, die schon einmal ein Höhenlungenödem entwickelt haben, werden wieder unter der gleichen Krankheit leiden, wenn sie rasch über 3500 Meter steigen.

Für das Höhenhirnödem geben die Studien eine Häufigkeit von ungefähr 1% in Höhen über 4000 Meter an. Dabei wissen wir jedoch, dass ein durch ein Höhenhirnödem bereits bewusstloser Patient in 60% der Fälle sterben wird.

2. Es ist allgemein bekannt, dass es mit steigender Höhe immer kälter wird und dass die Strahlungsintensität der Sonne zunimmt; trotzdem sehen wir auf Expeditionen immer noch oft Augenentzündungen – auch bei Trägern, von denen man glauben könnte, sie seien an diese intensive Strahlung gewöhnt. Eine andere Gefahr wird jedoch vielleicht zu wenig beachtet: Die Luft wird in der Höhe immer trockener und enthält über 4000 Meter praktisch keinen Wasserdampf mehr. Das fördert, zusammen mit der tieferen und schnelleren Atmung in der Höhe, den Wasserverlust des Körpers, was zu einer gefährlichen Bluteindickung und Verlangsamung des Blutstromes führen kann. Erfrierungen und Blutgerinnsel können die Folge davon sein. Es muss deshalb schon zu Beginn und während der ganzen Expedition darauf geachtet werden, dass genügend getrunken wird. Dies kann mit einer einfachen Beobachtung überwacht werden: Es sollte mehrmals pro Tag klarer, nicht konzentrierter Urin gelassen werden …

3. Ich möchte mich jetzt nicht noch lange über Reisekrankheiten auslassen. Doch gab es Expeditionen, bei denen die ganze Mannschaft massiv an Durchfall litt und dadurch schon zu Beginn einen schlechten Start hatte. Da gilt halt immer noch der alte Satz: ›Boil it, cook it, peel it or forget it!‹

Die in großer Höhe oft fehlenden Rettungsmöglichkeiten müssen bei der Planung einer Expedition mit einbezogen werden. Improvisierte Transportarten sollten vor der Expedition oder auf dem Anmarsch eingübt und die Strategie einer eventuellen Rettungsaktion klar in der Mannschaft durchbesprochen werden.

Die medizinischen Risiken der Höhe zu kennen, beeinträchtigt das Erleben einer unserer letzten Freiheiten nicht, kann jedoch einen dramatischen Ausgang einer Expedition abwenden.

Zurück nun zur »Natur-Medizin«:

Das 24-Liter-Faß mit Hermann Buhls »Schlafmittel«! – – – Drei Wochen haben Julie und ich den englischen »Beer-Kit« mit Zucker zum Gären angesetzt, am wärmsten Platz, bei unseren Italienern im Messezelt: einer gigantischen rot-blauen Halbkugel, in der auch zwanzig Leute beisammensitzen können! Drei Stück von diesen Kugelgebilden gibt es, dazwischen »Straßenbeleuchtung« – außer dem elektrischen Licht im Zelt; alles aus silbrig schimmernden Sonnenbatterien gespeist. Und wie Reihenhäuser schließt sich eine Schar spitzer bunter Stoffdreiecke daran – die Unterkünfte der Italiener. Für Julie und mich etwas zu laut – da hätten wir fortwährend Bergamo, Milano oder Genua auf dem Tonband – wir sitzen etwas entfernt auf einem Schuttkegel, mit prächtigem Blick – sei's bei Nacht oder Tag – aufs »QUOTA 8000-CENTER«, wie angesichts der Zukunftsvision einer Marssiedlung. Bei Kerzenlicht (die Leitung war zu kurz) – doch das tut nichts.

Unser schwarzes Fass, in dem das werdende »Bier« unter Druck brütet, genießt die Anteilnahme des ganzen Dorfes. Immer wieder kommt jemand, spricht über das Wetter, den K2, die Route – – – und erkundigt sich so ganz beiläufig nach dem Zustand des Biers. Willi Bauer prüft stets aufs neue den Fortschritt der geschmacklichen Reife – wir halten ihn schließlich für einen Nahrungsmittelchemiker. Als unser Bier endlich fertig ist, wird's ein schäumender, durchschlagender Erfolg! Bis von der fernen Chogolisa kommen Leute, um übers Wetter zu reden... Gut, dass Julie einen zweiten »Beer-Kit« mitgebracht hat – an den nötigen Wochen fehlt es nicht!

Manchmal, wenn ich auf der Spitze des Moränenbergs am Stativ sitze und auf Lawinenszenen oder Teleschnappschüsse aus dem Lager warte, stelle ich fest: Julie ist abhanden gekommen! – – Dann weiß ich, sie ist entweder mit ihrem japanischen Schwert hinüber zu den Eistürmen gegangen, wo sie trainiert oder sich in Meditation versenkt, oder sie ist zur Zerstreuung hinaufgewandert zu Norman Dyhrenfurth, dem alten Filmemacher, dessen Erzählungen über seine vielen Erlebnisse im Himalaya, über Gipfelstürme, die Suche nach dem Schneemenschen und vieles andere sie gerne lauscht. Und Norman freut sich über den Besuch des fast immer frohen Schmetterlings – der dann weitergaukelt, zu Goretta und Renato, zu unseren baskischen Freunden vom Everest – Mari und Josema –, oder hilfsbereit wie immer dem darin noch unerfahrenen italienischen Kameramann wichtige Hinweise über Synchrontonaufnahmen gibt. Außer wenn es um Aikido oder Budo geht und sie bei den Eistürmen und den wundervollen Gletschertischen weilt, ist sie nie lange »abhanden« – wir begegnen uns dann früher oder später irgendwo im Dorf der Zelte auf der Moräne. Nimmt sie aber ihr langes japanisches Schwert und überschreitet den Gletscherbach, um zu meditieren, sich in der Eislandschaft ins Zentrum ihres Seins zu versenken oder die schwierigen, genau vorgeschriebenen Bewegungen der »martial arts« auszuführen – – einer Ballade mit einem unsichtbaren Gegner oder Partner gleich – – dann lasse ich sie stets alleine, störe ihre Kreise nicht.

Nur einmal nahm sie mich mit.

»I have two passions – the mountains and the martial arts«... ich habe zwei Lieben – die Berge und die martial arts... so sagte sie mir.

Es war gut, mit ihr zu sein.

Gipfelglück und Tragödien – ein russisches Roulette?

Die Silhouette des K2 hat aus bestimmten Richtungen die harmonische Form eines Dreiecks nach dem Goldenen Schnitt. Ein Blick von oben auf seine Struktur zeigt eine eigenartige Symmetrie, die an den Schliff eines Diamanten erinnert.

Vielleicht ist er als der »KOH-i-Noor« des Himalaya zu bezeichnen. Auch der strahlende Edelstein, einer der größten Brillanten der Welt, hat Glück und Unglück gebracht.

Geographisch gesehen, ragt der Berg genau im Mittelpunkt der höchsten Bergketten Asiens auf, und wenn man ihn auf der Landkarte betrachtet, erinnert der Verlauf seiner Rippen und Grate auch an die Form einer Windrose.

Am 20. Juni sind Julie und ich im Lager 1 auf der Südostrippe, dem steilen »Abruzzensporn«, in 6150 m Höhe, und das Wetter ist herrlich. »Viel Glück und alles Gute für den Gipfel!« – wir winken zum Abschied Mari und Josema zu, unseren baskischen Freunden, die langsam, Schritt für Schritt höhersteigen, hinauf in die Schnee- und Steinwüste, vornübergebeugt unter dem Gewicht ihrer gewaltigen Rucksäcke... die alles für die Besteigung des K2 enthalten. Wir sind ergriffen, Julie und ich, denn ursprünglich haben wir gedacht, mit ihnen auf diese Expedition zu fahren, und in diesem Augenblick sehen wir uns in Gedanken an der Seite unserer Freunde im Aufstieg, wir sehen uns gebückt unter der Last, mit dem brennenden Wunsch im Innersten, der dich alle Mühe ertragen lässt, als folgtest du einem unwiderstehlichen Ruf – dem Wunsch, auf dem Gipfel dieses Berges zu stehen. Bist du verzaubert vom Schimmer des großen Kristalls? Gebannt, verhext oder einfach glücklich...? Was ist es? Kein Mensch kann's erklären. Der Berg der Berge... Wir sind ein wenig traurig, während wir sie höher steigen sehen, wie sie nun kleiner und kleiner werden – in der Felswildnis der Türme des Abruzzensporns. Schade, nicht nur der Stil unseres Aufstiegs, sondern auch die Art und Weise unseres Denkens entsprechen einander. Aber wir sind erst drei Wochen nach Mari und Josema am Fuß des K2 angekommen und daher nicht ausreichend akklimatisiert – wir müssen uns noch an die Höhe gewöhnen.

Der Blick von hier oben auf die parallel verlaufenden Bänder ohne Ende, Linien, die in seltsamer Regelmäßigkeit auf der Oberfläche der Karakorumgletscher in sanften Schwingungen ihrem Lauf folgen, ist überwältigend – und uns so bekannt, als wären wir hier schon immer zu Hause gewesen. Ja, vor zwei Jahren sind wir diesen Sporn viele Male hinauf und hinunter, haben unseren ersten gemeinsamen Achttausender bestiegen – er steht uns hier gerade gegenüber – ja, wir sind hier daheim... Aber wir müssen unseren Aufstieg noch besser vorbereiten, müssen Stützpunkte errichten, Materialdepots anlegen, ehe wir uns in die letzten Höhen des Berges jenseits der 8000-m-Linie wagen dürfen. Julie und ich folgen mit den Augen den zwei gebückten, beladenen Gestalten... Mari und Josema – gehen sie einem großen Tag ihres Lebens entgegen? Werden sie ihr Ziel erreichen? Werden sie zurückkommen?... wir wünschen es ihnen von ganzem Herzen.

Weiter oben am Sporn, das wissen wir, bewegt sich auch die Vierergruppe von Maurice und Liliane Barrard, Wanda Rutkiewicz und Michel Parmentier höher; sie sind heuer als erste hier unterwegs gewesen. Wie lange sie brauchen werden? Noch gibt es keine neuen Fixseile am Abruzzensporn. Und die alten – sofern überhaupt intakt, sind großteils unter dem Schnee versteckt. Ein Aufstieg jetzt, in der Weise unserer Freunde dort oben, ist auch hier noch weitgehend einwandfreier Westalpenstil. Die Mühe ist unvergleichlich größer als später, wenn eine Großexpedition fast alles neu versichert hat. Selbst wenn dann jemand ohne Sauerstoffgerät und Hochträgerhilfe am Sporn unterwegs ist, fängt der Alpenstil erst ab Lager 3 unter der mächtigen Schulter des K2 an. Julie und ich haben hier beide Formen des Aufstiegs kennen gelernt – und können den Unterschied ermessen. Deshalb ist es auch schwer, die Dauer des Aufstiegs von Maurice und Liliane, von Wanda und Michel abzuschätzen, ebenso wenig wie für Mari und Josema. Keiner, der später eine »Blitzaktion« hier durchfuhrt, sollte seine Aufstiegszeit mit der von Seilschaften am Beginn der Saison messen. Für alle aber gilt es, in diesem »Spiel« zwischen Kraft, Verhältnissen und Wetter den richtigen Tag für den Gipfel zu treffen...

Glück im Leben hängt fast immer von der Wahl des richtigen Tages ab. Als ich Mari und Josema zwischen den Bastionen des Abruzzensporns verschwinden sah, sagte ich zu Julie: »Wünschen wir ihnen, dass der Tag für den Gipfel der richtige ist.« Er war es.

Aber die Wahl des Tages allein ist nicht alles.

Paris, im Frühling 1986: »Ich habe ein ungutes Gefühl, wenn ich an den Eisabbruch des Hängegletschers denke«, vertraut Maurice uns an – er deutet auf ein Foto des Gipfelaufbaus –, »seit 1979 ist er viel schlimmer geworden, die Bruchfläche des Balkons auf diesem neuesten Bild ist zerklüftet, zerrissen wie nie vorher! Was mag da alles durch den Flaschenhals herunterkommen! Ich möchte es lieber links davon über den Felsriegel versuchen, und wer weiß...«, er lächelt ein wenig geheimnisvoll... »man könnte doch auch über den Grat, auf dem wir damals den Gipfel fast erreichten, hinunter – ich kenne ihn ja...«

Die großen Augen mit dem eindrucksvollen, forschenden Blick über dem grauen Schnurrbart im scharf geschnittenen Gesicht blicken ruhig, als hätte er da nicht soeben an die erste Überschreitung des K2 gedacht. Maurice Barrard ist ein Könner, ein Mann mit hoher Erfahrung: 1980

Zu den Bildseiten 97 bis 104:

Seite 97: Kurt Diemberger im Höhensturm am Abruzzensporn

Seite 98: Sinkiang 1983, K2 – Chinaseite:
Magischer Zauber des Shaksgam – eine ›Mansarde‹ der Wassergeister im Eisturm?

Seite 99: CHOGORI – ›der große Berg‹ von Norden
Der Kristall, um den so viele Schicksale kreisen, zog auch Julie und mich in seinen Bann...

Der ›Weg der Wege‹ am ›Berg der Berge‹ – hier wird einem nichts geschenkt...:
Seite 100 oben: Hochwasser im Shaksgamtal! Wenn das Tier nervös wird, hat auch der Reiter allen Grund dazu... im Juli/August ist der wilde Fluss oft völlig unpassierbar – sogar für die unverwüstlichen Kamele aus Sinkiang!
Unten: Das Diemberger-Tullis ›höchste Filmteam der Welt‹ bei der Arbeit am Nordsporn des K2, nach wochenlangem Lasten schleppen über seinen nördlichen Gletscher (im Hintergrund). Bald blicken wir aus 7000 m Höhe auf ihn hinab...

Seite 101: ›Ich möchte für nichts im Leben die Augenblicke dort oben tauschen!‹
Fausto di Stefani mit erfrorenen Fingern – zurück vom Gipfel des K2.

Einst, 1957 – am Broad Peak (8047 m), beim ersten Blick auf den K2:
Seite 102: Hermann Buhl:...›Ein kleines Team von Freunden, ohne Hochträgerhilfe und Sauerstoffgeräte – so stelle ich mir die Erstbesteigung eines 8000ers vor‹... Es war seine Idee.

Seite 103: ›Westalpenstil‹ – extreme Mühe für ein hohes Ziel: seine schwergewichtige Form, ohne Hochträgerhilfe und Sauerstoffgeräte, aber mit festen Lagern, haben wir zu viert am Broad Peak 1957 erstmals zum Achttausender-Erfolg geführt. Im Bild: Hermann Buhl (mit Rucksack), daneben Marcus Schmuck und Fritz Wintersteller, im Hintergrund das Eisdach der Chogolisa.
Der so genannte ›reine Alpinstil‹ unserer Tage kommt mit einem einzigen mobilen Lager (Zelt oder Biwaksack) aus... wir haben auch diese Technik bereits 1957 nach der Broad Peak-Ersteigung angewandt.

Seite 104 oben: Ein alter Haken voll Erinnerungen an 1957... 27 Jahre später finde ich ihn beim Aufstieg mit Julie Tullis in knapp 7000 m Höhe am Westsporn des Broad Peak.
Unten: Blick vom Gipfel des Broad Peak (8047 m) auf den gewaltigen Eisstrom des Baltorogletschers, überragt vom spitzen Masherbrum (7821 m).
Rechts am Horizont der ferne Nanga Parbat, 8125 m hoch...

Zu den Bildseiten 105 bis 112:

Seite 105: Baltoro-Einsamkeit der fünfziger Jahre: Hermann Buhl auf dem Godwin-Austen-Gletscher bei unserer Erkundung zum Fuß des K2.

Seiten 106 bis 107: ›Handstreich am Broad Peak‹:
Unser erster Achttausender-Gipfel! Zwischen Wolkentürmen und Eis-Sekunden... ›Just the two of us...‹
Vergangenheit und Gegenwart
Und der K2 – wann? ›Ich werde nie jemandem gehören‹ ... sagt der K2.

Seite 108: Oben: Überlebt! Den Lawinen entkommen! Ein Topf Tee nach dem Schock des Absturzes – und Julie beim Rückzug im Couloir.
Unten: Broad Peak mit Sturmwolken.

Seite 109: Tashigang – wir leben mit den Tibetern:
›La tela khor re, e nyima che shar...‹ – und so dreht es sich...die Sonne geht auf... möge sich nichts ändern... möge alles blühen – – klingt das tägliche Morgenlied unseres Hausvaters. Strahlendes Licht liegt auf dem Dorf mitten im Grün der Hirse- und Gerstenfelder, einer Insel im Bergwald auf 2200 m Höhe. Neunzehn Familien wohnen dort – unter Dächern aus Bambusmatten, die den häufigen Regen abhalten.
Unten: Julie mit Kindern während einer Drehpause bei den Aufnahmen für unseren Bergfilm.

Seiten 110 bis 111: »K2! K2!‹... ›wie ein sich immer wiederholender Weggesang... ist er neuerlich aufgetaucht, um mich zu verzaubern...« (Julie beim Anmarsch 1986; erster Blick auf unseren Traumberg hoch über den Granittürmen des Baltoro)

Seite 112: Ohne sie würde hier kein Bergziel erreicht! Einheimische Balti-Träger unterwegs zum K2: am Lagerfeuer beim Rastplatz ›Korofon‹ (dem großen Stein) und mit Mehlsäcken für die Zubereitung ihrer täglichen Brotfladen (Tschappatti) beim Queren eines Flusses hinter dem Bergdorf Askole. Die Balti sind unglaublich stark – und genügsam: ein paar Tschappatti, Salztee und Gebete...

hat er mit einem Gefährten den 8068 m hohen Hidden Peak bewältigt, auf neuer Route, zu zweit im Westalpenstil; 1982 war er mit seiner Frau Liliane auf dem Gasherbrum II, 1984 wieder mit ihr, diesmal auf dem Nanga Parbat! Alles in den letzten Jahren! Außerdem hätten die beiden 1985 um ein Haar den Makalu bestiegen! Sie standen nur etwa 40 Meter unter dem höchsten Punkt, aber der Sturm war so gewaltig, dass sie es nicht wagten, das »Zauberschloss« des Gipfelaufbaus zu betreten. Es hätte sie hinabgeschleudert...

Maurice ist ein kühner, doch vorsichtiger Mann, er weiß, wann er umdrehen muss; er hat mehr als einmal bewiesen, dass man auch zu zweit gehen kann: auch ein Mann und eine Frau.

Dass der glückliche Stern solange am Himmel steht, als man seinem eigenen Rhythmus folgt... und dass er vielleicht untergeht, wenn die Harmonie durch den Wirbel fremder Strömungen gestört wird? Sicherlich weiß er davon.

Jetzt, im K2-Basislager, haben Julie und ich beide dasselbe Gefühl: mit Maurice stimmt etwas nicht. Liliane ist ruhig und stark, aber Maurice ist nur ein halber Maurice. Das ist uns ein Rätsel: Verausgabt er sich am Berg? Kann er seinem Rhythmus aus Rücksicht auf die anderen nicht folgen? Leidet er unter den offenkundigen Spannungen zwischen Wanda und Michel?

Eines Tages, als wir mit Ski zum Eisbruch wandern, kommen sie gerade vom Sporn zurück. Sie können uns nicht sehen: Wir sind etwas abseits, um die Ski zwischen den Türmen zu deponieren und dann mit unseren beiden Ladungen zu einem Hochbasislager, das wir »ABC« (Advanced Basecamp) nennen, aufzusteigen – es liegt jenseits des Eisbruchs –, doch wir sichten sie, auf der ebenen Fläche unterhalb eines Lawinenkegels, und sind erschrocken: nicht, weil Michel flott dahingeht und Wanda schon weit voraus ist – nein, hinter der ruhig und aufrecht einherschreitenden Liliane sehen wir einen gebeugten und müden Maurice, der uns ehrlich Sorge bereitet. Nach all seinen Erfolgen war uns das schleierhaft.

Doch die Überwindung eines Tiefs, in dem er offensichtlich zu jener Zeit war, konnte er unserer Meinung nach nur ungestört aus sich heraus finden. Dazu hatte er wohl keine Gelegenheit, oder er hat sie sich nicht gegönnt.

Michel Parmentier, ein lebhafter Journalist aus Paris, war uns zunächst fremd – wir erfuhren nur, dass er bereits den Kangchenjunga bestiegen hatte; Wanda Rutkiewicz hingegen – »die Wanda« –, war uns beiden eine vertraute Bekannte; ja ich war mit der zähen Polin, die eine bei Bergsteigerinnen nicht immer erkennbare Anmut zeigte, schon 1978 am Everest zusammengewesen. Immer wieder haben wir uns gegenseitig geholfen, so auch im Südsattel, wo vor ihrem Gipfelgang plötzlich der Schlafsack fehlte und ich ihr meinen abtrat, was eine frische Nacht auf 8000 m bedeutete – oder andererseits am Nanga Parbat, wo Wanda für

Julie und mich ein Zelt über der Kinshofer-Wand stehen ließ. Ja, der Nanga Parbat war ihr geglückt – nun ging es um den K2, den noch keine Frau bestiegen hatte. Die ehrgeizige und zielstrebige Wanda hatte auch noch den Broad Peak vor und wollte gleich hinterher zum Makalu aufbrechen – – sie schien mir jetzt ein wenig vom »Achttausenderrennen« angesteckt zu sein; doch wenn ihr das Spaß machte – –

Eins bemerkte ich an ihr: sie schien einsamer und weniger glücklich als früher. Ursache oder Folge dieser Entwicklung? Wir haben nie darüber gesprochen, obwohl wir manchmal im Basislager plauderten – aber wenn man jemanden so lange kennt, fallen Veränderungen auf.

Rein äußerlich dokumentierte sich das darin, dass Wanda nicht mehr wie 1984 und 1985 mit ihrem polnischen Frauenteam unterwegs war – Krystyna Palmowska, Anna Czerwinska und »Mrowka« Dobroslawa Wolf –, sondern sich allein hier und dort anschloss. Vielleicht hatten sich auch die praktischen Möglichkeiten der vier Polinnen, auf Expedition zu gehen, verändert. Julie und ich waren in den vergangenen zwei Jahren, als sie sich noch nicht getrennt hatten, mit ihnen hier und am Nanga Parbat zusammengewesen und schätzten die fröhliche und hilfsbereite Gruppe. »Mrowka«, »Anka« und »Krischu« waren mit einer polnischen Männerexpedition unter der Leitung von Janusz Majer auch diesmal wieder im Kommen – für den SSW-Grat. Wir freuten uns auf das Wiedersehen... aber dann fiel der Schatten der Ereignisse darüber. Der erste »schwarze Tag« dieses Sommers – der 21. Juni.

Es ist 5.30 Uhr morgens. Plötzlich hören wir ein unheimliches Dröhnen aus der Richtung der »Magic Line«! Julie und ich springen sofort aus dem Zelt und sehen, dass eine gewaltige Lawine in der Schneewand unter dem Negrottosattel losgerissen und über die ganze Flanke darunter hinabgefegt ist. Graues Eis schaut heraus – eine gezackte Linie deutet die Begrenzung der Rutschbahn des riesigen Schneebretts an. Das ist genau auf der Route! War jemand unterwegs? Wer kann da unterwegs gewesen sein? Das Basislager ist voll Unruhe und Angst. Bald weiß man, dass zwei Amerikaner – Alan Pennington und John Smolich – im Aufstieg zum Negrottosattel waren. Sie sind verschüttet. Begraben unter Tausenden Tonnen von Schnee in der Mulde am Fuß der Wand. Alan wird noch am selben Tag tot geborgen – John wurde nicht mehr gefunden.

Das Begräbnis für Alan fand an der Gilkey-Pyramide statt, an der kleinen, aus Fels, Sand, ein paar Blumen und Moospolstern bestehenden Gedenkstätte, die auch als Friedhof für die Toten des Berges dient. Meist ist dort nur eine Erinnerungstafel – wer hoch oben stirbt, verschwindet im Sturm, im Schnee, wird nie gefunden. Zwölf Menschenleben hatte der K2 über viele Jahre hinweg bisher gefordert. Gewiss weit weniger als etwa der Everest oder der Nanga Parbat. Aber – –

Es war ein Schock für alle.

Was würde er für Folgen haben?

In meinem Leben bin ich glücklicherweise nicht sehr oft am Berg direkt mit dem Tod konfrontiert worden, relativ selten dafür, dass ich dreißig Jahre unterwegs war. Doch ich habe es selbst erfahren, wie das ist. Wenn jemand am Berg stirbt, dann taucht der Gedanke auf: soll man weitergehen oder soll man nicht? Einerseits weiß man, dass das Risiko zu sterben am Berg immer da ist – andererseits bedeutet einem der Tod eines Menschen dort oben doch... wie soll ich sagen: Ein Bergsteigertraum – und das ist es für jeden – kann nicht mehr einfach als »Traum« dastehen, wenn so etwas passiert. So kommt auch jeder zu einer anderen Entscheidung, und ein und derselbe Mensch kann sich in verschiedenen Fällen wieder ganz unterschiedlich entschließen: Es ist sicherlich etwas anderes, ob ein Freund von dir dort oben geblieben ist oder jemand, den du nicht kennst. Aber sogar, wenn dein bester Freund am Berg stirbt, ist es nicht gewiss, was du nachher tun wirst! Wenn dieser unerreichte Gipfel das große Ziel deines Freundes war, dann wirst du vielleicht gerade deshalb noch hinaufgehen. – Doch es ist schwer zu sagen: Es gibt eigentlich beide Möglichkeiten – dass man umdreht und dass man weitergeht. Und jeder denkt, wenn so etwas geschieht, lange darüber nach, was er denn nun wirklich tun soll...

Die Amerikaner beschlossen, ihre Expedition abzubrechen. Und QUOTA 8000 entschied als unmittelbare Folge des schrecklichen Ereignisses, ihr eigentliches Ziel, den SSW-Grat, aufzugeben und auf den Abruzzensporn hinüberzuwechseln.

Noch immer hingen Teile des riesigen Schneefeldes in der Wand – und niemand konnte wissen, wann sie herunterkämen... Ja, mir schien ein weiterer Aufstieg zum Negrottosattel ein »russisches Roulette« zu sein, jedenfalls für längere Zeit. Ich begrüßte ebenso wie Julie die Entscheidung von Agostino Da Polenza und Gianni Calcagno (der beiden Expeditionsleiter). Gewiss, der riesige Block, den die ersten Sonnenstrahlen über dem Negrottosattel plötzlich zum Absturz gebracht hatten – der so sicher ausgesehen hatte, dass sogar Fixseile an ihm befestigt wurden –, der konnte kein zweites Mal wie ein Messer schneidend die Spannung der Schneefläche zerreißen... Aber das Gleichgewicht war nun zweifellos dahin.

Bergsteiger wissen, dass das Erreichen eines Gipfels immer mit Risiko behaftet ist – aber sie versuchen, es nach Möglichkeit zu verringern. Ist eine bestimmte Gefahr bekannt, kann man ihr aus dem Wege gehen. Doch da bleiben immer noch die teils mehr, teils weniger abschätzbaren, nicht klar definierten Gefährdungen übrig – und ein gewisses Restrisiko muss man hinnehmen, sonst dürfte man überhaupt auf keinen Berg steigen. Ich glaube nicht, dass man sagen kann, dass diejenigen, die an einem Berg überlebt haben, einfach besser waren als die, die starben – es spielt zweifellos auch das Glück eine Rolle. Doch begangene Fehler haben ihr Gewicht, ebenso wie Vorsicht und Erfahrung.

Es gibt Situationen am Berg, die einem »russischen Roulette« verdammt ähnlich sind – wie z.B. jeder Aufstieg durch den in fortwährender

Bewegung befindlichen Khumbu-Eisbruch des Mount Everest – aber das sind gottlob die Ausnahmen.

Es überlebt, wer »das Spiel« beherrscht (denn das ist es letzten Endes) – doch ganz ohne Glück geht es für niemanden ab. Das Schicksal spielt seine Rolle.

Die Spannung, die unter dem Schatten des Unglücks über dem Lager lag, verschärfte sich noch durch ein völlig unerwartetes Ereignis: die Postläufer brachten eine Aufforderung der Tourismus-Behörde in Skardu, den Aufstieg über den Abruzzensporn umgehend einzustellen, sofern er nicht ausdrücklich bewilligt worden sei (sinngemäß). Das war gute und ordentliche Absicht – aber noch 1979 hatte Reinhold Messners »Magic Line«-Expedition anstandslos die Route wechseln können, war die Permitgebühr nicht als »Routen«- sondern als »Gipfelgebühr« betrachtet worden. Aufregung herrschte dementsprechend unter allen »Illegalen«, die ja immerhin für den K2 bezahlt hatten... und seltsamerweise hatte QUOTA 8000 einen solchen Brief bekommen. Da jedoch sowohl Agostino als auch Gianni je eine volle K2-Gebühr erlegt hatten, glaubten sie an einen »Verhau« in der Buchhaltung des Ministeriums, bestanden auf dem Sporn als Alternative und wollten das Missverständnis beim Rückweg in Islamabad klären (es gelang schließlich, nicht zuletzt dank der Vermittlung von General Quamar Ali Mirza, des Präsidenten des Pakistanischen Alpine Club). Julie und ich wären natürlich auch betroffen, hätte QUOTA 8000 nachgegeben.

Alle wunderten sich, wer die aktuelle Lage am Sporn der Tourismusbehörde in Skardu mitgeteilt hatte. Mehrere Bergsteiger wurden als Folge für vier Jahre von den pakistanischen Gipfeln verbannt.

Julie und ich hatten glücklicherweise ein sehr gutes Verhältnis zu Verbindungsoffizieren – keiner hatte etwas gegen unsere Anwesenheit auf dem Abruzzensporn... Sie würdigten auch unsere Filmarbeit.

Am 23. Juni winkte den Ersten das Gipfelglück! Von einem Biwak auf 8300 m aus erreichten Wanda, Michel, Liliane und Maurice bei herrlichem Wetter die höchste Schneewölbung des K2, hatten eine unbeschreibliche Fernsicht über Tausende von Gipfeln in der Tiefe.

Nachdem sie ihr Zelt zum letzten Mal auf 8000 m aufgestellt hatten, gelangten auch Mari und Josema an diesem strahlenden Tag an das Traumziel, hissten überglücklich ihre Baskenfahne.

Als ich später Wandas Erzählungen lauschte, hatte ich den Eindruck, dass es ein Freudentaumel war, der alles vergessen ließ; ein unbeschreibliches Hochgefühl hatte sie alle dort oben erfasst... Vielleicht war es deshalb, dass Wanda und ihre drei Gefährten am selben Tag nur die dreihundert Meter zu ihrem Biwakplatz hinunterstiegen und noch einmal biwakierten...

Im Licht der nachfolgenden Ereignisse erschien das jedoch allen im Basislager unbegreiflich. Freilich, sie waren nicht oben.

Weit oben hingegen – 7700 m hoch – war Tullio Vidoni, der mit drei Gefährten von QUOTA 8000 vergeblich versucht hatte, in einem Handstreich die Schönwetterperiode noch zu nützen.

In einem Bericht in »Alpinismo« 1987 des Club Alpino Accademico Italiano erzählt er eindrucksvoll über das weitere Geschehen...... »Unter den Böen des Sturms können wir kaum die Zelte des Ehepaars Barrard, von Michel Parmentier und Wanda Rutkiewicz ausnehmen, die seit vielen Tagen am Berg unterwegs sind, und als wir den Platz erreichen, steigen zur selben Zeit von oben Michel und Wanda herab, beide sehr müde; sie erzählen, dass sie gemeinsam mit den beiden Barrards und zwei ›Spaniern‹ vor zwei Tagen den Gipfel erreicht haben.«... »diesen Morgen waren sie abgestiegen, trotz der schlechten Wetterbedingungen heruntergekommen, das Ehepaar jedoch – ziemlich mitgenommen – habe beschlossen, sich noch einige Stunden auszuruhen« (Wanda hatte die beiden, wie sie mir später erzählte – dann noch unterhalb des großen Eisüberhangs im Abstieg zuletzt gesehen. Sie selbst hätte zweieinhalb Schlaftabletten während der Nacht genommen, am Morgen habe sie mit deren Wirkung zu kämpfen gehabt...).

Tullio fährt weiter fort: »Unter größter Mühe versuchen Gianni und ich unser Zelt aufzustellen, und den Flüchen nach, die sich in den Windstößen verlieren, scheint es, dass auch Agostino und Benoit kein leichtes Leben haben; währenddessen denke ich an die zwei dort oben, noch höher als wir, ohne Gas und Lebensmittel... Nun, wo unser Unterschlupf für die Nacht steht und wir uns einzurichten beginnen, erscheint Wanda und bittet uns, aufzusteigen und ihre Freunde zu suchen.

Es ist sieben Uhr abends, es ist dunkel, und bei diesem Inferno von Wetter wäre es eine Verrücktheit ohne Ergebnis. Wir versuchen, ihr das klar zu machen, sie drängt noch eine Weile darauf, dann geht sie weg. Aber trotz unserer Ohnmacht – weil es keine Möglichkeit gibt – befällt es uns wie ein Schuldgefühl, das uns die ganze Nacht nicht mehr loslässt.

Es ist eine schlaflose Nacht zwischen Wind und Schnee, die wütend auf unsere Zelte einstürmen, zwischen der Hoffnung, das Ehepaar Barrard noch lebend zu finden – die von Stunde zu Stunde geringer wird – und nicht zuletzt dem Gedanken an unsere eigene Situation, denn bei all dem Schnee, der weiterhin fällt, erhöht sich die Gefahr – es ist nicht nur unmöglich, aufzusteigen, es wird nicht einmal leicht sein, hinunterzukommen...«

»Endlich kommt der Morgen: das Wetter ist fürchterlich, es schneit immer noch und ist neblig; an einen Aufstieg ist nicht zu denken, und so beschließen wir, alle vier abzusteigen – Wanda schließt sich uns an, während Michel beschließt, zu bleiben: Er hat noch eine winzige Hoffnung, und seine Entscheidung lässt uns das Herz noch schwerer werden; es scheint uns fast, als flüchteten wir aus dieser Situation. Ich steige als letzter ab: vor mir bewegt sich Wanda derart langsam, dass ich nach wenigen Minuten meine Gefährten nicht mehr sehe.

Sie ist ohne Skistöcke, und so gebe ich ihr einen von mir,... nach wenigen Schritten werde ich jedoch auch um den anderen gebeten: ich lehne ab. Jetzt ist der Hang steil, und man sinkt bis zum Bauch ein; der Schnee fällt dicht und löscht die Spur meiner Freunde aus. Wir treffen die beiden Spanier, während sie ihr Zelt abmontieren, und Wanda setzt sich nieder und beschließt, mit ihnen abzusteigen; also lasse ich sie hinter mir und erreiche mit großer Mühe die anderen: Jetzt ist das Plateau zu Ende und es heißt, den Sporn finden.

Während wir warten, dass es heller wird und man etwas sehen kann, erkennen wir undeutlich Wanda und die beiden Spanier, die ganz langsam absteigen, doch dann stehen bleiben; inzwischen ist es uns nach vielen Versuchen endlich geglückt, den Sporn zu finden, und nachdem wir vergeblich Wanda und die anderen gerufen haben, nehmen wir an, dass sie beschlossen haben, im Zelt abzuwarten, dass das Wetter besser wird, und so beginnen wir, hinunterzusteigen; ich lasse jedoch meinen Skistock fest eingerammt am Beginn des Sporns, so werden sie weniger Mühe haben als wir, die richtige Richtung zu finden.

Den ganzen Tag peitschen Schnee und Wind den Berg und uns, die wir das Basislager gegen Abend erreichen. Wanda und die beiden Spanier kommen erschöpft zwei Tage später... Michel ist noch immer am Berg, in Sprechfunkkontakt mit Benoit. Dieser vollbringt ein wahres Wunder, indem er ihm zuerst Mut zuspricht, und ihn dann per Funk über das Schneeplateau führt, bis zum Beginn des Sporns.

Von den beiden Barrards weiß man leider nichts...«

Nur zögernd, ganz allmählich, hatte sich die Gewissheit breit gemacht, dass sie nicht mehr wiederkamen; es war schwer zu fassen. Ein schwerer Schlag für alle – denn jeder hatte die beiden gern gemocht.

Hatte Maurice mit seiner Scheu vor dem Eisabbruch Recht gehabt? Viel wahrscheinlicher war es, dass sie sich im Sturm auf der Schulter verirrten. – – Später wurde Lilianes Leiche auf einem Lawinenkegel in der Falllinie der Schulter gefunden; Maurice blieb verschollen.

Ich habe die frohe Liliane nur als Lebende in Erinnerung – bei der Suchaktion, von der das Bild stammt, das trotz Publikationsverbot von einer Illustrierten gebracht wurde, war ich nicht dabei.

Maurice und Liliane hatten innerhalb weniger Jahre auf den Gipfeln dreier wunderbarer Berge gestanden – sie waren ein Zweierteam, und ihr Bergsteigen war Julies und meinem recht ähnlich. Wir hatten uns ihnen sehr verbunden gefühlt und gehofft, einmal mit ihnen zu gehen.

Wir gingen beide aus Scheu nicht zum Begräbnis von Liliane. Erst später, in Stille, besuchten wir den Platz – an einem anderen Tag. Es lag irgend etwas unausgesprochen in der Luft...

»Sie kommen! Mari und Josema werden in ein paar Minuten im Lager sein!« Es geht wie ein Ruf von Zelt zu Zelt. Renato läuft ihnen entgegen, wir folgen ihm, wir und viele andere. Wir sind froh, dass es ihnen geglückt ist – und vor allem, dass sie noch leben.

Da sind sie! Mari und Josema – – bis auf ihre Augen und das Lächeln sind sie kaum zu erkennen. Sie sind voller Falten und Runzeln, müssen gewiss ein Viertel ihres Gewichts verloren haben, ähneln »wandernden Dörrpflaumen« – zwei Zwerge, gräulich anzusehen und fast ohne Stimme... und uns doch so vertraut, lieb und teuer. Da kommen sie am Arm Renatos, und jetzt umarmen auch wir sie.

Am nächsten Tag haucht Mari mit langsam wiederkehrender Stimme: »Wir haben unser Zelt im Lager 2 für euch dortgelassen. Wir wissen, dass ihr schon genug Sachen für die Filmerei zu schleppen habt.« Es war ein großes Geschenk. Es sparte uns den Transport eines Zeltes auf 6700 m. Wir hatten trotzdem drei unserer eigenen Zelte am Sporn.

Mari erzählt mir vieles von den Ereignissen hoch oben – doch manche Frage bleibt offen. Ist es möglich, dass vielleicht Schlafmittel auch fürs Fassen des Beschlusses der Barrard-Gruppe, im Abstieg nochmals auf 8300 m zu biwakieren, mit eine Rolle gespielt haben? Was wissen wir über das Ausmaß und die Dauer der Wirkung und Nebenerscheinungen von Medikamenten auf Menschen ohne Sauerstoffgeräte in derart extremer Höhe? – – Wie oft bereits mag indirekt letzten Endes die Chemie an großen Bergen zum Tod von Menschen geführt haben, ohne dass wir es ahnen?

Am Nachmittag filmt Julie ein Interview von uns beiden:

Kurt: »Mari – wie ist es da droben?«

Mari: »Wie es da droben ist? – schwer zu sagen, wie es da droben ist. Der Aufstieg war so hart und der Gedanke, wieder hinunterzukommen, immer gegenwärtig – der Gedanke an den Abstieg ist eine Obsession, so dass du dir gar nicht wirklich vorstellen kannst, wie der Gipfel eigentlich ist. Auf alle Fälle, als wir dort oben angekommen sind, war es ein Gipfel wie noch ein Berg über einem andern Berg, oben drüber... ganz wunderbar, weil das Wetter herrlich war und – ich weiß nicht – was ich am meisten gespürt habe, war, dass ich den größten Traum meines Lebens verwirklicht habe – den Höhepunkt meines ganzen Bergsteigerlebens, und ich freue mich vielleicht deshalb so wahnsinnig darüber...«

Kurt (auf die blauen Blasen an Maris erfrorenen Fingern deutend): »Und das? Zahlt es sich aus – steht sich das alles dafür?«

Mari (denkt nach, dann...): »Ja, für mich steht sich das dafür – der K2, für diese Dinger da; die lassen sich sicherlich behandeln. Vielleicht, wenn ich, sagen wir, etwa Fingerglieder verloren hätte, Amputationen notwendig wären, da bin ich nicht ganz sicher, was ich denken würde; auf alle Fälle würde es wohl nicht wert sein, eine ganze Hand zu verlieren – doch dieser kleine Unfall da, ja, der ist es wert, den K2 bestiegen zu haben, und wer weiß, vielleicht sogar noch etwas mehr kann man drangeben...«

QUOTA 8000 packt neuerlich an – nützt wenige Tage herrlichen Wetters, begünstigt durch erstklassige Verhältnisse! Am 5. Juli stehen sie auf dem Gipfel: Gianni Calcagno, Tullio Vidoni, Soro Dorotei, Martino Moretti,

Joska Rakoncaj (nach seinem Aufstieg über die Nordkante ist es für ihn das zweite Mal!), Benoit Chamoux – – der junge Franzose ist nach seiner besonderen Technik später als die übrigen gestartet, hat die Teamgefährten im richtigen Zeitpunkt eingeholt und nach einem 23-Stunden-Aufstieg den K2 geschafft! Mit unseren Freunden stehen auch die Schweizer Beda Fuster und Rolf Zemp auf dem Gipfel.

Julie und ich, die am selben Tag die K2-Schulter erreicht und dort unser blaues Ultimate-Tunnelzelt für den Gipfelangriff aufgestellt haben, konnten die winzigen Gestalten über uns emporsteigen sehen – in beeindruckender Langsamkeit, die die Mühe und die extreme Dünne der Luft ahnen ließ! Für ihre Rückkehr »eröffnen« wir eine Art Osteria auf der Schulter: zwei Stunden lang kochen wir für die nach und nach eintrudelnden Gipfelstürmer, bis gegen Abend. Sie haben unbeschreiblichen Durst! Sie müssen völlig ausgetrocknet sein... Soro, der als erster zurückkommt, berichtet von unglaublicher Hitze unter den Strahlen der Höhensonne in der Gipfelwand. Als einziger trinkt er nichts und steigt sofort über die nächste Eisbarriere zum italienischen Ausgangslager für diesen Vorstoß hinab.

Am nächsten Tag verspielen wir leider unsere Chance: verspäteter Aufbruch, zuviel Gepäck – im Hinblick auf ein etwaiges Biwak –, die Tatsache, dass in der Gipfelwand die acht Männer beim Abstieg an vielen Stellen die Fußstapfen des Aufstiegs benutzten, was einen »Graben« oder jedenfalls längere Abstände zur Folge hat – so dass ich dort neu spuren muss –, dazu der Zeitverlust durch zwei schwierig anzubringende Sicherungshaken für den Rückweg im Quergang unter dem großen Balkon – – um vier Uhr nachmittags haben wir zwar die Schwierigkeiten hinter uns und freie Bahn nach oben – es fehlen uns nur noch dreihundertfünfzig Höhenmeter – aber wir wollen angesichts eisiger Kälte, die im Schatten hereingebrochen ist, doch kein Biwak riskieren und drehen um. Müde und enttäuscht erreichen wir das Lager. Am nächsten Tag sieht das Wetter nicht gut genug für einen Gipfelvorstoß aus. Wir warten zu. Doch am 8. Juli ist es nicht besser geworden! Also Abstieg...

Noch einmal eröffnen wir kurz vorher die Osteria, als Alfred Imitzer, der Expeditionsleiter der Österreicher, auftaucht, um einen Alleingang zu wagen, den er bald darauf abbricht; doch dann ist es eindeutig, dass das Wetter umfällt – wir verwandeln das ganze Lager in ein fest verankertes Depot und steigen ab... Bis zum 10. Juli raufen wir uns dann durch den Sturm hinunter, ohne zu ahnen, dass sich über uns am Berg die nächste Tragödie abspielte – –

Trotz des schlechten Wetters haben am 8. Juli Kukuczka und Piotrowski den Gipfel des K2 erreicht. Der größte Erfolg des Sommers! Die erste Durchsteigung der Südwand ist gelungen!

Doch unvorstellbare Strapazen liegen hinter den beiden Männern: Am 3. Juli sind sie aufgebrochen und haben nach zügigem Höhersteigen ihr kleines Leichtzelt unter einer senkrechten haushohen Felsstufe aufgestellt; nach ihrer Überwindung werden sie nur noch die Gipfelschneefelder der Abruzzenroute zu bewältigen haben! Wie Jurek uns später erzählte, war die Felsstufe extrem schwierig – fünfter oder sechster Grad. Die einzige Möglichkeit, sie endlich doch zu bewältigen, war, alles zurückzulassen: das Zelt, die Schlafsäcke, den Kocher... in Wind und Wolkentreiben hätten sie schließlich auf dem Gipfel gestanden und seien noch bis zum Biwakplatz der Barrardexpedition auf ca. 8300 m hinabgekommen. – Am nächsten Tag erreichten sie die Schulter, und am Morgen des 10. Juli versuchten sie zum Lager 3 oberhalb des Abruzzensporns hinabzukommen, wo sie hofften, vor allem endlich etwas zu trinken zu finden: Fast drei Tage waren sie dann bereits ohne Flüssigkeit und hatten zwei Freibiwaks hinter sich!

Langsam kletterten sie die steile Eisstufe unterhalb der Schulter hinab... Jurek war voraus...

Plötzlich verlor Tadeusz ein Steigeisen, versuchte sich im Steileis mit dem Pickel zu halten – aber bevor Jurek noch irgend etwas tun konnte, verlor Tadeusz auch das zweite Eisen und stürzte. Er traf mit voller Wucht auf Jurek, der sich mit Mühe halten konnte, dann verschwand er in der Tiefe... Erschüttert erreichte Jurek schließlich am 12. Juli das Basislager.

Die größte Fahrt des Sommers war gelungen, aber er hatte seinen Gefährten verloren...

Da ich annahm, dass es sich bei der Steigeisenbindung um einen modernen Schnellverschluss handelte, der – wie mir von mehreren Fällen bekannt war – bei dicken vereisten Vollgamaschen nicht immer absolute Sicherheit gewährt, so dass man plötzlich doch aus dem Eisen steigt, fragte ich Jurek, welche Bindung Tadeusz gehabt hatte. Es war eine klassische Riemenbindung! So bleibt nur die eine Erklärung: dass er von den Strapazen erschöpft, die Bindung über den vereisten Gamaschen nicht fest genug angelegt hatte, oder dass ihr Losewerden seiner geschwächten Aufmerksamkeit entgangen war.

Beide hatten Übermenschliches vollbracht, aber – wie Wanda es drastisch umschrieb – »von Jurek sagt man, er könne tagelang nur Schnee, Sand und Steine fressen und ist dann immer noch fit«. Das packt sonst keiner. Tadeusz wurde nie gefunden.

Vier Wochen später hätte ich sicher Piotrowskis Schicksal geteilt – Absturz in derselben Steilflanke –, hätte ich den Rat eines Gefährten befolgt: mit dem Gesicht talwärts absteigen! Nur meine Vorsicht hat mich gerettet... Als ich von Jureks Tod in der Lhotse-Südwand erfuhr, wollte ich es nicht glauben. Gibt es doch ein »russisches Roulette« in extremer Höhe, das weder die Besten noch die Vorsichtigsten verschont...?

Mit Jurek verband mich eine Beziehung gegenseitiger Achtung und Sympathie. Unsere Ansichten über die Ereignisse am K2 waren einander ähnlich. Doch ein Landsmann von Jurek suchte, ohne dort oben dabeigewesen zu sein, nach irgendeinem Sündenbock... und nachdem Kurt, sobald er Mrowka beim Abstieg an den Fixseilen überholt hatte, zum Vorletzten der drei Überlebenden geworden war, beschloss er, dass die Verantwortung für ihren Tod – sie war ja nunmehr die Letzte – ihm zuzuschreiben sei. Kein Gedanke wurde hierbei an Willi verschwendet, der in viel besserer körperlicher Verfassung als erster abstieg – ohne zu warten. Keiner von uns beiden hätte jedenfalls die Kraft zu einem Wiederaufstieg von Lager 2 gehabt – wie sich scheinbar der eine oder andere das vorstellt: auch die Mitglieder der Suchmannschaft erreichten das letzte Opfer des K2 nicht – und denen ging es bestimmt besser als uns...

Es ist ja der Gipfel des Absurden: ich, der älteste und – wegen des Biwaks auf ca. 8400 m – am meisten geschwächte von uns dreien, war beim Abstieg ohnehin mehrmals so weit hinten geblieben, dass meine Gefährten einen Kollaps oder Unfall gar nicht bemerkt hätten. Als ich an den Fixseilen dann dank meiner Abseiltechnik (verschieden von der Mrowkas) endlich schneller hinunterkam, hätte ich scheinbar immer noch als Letzter absteigen müssen. Ich könnte es verstehen, wenn jemand sich fragt, warum wir nicht alle gemeinsam abstiegen – doch wie auch immer: dass das Mrowkas letzte Stunden wären, dachte niemand, und niemand weiß bis heute, warum sie wirklich starb. Außer Zweifel steht, dass sie ein Opfer des zu langen Aufenthalts in großer Höhe wurde... und ich frage mich, was ich, außer mit ihr zu sterben, hätte tun können.

Julies Zweifel

Nach einem Vorstoß in achttausend Meter Höhe braucht man wenigstens eine Woche Erholung im Basislager, ehe man wieder an einen Gipfelgang denken kann. Das hatte sich schon 1957 bei Hermann, Marcus, Fritz und mir am Broad Peak gezeigt, den wir ja praktisch – von wenigen Höhenmetern abgesehen – zweimal hintereinander bestiegen. Ich habe diese Erfahrung dann immer wieder gemacht, und es ist Unsinn, wenn jemand behauptet, man sei nach nur einem Ansturm auf 8000 m »fertig« – für den Rest der Expedition. Im Gegenteil, beim zweiten Vorstoß in den höchsten Bereich ist man in der Regel besser beisammen als beim ersten. Das können viele bestätigen.

Wichtig ist, dass man sich vorher unten gut erholt! Der nötige Zeitabstand kann individuell verschieden sein, etwas länger oder kürzer, doch kaum weniger als eine Woche.

Julie und ich hatten auf der Schulter unser »Sturmlager« in Form eines Depots hinterlassen. Für einen zweiten Versuch. Wir hatten den zweifellos »wilden« Abstieg wohlbehalten bewältigt, waren unten keineswegs erschöpft angekommen – auch wenn das Hinabfinden über den Steilhang unter der Schulter und zwei Nächte in sturmumtobten Zelten an unseren Nerven gezerrt hatten. Ursache der Angst: Schneerutsche, Lawinengefahr! Ansonsten waren wir schließlich auf dem Sporn nach zwei Expeditionen in vertrauter Umgebung.

Ein Hochträger der Koreaner, der sich vor uns im selben Unwetter von Lager 2 aus den Sporn hinuntergekämpft hatte, saß jetzt im Basislager mit dick bandagierten Händen: sämtliche Finger erfroren! (Der koreanische Arzt Dr. Duke Whan Chung konnte sie ihm jedoch schließlich retten.)

Nein, es war kein Problem, wieder »fit« zu werden für einen neuen »Angriff«, zumal das unsichere Wetter ohnehin mehr als genug Zeit für Erholung ließ! Fast drei Wochen lang zeigte sich keine wirklich erfolgversprechende Chance...

Aber es hatte am Berg fünf Tote gegeben, und das gab jedem zu denken. Auch Julie und mir. Jeder versuchte, irgendwie mit dieser Tatsache fertig zu werden – die Ursachen der Geschehnisse zu ergründen, zu erkennen, ehe er sie dem unerklärbaren Bereich »höhere Gewalt« zuschob. Denn der Berg will nie jemanden töten. Gerade der K2... Es schien unbegreiflich: Peter Habeler hatte die eisige, mächtige Persönlichkeit sogar noch als »guten Berg« bezeichnet. Auch mir war er so erschienen. Ja, es war alles sehr schwer zu verstehen. Lag plötzlich ein Fluch auf dem Berg?

Julie und ich waren mit unserer Filmarbeit keineswegs fertig; auch wenn unsere Gefährten von QUOTA 8000 nunmehr am Zusammenpacken waren, wir mussten auf jeden Fall bleiben, unabhängig davon, ob sich noch eine Chance für den Gipfel zeigte.

Ich gewahrte, dass Julie nicht mehr so viel Begeisterung zeigte, nachdenklich war – und verstand es. Andererseits...

Da steht der Berg immer noch da, umgibt sich mit wallenden Schleiern, schimmert durch die Wolken...

Zunächst blieb noch alles offen.

Trotz der Schatten, die die Ereignisse auf das Lager geworfen hatten, gab es immer wieder frohe Augenblicke. Das Positive im Menschen ist auf die Dauer nicht zu unterdrücken.

Julie und ich arbeiteten weiter an unserem Film, hielten die Atmosphäre des Wartens fest, die jeder auf seine Weise bewältigte – filmten die Koreaner beim Brettspiel, verschiedene Bergsteiger, die auf deren Waage ihr Gewicht kontrollierten (man nimmt 15 bis 20 kg problemlos auf so einer Expedition ab), dann nahmen wir Hannes Wieser und Alfred Imitzer beim Versetzen eines der österreichischen Zelte auf – denn nach Wochen, in denen das Eis unter dem Schutt der Moräne schmilzt, stehen sie meist windschief und auf einem erhöhten Sockel da. Und anderes: Bergsteiger, die den heroischen Entschluss gefasst hatten, dem in der langen Zeit angewachsenen Haar- oder Bartfilz mit der Schere zu Leibe zu rücken und sich mehr »Gesichtsfeld« zu verschaffen... Oder die weißblonde Polin Krystyna – »Krischu« genannt – die immer mit einem etwas schüchternen Lächeln das Wodkaglas füllte, wenn ich auftauchte, um mit dem einem Rübezahl ähnlichen Janusz anzustoßen – Janusz Majer, dem polnischen Expeditionsleiter – oder mit »Wojtek« – Wojciech Wroz, der in den vergangenen Jahren am K2 auf verschiedenen Seiten schon zweimal über 8000 m hoch war – oder Mrowka, der dunkelhaarigen »Ameise« – oder der stillen Anka... wir alle kannten uns schon von früher. Die Polen hatten sich in den SSW-Grat, ihre »Magic Line«, verbissen, waren im Vordringen, nicht nur bei gutem Wetter...

Sonst war nur noch Renato, der Einsame, Unermüdliche dort unterwegs...

Am 12. Juli brach er zum dritten, entscheidenden Vorstoß auf seiner Route auf: Er hatte Goretta versprochen, dass das der letzte Versuch sei. Dann wolle er mit ihr nach Hause zurückkehren... Wie immer blieb sie beim gemeinsamen Zelt auf der Moräne zurück und sprach mehrmals am Tag mit Renato.

Es war am Beginn der dritten Juliwoche, und er war bereits hoch oben auf dem Grat, als Julie und ich in Bild und Ton ein Gespräch der beiden aufnehmen konnten, das Licht auf die drastische Situation Renato Casarottos warf; Goretta saß vor uns, mit dem Sprechfunkgerät in der Hand, Renato selbst war unsichtbar, weit oben, zwischen riesigen, kreisenden Wolkenballen, die an der Gratschneide hingen, und Sturmfahnen, die von rostfarbenen Türmen in den Himmel emporzogen...

Renatos Stimme (aus dem Walkie-Talkie): »Ciao, Goretta. Ich bin um 5 Uhr hier angekommen, im Lager 3. Es bläst furchtbar hier oben! Das

Wetter – – ich wünsch mir so, dass es besser wird; hoffen wir, dass der Chinawind den Himmel freibläst und mir erlaubt, wenigstens diesmal endlich zum Gipfel zu gelangen. Passo! – –«

Goretta: »Na ja, ich weiß nicht recht – der Höhenmesser steht ziemlich günstig, aber ich sehe, dass es bei dir oben unheimlich viel Wind hat... man wird ja morgen sehen, was los ist – –«

Renato: »Si – d'accordo... Aber ich muss dir sagen, das kleine Zelt hier hab' ich voll mit Schnee und Eis vorgefunden – total voll! Eine ganze Stunde arbeite ich schon. Eine schöne Geschichte, alles ist nass... Ich hab' leider letztesmal die Seitenfenster offen gelassen, drum ist jetzt alles voll Schnee. Speriamo...«

Goretta: »Und du selber – wie geht's dir, Renato?«

Renato: »Na, mir geht's gut, mir ist es ziemlich gut gegangen bisher, aber jetzt bin ich müde, ich habe die Nase voll von dieser ganzen Geschichte. Ich möchte am liebsten aufhören, fort von hier...«

Goretta: »Na ja, das ist eine Entscheidung, die musst du treffen! Bene, Renato – sprechen wir uns später wieder...«

Renato: »Ist gut, bis später...«

Goretta: »Ist gut, ciao!«

Nun kommt Julie ins Bild und macht den »End-Tschak«: das einmalige laute Zusammenklappen der Hände – das ich filme – ersetzt die »Filmklappe«! (Wir haben sicherheitshalber zwecks leichterer Synchronisierung auch noch eine Klappe am Anfang des Gesprächs geschlagen.) Julie sagt noch »End-Tschak!«, und dann haucht sie, zu Goretta gewandt, ein »Grazie«... Drehschluss für heute. Ich räume die Kamera weg, und wir gehen einen trinken – zu unserem Bierfass!

Es war ein oder zwei Tage danach, am 16. Juli: Wir wissen, dass Renato endgültig aufgegeben hat. Der Arme! Bis 8300 m soll er oben gewesen sein! Jeder hier im Basislager ist voll Anteilnahme, hätte ihm den Gipfel gegönnt, über seinen SSW-Grat... aber nach zwei Monaten hat auch der unbeugsame Renato genug. Ob er heute abend noch ins Basislager kommt?

Goretta wird bald wieder einen Walkie-Talkie-Kontakt mit ihm haben. Der Nachmittag neigt sich seinem Ende zu. Sie vermutet Renato auf dem Grat über dem Negrottosattel. Zuletzt hat sie mit ihm noch weit oben gesprochen.

Ich stehe bei unserem Zelt, Michael Messner in meiner Nähe – – vielleicht haben wir uns gerade über das Wetter unterhalten, ein beliebtes Thema. Nachdenklich blicke ich hinauf in die große Gletschermulde unter der Steilwand, mit der der Negrottosattel nach unserer Seite abfällt – überall sind Spaltennetze zu sehen, drohende Séracmauern... das langgezogene Trümmerfeld einer Eislawine... schmale, weiße Hänge dazwischen... mir war der ganze Zustieg zur Magic Line nie sympathisch.

Auf einmal glaube ich mittendrin einen Punkt zu sehen! Er bewegt sich rasch... ich kneife die Augen zusammen – es sind wohl 2 km Luftlinie bis dorthin – doch ja, der Punkt ist eigentlich ein Komma, das ist jemand, der vom Lager 1 herunterkommt – – in größter Eile – – er strebt den Séracs, der buckligen Welt des Gletscherbruchs über dem Felskopf zu, von wo man in einer halben Stunde hier im Basislager sein kann. Ist das Renato?

Jetzt bewegt sich der Beistrich fast horizontal dahin – – – – – da: plötzlich, blitzartig ist er weg! Wie ausgelöscht! Ich reibe mir die Augen, verwundert – – schaue wieder hin: nichts, überhaupt nichts davon ist zu sehen! Ich habe doch nicht geträumt?

Etwas beunruhigt mich: dass die Gestalt so plötzlich verschwunden ist. Aufrecht – und dann wie fortgezaubert! Wenn jemand beim Absteigen zwischen Gletscherbuckeln verschwindet, sieht das anders aus. Oder haben meine Augen einfach einen Moment ausgelassen?

»Michei – hast du auch dort jemanden gesehen?« vergewissere ich mich, deute hinauf... »ja, da war jemand im Abstieg, auf dem Gletscher –« Also, der hat ihn auch gesehen!

»Ich meine nur – – ich weiß nicht – –«, sage ich zögernd, »der war so plötzlich weg – – wie verschluckt – als ob einer in eine Spalte gefallen wäre – – aber ich bin nicht sicher«, vertraue ich ihm meine Bedenken an.

Michei weiß mir keinen Rat – meint nur: der müsste jedenfalls in einer guten halben Stunde da sein.

Trotz der absurden Idee, dass ich zufällig ausgerechnet da hinaufschauen soll – einen entdeckt haben soll, der Sekunden später in einer Spalte verschwindet – bin ich voll Unruhe. Renato? Unmöglich kann ich Goretta meinen schrecklichen Verdacht mitteilen – – Aber ich kann auch nicht zuwarten!

Ich eile zu ihrem Zelt. Sie sitzt daneben, schaut auf, als ich komme: »Ciao, Kurt, was gibt's?« meint sie freundlich. »Wo ist Renato jetzt?« frage ich sie – so ruhig wie möglich.

»Der ist noch oben auf dem Grat«, sagt sie.

Einen Augenblick bin ich erleichtert. Dann packt es mich wieder: aber da war doch jemand! Der Michei hat's auch gesehen, dass da einer auf dem Gletscher war! Wer – –?

Wenn etwas passiert ist – –

»Ich habe aber einen weiter unten gesehen« – – ich stocke, mehr will ich nicht sagen.

»Das war nicht Renato«, meint Goretta mit Bestimmtheit, ihre hellen blauen Augen blicken mich ruhig an... »auf alle Fälle, in ein paar Minuten spreche ich mit ihm – um 7 Uhr«...

War das dort unten ein Pole? Soll ich zu den Polen rennen – wahrscheinlich ist überhaupt nichts passiert, in einer halben Stunde wird jemand über die Moräne daherstolpern. Nein, ich muss es ihnen trotzdem sofort sagen, für den Fall – –

»Goretta, kannst du es nicht jetzt schon probieren, mit dem Walkie-Talkie?«

Sie schaut mich forschend, ein wenig erstaunt an: »... e va bene« – schon hat sie das Sprechfunkgerät zur Hand, ruft Renato – –

Nie werde ich es vergessen! Verzweifelt, überstürzt... dringt Renatos Stimme aus dem Gerät – – er ist auf dem Grund einer Spalte, es geht ihm schlecht: so viel erahne, verstehe ich trotz der raschen Worte im Venetodialekt – die kleine Goretta schüttelt es unter Tränen – – »Wir holen ihn schnell heraus!« versuche ich sie zu beruhigen, »ich weiß, wo er ist...«

Umsonst – das scheint nichts zu nützen, sie ist völlig außer sich: »Er stirbt« – – sagt sie immer wieder. »Er stirbt nicht – wir sind gleich bei ihm«. Ich nehme das Walkie-Talkie: »Renato – – halt aus, wir kommen, wir wissen, wo du bist!« – »Fai presto, Kurt, fai presto«, fleht Renato. Schnell! Vielleicht ist er eingeklemmt. Jetzt geht's um Minuten!

Binnen Sekunden gleicht das Lager einem Ameisenhaufen. Jeder rennt, um das Nötige zusammenzuraffen und Renato zu helfen. »Ein Seil – wo ist ein Seil!« Verzweifelte Suche. Durch das immer mehr um sich greifende seilfreie Gehen im Himalaya – von den Fixseilversicherungen natürlich abgesehen – kann es vorkommen, dass unter Umständen im Basislager kaum noch ein Seil zu finden ist, sobald die Fixseilrollen zum Bergfuß befördert wurden.

Für Renato Casarottos Rettung holten Julie und ich das einzige Seil, das griffbereit war, unser Geh-Seil, hervor, ein paar Schrauben, und rannten los! Später gaben wir alles dem schnelleren Agostino. Wir keuchen durchs Halbdunkel, über Blockwerk... Agostino spricht wie ein Vater mit Renato, fortwährend, lässt beim Höhersteigen das Walkie-Talkie nicht aus der Hand – – er tut es, um ihm, der da über uns irgendwo in scheußlicher Situation, sicherlich verletzt im Grund einer Spalte steckt, den Lebenswillen zu erhalten, ihm klar zu machen, dass er bald nicht mehr allein sein wird, dass wir alle rennen, ihm zu helfen... so schnell, als das in 5000 m Höhe überhaupt möglich ist.

Wir stolpern, keuchen weiter, erreichen den Gletscherrand – jede Minute zählt! Um auf die Seile zurückzukommen – es wäre keine schlechte Idee, wenn Expeditionen einen kompletten »Sofort-Rettungs-Kit« im Basislager bereitstellten. Damit nicht erst gesucht werden muss, wenn's schnell gehen soll!

Im Fall unseres Freundes Renato Casarotto waren wir trotz Improvisation unglaublich rasch bei ihm – eine knappe Stunde nach seinem ersten Hilferuf aus der Spalte, also ca. um 8 Uhr abends, tasteten wir uns im letzten schwachen Licht des Tages an den Rand der eisigen Gruft heran, deren ungefähre Position ich dem mit »Little Karim« vorauseilenden Gianni mitgeteilt hatte. Er »ortete« Renato als erster, erreichte den Rand einer scheinbar schmalen, doch tiefen Spalte – – auf seine Rufe vernahm er schwache Antwort aus der Tiefe.

Renato war genau auf der üblichen Spur durch eine Brücke gebrochen – höchstens fünf Minuten wären es noch zum Gletscherrand gewesen! Im schnellen Lauf – den ich beobachtet hatte – war wohl sein Körpergewicht bei jedem Schritt abwärts sehr hoch gewesen, belastete die Fläche weit mehr als beim langsamen Aufsteigen; andererseits hatte die

Geschwindigkeit doch nicht ausgereicht, ihn noch auf die andere Seite der Spalte hinüberzutragen: das »Überlaufen« der verdeckten Kluft misslang, weil er sich ihrer sicher nicht bewusst war – er muss mit seinen Gedanken woanders gewesen sein, abwesend, enttäuscht, verbittert über sein Aufgeben am SSW-Grat, der sich ihm versagt hatte, voll Hast, von hier wegzukommen, alles – diese Monate der Mühe und Hoffnung und Enttäuschung – hinter sich zu lassen – –

So bemerkte er die Delle im Schnee nicht, den schwach ausgeprägten Graben, die längliche Einsattelung der Oberfläche, über die die Spur führte – – Etwas weiter drüben war die Spalte sogar offen gewesen! Der Schnee war um diese Tageszeit nass, weich und tief – – auch jetzt noch immer: Die Kälte der Nacht hatte ihn noch nicht erstarren lassen.

In größter Eile bauten wir eine Verankerung, dann ließ sich Gianni am Seil hinunter – tiefer und tiefer und tiefer! An die vierzig Meter war Renato hinabgestürzt – erst schräg, dann gerade! Es war eine »A«-Spalte, jene tückische Form der Klüfte im Eis, die für Mulden und flache Stellen charakteristisch ist: oben schmal, nach der Tiefe zu immer breiter. Wie Gianni später erzählte, kauerte Renato im flachen Grund der Spalte auf seinem Rucksack... in völliger Finsternis, Wasser rann überall! Er umarmte Gianni – oder versuchte, ihn zu umarmen: es muss ein Augenblick unbeschreiblicher Erlösung für ihn gewesen sein.

Gianni legte ihm im Licht der Stirnlampe den Seilsitz an – Renato hatte äußerlich kaum erkennbare Verletzungen, aber die Wucht des Sturzes aus so großer Höhe musste ihn zweifellos innerlich schwer verwundet haben: er sei am Sterben, tutto rotto – – hatte er über Walkie-Talkie gesagt.

Weiß Gott – in diesem Augenblick hatten wir trotzdem alle wieder Hoffnung! Wohl auch Renato selbst – als wir ihn hochzuziehen begannen, sagte er noch etwas zu Gianni, half noch, so gut er konnte, selber mit. – Dieses Gefühl der Erleichterung, trotz seiner Schmerzen, dass es nach oben ging, heraus aus der Spalte – war das Letzte, was er erlebte. Bereits unter dem überhängenden Rand der eisigen Kluft, über den wir ihn nur mit größter Mühe heraufbrachten, war er bewusstlos. Obwohl wir die Pickel unter das sich einschneidende Seil am Schneerand gelegt hatten, gelang es uns erst nach mehreren Versuchen – unter Aufbietung aller Kräfte –, Renato an die Oberfläche zu ziehen – – wo wir ihn sofort auf Daunenschlafsäcke betteten und warm zudeckten. Schließlich war auch Gianni wieder heroben.

Bewegungslos lag Renato auf seinem Daunenbett. Wir fürchteten das Schlimmste. Vorsichtig leuchteten wir mit einer Stirnlampe in seine Pupillen – sie verengten sich: er lebte!

Bis auf mich und Gianni stiegen nun alle ab, um weitere Hilfe zu organisieren – Julie wollte ihre englischen Landsleute alarmieren und sich um die verzweifelte Goretta kümmern.

Kurze Zeit, nachdem sie alle gegangen waren, leuchtete Gianni wieder in Renatos Augen.

Er war tot.

Die ganze Nacht über stehe oder hocke ich, blicke in die Dunkelheit, höre das Fallen der Steine aus den Wänden hinter uns, fühle die Luft, die vorbeistreicht – – Gianni bewegt sich von Zeit zu Zeit etwas. Beide sind wir still. Ich sehe das Wandern der Lichter über den Gletscher, über die Moräne, ein Licht, das sich langsam hochschiebt, am Broad Peak... Irgendwann werden auch die Engländer mit ihrem Arzt eintreffen – aber es ist schon längst nichts mehr zu machen; eine dunkle Kontur im Hang neben uns: Renato. Gianni meint, wenn Goretta einverstanden ist, sollten wir ihn in der Spalte begraben.

Ich denke an sein Leben. Der einzige Trost: Er hat wirklich sein Leben gelebt. So wie er es wollte. Nicht viele können das. Die arme Goretta – sie weiß es noch nicht, aber sie ahnt es wohl. Gut, dass Julie bei ihr ist...

Dann denke ich an uns: Wir haben immer ein stilles Abkommen gehabt – dass der eine den anderen nicht drängen soll, wenn dieser das Gefühl hat, nicht hinaufgehen zu wollen. So haben wir es stets gehalten. und ich ahne, dass Julie nach dieser Nacht mit Goretta, nach Renatos Tod, vielleicht nicht mehr hinauf will. Ja, sie soll nicht gehen, wenn sie nicht mag...

Jeder entscheidet für sich.

Aber da ist auch ein anderer Gedanke: Wenn wenigstens einer von uns diesmal den Gipfel schafft, wird er in der Zukunft nicht mehr auf unserem Weg stehen. Andernfalls wird er der »Traumberg« bleiben, wir werden über kurz oder lang wiederkommen und ihn versuchen. Ich denke aber, wir sollten uns beide ganz neuen Zielen zuwenden... jenseits der großen Gipfel. Können wir das, ohne die Vergangenheit befriedigend abzuschließen?

Ich weiß, dass Julie noch den Everest vorhat, und vom Makalu hat sie ebenfalls gesprochen, weder sie noch ich werden wohl je aus dem Bannkreis der großen Berge kommen – – in den nächsten fünf Jahren werden wir sicher noch hin und wieder zu einem der großen Gipfel der Erde aufsteigen. Aber ich weiß, wir müssen weitergehen, in die Täler dazwischen, in die Wüsten, in den Urwald... und mit den Menschen leben, die dort sind, mit unseren Filmen von ihrem Dasein berichten, wie in Tashigang...

Wenn wenigstens einer von uns noch zum Abschluss unserer ersten Jahre, dieser ganzen Zeit, den Gipfel des großen Berges erreichte? Es wäre für beide eine Erfüllung. Auch wenn nur einer den Traumberg besteigt. Auch wenn nur einer den Traum verwirklicht.

Ich will es versuchen.

Es kam so, wie ich gedacht hatte: Julie verspürte nach Renato Casarottos Tod kein Verlangen mehr, in diesem Jahr, in diesem Unglückssommer den K2 zu besteigen. Vielleicht überhaupt nie mehr?

Ich selbst war auch nachdenklich geworden, sah aber keinen direkten Zusammenhang zwischen Renatos Unfall und unserem Aufstieg über den Abruzzensporn. Nächstes Jahr wiederkommen? Das wäre unsere vierte Expedition zum K2! Wieder sagte ich mir: Wenn das Wetter noch eine Chance lässt, geh allein, Kurt! Wenn einer von uns beiden ihn schafft, blockiert der Berg unsere Zukunft nicht länger...

»Don't you think, the situation up there could get out of control with all these other people...?« fragt Julie mich eines Tages, als wir über die Möglichkeiten am Sporn reden. Ob ich nicht dächte, die Situation dort droben könne außer Kontrolle geraten? Könnte sich jemand nach all den Toten auf ein ›Hasard‹ einlassen? Leider war ich optimistisch: »If you are selfsufficient, you just don't get yourself involved.« Wenn man selbst alles mithat, und sich in keine Verwicklungen einlässt... Man kann immer noch absteigen, wenn es unübersichtlich wird. So dachte ich jedenfalls. Ein Irrtum: Viermal haben Julie oder ich uns später bewusst oder unbewusst für die Vermeidung der Tragödie eingesetzt. Vergeblich. Ist das Schicksal? Muss etwas kommen – trotz allem, was du tust? Ich weiß noch heute keine Antwort.

Dann kam mir wieder 1984 in den Sinn: Als wir nach dem Gipfel des Broad Peak über den Baltoro hinauswanderten, in Richtung Skardu – da war auf einmal das herrlichste Wetter, da war es fast zwei Wochen schön – ganz plötzlich – da hätten wir den K2 besteigen können! Die Freude über den gemeinsamen Achttausender hat damals kein Bedauern aufkommen lassen. Aber es war so – – da hätten wir's tun können. Wenn sich das wiederholt?

Ja, auch ich wäre gerne wieder hinausgegangen ins Grüne, aber – –

Nein, ich kann jetzt noch nicht fort. Und – ob Julie sich letztlich doch zu einem Aufstieg entscheidet oder nicht – ich weiß, wir können nicht weg von hier. Schon wegen des Filmes nicht, der nicht fertig ist. Allein schon deshalb nicht. Wir haben erst zweitausend Meter belichtet...

Und wenn sich keine Chance mehr für den Gipfel zeigt, will ich's hinnehmen, ganz ruhig. Aber wenn sich eine zeigt, will ich sie wahrnehmen.

Hat Julie es innerlich schon »gewusst«, dass sie dort oben sterben wird? Es war das einzige Mal in den vielen Jahren, dass sie entschieden gezögert hat, den Vorstoß ins Unbekannte zu wagen – ehe sie sich dann doch entschloss. Auch ich habe einmal in den Stunden kurz vor dem Aufstieg am Nanga Parbat das zwingende Gefühl gehabt: ich muss unter allen Umständen noch schnell mein Testament machen... dann blieb mir gerade so viel Zeit, dass ich eine Blankounterschrift für meine Frau auf einem Blatt Papier hinterlassen konnte – und ich bin ja auch wieder lebend heruntergekommen! Doch mag ein sechster Sinn in dir das Ende ahnen, ehe es eintritt, wenn du ihm nahe kommst? Als gäbe es einen Kometen mit Bewusstsein, der auf Kollisionskurs zu einem Planeten steht... oder besser, ein Raumschiff, dessen Besatzung es noch nicht weiß, während die Geräte es bereits erkannt haben. Wird die Besatzung die Warnung befolgen – noch rechtzeitig? Die inneren Stimmen der Menschen sind oft verschieden, auch in derselben Situation, weil der Weg ihres Schicksals verschieden sein mag. Ich bin kein Fatalist, denn was wirklich geschieht, hängt meist immer noch von deiner Entscheidung ab.

Die Eislawine und der geheimnisvolle Teekessel

Heidelbeeren sind etwas Wunderbares. Besonders am Baltorogletscher. Still und zufrieden sitze ich im Schlafsack, die Schüssel in der Hand, und löffle sie in mich hinein.

Da – – Was ist das? Ein gewaltiges Donnern?

»Be quick – an avalanche«, japst Julie und reißt den Zelteingang auf – »Ausgerechnet jetzt...« tu ich einen halben Schnaufer und werfe das Kompott in die Ecke – stürze kopfüber zum Eingang hinaus, ein Hechtsprung an die Kamera... die steht immer, ewig, fortwährend bereit... das Auge an den Sucher; der Druckknopf – – schon surrt der Motor – – da sind Wolken von Schneestaub, gigantisch, donnernd, sie ballen sich, blähen sich auf, explodieren aus sich heraus, immer aufs Neue –

Hunderte von Metern hoch! Zweitausend Meter muss diese Lawine herabgekommen sein, und noch wächst sie, unaufhörlich, neben, unter dem Abruzzensporn, jetzt decken die quellenden Staubwolken ihn selber zu, verschlucken im stumpfen Weiß die Konturen der Felsen – – eine Riesenlawine! Ich ringe nach Atem, bin begeistert, so etwas hat mir noch gefehlt – ich japse nach Luft, denn bisher habe ich sie angehalten, vor Aufregung, beim Filmen, den Finger am Drücker, damit bloß ja keine Unregelmäßigkeit, kein Wackler das Bild ruiniert. »That was gorgious«, keuche ich zu Julie im Zelt hinter mir zurück.

»Mmhm – – I believe«, meint sie – ihr Kopf ist am Eingang erschienen, sie hat den Photoapparat in der Hand, muss wohl ein paar Bilder gemacht haben. Sie verschwindet wieder.

Jetzt erst bemerke ich, dass ich barfuß bin, in der Unterhose, zwei Zehen habe ich mir im Moränengeröll angeschlagen – bei dem Riesensprung durch den Eingang – –

Lawinen haben etwas Gebieterisches. Ganz besonders für Kameramänner – – es ist kühl, bemerke ich jetzt; ich werde in den Schlafsack zurückklettern. Der Himmel ist bedeckt – auch die Lawine schoss aus den Wolken heraus, in die der Abruzzensporn hineinreicht. Aber Schlechtwetter darf einen Kameramann nicht stören. Und wenn es gar Lawinen gibt – eine Lawine! – Dann muss er die Hand am Drücker haben... und wenn die Welt untergeht!

Es ist schon wahr, grunze ich in mich hinein und wechsle das Magazin aus, bei einem Kameramann ist bestenfalls die Hochzeitsnacht lawinensicher – – weil es da kein Licht gibt!

Meine Heidelbeeren! Gibt es die noch?

»There are some cherries left«, flötet Julie von drinnen süß – »you want another bite?« – –

Ob ich noch Kirschen will?

Habe ich nicht gerade erst Heidelbeeren geschlemmt?

Doch Kirschen am Baltorogletscher – wer kann da nein sagen – – Natürlich will ich.

Seit die Deutschen bei ihrem Rückmarsch uns all diese herrliche Verpflegung zurückgelassen haben, blühen wir förmlich auf. Pilze, saftiges Gulasch, Pichelsteiner Topf, Sauerkraut, Essiggurken, Dorschleber, Sardellenringerl, geräucherte Heringe und andere Fischkonserven, Knäckebrot... ein traumhaftes Preiselbeerkompott! Ich muss aufhören – – mir läuft das Wasser im Munde zusammen, und ich schwelge in Vorstellungen, was als nächstes drankommt...

Die Küche unserer italienischen Freunde (Abschiedsgeschenk: zwei Fässer voll Spezialitäten!) war zwar auch nicht schlecht gewesen – bester Schinken, Oliven aller Art, Berge von Spaghetti – –, aber regelmäßig, wenn Julie und ich zum Abruzzensporn gingen und in unserem ABC-Lager (Advanced Basecamp = Hochbasislager) auf 5300 m am Fuß des Berges oder auch in den Hochlagern selber kochten, waren oder wurden wir gesund – –! Im Basislager erwischte es uns über kurz oder lang im Magen oder Darm. Julie glaubte schließlich, die Ursache im bräunlichen Bodensatz der Wassertonne entdeckt zu haben – – Gianni, der zweite Expeditionsleiter, denkt heute... ganz im Gegenteil... es sei ein (zu häufig verwendetes) Putzmittel gewesen! Da es nicht alle, doch aber etliche der Italiener auch erwischte, bleibt die Ursache wegen der statistischen Regelmäßigkeit ein Rätsel. Vielleicht kann man sich aber auch in diesem Bereich akklimatisieren...

Wie auch immer, es ging uns jetzt gut, und von Tag zu Tag fühlten wir uns besser. Steve Boyer, der Arzt der Amerikaner-Expedition, hatte uns grüne – giftgrüne – Vitamintabletten zurückgelassen – und winzige weiße, die Folsäure enthielten – er sagte, ohne diese helfe einem die ganze Tablettenfresserei nichts –, und ich weiß nicht, ob wir den körperlichen Aufschwung der langen Ruhezeit im Basislager den Tabletten der Amerikaner oder der Spitzenverpflegung der Deutschen verdankten. Vielleicht war es alles gemeinsam.

Da war nur ein Schatten: manchmal hatte Julie Heimweh, wie es mir schien. Sie drängte darauf, die Rückmarschträger rechtzeitig zu bestellen. Wir taten es, mit Hilfe von Captain Neer Khan, dem Liaison Officer der Österreicher – wir setzten unseren Rückmarsch auf den 5. August fest. Ich spürte Julies Erleichterung – die Angelegenheit war fixiert, erledigt, und ihre Fröhlichkeit zurückgekehrt. Übrigens: Auch unser Bier schäumte mittlerweile prächtig, und es gab Einladungen von Zelt zu Zelt!

Das Basislagerdorf war jedoch kleiner geworden – und irgendwie fehlten alle, die bereits nach Hause gegangen waren. Einer von ihnen war Norman gewesen... Norman Dyhrenfurth. Er wirkte müde, als er ging. Trotz des Erfolges seiner Expedition hatte er persönliche Enttäuschungen hinnehmen müssen: Seit Dr. Karl Herrligkoffer, der Leiter, bei seinem Rückflug vom Basislager (per Helikopter) einen gut deutsch sprechenden Hunza, seinen persönlichen Majordomus, zum provisorischen Expeditionsleiter bestellt hatte – dürfte der gute Norman vor Grimm etliche schlaflose Nächte gehabt haben.

Er, Norman Dyhrenfurth, mit seiner vieljährigen Himalayaerfahrung – nun ja, er hätte das wirklich auch gekonnt. Aber vielleicht sind alte Berglöwen manchmal etwas schwierig miteinander. Julie und ich hatten Herrligkoffer zu seinem 70. Geburtstag im Broad-Peak-Basislager besucht, und mit Norman verband mich Hochachtung schon seit unserer Dhaulagiri-Expedition von 1960. Mit Herrligkoffer war ich nie unterwegs, möchte aber darauf hinweisen, dass er eigentlich vielen Bergsteigern die erste Möglichkeit, in den Himalaya zu gehen, geboten hat.

Es war ein herzlicher Abschied von Norman. Es tat uns beiden sehr leid, dass er ging.

Was immer jetzt noch kommen mag, fertig filmen müssen wir auf jeden Fall! Für Kletteraufnahmen genügt es, wenn wir bis zum Lager 2 hinaufsteigen. Weiter käme man bei diesem Wetter sowieso nicht. Aber es gilt auch noch etliches am Fuß des Sporns aufzunehmen. Etwa die alte, schwach mennigrote, eher orangefarbene, verwitterte Sauerstoffflasche aus dem Jahr 1954, die wir dort zwischen Schutt und Eis entdeckt haben. Sie stammt von der Expedition der Erstbesteiger, wie eine eingestanzte, vor lauter Rost kaum lesbare Inschrift uns klarmachte: von den Italienern unter der Leitung von Prof. Ardito Desio. Am 31. Juli hatten Lino Lacedelli und Achille Compagnoni damals den Gipfel des K2 erreicht. Ehrfürchtig wogen wir die schwere, über dreißig Jahre alte Flasche in unseren Händen und trugen sie dann zu unserem Zelt. Auch sie und die prachtvollen Eistürme rundum fehlten uns noch!

... Ratsch!... ratsch!... ratsch!... ratsch!... schleifen unsere Bretteln über den Gletscherboden. Wir sind mit Kurzski und angeschnallten Fellen zum Eisbruch unterwegs. Dann werden wir durch ihn zum ABC-Lager aufsteigen, nachdem wir vorher wie üblich unsere Skie in der Nähe der ersten Eistürme abgestellt haben. Es ist jedes Mal eine Freude, von dort heimwärts zu pfeifen – und nicht zu Fuß gehen zu müssen!

Es ist düster. Unter den Wolken in der riesigen Flanke des K2 schimmert da und dort graublaues Eis. Wir sind jetzt im Randbereich der kilometerweiten Fläche, über der sich die Wolken aus Eisstaub der Riesenlawine aufbäumten. Ich sehe eine zerquetschte Gaskartusche liegen. Geknickt, zerkratzt... da müssen gewaltige Gewichte am Werk gewesen sein, mächtige Blöcke... überall zeigen sich auch hier am Boden noch Eisbrösel und Eisstücke, mit Kometenschweifen aus Schneestaub dahinter.

Ratsch, ratsch, ratsch, ratsch... wir beeilen uns, von hier wegzukommen, es ist nicht gut, hier zu verweilen – –

Was da nicht alles liegt! Sogar ein völlig verknitterter Teekessel! – –, ratsch – ratsch, ratsch – ich eile weiter. Plötzlich kommt mir eine Idee! Der Teekessel würde doch die Gewalt einer Lawine viel besser zeigen können, als hundert Worte es sagen! Den hol' ich mir! – – »Julie, go on – I will just fetch an old teapot for the film – »Okay!« sie gleitet weiter.

Ich sause zurück:... Der Topf ist malerisch verknittert! Aluminium sieht eigentlich gar nicht so alt aus – – hat sich gelohnt, dass ich wieder umgedreht habe! Den filmen wir oben im ABC... Ich verstaue ihn im Rucksack und eile Julie nach.

Wir haben das Ende der Lawinenzone fast erreicht, tauchen über eine Wölbung, da entdecken wir drei Gestalten am Fuße des Lawinenkegels in einiger Entfernung – – sie suchen etwas. Es sind Baltiträger, wohl auf dem Rückweg ins Basislager. Ihre Lasten haben sie hier in nächster Nähe, bei den ersten Eisklippen abgestellt.

Sie müssen wohl etwas gefunden haben, zwei tragen etwas Undeutliches in der Hand. Sind es Reste eines Zeltes? – – Das ist interessant. Wir rufen hinüber, sind stehengeblieben. Die drei Träger kommen langsam zu uns herüber.

Es ist nicht aufregend, wenn hier Trümmer alter Expeditionsausrüstungen vom Berg herabkommen – das geschieht öfter. Aber irgendetwas macht mich neugierig... ist es das Orange des Stofffetzens, den der eine in der Hand trägt? Irgendwo habe ich es schon gesehen... Ja, auf der anderen Seite des K2, da haben wir in 7600 m Höhe ein zerfetztes Japanerzelt entdeckt, hat sich jeder von uns einen Streifen davon mitgenommen, als Erinnerung an die Nordkante... Sie hängen zu Hause an der Wand, neben dem großen Bild des K2.

Aber hat nicht auch QUOTA 8000 solche Zelte? In dieser Farbe? – Nachdenklich drehe ich den Fetzen Stoff hin und her, den mir der erste der Balti, der jetzt vor mir steht, bereitwillig in die Hand gedrückt hat. Hm – ich werde nicht klug daraus, gebe ihn zurück.

»That looks like Austrian gear – – – « höre ich Julies helle Stimme jetzt. Sie hält einen roten Pullover in der Hand, wendet ihn hin und her... die Brust ist aufgerissen.

Was tut ein österreichischer Pullover hier? Ist es wirklich einer? »You give this« – Julie zeigt nachdrücklich auf das Kleidungsstück – »to the Austrians in Basecamp!«... sie gibt den Pullover einem der drei Träger zurück... wir kennen ihn, er ist ein Balti-Koch, ein ausgelassener Typ, den wir zum ersten Mal im ABC kennengelernt haben. Dort war sein Leib- und Magenspruch: »The Koreans have everything, they are very rich – –.« Die Koreaner haben alles, sie sind sehr reich – –.

Der dritte Balti, der ebenfalls auf dem Rückweg zum Basislager war, hat nichts in Händen – – und ist gleich darauf auch nicht mehr im Rückweg zum Basislager! – – Wir haben voll Verblüffung entdeckt, dass seine Ladung aus wichtigem Material von uns aus dem ABC-Lager besteht! Lauter Zeug, das wir noch brauchen! – – Ein Missverständnis: wir haben ihm heute früh einen Seesack bestimmt, den er gegen ein fürstliches Trinkgeld aus dem ABC holen sollte – – und er hat »alles mit dem Radetzkymarsch verwechselt«. Er ist nicht sehr begeistert, dass er jetzt die ganze Ladung wieder zurück hinauftragen muss, aber das ist folgerichtig sein Schicksal. ›Was tragen eigentlich die beiden anderen so schwer hinab?‹ wundere ich mich dunkel. Aber es geht mich nichts an – es sind schließlich die Träger der Koreaner.

Als wir gegen Abend im ABC eintreffen, hat der Balti keine Lust mehr, unseren Seesack hinunterzutragen, und verschwindet schleunigst. Der kaputte Pullover und der orangefarbene Zeltrest gehen mir noch eine Weile im Hinterkopf herum – – aber ich kann mir keinen Reim darauf machen. Das Zelt muss nicht unbedingt italienisch und der Pullover nicht unbedingt österreichisch sein – – und warum auch?

Wir verbringen einen wunderbaren Abend, kochen Unmengen Tee, schwelgen im deutschen Preiselbeerkompott, sind alleine mit den Eistürmen, zufrieden und glücklich.

Am nächsten Tag filmen wir die uralte Sauerstoffflasche, ich »finde« sie im Geröll, hebe sie »erstaunt« vom Boden auf, drehe sie »bedächtig« hin und her, wiege sie nachdenklich auf und ab, mit prüfenden Händen – so, darauf lässt sich ausgezeichnet die Geschichte der Erstbesteigung erzählen!

Auch bei Kochern und bei Doppelschuhen – aus Plastik oder Leder – kann man das Alte und das Neue wunderbar gegenüberstellen. Meine alten, schweren, ledernen Doppel-»Treter« vom Everest, mit denen ich immer noch gehe – weil sie gut sind, und weil mein linkes Knie die modernen, leichten Plastikstiefel, die sich längst nicht so durchbiegen wie ein Lederschuh, nicht verträgt – und Julies modernes Schuhwerk aus Kunststoff.

Extra für den Film habe ich einen Mini-Benzinkocher mitgenommen, den Altmeister Borde vor Jahrzehnten in der Schweiz entwickelt hat, mit dem einst alle Schweizer Gebirgsjäger ausgerüstet waren und mit dem ich teils mit Wolfi Stefan, teils mit Franzl Lindner in den fünfziger Jahren den integralen Peutereygrat des Montblanc, die Eigernordwand, den Walkerpfeiler und weiß Gott was noch alles bewältigt habe. Außerdem, wenn man kein Gas zur Verfügung hat, wenn die Kartuschen zu Ende sind, kann ich noch heute damit in allen Ländern Asiens, wo es selbstverständlich überall Benzin gibt, kochen...

Die Gegenüberstellung mit einem Campinggaskocher ist filmisch nicht schwierig! Wir wollen ohnehin Tee trinken – – Vielleicht habe ich vergessen zu erwähnen, dass der Benzinkocher in Bergsteigerkreisen den respektlosen Beinamen »die Borde-Bombe« erhielt, weil er bei einigen Leuten, die ihn falsch behandelten, explodierte – – jedenfalls war Molotow an der Erfindung nicht beteiligt, und jeder Vergleich im Zusammenhang mit diesem bedeutenden Mann wäre ausgesprochen bösartig!

Schließlich packe ich aus dem Rucksack den verbeulten Kessel vom Lawinenkegel hervor...

»Whow!« sagt Julie »he has had it!« Ja, den hat es schwer erwischt.

Als hätte ein empörtes Regiment von Berggeistern darauf herumgetrampelt! Als hätten schreckliche Klauen mit ihm gespielt... Verdrückt, verbeult, zerknittert, zerkratzt... ich lasse die Kamera laufen, Julie dreht ihn in der Hand hin und her, blickt forschend auf ihn hinab – – als wolle sie etwas ergründen. Angestrengt (ganz nach Regieanweisung! Es wirkt echt...) blickt sie auf den Kessel nieder und dreht ihn in den Händen hin und her... »Stop!« sage ich, »it's enough.« Doch Julie schaut nicht auf, scheint ihren Blick in das Aluminium zu bohren...

»There is a name written on it...« sagt sie und beißt sich auf die Lippen. Ein Name? Jetzt sehe auch ich die schwach eingeritzten Schriftzeichen im Aluminium.

»M–A–N–D–I« buchstabiert Julie langsam, eine steile Falte zwischen den Augenbrauen. Mandi! – – Kann nichts anderes als der Name des Besitzers sein. Es klingt italienisch... aber ich kenne niemanden, der so heißt. Eine frühere Expedition? Plötzlich habe ich das Gefühl, den Namen schon irgendwo gehört zu haben... Könnte das ein österreichischer Kosenamen sein? Gehört der Teekessel den Österreichern? Blitzartig fällt mir der Pullover von gestern ein – – – der Teekessel und der Pullover – – kein Zweifel, da besteht ein Zusammenhang!

Und der orangefarbene Stofffetzen? – – Es fällt mir wie Schuppen von den Augen: Die QUOTA-8000-Zelte, die unter der riesigen Eisbarriere in fast 7800 m Höhe standen, die Zelte unserer Freunde, die sie oben gelassen haben, unter der Schulter, die hatten genau diese Farbe! Dort könnte wohl die Eislawine losgebrochen sein – – ich erinnere mich plötzlich an ein eingefrorenes schwarz-gelbes altes Japanerseil, an dem ich vorsichtig zog, und das ich einen Augenblick darauf, ohne irgendeinen Widerstand zu spüren, abgerissen in den Händen hielt – – – offenbar gab es langsame Bewegungen, Veränderungen im Eis, denen auch das starke Seil nicht widerstehen konnte. Mir kommt eine Querspalte in den Sinn, die die Eisbarriere oberhalb des Lagers durchriss und die gewaltige, tonnenschwere Wölbung, die man genau über dem Kopf hatte, wenn man bei den Zelten stand. Zweifellos ein guter Windschutz...

Sollten die Österreicher dort oben etwas deponiert haben, dann ist das Rätsel gelöst – – dann ist mir klar, was passiert ist, dann gehört alles, was dort droben an Ausrüstung lag, der Vergangenheit an. Julie ist meiner Meinung – wir müssen sofort die Österreicher verständigen!

Alfred Imitzer, Willi Bauer, Hannes Wieser, Manfred Ehrengruber... alle sind sie zutiefst betroffen. Ihr oberstes Lager ist kaputt! Willis Fotoausrüstung ist zerschmettert, alles, überhaupt alles, was sie dort droben in den Italienerzelten deponiert hatten, ist offensichtlich »hin«. Ja, sie haben dieses aufgegebene Lager als ihren höchsten Stützpunkt benutzt, haben es in ihre Pläne einbezogen. Die Lawine hat es vernichtet! Ein Riesenpech.

Trotzdem danken sie uns, dass wir sie aufmerksam gemacht haben. Des Rätsels Lösung: der Teetopf mit dem Namen »Mandi« gehört dem Manfred Ehrengruber, und er wusste genau, dass er ihn in diesem provisorischen »Lager 4« zurückgelassen hatte.

Der österreichische Pullover ist zunächst unauffindbar. Haben ihn die Träger nicht abgeliefert? Niemand weiß etwas davon. Erst als der

Begleitoffizier der Österreicher im Kreis des koreanischen Träger- und Küchenpersonals – es sind Hunzas und Balti – ein Donnerwetter loslässt, kommt der Pullover zum Vorschein. Er gehört eindeutig Willi Bauer.

Einen Tag später stehe ich mit ihm und Alfred Imitzer auf der Moräne, und wir blicken zum Berg hinauf. Man kann die Route von hier nur zum Teil einsehen. Ich bin sehr beunruhigt, dass die Lawine möglicherweise auch Lager 3 hinabgefegt haben könnte. Denn auch dieses liegt im Bereich von Abbrüchen, wenn von den Séracs unter der Schulter sich etwas löst. Ich versuche Willi und Alfred zu überzeugen, dass sie bei ihren künftigen Planungen, etwa einem Gipfelangriff, daran denken sollen, dass es möglicherweise auch das Lager 3 nicht mehr gibt! Ich warne sie, nachhaltig... Irgend etwas in mir zwingt mich dazu, sie unbedingt aufmerksam zu machen! Auch wenn ich mir da vielleicht den Titel eines alten Mahners mit erhobenem Zeigefinger einhandle... sie sollen um meine Befürchtungen wissen. Ihr nächsttieferes Lager steht mehr als 2000 m unter dem Gipfel! Wenn Lager 3 kaputt sein sollte – –

Alfred beginnt zu zögern, ich bemerke es, dass er mir glaubt. Er hat immer große Stücke darauf gegeben, was ich gesagt habe. Wir haben ein eher gutes Verhältnis. Doch Willi wischt meine Befürchtungen mit einer Handbewegung aus der Luft – – »Wenn die Lawine das Zeug dort heruntergebracht hat, wo ihr es gefunden habt, dann kann sie Lager 3 nie erwischt haben!« – – beharrt er.

»Aber Willi – eine Lawine kann sich doch auch teilen! Das Lager 3 kann ohne weiteres weg sein!«, versuche ich ihn, fast flehentlich, zu überzeugen.

Aber es nützt nichts. Wenn Willi Bauer eine Meinung hat, dann ist es so und nicht anders. Auch Alfred scheint jetzt eher dem Willi zu glauben.

Wir trennen uns – – – keiner ist sehr zufrieden.

Vielleicht gibt es ohnehin keine Chance mehr, den Gipfel zu erreichen. Bei dem miserablen Wetter...

Die Entscheidung – wir gehen doch gemeinsam

Willi Bauer klopft auf den Höhenmesser. Das Wetter wird besser. Die Engländer sind im Abmarschieren. Nur Alan Rouse und Jim Curran, der Kameramann, bleiben. Alan will noch einen Versuch mit Mrowka, der Polin, machen. Am Abruzzensporn. Wenn es sie noch gibt, diese letzte Chance – sie scheint jetzt heraufzukommen: Die Koreaner sind mitten in den Vorbereitungen. Dass Alan ebenfalls aufsteigt, finde ich sehr sympathisch. Ich kenne den jungen, dynamischen Burschen von Vorträgen in England. Und auch Julie kennt ihn – er ist einer der Spitzenbergsteiger der Insel. Im Stillen frage ich mich, ob sie dieser Umstand, zusammen mit dem allgemeinen Ansturm, den es geben wird, dazu bewegen könnte, doch noch mit mir gemeinsam den Gipfel zu versuchen. Auch ich liebe das Leben, ich habe keine Lust, einfach Kopf und Kragen zu riskieren, auch nicht für den Traumberg, aber bis zur Schulter hinauf kennen wir nun alles so gut, dass sich die Frage, ob ja oder nein, ja eigentlich erst dort oben stellt. Wenn man droben ist und es geht nicht weiter – gut, dann kommt man halt wieder herunter. Wird das Wetter schlecht, dreht man um. Es darf nur nicht ausgerechnet beim Gipfelgang schlecht werden – tja, ein Risiko ist immer drinnen.

Ich sage nichts zu Julie, aber ich weiß, dass sie selber nachdenkt. Ich kenne sie zu gut, als dass es anders sein könnte. Wenn wir einfach alles mitnehmen bis hinauf zu Lager 2 für unsere Filmerei, die wir ohnehin vorhaben, und gleichzeitig auch alles, was wir noch brauchten für den Fall, dass es doch zu einem Gipfelangriff kommen sollte – – ist das nicht das Gescheiteste? Ich meine, so sollten wir es halten. Aus dem Augenwinkel bemerke ich beim Packen, dass Julie sich ohnehin an dieses System hält. Und ich sage mir... eine Entscheidung braucht auch gar nicht jetzt zu fallen, sie wird vom Wetter abhängen, sie wird von den Umständen abhängen... sie wird letztlich von uns abhängen, dort droben. Intuitiv habe ich die Wende in Julies Meinung bereits irgendwie erfasst, noch ehe sie ein Wort sagt.

Willi Bauer, der mich am Vortag so halb und halb gefragt hat, ob wir nicht vielleicht zusammen den Gipfel angehen könnten, wenn es hart auf hart käme, hat von mir auch so halb und halb eine Zusage gekriegt. Aber jetzt suche ich ihn auf und sage ihm: »Willi, ich hab' den Eindruck, dass die Julie doch gehen will.« Er wiegt bedächtig den Kopf und lacht gutmütig: »Na ja...«, meint er und zuckt die Achseln. Bald schon sehe ich ihn mit drei anderen das Lager in Richtung Sporn verlassen. Es ist der 28. Juli. Bei Julie und mir gibt es im letzten Augenblick eine Komplikation: Da sind plötzlich fünf Träger, die Sachen von uns nach Skardu hinaustragen könnten! Die Chance dürfen wir uns nicht entgehen lassen... man weiß hier nie, ob man dann, wenn man glaubt, sie kämen, wirklich

Träger hat. Captain Neer Khan, der Liaison Officer der Österreicher, einer der freundlichsten und hilfreichsten Menschen, die ich je auf Expeditionen getroffen habe, unterstützt uns bei der Abwicklung – – endlich können wir die Gruppe, unter Führung eines wilden bärtigen Gebirglers, der als besondere Last in einer Kiste die große Kinokamera mit sich trägt, verabschieden und auf den Weg schicken. Erst gegen Abend kommen wir selber los, so sehr wir uns auch beeilen. Zu guter Letzt lasse ich noch meine Sonnenbrillen am Eingang des Phazor-Dome-Zeltes hängen, und werde das erst im ABC-Lager bemerken. (Da dort das Walkie-Talkie nicht funktioniert, somit Alfred, der später aufbrechen will und der sie mir mitnehmen hätte können, nicht verständigt werden kann, borgt mir Heli, der flotte Skifahrer der Österreicher, eine Reservebrille. Seine Abfahrtspläne von der Schulter herab hat er inzwischen wohl aufgegeben... den Gipfel scheinbar nicht. Ich habe zwar eine gegen ultraviolette Strahlung sichere, dunkle Sturmbrille – doch immer eine Sonnenbrille als Reserve. Bin ihm dankbar, nicht zurückgehen zu müssen.)

Es dämmert, als wir durch den Eisbruch steigen.

»I said to Jim we have to get down our cameras from Camp 2... which is not true«, sagt Julie plötzlich.

Bloß unsere Kamera vom Sporn herunterholen? Was fragt der Jim denn danach, was wir tun? Ein neugieriger Mensch – – »That's allright, it is not his beer, whatever we will do – –« gebe ich zur Antwort. Nein, Jim Currans »Bier« ist das nun wirklich nicht, was wir vorhaben, Julie braucht sich keine Skrupel zu machen, ihm die Unwahrheit gesagt zu haben. Der Hinweis auf die Kameras in Lager 2 ist »diplomatisch«: Seit dem unerklärlichen Brief aus Skardu sind wir vorsichtig geworden – –

Manchmal kommt mir Jim vor wie ein gutmütiger Basislager-Bernhardiner mit treuen Augen, der sich Sorgen macht.

Oder will der Medien-Mann nur wissen, was die »Konkurrenz« tut? Langsam, ohne Eile, steigen wir weiter durch den Eisbruch zum ABC-Lager.

Wir kochen noch bis in die Nacht hinein. Immer wieder taste ich mich zu dem kleinen Rinnsal am Fuß der Blockhalde hinab und hole Wasser. Sterne funkeln über mir... was bedeuten sie? Als wir endlich den Eingang des Zeltes schließen, schlafen wir bald tief und fest. So überhören wir den zeitigen Aufbruch der Österreicher völlig. Sie möchten wohl bis Lager 2 aufsteigen, also Lager 1 überspringen! Einige von ihnen haben nicht mehr viel Zeit, wollen sie den geplanten Rückflugtermin in Islamabad nicht verpassen. Wir machen uns einen gemütlichen Vormittag mit Sonnenschein. Ich filme die Österreicher über uns am Sporn, den Broad Peak im Sonnenlicht, Eistürme...

Um zu Lager 1 zu kommen, brauchen wir erst mittags oder am frühen Nachmittag loszugehen...

Wir werden die kleine 16-mm-Kamera und vielleicht ein Dutzend Magazine mitnehmen... sie sind schwer. Wenn da noch die übrige Ausrüstung, Gas, Verpflegung dazukommt... auch wenn wir einiges in den

Depots haben. Ton brauchen wir keinen. Doch ich sehe, dass Julie erstaunlicherweise ihr kleines Sprechgerät mitnimmt – – will sie etwas für ihr Tagebuch diktieren oder für den Film? Oder – – – Mehr und mehr wird mir klar, während meine Gefährtin die Ausrüstung ordnet, prüft, auseinanderlegt, mit ihrer gewohnten Gründlichkeit... dass es auch für sie um mehr als nur eine Filmtour zum Lager 2 geht. Ich habe es gespürt, schon seit dem Basislager, aber nicht zu hoffen gewagt: Es bestätigt sich vor meinen Augen. Wir werden zusammen aufsteigen, wie eh und je! Wir werden es gemeinsam versuchen – – ich bin zutiefst bewegt. Sie hat sich doch entschlossen.

Unwillkürlich habe ich innegehalten und blicke auf sie: Nun gehen wir doch – – –

Als spürte sie meinen Blick, sagt Julie plötzlich leise: »I know, I did not want to go anymore... but I have changed my mind.« Ich bin stumm. Finde keine Worte. Jetzt hat sie es selbst gesagt – es gibt keinen Zweifel mehr: wir werden den Gipfel miteinander versuchen.

Die Freude, die mich durchströmt, ist jenseits aller Worte, als konzentrierten sich alle Jahre hier in diesem einen Augenblick. Alles, was wir gemeinsam erlebt haben am K2, ist plötzlich gegenwärtig... als Einheit. Ich hätte es ja alleine versucht, aber irgendwie – – – war ich... wäre es absurd gewesen. Vielleicht hätte ich schon bald wieder umgedreht und wäre zurückgekommen. Ich weiß es nicht – – aber jetzt bin ich jedenfalls unbeschreiblich glücklich. Wir sind nicht mehr getrennt, wie es manchmal in gewissen Augenblicken, in der Ungewissheit der letzten Zeit, schien. Ich weiß auch, dass ich jetzt, wo wir unseren Gipfel miteinander versuchen werden, viel leichter würde umdrehen können – – nein, kein Problem, wenn es irgendeinen Grund gibt – – nur dass wir hier beide gemeinsam unterwegs sind, zum letzten Versuch, das allein macht mich bereits glücklich.

»Es kann euch für immer trennen...«, sagt plötzlich ein Gedanke aus dem Nichts zu mir. Einen Augenblick bin ich starr, überrascht – – dann schwemmt die Bewegung, das Glück, die Bedenken fort: Was soll uns denn auseinanderreißen, wir gehen doch immer am Seil, und wenn der Gipfel nicht möglich ist, drehen wir um...

Dann ist alles Nachdenkliche verflogen! Es heißt gründlich und genau überlegen! Mit härtestem Realismus! Wenn die Lawine an der Eisbarriere unter der Schulter abgebrochen ist, kann die gewaltige Erschütterung auch noch die Schulter selbst erreicht und Schneepartien zum Absturz gebracht haben. Im Extremfall wäre es sogar denkbar, dass der Abbruch bis dort hinauf reicht! Dass Lager 3 vielleicht zerstört ist, fällt für uns nicht ins Kalkül... Wir haben dort nichts. Das Depot im Seesack am Fuß eines bläulichen Séracs weiter oben enthält ebenfalls fast nichts... und ein Säckchen mit Gas und Kleinigkeiten im vom Eissturz so offensichtlich zerstückelten und hinuntergefegten Italienerzelt unter der großen Barriere können wir verschmerzen – aber unser Depot auf der Schulter, unser ganzes Lager 4, gibt es das noch?

Vorsichtshalber wollen wir annehmen, dass es nicht mehr existiert. Unser grünes Biwak-Tunnelzelt hängt im Seesack am Turm unterhalb des House-Kamins, das können wir von dort holen. Die Schlafsäcke müssen wir neu von hier mitnehmen. Die dicken wollenen Sturmhauben ebenfalls, Handschuhe, Stirnlampen und Batterien, einen Kocher, genügend Gas, etwas Verpflegung... Alles andere haben wir bereits am Sporn. Doch immer größer wird der Berg, der noch nach oben soll: Wenn meine warmen Javlin-Übergamaschen – die für den Gipfelgang auf der Schulter geblieben sind – das Zeitliche gesegnet haben sollten, brauche ich andere: ich nehme japanische orangefarbene Vollgamaschen, wir haben sie auf dem Rückweg von Tashigang im Bazar in Kathmandu gekauft. Julies Daunenhose ist oben auf der Schulter geblieben, so bestehe ich darauf, dass wir meine mitnehmen – ich brauche sie nicht, doch für Julie. Drei Paar Handschuhe für jeden, Reservesocken, die dünnen seidenen Sturmhauben – – es ist gut, dass wir praktisch alles doppelt haben! Als ich meinen Rucksack schließlich hebe, stoße ich einen Fluch aus. Das ist eine »Sauladung«! – – Auch Julies Rucksack ist sehr schwer – wir leeren die Säcke aus und fangen wieder von vorne an. Schließlich haben wir die Filmmagazine ungefähr auf die Hälfte reduziert! Sonst kann nicht viel wegbleiben. (Erst beim Aufstieg werde ich es bemerken, dass meine Daunenhose bei der Umpackerei unten geblieben ist.) Zuletzt nehmen wir trotz allem noch eine Extraladung obendrauf, nur für heute – und lassen es uns beim Aufstieg zum Lager 1 gut gehen. Fruchtsaft, Kompott! – Und weil es unterhalb von Lager 1 im rostfarbenen, senkrechten Urgestein prächtige Szenen gibt, wie wir schwer bepackt mit den Steigeisen uns durch den Fels emporschinden... verdrehen wir dort gleich zwei unserer Magazine – – belichtete Magazine sind außerdem nicht so schwer höherzutragen: man deponiert sie im nächsten Lager und nimmt sie beim Abstieg hinunter! Bleiben uns noch drei Magazine für weiter oben... wie weit werden wir wohl die Kamera schleppen, wenn es um den Gipfel geht? Man kann auch Dias filmen...

Julies so gewohnte kecke Miene, das spürbare Einverständnis, das zwischen uns herrscht, es ist alles wieder so wie immer – – die Krise der Ungewissheit der letzten Zeit ist zu Ende. Ich atme tief durch, nicht nur wegen der Last... Fröhlichkeit begleitet uns, und auch wenn wir nicht hinaufkommen sollten, das wäre jetzt ein Abschluss, mit dem man nach Hause gehen könnte – – Selbst wenn das Wetter uns nicht weiter als bis zur Schulter ließe, wenn die ganze Plackerei umsonst wäre, würde ich nunmehr ohne Murren mit ihr absteigen – besser versucht und nicht hinaufgekommen, als nicht versucht und die Chance vergeben – –

Du lieber Himmel, wie sieht das Lager 1 aus! Die Koreanerzelte stehen da, als wären sie halb umgefallene »Schwammerln«! Die Sonneneinstrahlung hat mächtig gewirkt, und viel von dem Schnee ist weggeschmolzen – natürlich auch unterhalb der Zelte. Bei uns ist der Zeltboden ebenfalls ganz schräg geworden, man liegt fast wie auf einem Bett, von dem jemand über Nacht zwei Beine geklaut hat. Aus Vorsicht spanne ich eine Selbstsicherung vom nächsten Felsen her durch den Eingang, und wir schlafen beide angeseilt. Nachdem Julie meint, es ginge ganz gut so, will ich auch keine Energie damit vergeuden, das ganze Zelt abzureißen, den Boden neu einzuebnen und es wieder aufzustellen. Ich schlichte einfach auf ihrer Seite ein paar Steine als Unterlage dazu. Wir sind Härten gewöhnt. In der Nacht stürmt es ein wenig, nicht allzu sehr – – aber dass es weiter oben viel schlimmer gewesen sein muss, das erfahren wir am nächsten Morgen: Wir trauen unseren Augen kaum, als sich da von oben, über den von Schnee und Fels gesprenkelten Steilhang des Sporns unterhalb der Türme und der höher oben sichtbaren gelbleuchtenden Felsbarriere, die der House-Kamin durchreißt, zwei müde Gestalten herabarbeiten... Es sind Österreicher. Nicht der Willi, den hätte ich an der kurzen gedrungenen Gestalt sofort erkannt, es müssen zwei von den Jungen sein! Tatsächlich, da kommen Siegfried Wasserbauer und Helmut Steinmassl. Sie haben die Nase voll, für sie sei es zu Ende, erklären sie uns. Es hätte scheußlich gestürmt dort droben, und überhaupt... einer von ihnen macht eine wegwerfende Handbewegung. »Es ist genug«, sagt er lakonisch. Wir machen Tee, und die beiden gehen daran, eines der Zelte abzubauen, um es mit hinabzunehmen. Plötzlich höre ich einen »Kreuzbirnbam« – richtig ellenlangen, österreichischen Fluch und einen Lacher dazu: »Das Zelt is' voller Wasser, hast des scho' amal g'sehen!« Ich schaue mir die Bescherung an und rufe gleich darauf Julie: so etwas habe ich in meinem ganzen Leben wirklich noch nicht gesehen! Schließlich lachen wir alle: das Zelt ist so voll wie eine Badewanne! Kondenswasser? Triebschnee, der sich eingeschmuggelt hat? »Ich glaube schon, dass euer Zelt wasserdicht ist«, schmunzle ich meinen Landsleuten zu – »besonders die untere Hälfte – –!«

Wie bringen wir jetzt das Wasser bloß heraus?, wundert sich mein Gegenüber und übersieht die »reinste aller Freuden«, mit der ich, ich muss es zu meiner Schande gestehen, das »höchste Badezimmer der Welt« bewundere. Das mögen 30 l Wasser sein! »Am besten, du stichst das Ding mit dem Messer an, auf der Talseite, gleich neben dem Boden – –« gebe ich einen wohlmeinenden Ratschlag. Schon habe ich die Kamera in der Hand und filme, wie das Schweizermesser in den prallen Wulst fährt und ein zweifingerdicker Strahl sich in hohem Bogen über den Hang in die Tiefe ergießt. Wasserspiele über dem Godwin-Austen-Gletscher! Soviel Heiterkeit wie diese hier haben wohl nicht einmal Erzbischof Markus Sittikus' hochfürstliche Wasserspiele in Schloss Hellbrunn bei Salzburg, mit denen er seine Gäste benetzte, hervorgerufen! Als das Zelt endlich leer ist, müssen die beiden Armen eine ganze Ladung von Eisplatten, die die Morgensonne noch nicht in Wasser aufgelöst hat, vom Grund des Zeltes zusammenraffen und in den Abgrund werfen – erst dann können sie das nicht mehr sehr repräsentativ wirkende, aber grundsätzlich wasserdichte Stoffgehäuse zusammenrollen. Der Tee ist inzwischen auch fertig, und wir trinken, ehe die beiden absteigen. Sie hinterlassen mir noch den Kopf eines Husch-Brenners, der zu einer extrem leichten Gaskartusche passt, die ich mir von Alfred im Basislager extra für den Gipfelgang eingetauscht habe. Da dort kein Brenner war, sollte ich einen am Berg nehmen, hatte der Alfred gesagt. Nach der schlimmen Erfahrung mit zuviel Gewicht beim ersten Gipfelgang habe ich diesmal alles bis aufs Gramm ausgetüftelt – – mit der Gewissenhaftigkeit eines Benoit Chamoux! Und eine Husch-Kartusche mit Brenner wiegt bedeutend weniger als eine Campinggaskartusche mit Kocher – – das soll unsere Versicherung für ein etwaiges Biwak beim Gipfelgang sein.

Julie wird ganz oben hinauf nur einen Hüftbeutel und ich einen superleichten japanischen Kletterrucksack tragen, in dem trotzdem noch alles hineingeht, was man braucht. Ebenfalls auf dem Bazar in Kathmandu entdeckt – – zurzeit allerdings sind wir die reinsten Lastesel: So beschließen wir, die schwere 16-mm-Kamera hier zulassen und vorher die restlichen Filme zu Ende zu drehen! Schon bietet sich Gelegenheit! Fröhlich wie immer unter seinem schwarzen Hut, mit einem Lachen und seinem berühmten Zwinkerer, schwingt sich der »Hannes« – Hannes Wieser – frohgemut über die Schneekante empor. Da werden der Willi und der »Mandi«, der Besitzer des ominösen Teekessels, bald Zuzug bekommen! Wenn sie nicht inzwischen schon weitergestiegen sind... Auch der Alfred ist eingetroffen, baumlang und voll Auftrieb – er war schon vor dem Hannes da. Wir filmen uns nun gegenseitig, beim Teetrinken. Und Julie blickt hinauf zu ihrem Broad Peak, ein bisschen müde wirkt sie, nach der Nacht im schrägen Zelt, aber ihr unerschütterlicher Frohsinn, der sie so vieles durchhalten ließ, steht in ihren Augen.

Bald werden wir hinaufsteigen zu unserem Zelt in Lager 2. Wir packen zusammen. Die Kamera und die Filme hängen wir in einem Säckchen in die Spitze des Kuppelzelts – – – die »Badewanne« der Österreicher war uns eine Warnung!

Als wir etwa 100 m über dem Lager sind und zurückblicken – taucht gerade ein buntgekleidetes Rudel auf: Das können nur die Koreaner und ihre Hochträger sein! Ein ganzer Haufen Leute – – Wir beeilen uns.

*

Während ich mich schwer beladen – das Biwakzelt und Gaskartuschen aus dem Turm-Depot kamen noch hinzu – durch den House-Kamin emporarbeitete, verstehe ich wieder einmal, dass Hochträger sich oft weigern, ohne Fixseile zu steigen. Man muss erst einmal selbst einer gewesen sein, um eine Vorstellung von der Härte dieses »Jobs« (denn das ist diese Tätigkeit im Grunde genommen) zu bekommen. Immerhin, wer im Himalaya den Alpin-Stil aus eigener Erfahrung kennt, weiß es vom überdimensionalen Rucksack her, was so ein Hochträger dem Bergsteiger abnimmt. Auch bei anderen Stilformen gibt es noch genug Möglichkeiten, mit dem Lastenschleppen Bekanntschaft zu machen – – wer einen Gipfel im Himalaya erreicht, hat ihn sich meist sauer verdient.

Zweifellos wären viele Expeditionen aber ohne die Hilfe der Hochträger – vor allem der Sherpas, aber auch der starken Hunzas – nicht ans Ziel gelangt. Diese Bergler haben Kräfte, die einem »Bergbüffel« (den gibt es allerdings nicht) alle Ehre machen würden. Auch als »Himalaya-Tiger« wurden die Sherpas bereits glorifiziert. Doch niemand hat noch einen rechten Vergleich gefunden, weder für die »Ostmänner« (Shar = Osten), die im 15. Jahrhundert in Kham im östlichen Tibet lebten, von wo sie schließlich nach jahrzehntelanger Wanderung, zweitausend Kilometer über das Hochland, den Himalaya überquerten und hochgelegene Täler in Nepal und Sikkim besiedelten, noch für die wilden Hunzas aus dem gleichnamigen Hochtal im Nordwesten Pakistans, die lange erfolgreich ihre Unabhängigkeit bewahrten und bis gegen Ende des 19. Jahrhunderts berühmt-berüchtigt für ihre Raubzüge und Überfälle auf Kamelkarawanen waren, die über den Karakorum-Pass zogen. Ob Sherpas oder Hunzas, nicht nur Kraft, sondern auch Mut zeichnet viele dieser Burschen aus, und begreiflicherweise hat bei ihnen der Körper sehr oft eine den meisten Expeditionsbergsteigern überlegene Höhentauglichkeit. Die Kühnheit mancher Sherpas ist zur Legende geworden... etliche starben beim Versuch, einen der »Sahibs« zu retten, die nach den Gipfeln des Himalaya trachteten. Und immer noch fordern Lawinen, Stürme, Rettungsaktionen Opfer aus ihren Reihen. Hier am K2 starb 1939 Pasang Kikuli, zusammen mit zwei weiteren Sherpas, als sie über den Abruzzensporn ins Schlechtwetter hineinstiegen, um den schwerkranken und erschöpften Dudley Wolfe zu retten; sie verschwanden im Sturm. Diese Menschen sehen die Berge und das Bergsteigen wohl freilich mit anderen Augen als wir – ich habe schon von Nawang Tenzing erzählt, meinem Freund und Seilgefährten auf etlichen Expeditionen. Mit ihm stieg ich zum Gipfel des Makalu hinauf, so wie mit Nawang Dorje zu dem des Dhaulagiri. Ob mein dritter einheimischer Seilgefährte bei einem Gipfelgang auf einen Achttausender, nämlich Fayazz Hussain, ein Hunza war? Wir bestiegen den Gasherbrum II, der dynamische Fayazz war unser Verbindungsoffizier – gewiss stammte er aus dem gebirgigen Nordwesten von Pakistan. In allen drei Fällen war es ein gutes Verhältnis, wir waren Freunde und blieben es.

Das Verstehen der Einheimischen bleibt auf Expeditionen leider meist in den Kinderschuhen stecken... wenn man sich überhaupt darum bemüht. Erst wenn man ihre Sprache – wenigstens ein bisschen – spricht, ihr Leben, ihre Religion zu begreifen sucht, wird einem manches klar. Dann wundert man sich nicht mehr darüber, dass der tapfere Pasang Dawa Lama, der später mit Herbert Tichy auf dem Cho Oyu stand, hier am K2 im Jahr 1939 in fast 8400 m Höhe aus Furcht vor den Dämonen der hereinbrechenden Nacht nicht mehr weiterwollte – was Fritz Wiessner den Gipfel kostete. Natürlich entspricht die »Furcht vor den Dämonen der Nacht« grundsätzlich auch einem gesunden Selbsterhaltungstrieb.

Abgesehen von legendären Gestalten gibt es auch völlig durchschnittliche Erdenbürger unter den Berglern. Wir haben uns einmal eine ganze

Expedition lang gefragt, ob der Balti mit dem guten Zeugnis eines berühmten Bergsteigers wirklich er selbst oder sein Bruder war. Wenigstens war er immer fröhlich und sang hervorragend.

Hochträger erhalten laut Vorschrift der Regierung außer Bezahlung eine komplette Bergausrüstung; wenn man diese zu früh austeilt, läuft der Ausgestattete oft noch schnell zum Bazar, »verklopft« alles und kommt dann mit seinen alten Klamotten von früher daher. Bös darf man eigentlich nicht sein, die Leute sind nicht reich – und versuchen selbstverständlich, gutes Geld aus der Occasion zu machen! Tatsache ist, dass man auf dem Bazar in Kathmandu auch die modernste Ausrüstung aus aller Welt kaufen kann!

In Pakistan dürften diese Dinge eher »familiär« genutzt werden, ich fand bisher nichts in den Bazaren.

Die Verlockung, Dinge aus diesen fernen, reichen, »exotischen« Ländern der Bergsteiger zu besitzen, Neugier, Geltungsdrang, aber auch schlichte Armut führen dazu, dass (meist) unstillbare Sehnsüchte geweckt werden – – ein blinkender Stahlrohrskistock verleiht dem Träger das Ansehen eines »Porschefahrers«... er meint es jedenfalls.

Außer am Berg, im Aufstiegsbereich, soll man es auch nicht zu tragisch nehmen, wenn einmal etwas verschwindet. Solche »Kavaliersdelikte« sind meist eine Ausnahme – die Leute geben ihrerseits gerne her, was sie haben. Hunzas haben z. B. den Ruf größter Ehrlichkeit. An manchen Himalayabergen kann man jedoch gegen Expeditionsschluss beobachten, dass der Berg für die Bergler zum »Bergwerk« wird... Eines der Ziele von Umweltschützern – der »saubere Berg« – ließe sich da mit relativ wenig Zeitaufwand unschwer realisieren. Wer im Himalaya unterwegs ist, wird bemerken: je seltener ein Gebiet von Fremden besucht wird, desto geringer ist die Wahrscheinlichkeit, dass ihm auch nur eine Kleinigkeit abhanden kommt – im Gegenteil, oft wird er sogar noch beschenkt. In einem späteren Stadium sind manche Einheimische zu schüchtern, um nach etwas zu fragen, was der »unermesslich reiche« Fremdling besitzt, hätten es aber doch gerne; dann mag wohl schon einmal etwas wegkommen – – Harmlos war es, als unser guter Hayat im Hindukusch ein paar Nusspackungen für seine Kinder »stibitzte«; er war etwas verlegen, als Tona ihm eine ganze Schachtel davon gab... Bei »Musheraf« war es schwieriger: er hatte eine unglaubliche Erfindungsgabe, was Skistöcken alles zustoßen könne: sie fielen in Gletscherspalten, Bergbäche, die Steilhänge hinunter – – aber er war ein so prächtiger, hilfsbereiter Kerl, voll Energie für unsere Aufstiege, brachte immer wieder Äpfel aus dem drei Tage entfernten Dorf – man konnte es fast verstehen, dass er dort viele Freunde hatte. Wir haben schließlich – ich glaube fast: gegenseitig, mit einem gewissen Augenzwinkern, seine »Einfälle« übersehen, sie als eine Art »Skistocksteuer« betrachtet. Zum Unterschied von einem Finanzbeamten errötete er, als ich ihn darauf hinwies, dass mir noch ein Skistock für den Rückweg bleiben müsse. Seit damals nehme ich immer reichlich Skistöcke mit – –

Apropos! Sowohl Julie als auch ich haben je einen Skistock auf den Rucksack geschnallt. Etwas unbequem ist so ein Stock freilich beim Höhersteigen im House-Kamin, dessen Ende ich mich jetzt nähere. Auch wenn wir ihn auswendig kennen (wir sind ihn in zwei Jahren ein rundes Dutzend Mal hinauf), der Kamin ist trotz der Fixseile und der alten metallenen Strickleitern eine Schinderei, wenn man beladen ist. Schnaufend raste ich noch einmal – –

Die Italiener haben hier 1954 eine ihrer Seilwinden installiert... einen Materialaufzug! Die ganze Wandstufe ist bis zu 80 m hoch, der Risskamin, der das knallig ockergelb gefärbte, dolomitartige Gestein in schräger Linie durchreißt, ähnelt in seiner Schwierigkeit eher einem Abschnitt in der großen Verschneidung der Matterhornnordwand – – zuletzt ist er so eng, dass der mächtige Sack immer wieder an der Wand entlangstreift.

Endlich bin ich durch, rufe zu Julie hinab, dass sie nachkommen kann. Sie hat hinter einem Felsvorsprung gewartet, um nicht von den Eistrümmern und etwaigen Steinen während meines Aufstiegs getroffen zu werden. Ich höre ihren Ruf: sie kommt! Abgesehen von dieser fast senkrechten Felsstufe hat der Abruzzensporn eine durchschnittliche Neigung von 43°. Ja, ab ca. 7000 m werden das 50 bis 55° sein – in den Platten der »Schwarzen Pyramide«! Erst nach 2000 Höhenmetern Aufstieg vom Fuß des Berges folgen die sanfteren Hänge der so genannten »Schulter« – wobei man heute zum Unterschied von 1954 nur die eigentliche, höchste Schneeschulter unterhalb der Gipfelpyramide unter dieser Bezeichnung versteht, zwischen ca. 7800 und 8000 m. Darüber ist es wieder sehr steil bis zum Gipfel!

Lager 2!... 6700 m! Gleich sind wir da! Schon sehe ich von unten das freundliche Rot unseres Baskenzeltes leuchten. Im Schutz einer haushohen Felsinsel, eingegraben in eine mäßig steile Fläche aus Flugschnee, die auf Gesteinsbröseln aufsitzt – steht hier heutzutage in luftiger Position mit Panoramablick zum Concordiaplatz und auf wilde Berggestalten des Baltoro das Lager 2 der meisten Expeditionen (ursprünglich diente dieser Platz bereits als Lager 5! – – die Erstbesteiger haben insgesamt neun Lager errichtet – was Vor- und Nachteile hatte).

Julie und ich steigen jetzt gemeinsam die letzten Schritte empor, darauf zu... schneller, voll freudiger Erwartung und voll Erleichterung, es für heute geschafft zu haben.

Lieber Himmel, wie sieht unser Zelt aus! Bei Kolumbus – – Eine »spanische Caravelle«, in voller Fahrt im Schnee steckengeblieben! Phantasie, übertreibe nicht! – schimpfe ich mit mir –, es schaut nur noch das höchste Segel heraus!

Der Flugschnee, den der Wind während der letzten drei Wochen von der Bergseite herabgestäubt hat, hat das Zelttuch eingedrückt... die Spitze war jedoch durch ein Seil im Hang weiter oben fixiert – so baucht sich jetzt das ganze Gebilde zwischen Druck und Spannung wie das namenlose Werk eines modernen Künstlers – –

Namenlos? – – nein, die »spanische Caravelle!« Ich habe schon ganz andere Namen für namenlose Schöpfungen großer Künstler »mit« oder »ohne« Namen gesehen! Die einzigen, die etwas gegen das »spanische« Schiff einwenden könnten, wären unsere baskischen Freunde, von denen wir's haben.

»Half an hour of work« – meint Julie trocken, lacht dann vor sich hin und nickt mir bedeutungsvoll zu. Eine halbe Stunde schaufeln, bevor wir darin wohnen können... soll das heißen. Sie weiß, dass ich gerne schaufle – schon in meiner Wiener Studentenzeit, als wir uns freilich noch lange nicht kannten, habe ich mich öfter am Schnee ausgetobt. Schaufeln erweitert die Atemwege! Eine Grundregel für Bergsteiger... tröste ich mich. Dann fliegen die Trümmer aus Schnee in den Hang hinaus, Brocken zerteilen sich, rollen den Berg hinab, werden zu vielen kleinen Bällchen, die nach und nach zerstäuben... während ich schaufle, zieht Julie am Tuch, richtet die Stäbe, die Verspannung: nein, es ist nichts kaputt!

Dann ist es soweit: Wie schön, wenn man sich seine Ruhestunden richtig erarbeitet hat, wenn man im Schlafsack liegt, sein Süppchen schlürft und durch die Eingangstür mühelos auf die ganze Welt hinunterblickt – wir haben sie extra sperrangelweit offen gelassen! Es geht uns wieder einmal richtig gut!

Doch nun sind wir müde, lehnen die Köpfe an die Schneewand hinter dem Zelttuch und schlummern selig und zufrieden ein. Schon früh heute, es ist erst Nachmittag.

*

Trampelnde Büffelherden? Was soll das? In unserer Idylle! Fremdartige Schreie! Träume ich von einem Western? Der Überfall am Roten Fluss? Ein Hinterhalt?

Patsch!! Fluchend fahre ich hoch; soeben ist mir etwas an den Kopf »getuscht« – – »Porca miseria!!« schreie ich laut, das versteht man weltweit, auch wenn es italienisch ist. Inzwischen sind schon drei weitere Schneebrocken an die Zeltwand gedonnert.

»Be calm«, beruhigt mich Julie – »the Korean's altitude porters – –« Draußen ist einen Augenblick Ruhe, dann klingt lautes Gelächter, fremdartige Scherzworte – – wenigstens fliegen nur noch kleinere Brocken ans Zelt.

»Die segenbringende Schaufel, die es in diesem Lager gibt – dient der Allgemeinheit«.... versuche ich, objektiv zu bleiben und vergrabe den Kopf in den Schlafsack. Auch andere schaufeln gerne! – – Aber einen halben Meter neben mir fährt nun klirrend die Eisaxt eines Hunzas immer wieder in den Grund – näher und näher, jetzt streift sie schon die Zelthaut – stöhnend richte ich mich auf: wenn der danebenschlägt, habe ich ein Loch im Kopf! – – »Himmelkreuzdonnerwetter – don't make a hole in the tent!« explodiere ich. Jetzt greift ein für mich unsichtbarer Koreaner draußen ein – die Schläge dicht neben mir hören auf; ich bin ihm dankbar. Doch der allgemeine Lärm geht weiter, stundenlang – das Klappern von Geschirr, Rufe, Schlürfen, Lachen, Stöhnen, Schnarchen – eine Hochlagersymphonie. Manchmal überlagert von der tiefgreifenden Bewegung eines durch den Hang Steigenden, der sich an den Zelten, Fixseilen oder Verspannungen hält... oder neuen Schnee fürs Kochen hackt...

Julie ist längst auf »Tauchstation« (im Schlafsack). Sie hat eine Art und Weise, mit Dingen fertig zu werden, für die ich sie bewundere – und um die ich sie beneide. Ich finde keinen Schlaf.

Dann erinnere ich mich an etwas: Hier oben haben wir im 84er Jahr während zweier wilder Sturmtage, die wir durchstehen mussten, in Herbert Tichys »Weiße Wolken über Gelber Erde« gelesen; die Böen beutelten das Zelt, ich übersetzte, und Julie horchte mir zu, so gut das ging. Damals hat uns der K2 den »Marsch geblasen«, auf Sturmtrompeten. Das war viel lauter!... Über diesen Gedanken schlafe ich schließlich trotz der Hunza-Symphonie ein.

Vorstoß in große Höhe

Wie immer man auch aufsteigt, mit oder ohne Hochträger, im Alpinstil oder nicht, man muss so aufsteigen, dass man am meisten Energie spart. Erst nach gründlicher Akklimatisierung und nicht mit zu viel Gewicht. (Je höher du bist, desto mehr macht sich das bemerkbar.) Das vernünftige Aufteilen von Ausrüstung in einer Gruppe und die vorherige Einrichtung von Depots senkt die Pro-Kopf-Last... das gleiche gilt für die Aufteilung der oft anstrengenden Spurarbeit, nicht nur beim Alpinstil; so verwendet zum Beispiel bei der sogenannten »Hanns-Schell-Technik« der erste – der jeweils führende – die einzige Sauerstoff-Flasche (bzw. das einzige Sauerstoffgerät) der Gruppe, man wechselt sich ab, Sauerstoff atmet der, der am meisten zu »schnaufen« hat, also derjenige, der gerade spurt.

Am K2 sehe ich in der unteren Hälfte des Berges keinen Nachteil darin, wenn jemand langsam und kräfteschonend aufsteigt; er kommt meiner Meinung nach da in einem besseren Zustand in der großen Höhe an, als wenn er »rennt«. Ab etwa 7000 m bis 7500 m (dort beginnt die sog. »Todeszone«) soll die Zahl der Tage für den weiteren Auf- und Abstieg hingegen möglichst gering gehalten werden. Diese »Trennungslinie« im Verhalten wird von Person zu Person etwas verschieden liegen. Wenn jemand auf Grund einer speziell angewandten Taktik fast nichts zu tragen hat, dann mag er es anders halten – wie etwa Benoit Chamoux, der in Zusammenarbeit mit einer am Vortag aufgebrochenen mehrköpfigen Gruppe nach genauem Zeitkalkül und praktisch ohne Halt gleichmäßig schnell zu ihr empor und weiter zum Gipfel steigt, durch Nacht und Tag. Es wird jedoch todsicher schlimme Folgen haben, wenn Leute ohne die entsprechenden Voraussetzungen solche Rekorde vollbringen wollen; allein schon das pure Geschwindigkeitsdenken, so sehr es auch manchmal der Sicherheit helfen mag, ist m. E. bereits eine negative Abstrahlung davon – insoweit es nicht seine Wurzeln ohnehin im kompetitiven Sport außerhalb des Himalaya hat.

Hat man jedoch aus Gründen der Sicherheit für das Aushalten in der oberen Hälfte des Berges mehr zu tragen, so soll man – und wird es wohl auch – lieber langsamer steigen. Es besteht hier die große Gefahr, dass der Geschwindigkeit zuliebe auf notwendige Ausrüstung und Verpflegung verzichtet wird... das geht dann auch auf Kosten der Sicherheit aller Anderen, die sich am Berg befinden!

Ein Aufstieg mit Sauerstoffgeräten ist normalerweise ohne Hochträger nicht durchführbar bzw. wenig sinnvoll. Bei einem Aufstieg ohne Sauerstoffgeräte und ohne Hochträger im Sinn des »Westalpenstils« von Hermann Buhl sollte vor dem Gipfelsturm alles Notwendige in Form von Depots oder von Hochlagern nach oben befördert worden sein. Es ist heute so, dass der moderne Alpinstil-Steiger diese Phase oft zu überspringen trachtet (der »reine Westalpenstil« ohne feste Lager, wie Hermann Buhl und ich ihn bereits 1957 an der Chogolisa anwandten, wird heute als »Alpinstil« bezeichnet)... dabei kommt er manchmal als Folge dessen in einem nicht hinreichend akklimatisierten Zustand in große Höhe. Wenn wirklich ein reiner Alpinstil-Anstieg einer Route vorgenommen werden soll, dann muss man sich vorher an einer anderen Route oder einem anderen Berg entsprechend akklimatisiert und auch eintrainiert haben. Die oft zitierte Besteigung des Hidden Peak (Messner/Habeler 1975) nur zu zweit und mit mobilem Hochlager war eine bewundernswerte Leistung – aber »bahnbrechend« war sie nicht: Es war weder die angewandte Technik neu, noch war dieser Achttausender »der erste im Westalpenstil« – für beides darf man ruhig auf Hermann Buhl zurückblicken, der eine wirklich bahnbrechende Idee konzipierte und auch den Begriff prägte. Selbst Reinhold Messner folgte da nur in Hermann Buhls Fußstapfen (die Aufstiegstechnik an der Chogolisa und am Skil Brum 1957 war bereits ausgereifter Alpinstil – nicht anders als der am Hidden Peak).

Dass der K2 mit seiner großen Höhe und Steilheit nicht nur wegen seiner außergewöhnlichen Schönheit als »Berg der Berge« bezeichnet wird, sondern auch im Vergleich zu den übrigen Achttausendern des Karakorum noch »ein Berg über den Bergen« ist, haben die Ereignisse vieler Jahre bewiesen. Die Achttausender Broad Peak, Gasherbrum II und Hidden Peak und die anderen hohen Siebentausender sind eben doch noch »ein Stockwerk niedriger« als dieser Gigant... was für sie gilt, gilt nur teilweise und mit Vorbehalt für den K2. Dort, wo bei ihnen der Bergsteiger vielleicht nur für Minuten oder eine halbe Stunde sein Gipfelglück findet – ein, zwei Seillängen über 8000 m –, steht am K2 erst das letzte Hochlager. Ein entscheidender Unterschied: Er bedeutet, dass es der Mensch dort viel länger – um Tage länger – in 8000 m Höhe aushalten können muss – – –

Das verhängnisvolle Koreanerzelt

Die Felsen der Schwarzen Pyramide. Zersplittert, vom Frost zerrissen, mit Eis wieder zusammengekittet – eine aufgestellte Trümmerhalde, manchmal so steil, dass du dich daran lehnen kannst. Zerborstene Platten, da und dort senkrechte Wandstufen.

Die Kolonne – – es schabt und klirrt und keucht über uns im Fels, dann und wann ein Ruf, koreanisch oder im Hunzadialekt. Wir folgen der Trägerkolonne dicht auf den Fersen, aber wir wollen nicht bis zum Lager 3 steigen; wir können uns das Gedränge dort droben ausmalen – keine Spur von der notwendigen Ruhe, die ein Bergsteiger vor einem Achttausendergang braucht. Keine Möglichkeit zur Konzentration, zum Sich-Hineindenken, zum Sich-Einstellen mit jeder Faser auf das, was da kommt...

Schon Hermann Buhl hielt diese Phase aber für entscheidend vor jeder großen Bergfahrt – wir sprachen manchmal darüber. Die ganze Nacht vorher habe er manchmal in einem Halbwachzustand verbracht, meinte der Hermann – es muss wohl eine Art Trance gewesen sein, ganz dem Berg hingegeben.

Mir ist meistens ganz schlichter Schlaf vorher auch recht... ›Wir werden im Siebentausendmeter-Zwischenlager bleiben und morgen weitersteigen‹, – denke ich bei mir. Dort soll sich Michel Parmentiers leichtes Parapluie-Zelt befinden, das er uns bei seinem Weggehen vermacht hat, angeblich soll es in Wandas Zelt liegen. Man kann es aufspannen wie einen Regenschirm – ein kleines Kuppelzelt, in dem zwei Personen gerade Platz haben. Julie freut sich bereits unverhohlen auf das französische Wunderzelt, als hätte es etwas mit dem Charme des Journalisten zu tun, der meiner Meinung nach zu viel redet (aber gut, das gehört ja zu seinem Beruf, und es soll mir gleich sein). Ich habe mehr Vertrauen in unser eigenes, zwar enges, aber unkompliziertes englisches Biwakzelt, ein schmaler dunkelgrüner Tunnel in Stromlinienform mit einer Art Vorbau, in dem man auch kochen kann; natürlich alles im Liegen – das Zelt wiegt nicht einmal eineinhalb Kilo, ist zu zweit etwas unbequem (Julie sagt: sehr!), doch recht stabil. Es hat sich bei unserem Gipfelgang am Broad Peak bewährt, doch Julie behauptet, man könne sich darin nicht rühren. So sehe ich es kommen, dass wir dieses Zelt, das ich jetzt für unseren Gipfelvorstoß auf den Rucksack geschnallt habe, wohl bald gegen das französische mit »Chic« – eintauschen werden.

Sollte es auf der K2-Schulter noch unser Depot geben, was wir manchmal hoffen und manchmal bezweifeln, so haben wir dort ja unser sturmerprobtes blaues Tunnelzelt von Ultimate zur Verfügung und werden sicher das verwenden.

Plötzlich stockt die Bewegung der Kolonne – – Unruhe, Stimmengewirr! »What's the matter?« rufe ich hoch, was ist los?

»Camp three finish!« – – ruft ein Hunza von oben herab und lässt die schwere Last von der Schulter gleiten, schwingt sie in die Felsen, dass es kracht, er hat allem Anschein nach die Lust verloren. Camp three finish – – das bedeutet, dass das Lager 3 kaputt ist!

Die Lawine!! – schießt es mir durch den Kopf. Dieselbe Lawine, die »Mandis« Teepot zur Tiefe befördert hat, zerdrückt, verbeult, zerschrammt von der Gewalt der Eisblöcke – und Willis Pullover, dem die Brust aufgerissen war – dieselbe Lawine, die die Fetzen der Italienerzelte aus deren später von den Österreichern übernommenem Sturmlager aus 7700 m Höhe zu Tal getragen hat. So hat sie also doch auch das Lager 3 erreicht, wie ich befürchtete, hat auch dieses zerstört!

Da taucht eine Gestalt auf! Mandi – – »Mandi« Ehrengruber! Bleich, mit verstörtem Gesicht, die Bewegungen hastig, als ob ihn noch das Entsetzen jagte! Er hat wohl eine durchwachte Nacht auf 7350 m hinter sich, am Platz des vernichteten Lagers, vielleicht im eisigen Wind von der Chinaseite, voll Angst, dass noch mehr von oben kommt – –

Jetzt ist er da, sieht uns, bleibt stehen. »Lager 3 ist hin, Lager 4 auch – die ganze Séracmauer über den Italienerzelten ist heruntergekommen, mein Gott, der Hang sieht aus –« Schweigend blicken wir ihn an – sein Gesicht spricht Bände. Seine Augen irren momentan ins Leere – –

»Ich hab jedenfalls genug«, sagt er dann, wieder zu Julie und mir gewandt, und zuckt resigniert die Achseln, soweit das sein Rucksack zulässt, »alles ist hin dort oben!« Er atmet schwer: »Alles war umsonst!« Grenzenlose Enttäuschung, Müdigkeit klingt aus seiner Stimme. Ich bin beunruhigt: »Und der Willi – was tut der?« frage ich. – »Der hat noch ein Koreanerzelt gefunden – das einzige, das nicht kaputt war, er macht weiter!« Ja – der Willi, denke ich; da müsste schon einiges passieren, ehe der herunterkommt.

»Hat's noch Lawinengefahr?«

»Ja, ich glaub, es hat auch noch Lawinengefahr – schwer zu sagen – –«er wendet sich zum Gehen, fasst ins Fixseil, »mir reicht's jedenfalls – –«

»Komm gut hinunter, Mandi – take care!« ruft Julie ihm voll Anteilnahme nach, während er weitereilt.

Ich beiße mir auf die Lippen. Das gibt jetzt wohl einiges an Chaos.

Über uns ist alles in Bewegung geraten, Stimmen gellen durcheinander, die Nachricht hat wie eine Bombe eingeschlagen! Wir arbeiten uns höher, heran an die Gruppe gestikulierender Träger, ratloser Koreaner, die versuchen, sie zu beschwichtigen – in der vagen Hoffnung, die entsetzten Bergler zu beruhigen. Doch die Träger streiken nicht ohne Grund, haben nicht einfach mir nichts – dir nichts die Säcke in den Schnee geworfen, die Lasten zwischen die Felszacken des zerfressenen Grates gekippt – sie haben Angst! Furcht davor, dass der ganze Platz, den sie erreichen sollen, zerstört ist – die einen, dass sie keinen Unterschlupf für die Nacht mehr finden, die anderen, dass sie es nicht mehr schaffen, vor Einbruch der Dunkelheit herunterzukommen. Da über uns bäumt sich die Schwarze Pyramide mit ihren Platten auf, der schwierigste Abschnitt des Abruzzensporns!

Der Trägerführer plädiert für Umkehr, redet auf die Koreaner ein... immer heftiger.

»You will all die! « schreit er plötzlich. Ihr werdet alle sterben.

Noch heute, während ich diese Zeilen schreibe, höre ich diese Stimme: Es klang wie ein Schrei der Angst, gleichzeitig wie eine furchtbare Warnung. Die beschwörend erhobenen Hände des Trägerführers, der verstörte Blick aus den weit aufgerissenen Augen im bärtigen Gesicht des sonst so zielstrebigen, fröhlichen Mohammed Ali, der flehende Klang seiner Stimme, als er wiederholte: »Please don't go on – you will all die!« – – ich werde es nie vergessen.

Die Schreckensnachricht von oben hatte schlagartig die Situation verändert. Panik und Ratlosigkeit herrschten. Das Entsetzen über die Kräfte der Zerstörung, die dort oben am Werk gewesen waren, stand in den meisten Gesichtern. Die Gewissheit um die verheerenden Folgen und die gewaltigen Ausmaße des Eissturzes, die ich befürchtet hatte – – war niederschmetternd. Es war wirklich eine Frage, was geschehen sollte – auch die Koreaner berieten sich. Julie und ich hatten zwar bis auf einen fast leeren Depot-Sack an einem Eisturm über Lager 3 keinen Stützpunkt im Bereich der Lawine gehabt... Aber es war, als stünde plötzlich ein Unglücksstern über allen auf dem Grat. Als mischte sich ein drohendes Licht in die Strahlen der Sonne, die eben noch so hoffnungsvoll um die Steilrippen und Türme des Abruzzensporns gespielt hatten. Das blitzende Eis der Abbrüche weit oben hatte einen gefährlichen Ausdruck angenommen – die Sonnenstrahlen, die wie ein Garant für endliches Gipfelglück noch immer durch den weiten Raum über den Baltorobergen fielen, waren anders geworden.

War dieser Eissturz ein Fingerzeig Allahs für den bärtigen Trägerführer? Nur für ihn? War der Mann ein Hellseher? – – mein Schritt stockte. So beschwörend war die Gestik, waren die Worte Mohammed Alis gewesen, als wären sie eine Stimme aus dem Jenseits. Ich zögerte, blickte auf Julie: »We will go to the 7000 m-Camp, will we?« Es war nicht mehr weit bis zum Lager, nur ein paar Seillängen höher, unter eine Felswand. Meine Gefährtin nickte, ernst – ein wenig nachdenklich. »Of course – we will«, sagte sie dann. Vorläufig blieben wir beide stehen.

Während die Diskussion zwischen den Koreanern und ihren Hochträgern wegen der Sprachschwierigkeiten umständlich weiterging und die ersteren verzweifelt versuchten, irgendeinen Kompromiss zu finden, dachte ich: die Eislawine hat also Lager 4 und Lager 3 vernichtet. Der Willi sitzt jetzt mit dem einzigen verbliebenen Zelt – einem Koreanerzelt – oben auf dem Platz von Lager 3 und wird sich, wenn auch zu spät, an meine Warnung erinnern. Die letzten intakten Zelte der Österreicher stehen unter dem House-Kamin auf ca. 6500 m, also rund 2100 m unterhalb des Gipfels. Denn die Österreicher haben im Vertrauen auf einen beschränkten Umfang der Eislawine kein Zelt höher getragen – und wer weiß, was von ihrer Ausrüstung in Lager 4 und Lager 3 überhaupt noch vorhanden ist.

Die Koreaner haben, bei einem derartigen Trägeraufmarsch, für den Gipfelsturm sicherlich Reservezelte mit – – und sie sind hilfsbereite Leute! Wenn aber ihre Träger hier nicht weitermachen, ist der Vorstoß der Koreaner gestorben. Und wir, wollen wir noch weiter?

Ich bin weniger schockiert darüber, dass das, was ich ohnehin ahnte, eingetroffen ist – – Aber die mögliche weitere Lawinengefahr? Die Beschaffenheit des Geländes unterhalb der Schulter? Das Ausmaß, die Begrenzung des Eissturzes? Wenn im Séracbereich jetzt ein senkrechter Abbruch entstanden ist, eine unbezwingbare Wand, die erst umständlich umgangen werden muss? Es sind viele Unbekannte. Aber man kann sie nicht aus dem verstörten Gesicht eines einzelnen beurteilen, der da herunterkam. Auch ist Willi Bauer oben geblieben, und ich habe das Gefühl, dass das Wetter immer besser wird. »Mandi« war zweifellos entsetzt und hat nicht grundlos aufgegeben – wohl auch, weil der österreichische Gipfelsturm jetzt ohne eigenes Zelt dasteht, und weiß Gott welche Ausrüstung fehlt, die die Lawine hinabgerissen hat.

»Ja – ich werde diesmal durchhalten, auch wenn es hart hergeht... es ist die letzte Chance!« hat der Willi unten im Basislager vor dem Aufbruch gesagt. Drum ist er noch oben...

Für Julie und mich ist es wohl das Vernünftigste, die Situation selbst in Augenschein zu nehmen und dann zu entscheiden.

Die Koreaner? Scheinen verzweifelt, verhandeln noch immer – – »If we go ahead«, sagt Julie in meine Gedanken, »this may get their porters to move too – –« Natürlich, wenn wir einfach losgehen, bringt das vielleicht ihre Träger vom Fleck! Sie könnten doch zumindest noch ein Stück höhersteigen, ehe sie umdrehen – einige kämen gewiss noch bis Lager 3.

Wir sagen ein paar Worte der Ermutigung zu den Koreanern, dann gehen wir die mächtige Schneerippe unterhalb des großen, teilweise senkrechten Felsaufschwungs an, über dessen grauschwarze Platten weiter oben eine uralte vielsprossige Strickleiter baumelt. Die Schneerippe ist steil und lang, wir atmen schwer unter der Last der vollbepackten Rucksäcke. Am Ende der zweiten Seillänge queren wir nach links auf ein verschneites Felsband, gleich unter der Wand – etwas abseits der Route. Im Rückblick sehen wir mit Befriedigung, dass Bewegung in die Träger gekommen ist, sie steigen auf.

»They have sorted it out!«, lacht Julie, »I think we gave them a hand«, schmunzelt sie. Ihre Augen strahlen stark und positiv. Der Vorstoß der Koreaner geht weiter! Sie steigen mit ihren Trägern vorbei, haben den toten Punkt ihres Aufstiegs überwunden. Noch eine Weile hört man das Scharren der Steigeisen, die Rufe der Kolonne, dann ist es still. Wir sind allein.

»Kurt – what do you think about the avalanche danger?« fragt Julie mich plötzlich; was ich von der Lawinengefahr halte? Ich zögere. »You see, I do not want to die«, sagt sie leise – und Furcht steht in ihren Augen.

Es berührt mich wie ein Hauch des großen Berges – – »Oh, Julie, we will go back immediately, if anything is wrong, I do not want to die either – –« versichere ich ihr bewegt; wir werden sofort umdrehen, wenn irgend etwas nicht stimmt. Keiner soll sterben.

Die Szene mit dem Trägerführer dort unten hat ihre Wirkung doch auch auf sie nicht verfehlt – ich kaue selber noch daran. Die Lawinengefahr? An die glaube ich erst, wenn ich mit eigenen Augen geschaut habe; der Eissturz ist doch schon etliche Tage her. »We will look and decide then – –« Wir werden es uns anschauen und dann entscheiden.

Julie ist wieder beruhigt. Auch ich, so einigermaßen. Nein, wir wollen nicht überflüssig riskieren... doch auch nicht ohne weiteres aufgeben.

»Heija – let's pick up that French tent then! « sagt Julie unvermittelt und voll Erwartung im Blick.

Ich knurre eine Zustimmung:... Das Franzosenzelt von Michel Parmentier! Geschenk an Julie und mich – – fast hätte ich darauf vergessen. Es soll hier auf diesem Felsband im Inneren von Wandas Zelt liegen. »You go and look!« kommandiert Julie und deutet auf das »Siebentausend-Meter-Lager«, wie diese Zwischenstation etwas übertrieben genannt wird. Es ist ein anspruchsvolles Wort für das, was damit gemeint ist: Wandas dunkelgrünes Goretex-Zweimannzelt, das sturmverknittert, halb zusammengedrückt vom Schnee, hier auf dem schmalen Band am Fuß der senkrechten Felswand steht, sorgfältig gesichert. Gleich neben dem Zeltrand pfeift es über endlose Schneefelder und Rippen zur Tiefe, rund 1700 Höhenmeter sind es bis zum Godwin-Austen-Gletscher hinab! Wie viele genau, das weiß keiner, denn die Höhenkoten der Lager am Abruzzensporn variieren um hundert bis zweihundert Meter! Das sogenannte »Siebentausendmeterlager« ist vielleicht nur 6900 m hoch. Doch wen kümmert das schon – barometrische Höhenangaben, die schließlich vom Luftdruck abhängen, sind unzuverlässig. Auf dem dunkelgrünen Zeltstoff von Wandas Behausung ist ein vermischtes, kaum leserliches »Highest Filmteam of the World« – Julies und mein Teamsignature – zu erkennen; wir haben das Zelt im vergangenen Sommer nach dem Nanga Parbat der Wanda geschenkt, nachdem wir wegen eines Wettersturzes nur 600 m unter dem Gipfel aufgeben mussten, und Wandas eigenes Zelt, das sie uns geborgt hatte, wegen des Schlechtwetters und der erforderlichen Schnelligkeit beim Rückzug oben geblieben war. Jetzt – nach ihrem K2-Erfolg, braucht Wanda das Zelt nicht mehr – – wir können uns an seinem Inhalt bedienen, hat sie mir gesagt. Gewichtsgründe lassen da freilich nicht viel zu, da ist Verpflegung, etwas Gas und voilá! – fein säuberlich eingerollt, das leuchtend rote französische Mini-Zelt! Ich sehe den erwartungsvollen Schimmer in Julies Augen, als ich es ihr hinausreiche, und muss an den charmanten Michel, den edlen Spender denken. Wahrhaftig! Es ist mit wenigen Handgriffen aufgestellt, im Prinzip nicht viel anders, als wenn man einen Regenschirm aufspannt, der unten einen Boden hat. Das Ding ist leicht, man kann darin sitzen und – – wenn man die Füße in eine extra angebaute Seitentasche steckt, sogar liegen. Französisches Raffinement, etwas bizarr! Mir erscheinen die Verstrebungen des Schirms ein wenig schwach und das kreisrunde Eingangsloch zu tief und nicht groß genug – sicherlich passend für einen schmalen, wendigen, eleganten Franzosen (wie Michel), aber kaum ausreichend für einen soliden, geradlinigen österreichischen »Gugelhupfesser« wie mich! Doch habe ich in den langen Jahren mit meiner Seilgefährtin erkennen gelernt, wann ihr etwas wirklich am Herzen lag, und ich weiß daher auch, dass dann Widerstand zwecklos ist... (beim gelegentlichen »Tauziehen«, das auch zwischen uns vorkommt, behaupten wir das gegenseitig voneinander).

Als ich auf allen Vieren schnaufend durch den bewussten Eingang krieche, denke ich bei mir: »... love is to accept even an awkward french tent, if you have a good British one...«

Während Julie kocht und ich wieder draußen bin, sehe ich auf einmal Hannes Wieser fröhlich – und mit seinem schwarzen Hut unverkennbar – in flottem Tempo höher steigen. Er ist immer fröhlich, der Hannes, und jeder mag ihn. Er quert zu uns herüber, und es scheint mir, dass er etwas auf dem Herzen hat. »Habt ihr vielleicht einen Schlafsack übrig? Dummerweise hat einer von uns zwei Schlafsäcke mit hinuntergenommen!«, ruft er. Wir verneinen. »Ein Biwakzelt, sehr gut und ganz leicht, das können wir dir geben! Weil doch dort oben eure Zelte alle hin sind...«, füge ich hinzu.

»Nein«, sagt der Hannes, »das Zelt brauch ich nicht, der Willi hat irgend etwas über Funk mit den Koreanern vereinbart. Aber habt ihr einen Kocher übrig? Und Gas?«

»Das kannst du gerne haben: einen Kocher, eine Kartusche – die anderen brauchen wir selbst; aber Verpflegung, wenn du willst – –« Vor meinem geistigen Auge seh ich das von der Lawine zerstörte Lager 3: was alles mag fehlen, ist kaputt, hinweggefegt? Sicher wollen Hannes und seine Freunde morgen zu Lager 4 aufsteigen – – wenn er doch unser Biwakzelt mitnähme? Als ich ihm den Kocher gebe, sage ich nochmals zu Hannes: »Unser Biwakzelt ist superleicht und wir haben es übrig, du kannst es wirklich gerne haben... man kann doch nie wissen... bei der Situation dort oben...« Aber Hannes winkt ab, ein Kilo mehr ist ein Kilo mehr – da hat er auch wieder recht, und ich sage nichts mehr. Außerdem sei der Alfred schon weit voraus, er dürfe keine Zeit verlieren, meint der Hannes, während er den Rucksack zuschnürt – – dann steigt er weiter, fröhlich, so wie das seine Art ist, den schwarzen Hut ins Genick gerückt, flott – –

Wir beneiden ihn nicht um den Wirbel dort oben, denn den gibt es sicher, wenn so viele Menschen das zerstörte Lager 3 neu einrichten – die Koreaner werden alles daransetzen, bei dem guten Wetter, das jetzt offensichtlich doch noch heraufzieht, den entscheidenden Vorstoß zum Gipfel zu unternehmen; es mag wohl die letzte Chance der Saison sein.

Zuversicht beginnt auch uns zu erfüllen, trotz der Schwierigkeiten, die der Berg diesem Ansturm entgegenzusetzen scheint. Nein, wir wollen nichts erzwingen, was nicht sein soll – – wir lassen die endgültige Entscheidung noch offen. Aber das Wetter scheint gut, unsere Form ist gut, und wenn uns der Gipfel wider Erwarten auch diesmal versagt bleiben sollte, so haben wir es doch wenigstens probiert – und können mit einem ganz anderen Gefühl heimgehen. An Gründlichkeit unserer Planung können wir uns kaum noch übertreffen – – fürs erste werden wir hier einmal eine ruhige und ungestörte Nacht verbringen – – 7000 m, das ist noch eine gute Höhe, wenn man akklimatisiert ist.

Ich habe später oft an diese Stelle des Aufstiegs zurückgedacht, an diesen Tag. Dort wäre gleich dreimal die Möglichkeit gewesen, der Tragödie zu entrinnen: da war die Warnung des Trägerführers. Sie war irrational – die Logik hat sie zerpflückt. Die Logik wollte Beweise dafür, warum man aufgeben sollte! Aber hatte er eine innere Stimme gehört? Vielleicht – – es erscheint seltsam, dass ausgerechnet er wenige Tage später vom Steinschlag tödlich getroffen wurde. Es war unterhalb von Lager 1, am selben Abruzzensporn, an dem er die anderen so eindringlich gewarnt hatte. Ist die Wahl des Schicksals nicht manchmal absurd?

Warum haben wir selbst diese Stimme nicht gehört? Vielleicht haben wir – aber wir haben ihr nicht geglaubt. Noch sehe ich den Mann mit den erhobenen Händen, mit der beschwörenden Geste vor mir, höre seine Stimme – Allah o akbar – wir hätten ihm glauben sollen. Doch er selbst starb.

Die zweite Möglichkeit, dem Schicksal zu entrinnen, war, dass die Hochträger ihren Streik durchgehalten hätten. Damit wäre bedauerlicherweise dieser »Koreanerangriff« gescheitert – ich glaube kaum, dass sie sich auf einen Vorstoß im Alpinstil eingelassen hätten (... sie bewegten sich nach einem genauen Plan, im klassischen Stil einer großen Expedition, deren Strategie vom Basislager her bestimmt wird...). Die Österreicher hätten dann schlicht das einzige unbeschädigt gebliebene Zelt in Lager 3 – nämlich das koreanische – definitiv übernehmen können, um es für ihren Gipfelgang unbeschränkt zu verwenden. Das fatale Gedränge hätte nicht stattgefunden.

Die dritte Möglichkeit, der verhängnisvollen Konstellation auf der K2-Schulter zu entgehen, wäre unser kleines Biwakzelt gewesen. Platz für ein oder zwei Personen! – – das hätte das ganze Verhängnis aus der Konstellation dort oben herausgenommen. Aber wer konnte das ahnen? Zu diesem Zeitpunkt niemand. Als Hannes Wieser unser kleines Zelt ausschlug, waren wir alle, ohne es zu wissen, der tödlichen Falle einen Schritt näher getreten.

Es war eine teuflische Maschinerie, in deren Räderwerk wir alle unmerklich, unbewusst, mehr und mehr hineingezogen wurden – – so kompliziert, dass ihr Mechanismus für den Einzelnen nicht erkennbar war; jeder Weg, der noch hätte herausführen können, wurde nach und nach abgeriegelt – – durch einzelne Entscheidungen, die für sich allein nie das Schlimmste bedeuteten, in ihrer Gesamtheit aber die Todesfalle für sieben Menschen auf 8000 m öffneten. Dass dann zwei das Inferno des tagelangen Sturms überlebten, ist ohnehin ein Wunder.

Vielleicht kann das Durchdenken der einzelnen Elemente dieser Kettenreaktion künftigen Bergsteigern am K2 oder an einem anderen der höchsten Weltberge einmal das Leben retten, vielleicht erkennen sie rechtzeitig, dass ihre Situation sich in ähnlicher Weise zuspitzt – – darum gehe ich auf alle Einzelheiten ein, darum schreibe ich überhaupt darüber.

Es wird ein ruhiger, erholsamer Nachmittag und Abend. Es ist so schön, wenn man keine Hast hat, wenn man mit dem Berg wirklich leben kann. Mit dem Berg leben – es ist das, was mich immer wiederkommen lässt. Es ist das, was ich mit Julie, dieser seltenen Seilgefährtin, gefunden habe... auch wenn ich es allein eigentlich schon von Anfang an getan habe. Wir haben es manchmal versucht, zu verstehen, wieso auch unter unseren besten Freunden mehr und mehr die Manie grassiert, eine Expedition so kurz als nur möglich zu gestalten, den Berg so schnell als nur möglich zu besteigen und den Rückweg so schnell als nur möglich wieder anzutreten. Immer mehr Menschen erfasst diese Krankheit: Lieben sie denn den Berg überhaupt noch? Sie erleben ihn doch gar nicht mehr – bzw. erleben ihn anders, vielleicht nur noch als Funktion ihrer selbst. Es ist zu verstehen, dass man manchmal, aus taktischen Gründen, am Berg schnell sein muss, in gewissen Situationen, bei bestimmten Abschnitten eines Aufstiegs oder Abstiegs. Aber es scheint zur alles beherrschenden Regel zu werden. Kommen wir zu diesen wundervollen Plätzen denn, um eine Pflicht zu erfüllen – und sie dann möglichst schnell wieder zu verlassen?

*

Heute ist der 1. August. Ein fantastischer Tag! Das Glück ist uns hold – –

Es hat sich schon öfter bewahrheitet, an diesem Riesenberg: damit du oben hinaus ins Schönwetter kommst, musst du den Aufstieg schon vorher beginnen, nämlich dann, wenn es noch nicht ganz sicher ist, was das Wetter tun wird. Natürlich kann man sich dabei irren und ist umsonst gestartet... Aber wenn du erst bei vollem Schönwetter losgehst, kann es, bis du oben bist, schon wieder schlecht sein.

Ja, Julie, diesmal haben wir es richtig erwischt! Ihre Augen glänzen vor Freude; ich glaube, wir strahlen beide – wie das Meer blinkender Spitzen und Gletscher um uns, tief unten und weit hinaus. Sein Widerschein liegt auf unseren Gesichtern! Mitten in der blendenden Lichtflut ragt uns gegenüber und noch bedeutend höher als wir die markante Gestalt des Broad Peak, der sich uns hier von seiner Schmalseite zeigt. Unser beider Gipfel... Durch die Freude, die mich bei seinem Anblick durchwallt, fühle ich bereits voraus, wie herrlich es sein wird, nun endlich oben auf dem

K2 zu stehen. Während Julie vor mir den senkrechten Eisabbruch unter dem Lager 3 angeht, wo wegen der schrägen Richtung der Zugkraft immer nur einer sich am Fixseil bewegen kann, blicke ich hinaus nach Sinkiang: dort in den wilden Tälern hat es begonnen... Jetzt steigen wir zur Spitze des Riesenkristalls auf, der über dem Land stand.

7200 m! Schwer beladen keuchen wir am Eisabbruch. Es ist trotz der Seile eine Schinderei! Doch das gehört dazu... Sollten wir irgendwie erfahren, dass es unser Depot auf der Schulter noch gibt, können wir im Lager 3 eine ganze Menge zurücklassen! Das wird wohl davon abhängen, wo die Eislawine losgebrochen ist – –

Natürlich, wenn man ein ganzes Hochlager auf einmal mit sich trägt, ist man schwer beladen. Auf alle Fälle spüren wir unter dieser Belastung auch, dass wir fit sind, dass uns die lange Ruhepause im Basislager gut getan hat, auch die Akklimatisierung ist nach so langer Zeit an einem Punkt wie nie zuvor.

Julie erreicht die Eiskante über uns zuerst, wartet auf mich. Schnaufend stemme ich mich die letzten Meter empor, die Hand am Klemmgriff des Jümar, den ich ruckweise am Fixseil höher schiebe, während sich die Vorderzacken der Steigeisen in die Wand bohren und ich mit dem extrem leichten Titanpickel in der anderen Hand nachhelfe. Ja, die Ausrüstung ist im Vergleich zu Hermann Buhls Zeiten schon viel weniger gewichtig... und Jümars gab es damals überhaupt noch nicht. Auch der Abseilachter war noch nicht erfunden, diese spannenlange Metallfigur mit den zwei Ösen, durch deren eine man fürs Abseilen eine Seilschlinge zieht, sie über den Achter stülpt, und in die andere den Karabiner des Sitzgurtes schnappen lässt. Worauf du dann durch die Reibung des Seils im »Achter« sanft gebremst, herrlich in die Tiefe fährst... Fast mühelos. Das alles gab es nicht.

Wir werden unsere beiden Abseilachter im Lager 3 deponieren, für den Rückweg. Das hier ist das letzte Fixseil... Ich habe die Kante erreicht – bemerke sofort, dass meine dort beim letzten Abstieg deponierten Skistöcke verschwunden sind. Ich schimpfe – doch Julie zuckt die Achseln: Wir haben in weiser Voraussicht ja jeder von unten einen neuen Skistock heraufgetragen. Wir lösen sie von den Rucksäcken. Bis hierher war ein Skistock Ballast, von nun an ist er überaus wichtig. Während wir uns, in der mäßig geneigten Schneefläche über dem Eisabbruch stehend, mit unserem eigenen Seil verbinden, blicke ich prüfend nach oben: Die Schulter des Berges ist unversehrt! Nichts ist dort oben passiert! Doch in der Steilwand darunter müssen Tonnen von Eis losgebrochen sein... da, wo bei 7700 m die Zelte von »QUOTA 8000« standen, des Lagers, das die Österreicher nach dem Abzug der Italiener als höchsten Stützpunkt verwendeten. An den Fuß senkrechter und überhängender Eisklippen hingeduckt, hatten dort in windgeschützter Position vorher auch die Zelte der beiden Schweizer sowie Michel Parmentiers, Wandas, des Ehepaars Barrard gestanden. Die ganze haushohe Eisbarriere droben ist in voller Breite niedergekracht. Ein Glück, dass niemand dort war, als das geschah...

Kritisch betrachte ich den frischen Abbruch: er wirkt glatt, es zeigt sich auch nirgends ein neuer Querriss darüber. Zur Zeit offenbar keine Gefahr... Darunter ist sicher alles mehrere Meter tief von Eisbrocken begraben – sofern überhaupt noch etwas übrig geblieben ist –, und ich denke an Willis zerfetzten Pullover und Mandis zerschmetterten Teekessel, die wir zweitausend Meter weiter unten am Fuß des Berges entdeckt haben, die Zeugnis geben von der zerstörenden Gewalt, mit der das Eis niederdonnerte...

Langsam stapfen wir den Hang zum Lager 3 hinauf, gewahren beklommen, wie sehr die Eislawine auch noch hier getobt haben muss: vom Österreicherlager sieht man nur rote Fetzen! Ein tischgroßer graugrüner Eisblock mit mächtiger Schleifspur ist kurz davor zum Stillstand gekommen, liegt schräg im Hang. Der ganze Platz und auch die Fläche darüber sieht schrecklich aus: Rillen, Klüfte... Eisgeschosse müssen wie Schnellboote über den Schnee zur Tiefe gerast sein, hausgroße Würfel haben sich zerberstend durch den Steilhang gewälzt, Rillen und Mulden hinterlassen... Der freundliche Hang, durch den wir beim ersten Vorstoß höher stiegen, ist zu einem von Narben entstellten Gesicht geworden.

Es ist ein Wunder, dass ein Zelt der Koreaner dieses Inferno überstehen konnte – wohl nur, weil es verpackt, nicht aufgestellt war. Doch die vorsichtigen Koreaner haben bereits neue Zelte mit ihren Hochträgern heraufgebracht und aufgestellt. (Sie sind in ihrem Lager.) Von Willi, Hannes und Alfred ist nichts zu sehen. Sie müssen heute früh zur Schulter weitergestiegen sein.

Im Schnee bemerke ich Bündel von Bambusstangen: sie sind für die Markierung des Hangs über Lager 3 bestimmt – – niemand hat sie ausgesteckt. Vielleicht weil das Wetter so gut ist? Doch ich weiß, wie viel Kim, dem koreanischen Expeditionsleiter, daran liegt. Wir werden uns darum kümmern.

Kim Byung-Joon, 37 Jahre alt, erschien mir stets als ein offener sympathischer Charakter, als ein Mann der Vorsicht und Gründlichkeit. Keine einzige Entscheidung wurde von ihm leichtherzig gefällt; die Vorgänge beim Aufstieg, die entscheidenden Funkgespräche zwischen Berg und Basislager, seine Befürchtungen – im Expeditionsbuch detailliert wiedergegeben – beweisen es. Nach der »Teekessellawine« war auch er höchst besorgt um das Schicksal des Lagers 3: Zum Unterschied vom Lager 2, das unversehrt geblieben war, konnte es durch das Fernglas nicht eingesehen werden. Während einer der koreanischen Bergsteiger dem tief in den Schnee eingegrabenen Lager immerhin eine »Überlebenschance« von 50:50 gab, rechnete Vizeleiter Chang Bong-Wan nur mit 10 Prozent Wahrscheinlichkeit und folgerte daraus: »... wir müssen unseren Plan ändern.« Kim Byung Joon, der die Mannschaft in »Angriffsgruppe« und mehrere »Hilfsgruppen« eingeteilt hatte, beschloss daraufhin, »... alles notwendige Material noch einmal nach Lager 3 bringen zu lassen, damit die Angriffsgruppe über Lager 3 alles zur Verfügung hat«. Die Haltung der österreichischen Expeditionsteilnehmer dürfte – was den letzten

Gipfelsturm betrifft – wohl nicht ganz einheitlich gewesen sein, sonst bleibt vieles einfach unerklärlich; denn dass die Lawine wichtiges Material ins Tal gerissen hatte, wussten alle. »Dennoch ist offenkundig, dass sie nicht genügend Ersatz hinauftrugen, als sie ihren Gipfelversuch unternahmen«, hat später Adams Carter im American Alpine Journal die Situation beurteilt. Etwas ist bemerkenswert: die Koreaner berichten, sie hätten von Willi Bauer erfahren, dass die höchsten Lager am Berg vermutlich kaputt seien.

Lager 3, 7350 m, am 1. August... Julie und ich finden eine alte unbenützte Plattform zwischen zwei roten koreanischen Kuppelzelten und haben im Handumdrehen unser französisches Parapluiezelt aufgestellt. War doch kein schlechter Tausch! – beginne ich mich mit dem filigran wirkenden Gebilde zu versöhnen. In unserem eigenen Zelt, das im Zwischenlager zurückgeblieben ist, wäre es jetzt nicht möglich gewesen, aufrecht zu sitzen. Ein herrenloser Firnhaken ersetzt meine an der Eiskante verschwundenen Skistöcke für die Verankerung des Zeltes im Schnee. Auch unsere Pickel nebst den Reservestöcken haben wir als solche verwendet. Eigentlich ist das nur eine moralische Beruhigung... Wir hoffen natürlich, dass nach dem Eislawinen-Desaster, das nun schon etliche Tage zurückliegt, für eine Weile nichts mehr kommen dürfte... Trotzdem erinnere ich mich, dass mir dieser Platz immer unsympathisch war.

Plötzlich fahre ich auf: Einer der Koreaner filmt mit einer kleinen 16-mm-Gipfelkamera. Es ist wie ein Stich des Gewissens... ja, meine eigene ist weiter unten! Außerdem sind Kameraleute furchtbar eifersüchtig; es ist das erste Mal, dass ich die Koreaner beim Aufstieg filmen sehe. Dann beruhige ich mich: man kann nicht alles wollen! Wir sind nur zu zweit und haben keine Hochträger! Wir werden Szenen vom ersten Gipfel-Vorstoß und Fotos verwenden... Da sind noch andere Koreaner, lauter bekannte Gesichter – von gemeinsamen Stunden im Basislager her –, aber mit Ausnahme eines lebhaften Wuschelkopfes weiß ich nie, wer welcher ist. Sie heißen fast alle Kim oder Chang oder Joon mit einem unmöglich zu merkenden Zusatznamen, sie sind dunkelhäutig, lächeln fast immer, haben alle dieselben runden Bewegungen und sind samt und sonders freundlich und hilfsbereit... sie sind, in sympathischer Weise, einander zum Verwechseln ähnlich.

Bis auf den schwarzen Wuschelkopf! Der nickt mir fröhlich zu: »Hello!« strahlt er. Seine funkelnden Kobold-Augen tanzen vor Übermut – denkt er an den Gipfel oder an unser Fass? An die begründete Möglichkeit einer Kombination beider im Rahmen eines bevorstehenden Festes? Er ist es, der im Basislager am häufigsten unseren »heimlichen« Einladungen zum Bierkosten folgte, »heimlich« nur für die Koreaner... nach jedem Schluck hat der Lockenkopf einen vorsichtigen Blick über die Schulter zurück in Richtung von Kims Zelt geworfen, denn der hatte, als verantwortungsbewusster Expeditionsleiter einer plötzlichen Eingebung folgend, allen Alkohol schon beim Anmarsch in Payu deponiert! Seitdem sitzen die Koreaner auf dem Trockenen.

Mit Ausnahme des »feuchtfröhlichen« Wuschelkopfes ist kaum einer der flinken Koreaner vom anderen zu unterscheiden. Wie viele sind es überhaupt hier oben, in und außerhalb der Zelte? Vier, fünf, sechs? Schwer zu sagen: wenn nicht alle nebeneinander stehen, weiß man nicht, wie viele es sind.

Ich gebe einem von ihnen ein Säckchen mit unseren Abseilachtern und sonst noch ein paar Kleinigkeiten zur Aufbewahrung ins Zelt – bis zu unserer Rückkehr. »No problem!« bedeutet er mir. Ich weiß, dass ich mich verlassen kann: sie haben mir einmal sogar belichtete Filme vom Berg heruntergebracht. Ob wir gemeinsam zum Gipfel gehen werden? Es sieht fast so aus. Während wir gegenseitig ein paar Fotos voneinander machen – mit Séracs und Gipfelmeer im Hintergrund –, sagt mir einer: »Austrains today camp four, to-morrow summit, we to-morrow camp 4... and next day summit – I think.« Er lächelt schüchtern... ja, das weiß man nie...

So also ist der Plan: Morgen haben Willi, Hannes und Alfred ihren Gipfeltag, übermorgen versuchen es die Koreaner. Das heißt, am selben Tag wie wir und Alan Rouse – der inzwischen, freudig von Julie begrüßt, eingetroffen ist, gemeinsam mit Mrowka, der zierlichen Polin. Der schlanke dynamische Engländer und seine Gefährtin haben eines gemeinsam: dieselben hellen und starken Augen, dieselbe Entschlossenheit, die energischen Bewegungen – ich gewahre es, während sie nun ihr Zelt schräg über uns in den Hang stellen und vorher erst einen Platz freischaufeln müssen. Auch sie sind schwer beladen angekommen, haben alles mit sich.

Eine Frage brennt mir immer noch in der Seele: Gibt es jetzt unser Depot auf der Schulter noch oder nicht mehr? Die Lawine ist nicht an diesem Platz losgebrochen – aber wer weiß? Nachdenklich blicke ich nach oben.

»Three porters up there... today... Coming down«, sagt freundlich ein Koreaner neben mir und blickt ebenfalls nach oben. Großartig! – schießt es mir durch den Kopf. Die haben sicher gesehen, ob es unser Depot noch gibt! Das müssen gute Leute sein: Hochträger, die bis 8000 m gehen, gibt es hier wenige. Da sind also sechs Personen heute hinauf – um Lager 4 einzurichten!

Während Julie mit Alan plaudert, mache ich Tee. Plötzlich höre ich einen Ruf und blicke auf – – dort oben, in einer Landschaft aus Licht, Schatten, ziehenden Wolkenschleiern und Windgangeln sind drei Gestalten aufgetaucht. Sie kommen zurück. Es sind die Hochträger. Jetzt werden wir es gleich wissen, ob es unser Depot noch gibt! Sie kommen rasch näher: zwei kräftige junge Hunzaburschen und – ich bemerke es mit leisem Missgefühl – der Balti-Koch, der Willis zerrissenen Pullover im Basislager nicht abgeliefert und daraufhin vom Liaison Officer einen Rüffel bekommen hat.

Schnaufend treffen die drei ein und werfen ihre Säcke zu Boden, neben einem Koreanerzelt, das – ein paar Meter von uns – offensichtlich für die Hochträger bestimmt ist. »Did you see any material on the shoulder?« Ich kann es kaum erwarten, Antwort zu bekommen. Die ganze Plackerei morgen ersparen wir uns, wenn unsere Sachen noch da sind.

Aber ich werde enttäuscht: »No depot on the shoulder«, sagt der Balti-Koch nachhaltig. Seine Skistöcke sehen haargenau aus wie die, die an der Kante dort unten nicht mehr steckten. Vergiss es, Kurt... Die schlechte Nachricht ist, dass unser Depot dort oben weg ist. Wir haben ja ein neues Lager auf dem Buckel heraufgeschleppt, um das dort oben für den Fall des Falles zu ersetzen – aber die Schlafsäcke im Depot waren besser, das Zelt größer und solider. Kann man nichts machen.

Wahrscheinlich ist unser Depot im Schnee an der Kante der Schulter einfach verschwunden, zugeblasen worden. Es wird wohl sicher noch dasein, irgendwo – es war so gut verankert, dass es unmöglich vom Sturm weggeblasen werden konnte. Wie auch immer, wir müssen es als verloren betrachten...

Trotzdem hat mich die Gegenwart des Balti-Kochs nachdenklich gestimmt. Etliche Personen aus diesem an und für sich ehrenwerten Stand haben dem Ruf der Köche im Himalaya schon einiges angetan. Ich weiß es aus eigener Erfahrung. Es ist bestimmt keine gute Idee, Köche als Hochträger zu verwenden, auch wenn man immer wieder prima Kerle unter ihnen finden kann.

Im Himalaya wird der Beruf des Expeditionskochs oft von Leuten ausgeübt, die dank ihrer Begabung nicht nur in der Zubereitung von Speisen, sondern auch in der Beschaffung von Nahrungsmitteln, und eines gewissen, dazu notwendigen facettenreichen Organisationstalents ihr Geld lieber beim Kochen als beim höchst anstrengenden Lastentragen verdienen. Erfahrungsgemäß sind sie meist gleichzeitig geschickte Geschäftsleute – daher ist es gut, einen Basislagerkoch in der Nähe von Dörfern im Auge zu behalten: Wir haben es schon erlebt, dass wir auf dem Rückmarsch einen Teil unserer Bestände in den Läden unterwegs kaufen konnten. Hochträger hingegen sind in der Regel ehrlich. Allerdings – nach dem Prinzip »es darf nichts verkommen« sind zwar meist nicht Hochlager, wohl aber Depots am Berg hin und wieder bedroht – –

Mir ist freilich auch ein Fall bekannt, wo ein ganzes Hochlager von Einheimischen aus dem Tal ausgeräumt wurde. An der Diamirflanke des Nanga Parbat ist es sogar gut, sich vorzusehen, was die Fixseile im unteren Drittel des Aufstiegs angeht – und zu vereinbaren, ab wann die gewandten Hirten aus den Dörfern am Fuß des Berges sie abschneiden dürfen.

Trotzdem – ganz habe ich die Hoffnung noch nicht aufgegeben, unser Depot zu finden...

Julie und ich sind begreiflicherweise deprimiert über die schlechte Nachricht von oben. Ein Glück, dass wir vor drei Tagen alles mitgenommen haben – sonst bliebe uns jetzt nur die Umkehr. Aber statt eines leichtbeschwingten Aufstiegs morgen heißt es noch einmal schleppen! Wir können nicht ahnen, dass uns ein anderer, viel schlimmerer Schock auf der Schulter erwartet – –

Bis zu diesem Augenblick hatte ich mir noch keine Sorgen über eine Verquickung des österreichischen mit dem koreanischen Gipfelsturm gemacht, obwohl ich wusste, dass die Österreicher dort oben kein eigenes Zelt mehr besaßen.

Dann vergessen wir alles! Der Morgen kommt herauf!

Es ist ein Traumtag. Alle sind in Hochstimmung. So ein Prachtwetter! Es könnte nicht schöner sein. Blick bis in die fernsten Fernen! Ich beginne, an die Vorsehung zu glauben – diesmal haben wir es richtig erraten, morgen sind wir auf dem Gipfel! Das verlorene Depot ist bedeutungslos geworden – was zählt, ist das Wetter.

Unser K2! Endlich! Was man hier von ihm sieht, ist wenig – aber wir spüren ihn. Ich sehe Julies tiefe Freude, die sich in ihren raschen, zielbewussten Bewegungen äußert, während sie den Rucksack packt, dann wieder in einem kleinen kecken Lächeln, einem Blick, den sie mir zuwirft – ja es zittert, vibriert in der Luft, Freude, Glück, einer von diesen Tagen, wo die Welt dir gehört, wo du meinst, das ganze Leben lohnt sich, weil es diesen Tag gibt, das Heute... da glitzert und blinkt es von allen Seiten in der Morgensonne, Séracs, Eisklippen – es ist eine ganze Flut von Licht überall, die dich erfasst und fortträgt, hinaus zu schimmernden Gletschern, gleitenden Firnschilden, blauen Zacken – – ins Gipfelmeer des Karakorum, in dem wie silberne Fischleiber unzählige winzige Eisflächen glitzern, vom Sturm freigeblasene Rippen, prachtvolle, ziselierte, irisierende, schimmernde Flächen, zugefrorene Gletscherseen, Riffelwände wie ein zartes Eisgefieder – – ja, es ist schwer, den Atem zu behalten, möchte man alles aufzählen, was da von allen Seiten her eindringt: da ist das Gefühl, an den großen Berg gelehnt zu sein, gleichzeitig hoch über der Welt und mitten in ihr, fast wie im Zentrum einer Kristallkugel, in der sich die Bilder des Lebens spiegeln, brechen, wiederholen... in verzaubernder Vielfältigkeit. Da ist es, als wären alle Tage hier vereint, das Gestern, das Heute und das Morgen – in den Gipfeln rundum, in der Luft, in der kreisenden Sonnenkugel, im Lächeln, im Blick, in den Augen des anderen...

An einem solchen Tag beginnst du, die Dinge in ungewöhnlicher Weise zu sehen... Auf einmal verstehst du, dass ein Berg »die Göttinmutter der Erde« getauft wurde – ein anderer »der Fischschwanz« und ein dritter »der Ort der Riesen«, und das Warum, diese mühselige Erklärung – die hast du gar nicht notwendig, sie liegt auf einer anderen Ebene.

Es sind die Tage der Namensgebung.

Es war ein glücklicher Augenblick an so einem Zaubertag, wo der Mensch, seine Seele, hinter die Dinge blickte... als ein Einheimischer – niemand weiß wann – in einem eisigen, schimmernden, doppelgipfligen Berg des Himalaya die zweispitzige Gestalt des »Fischschwanzes« erkannte und ihn danach benannte: *Machha-Puchhare;* er ist noch heute ein heiliger Berg. Die Einheimischen am Fuß des Nanga Parbat nannten das weiße Gebirge, dessen weite Räume immer wieder vom Grollen mächtiger Lawinen widerhallen – wie vom Laut gewaltiger Stimmen – auch den »Ort der Riesen«: *Diamir.* So hat uns Sheraman Chan, der wilde Bergler, erzählt, einer der wenigen dort, der sich hinauf in die Steilwände traut. Und die ferne höchste Erhebung – eine Pyramide – im dunklen Himmel des Himalaya hat noch jeder, der sie erblickte, voll Ehrfurcht angeschaut: »Göttinmutter der Erde, des Landes«, sagen viele Tibeter zu ihr – *Chomolungma.* Doch sie hat mehrere Namen, wie so mancher Gipfel in der »Heimat des Schnees«.

Und der K2? Dieser riesige, rätselhafte, unergründliche Berg, an dem wir höhersteigen – von der gesetzmäßigen Strenge eines Kristalls? Heute glaube ich es zu ahnen, warum er nur »der große Berg« – *Chogori* – sein konnte. Er war unnahbar... sogar für einen Namengeber.

Und morgen? »La tela khor re, e nyima che shar«, hat vor vielleicht einer Stunde mehr als tausend Kilometer weiter im Osten, in Tashigang, unser Drukpa Aba gesungen – heute so wie jeden Morgen.

»... und so dreht es sich... die große Sonne geht auf... die Sonne eines großen Tages... in den fünf Farben... möge sich nichts ändern... möge das Glück verweilen... möge sich nichts ändern... möge alles blühen...« Es ist sein Gebet, dieses Lied.

Das fröhliche Lachen der Koreaner, die sich für den Aufstieg fertig machen, reißt mich aus der Gedankenkugel in den Zeitpunkt der Gegenwart zurück! Ihre kindliche Freude, die sich in der uns völlig unverständlichen Sprache nur in einer schnellen Folge lebhafter Gesten und fröhlicher Laute äußert, passt zu der Stimmung des Sonnentages. Und während der Schnee glitzert und wir den letzten Becher Tee schlürfen, »dreht sich« das Karussell der Gipfel, von dem wir ein Teil sind, von Minute zu Minute unmerklich langsam im Licht... La tela khor re...

Da steht der Broak Peak als dunkelblaue Silhouette in dieser Flut strahlender Morgensonne! Er ragt auf wie die mächtige Finne eines springenden Delphins, der seine glatte Schnauze spielerisch in den Godwin-Austen-Gletscher zu unseren Füßen gebohrt hat, während der gewölbte Körper plötzlich durch ein Zauberwort in der Luft erstarrt ist – zwischen Baltoro und K2.

Das schimmernde Trapez der Chogolisa, einem Eisberg gleich, könnte aus dem Meer des Nordens hierher getriftet sein... »die großen Jagdgründe« bedeutet ihr Name, für die einheimischen Steinbockjäger im Süden davon; *Bride Peak*... »Brautberg« tauften später die englischen Erkunder diese Berggestalt, weil sie völlig in Weiß strahlt, in phantastische Faltengewänder aus Schnee gehüllt ist, die in sanft geschwungene Wölbungen übergehen – –

Halt, Kurt! Eigentlich hat der Broad Peak, dieser ungewöhnliche »Delphin«, doch drei Rückenflossen! Akzeptabel? Aber man sieht von hier aus doch nur eine, die vorderste – – so hat hoffentlich kein Meeresforscher einen Grund zur Beschwerde.

Ist das »Gipfelmeer« nur eine Geburt der Phantasie?... bei einer unserer Kundfahrten von Suget Jangal aus fanden Julie und ich im Gipfel eines braunen »Hügels« Tausende von Seeigelstacheln. Wir fanden Korallen im Shaksgamtal, eine versteinerte Meeresschnecke am Rande des nördlichen Gasherbrumgletschers, ich entdeckte sogar ein Tintenfischgehäuse – vom Nautilus – in der Moräne des Baltoro... das Urmeer war wirklich da! Es haben sich nur die Wogen geändert: das Zackenmeer der Gipfel...

Auch sie sind nicht starr. La tela khor re... die ewige Bewegung.

Mittendrin ein »Einsiedlerkrebs« – – – ein Bergsteiger mit Zelt! Mehrere. Prinzipiell hat sich da nicht viel geändert. Manchmal schleppen mehrere gemeinsam ihr Gehäuse.

Ganz nahe im Norden ragt der Skyang Kangri auf, 7544 m hoch, aus strahlend gelbem kristallinem Marmor – ein dreifacher Aufschwung: man nannte ihn ursprünglich den *Staircase Peak*, den »Treppenberg«... jede Stufe ist drei- bis fünfhundert Meter hoch. Neben ihm, tief unten, ist über 6000 m der »Sattel der Winde« zu sehen, von wo 1909 Vittorio Sella, der Expeditionsfotograf des Herzogs der Abruzzen, den da zum ersten Mal über den »Abruzzensporn« versuchten noch unbestiegenen K2 aufnahm – auf Planfilmen 20x25 cm, nein, nicht mit seiner berühmten »Alpenkamera«, so groß und schwer wie ein Bierkasten, mit Platten vom Ausmaß 30x40 cm. Die Platten aus Glas hätten sieben Wochen Transport durch die Bergwildnis nicht überstanden. Vittorio Sellas Bilder sind unübertroffen an Schärfe und – auch bis heute noch – an Schönheit. Er hat den Geist dieses Berges, das Unbeschreibliche des K2 »verewigt«.

Wenn ich in die Ferne blicke, sehe ich hier überall im Norden die Ketten des *Kuen Lun* mit ihren fahlen gelblichen und grauen Erhebungen, manchmal schneebedeckt; sie liegen jenseits der tiefen und deutlichen Shaksgamfurche, die diese eigenartige Bergwelt der Sinkiang-Wüste vom Karakorum trennt. Noch weiter draußen, wie eine ferne Brandung – – dieses weiße Gekräusel am Horizont? Ist das der *Tien Shan*, das »Himmelsgebirge«? Oder der Pamir? Es könnten auch Wolken sein...

»Look...!« Julie deutet hinüber ins Shaksgam, in einen bestimmten Winkel des Tals... eine bräunliche, rostfarbene Felsspitze – eher unbedeutend. Nur wir wissen, dass wir als erste Menschen dort oben standen!

Das ist unser »Herzberg« – – Ach, der gute alte Liu mit seiner Sorge um namenlose unbestiegene Gipfel – – dort drüben ist der »Left-Ear-Peak«, der »Linke-Ohr-Gipfel«, der »Right-Ear-Peak«, der »Rechte-Ohr-Gipfel« was soll man eigentlich tun, wenn man gute Aussichtspunkte für die Kamera braucht? Julie lächelt spitzbübisch: Unsere Namensgebung hatte sehr wenig mit ernsthafter Geographie zu tun. Und ich war über beide Ohren verliebt.

Wozu gibt es namenlose Berge... an so einem »Namenstag«? Es war ein Tag wie heute.

›Look!‹ sagt Julie wieder und deutet hinab, »– – we are definitely higher now!« Ja, wir sind deutlich höher – – eine namenlose, dunkle, rund 7000 m hohe Bergspitze in der Tiefe, auf der anderen Seite des Godwin-Austen-Gletschers – – die haben wir schon lange im Auge. An ihrer Kante, am Fuß – auch wenn wir es von hier nicht sehen können – liegt, eingeschlossen von Moränenrücken, ein kleiner dreieckiger See – tiefgrün: dort wollen wir schon lange hin! Ein ganz besonderer, versteckter See muss das sein. Nur ein Tag!... ob sich das noch ausgeht? Nein, diesmal nicht mehr – – wir haben die Rückmarschträger für den 5. August bestellt! Ein andermal – – heute ist der 2. August.

Wir haben also drei Tage Zeit, für den Gipfel geht es sich aus – es hat wenig Sinn, sich länger in der sogenannten »Todeszone« aufzuhalten, über 7500 m, wo sogar die Regeneration eines voll akklimatisierten menschlichen Organismus auf Dauer unmöglich ist. Um das Wetter brauche ich mir diesmal keine Sorgen zu machen: morgen ist es zweifelsfrei schön, wahrscheinlich auch noch übermorgen... das läge alles innerhalb des K2-Wettermusters. Und außerdem: Übermorgen sind wir bereits im Abstieg...

Ich blicke nach oben. Schimmernde, gleißende Hänge, dann wieder stumpfes Weiß, eine vielfach gezeichnete Fläche, darüber die gewaltige Wölbung der Schulter.

Im Augenwinkel sehe ich gleichzeitig undeutlich ein Bündel von Bambusstangen neben der Kontur des nächsten Koreanerzelts – – sie erinnern mich: ich habe Kim, dem Expeditionsleiter, bei einem kleinen Plausch zu verstehen gegeben, dass eine solche Markierung bis auf die Schulter hinauf absolut notwendig sei, wolle er nicht Fixseile anbringen – was eine zeitraubende, langwierige Angelegenheit wäre. Er war ganz meiner Meinung: die Orientierung im Sturm dort oben hat bisher noch jedem Probleme aufgegeben!

Nachdenklich schweift mein Blick über die weiten Wölbungen des Schnees: ja, hier in dem stillen Hang über uns haben schon etliche Menschen um ihr Leben gekämpft; Julie und ich selbst haben uns im Sturm nur mit Mühe heruntergerauft. Wanda hat mir ebenfalls eingestanden, dass es problematisch war, sich durchzufinden.

Und Pasang Kikuli, Pasang Kitar und Pintso, die alle drei beim vergeblichen Versuch, den kranken Dudley Wolfe trotz Sturm und Schneetreiben aus Lager 7 in 7530 m Höhe zu retten, verschollen sind, mag ihr Schicksal sehr wohl in diesen jetzt so stillen Hängen ereilt haben. Das war 1939. Aber auch 1953 kam es hier zur Tragödie: der kranke Art Gilkey wurde von einem Schneerutsch hinabgerissen, ehe seine Retter ihn nach einem Massensturz – der Amerikaner Pete Schoening hatte hierbei fünf Gefährten gehalten! – in die relative Sicherheit des Lagers 7 bringen konnten; im verzweifelten Kampf gegen Sturm und Schwerkraft hatten sie versucht, den wegen Lungenembolie und Thrombose gehunfähigen Freund zu retten; sein Tod hat vermutlich eine noch größere Tragödie verhindert.

Ich sehe, dass nur eine der Stangen, die die Hochträger heraufgebracht haben, ein rotes Fähnchen hat; die anderen gingen wohl beim Transport über den Sporn verloren oder sind noch nicht fixiert. Keine Zeit mehr, jetzt, diesem Manko abzuhelfen... bei dem strahlenden Wetter ist ja die Versuchung groß, die Stangen einfach hier zu lassen! Nachdenklich blicke ich auf die Bündel im Schnee: Nein, der Bambus hilft natürlich nicht gegen Lawinen. Fast scheint es eine Frage von Pedanterie zu sein, skrupulöser Sicherheit unter allen, wie immer gearteten Umständen – –

Dann denke ich an Kim Byung-Joon: eine der Schwierigkeiten bei Expeditionen ist, dass die im Basislager getroffenen Entscheidungen dann oben nicht immer ausgeführt werden. Manchmal, weil sie nicht ausführbar sind – bei den herrschenden Verhältnissen –, aber oft auch, weil es in großer Höhe mit den Prioritäten, die einer hat, mit dem persönlichen Wollen, den vorhandenen Energien, mit dem Kräftehaushalt ganz anders aussieht als für jemanden im Basislager. So kommt es, dass um Mühe zu sparen, gerade in dem Bereich des Berges, wo Genauigkeit und Gründlichkeit von größter Wichtigkeit wären, gern improvisiert wird. Kim Byung-Joon, der Mann mit dem eindrucksvollen »Generalstabsplan« – wir filmten ihn –, hat dafür Sorge getragen, dass der Bambus heraufkam. Wir werden die Markierungen ausstecken!

Unter den Leuten, die sich für den Aufstieg herrichten, bemerke ich auch die zwei jungen, starken Hunza-Hochträger, die gestern auf der Schulter waren; der Balti-Koch wird also nicht mitgehen... er steigt offenbar ab. Und wieder sehe ich den Koreaner mit der Filmkamera – es juckt mich in den Fingern: die morgendliche Szene ist herrlich, die Aufbruchsstimmung, die leuchtenden Farben der sich bewegenden Gestalten im Sonnenschein – wie eine Schar aufgeregter bunter Falter vor dem Abflug, hinaus in die blendende, lockende Bergwelt, die heute nur Glück und Freude ausstrahlt – – es tut mir leid, dass meine Kamera unten im Lager 1 ist. In Gedanken blicke ich durch den Sucher, folge als neugieriger Schmetterling dem frohen dunklen Gelb unserer eigenen Windkleidung – – Sonnenblumenfarbe, wir lieben sie beide –, verlasse dann das Blau der Eisabbrüche des K2 und ziehe hinaus bis in die Ferne des Shaksgam, wo vielleicht in einer Oase der Bergwüste jetzt wirklich die Nachkommen unserer dreizehn Sonnenblumen blühen – – ich sehe sie – –

Kurt, die schönsten Schwenks sind die gedachten! Und wegen der Kamera – mach dir nichts draus, dreißig Meter Film aus 8000 m haben wir schon vor einem Monat gedreht! Jetzt ist es wichtiger, dass wir hinaufkommen! Nimm den Schneehaken mit, als Zeltanker! Pack den Kocher ein! Zieh die Steigeisen an! Falte das »Parapluie« zusammen!

»Let's get the umbrella down, quick!« meint jetzt auch Julie mit einem Blick auf die eifrigen Koreaner. Ich unterbreche das Steigeisenanziehen einen Augenblick: Der »Schirm« ist eine Wucht! Im Nu ist er zusammengelegt! Da haben uns die beiden Bärchen, unsere kleinen Maskottchen, Glück gebracht! Auch Alan hat gerade sein kleines Zelt abgebaut und ist mit Mrowka, der »Ameise«, am Packen.

Nun sind auch Julie und ich fast fertig; die Hochträger sind soeben losgegangen, die Koreaner starten gerade... Der Bambus? Was ist mit ihm? Nun hätte ich noch fast darauf vergessen!

Doch – wir sollten die Strecke da hinauf zur Schulter markieren! Ich sage es Alan, der über den Rucksack gebeugt ist. Der junge Engländer mit den klaren Augen blickt auf: »I thought so, too – it's a good thing to do, even if we may not need them...« Er holt sich ein Bündel Bambusstangen; Julie bringt ebenfalls ein Dutzend daher. Wir werden die Stangen nach und nach beim Höhersteigen ausstecken. Man kann nie wissen!

»I am glad, we are going together with Al...« sagt Julie beim Losgehen. Auch ich bin voll guter Stimmung darüber, mit Alan zu sein – die kleine Episode mit dem Bambus hat mir Vertrauen eingeflößt: da ist jemand, der hilfsbereit ist, jemand, der bereit ist, für die Sicherheit etwas zu tun – und sei es nur aus Prinzip – und der Mühe nicht scheut. Eine Ahnung sagt mir, dass Alan ein Mensch ist, der Phantasie und Prinzipien hat...

Dann umgibt uns das Geräusch des Stapfens, einzelner Worte in der Luft, das Schaben der Perlonkleidung, wenn bei jedem Schritt oder jeder Armbewegung Stoff aneinander reibt... man gewöhnt sich so sehr an diese Laute, dass man sie nach einiger Zeit nicht mehr wahrnimmt, dass einen die große Stille dieses Hangs wieder vollkommen umgibt.

Ich achte darauf, nicht unnötig knapp hintereinander Stöcke zu setzen, und auch Alan spart, der Hang ist schätzungsweise dreihundert Meter hoch... es wäre gut, wenn sie bis an sein Ende langen würden...

Drei Stöcke fehlen – – »Please put *three sticks* in, till to *start of fixropes!*«, habe ich in vereinfachtem, telegraphischem Englisch einem Koreaner zugerufen, der gerade dabei war, den Abstieg von Lager 3 anzutreten. Dann, als er mich verblüfft anblickte und unschlüssig stehenblieb – vermutlich verstand er mein allzu reduziertes Englisch nicht –, bin ich noch hinab zu ihm und hab sie ihm in die Hand gedrückt. Die Abbruchkante kurz unterhalb von Lager 3 ist im Nebel eine tödliche Gefahr! Außerdem ist die Markierung bis zum Beginn der Fixseile für sich allein schon lebenswichtig! Spätestens seit Michel Parmentiers verzweifelter Odyssee im Nebel, die er nur dank Benoits kaltblütiger Walkie-Talkie-Lotsenhilfe überlebte, ist das jedem klar... So hat mich denn auch der Koreaner ohne weitere Erklärung begriffen; wir radebrechen gegenseitig noch ein paar freundliche Worte, dann steigt er ab. Ich habe ihn trotzdem aus dem Augenwinkel verfolgt und gesehen, wie er die erste Stange steckte...

Eins ist klar: Ein Alpinstil-Aufsteiger könnte niemals zu allen Sachen, die er ohnehin schon trägt, auch noch ein Bündel Bambusstangen hier heraufschleppen. Die verdanken wir den Hochträgern!

In bestimmter Weise helfen einem solche Markierungen sogar gegen Lawinen: wenn Schneefall einsetzt, und man weder Spuren noch Geländeformen sieht, kann man mit ihrer Hilfe trotzdem ziemlich schnell unten sein. Jetzt herrscht keine Lawinengefahr, der Schnee ist auch nicht übermäßig tief, aber er wird es sicher im Windschatten der Schulter weiter oben sein; dort werden die sechs, die gestern das Lager für den österreichischen und den koreanischen Gipfelsturm einrichteten, ganz anständig gewühlt haben!

Hier ist der Hang zunächst unproblematisch und auch nur mäßig geneigt – ein freundlicher Skihang im Sonnenschein! Auch die alten Spuren der Eislawine wirken nicht mehr so drohend. Wenn man nicht wüsste, was hier schon alles geschah – – Wir können Mandis Panik an diesem Prachttag heute nicht nachfühlen, aber es sieht jetzt sicher alles weniger ernst aus. Oder hat er einfach wegen des zerstörten Lagers umgedreht? Aus dem klaren Bewusstsein, dass hier, allein mit den eigenen Mitteln der Österreicher, nun nichts mehr ging? Hat es als einen Wink des Schicksals angesehen, dass – – –

Ereignisse werden immer verschieden interpretiert werden; und der gute oder schlechte Ausgang eines Wagnisses hat meist den obersten Richter für alle über alles gespielt; die wirkliche Kausalität hingegen bleibt oft verborgen, die wahren Zusammenhänge tun sich nur selten auf.

Der Ausgang eines Wagnisses – der Erfolg oder Misserfolg – bestimmt, ob sogar ein Glückspieler zum Helden gestempelt wird... oder zum Phantasten, der über ein mögliches Ziel hinausschoss! Dabei kann selbst der gründlichste Planer eines technischen Wunderwerks letztlich nur beten, dass keine einzige Schraube platzt, wenn »das Ding« in die Lüfte steigt – Das Schicksal lässt sich nicht ausschalten.

Es ist jedoch primitiv anzunehmen, Menschen verließen sich einfach auf das Schicksal, das tut kaum jemand. Wenn etwas schief geht, hat das meist handfeste Gründe. Es ist gewiss Schicksal, um welche Uhrzeit du auf die Autobahn fährst – aber wenn gerade da dich jemand rammt, der über die Leitplanke kommt, weil seine Lenkung versagt, dann ist gleichzeitig ein technischer Fehler im Spiel.

Wenn Reinhold Messner und Jerzy Kukuczka so viele Achttausender überlebt haben, dann haben sie das in erster Linie ihrem Können und ihrer Erfahrung zu verdanken. Und ein klein wenig dem Glück auch. Vielleicht hat Mandi »die Stimme« gehört – und hat die Lawine auf seine Weise gedeutet. Vielleicht ist er deshalb hinunter und lebt noch. Bis auf Mandi gerieten alle in den unsichtbaren Sog des Gipfels.

Er scheint unaufhaltsam gewesen zu sein – und im Zentrum des verhängnisvollen Strudels stand – wie eine Klippe – ein Zelt. Ohne diese Klippe, das heil gebliebene Koreanerzelt vom Lager 3, wären mit größter Wahrscheinlichkeit noch alle rechtzeitig aus dem tödlichen Strudel herausgekommen.

Heute frage ich mich oft: Konnte die Eislawine das Koreanerzelt nicht auch zerfetzen...? Dass sie es nicht tat, dass sie es verschonte – das war Schicksal.

Während wir den Hang emporsteigen und unsere Stöcke setzen, sehe ich immer wieder vernarbte Risse im Untergrund – so als wäre stellenweise alles in Bewegung gewesen. Ist es möglich, dass ein kleines Erdbeben eine Rolle gespielt hat? Ich habe ein solches einmal am Everest unterhalb des Khumbu-Eisbruchs erlebt: Viele Eistürme verloren ihre Spitze, und ein fast haushoher Gletschertisch im Basislager krachte zusammen.

Ja, dass die Eislawine das Koreanerzelt verschonte, war zweifellos Schicksal. Den Österreichern – mit Ausnahme Mandis – mag das als guter Stern erschienen sein. Trotzdem wundere ich mich über eins: es hätte in dieser Situation schlussendlich auch die Möglichkeit gegeben, abzusteigen und ein Österreicherzelt aus dem Lager 2 nach oben zu bringen, ehe ihr Vorstoß weiterging. In ein oder maximal zwei Stunden konnte Willi das eigene Lager unter dem House-Kamin erreichen... der Aufstieg aller zur Schulter wäre dann gemeinsam erfolgt; sämtliche Kräfte wären vereint gewesen; natürlich hätten die Österreicher nicht mehr die Spitze gebildet, sie wären Bestandteil des ganzen lockeren Gefüges geworden, das sich gipfelwärts bewegte. Warum durfte das nicht sein? Die Folge wäre bloß ein Tag Zeitverlust gewesen – und zwar nicht in der Todeszone!

Vielleicht wollten Willi und seine Gefährten einfach die »erste österreichische Besteigung« um jeden Preis vor dem Verlust eines wertvollen Tages bewahren. Aber der durch den Zelthandel mit den Koreanern scheinbar gewonnene Tag (ersparter Transport eines Österreicherzeltes vom House-Kamin nach oben) sollte sich noch während des Abkommens (das außer gemeinsamer Zeltbenutzung nach Willis Auffassung auch die Fixierung einiger Seile »für die Koreaner im Flaschenhals« einschloss) am 2. August ins Gegenteil verkehren: Die Österreicher verloren einen Tag. Beim Nachholen eines Zeltes hingegen wären sie am 3. August mit Sicherheit zum Gipfel gelangt: Alle Kräfte, ob österreichisch, koreanisch, englisch, polnisch, wären vereint gewesen in einem einzigen Ansturm.

Noch machte ich mir keine großen Gedanken über das alles: Die Österreicher hatten offenbar etwas Zweckmäßiges mit den Koreanern vereinbart und sie wollten an aufeinanderfolgenden Tagen den Gipfel »angreifen«. Bei dem Menschenaufgebot nahm ich natürlich an, dass ein entsprechend ausgebautes Zeltlager auf der Schulter die Basis für diese beiden Vorstöße war...

7700 m! Links über uns ist die Eislawine abgerissen – lang hingezogen die Kante des neuen Abbruchs. Nach oben verdeckt die mächtige Masse der Schulter den Gipfelaufbau des K2. Das Ganze ähnelt einer Burg: da ist ein Ringwall – nämlich die Schulter mit der Eisbarriere darunter. Darin gibt es jetzt, nach dem Bruch der Mauer über dem alten Italienerlager, nur noch einen einzigen Durchschlupf: Beda Fuster und Rolf Zemp sind vor knapp einem Monat rechts über uns steil hinauf, während Julie und ich damals noch direkt vom Italienerlager zur Schulter hochsteigen konnten. Hat man den »Wall« bewältigt, so steht man auf der Schulter vor dem eigentlichen höchsten Aufbau der »Burg« – dem Gipfelkegel mit seinem riesigen drohenden Balkon... der letzten Wehr dieser Eisfestung.

Julie und ich wollen diesmal nach der schlechten Erfahrung vom ersten Vorstoß so nahe als möglich an den Gipfelaufbau heran – also auf ca. 8000 m unser Zelt aufstellen – um keinen unnötigen Zeitverlust mit der Annäherung an die Steilwand am Morgen zu haben. In dieser Höhe kostet die Überwindung von 100 m Höhendifferenz ca. 1 Stunde – weiter oben schafft man noch weniger!

Ich habe nur noch eine Stange übrig! Den Bambus mit dem roten Fähnchen... ich zögere. Wo soll er hin? Die Querung nach rechts empor an die Steilwand heran führt an einem mannshohen Schneekoffer vorbei – – wegen einer Wölbung ist im Rückblick nichts mehr von unseren Markierungen zu sehen. Will man ihre Linie finden, muss hier etwas her! Die Fortsetzung ist der Schneekoffer und dann der Durchschlupf! Ich pflanze den Bambus ein. Das war's – leider hat auch Alan keine weiteren Stangen mehr.

Tiefschnee! Pulverschnee... das Gesicht im Hang, den Skistock kurz genommen, den Pickel immer wieder eingerammt, um mich aufzuziehen, arbeite ich mich höher, einer tiefen und deutlichen Spur nach, die in der Falllinie den »Ringwall« überwindet – sie stammt von gestern. Julie ist hinter mir, aber wir sind eine ganze Menschenschlange, die sich höherwühlt, langsam, mit Pausen – der Hang ist nicht hoch, glücklicherweise, vierzig bis sechzig Meter in dieser Steilheit, dann legt er sich zurück.

Schwer atmend unter der in dieser Höhe immer mehr drückenden Last erreichen wir eine Kuppe vor einer riesigen Spalte. Hier macht die Spur eine Schleife – es war offenbar nicht ganz klar, wo man hinüber konnte; dann sehe ich: Es folgt eine Brücke und sofort wieder ein Steilhang. Ein »sauberes« Orientierungsproblem – schießt es mir durch den Kopf –, wenn plötzlich ein Sturm kommt! Aber wir haben leider keine Stöcke mehr – – Noch jemandem muss das Orientierungsgewissen geschlagen haben: Im Steilhang über der Spalte, neben der Spur, steckt einsam ein Schneehaken. Eine moralische Beruhigung – – brumme ich in mich hinein – mehr ist es nicht. Aber der Mann hatte offenbar auch nichts Besseres mehr in Händen, das er verwenden konnte. Meine ursprüngliche Meinung war, dass der Durchschlupf direkt zum Lagerplatz führte bzw. an die Kante des Schulterrückens, ohne Umweg!

Wir kommen jedenfalls ein ganzes Stück höher heraus als dort, wo wir vor einem Monat das Zelt hinstellten. Und unser Depot? Ganz habe ich die Hoffnung noch nicht aufgegeben. Das wäre schön, es zu finden, auch wenn es nicht von entscheidender Bedeutung ist.

Plötzlich spüre ich, dass der Chinawind bläst! Schwach – aber er ist da! Ich sage es Julie... und sie lächelt: der Chinawind – es ist wie ein Zeichen der Vorsehung; der Schönwetterwind!

Dann gilt unsere ganze Aufmerksamkeit dem Schneerand der Schulter, dem wir uns nun mit jedem Schritt nähern. Deutlich sehe ich die Stelle, wo die weiße Kante, ein Stück weiter unten, einen fast horizontalen Verlauf hat. Dort muss es sein! – –

Auch der Gipfelkegel wächst jetzt langsam heraus, über uns, mit jedem Schritt... doch ich sehe nichts von den Österreichern. Es ist 13 Uhr... Endlich! Wir haben die Kante erreicht. Zwischen den letzten der höher steigenden Koreaner hindurch blicke ich nach oben in die Steilwand des Gipfelaufbaus, entdecke drei winzige Gestalten im Quergang unter dem gewaltigen Überhang des Hängegletschers: Was, die sind noch nicht höher? Ich bin überrascht. Das sind Willi, Hannes und Alfred! Sie werden biwakieren müssen – – oder zurückkommen – ohne Gipfel! Wieso das? Ein unbehagliches Gefühl befällt mich.

Dann schweift mein Blick tiefer – – und mich trifft fast der Schlag: – all diese Menschen, die über die Schulter aufsteigen, und dort, am Rande eines kleinen Schneeplateaus auf 8000 m, steht mutterseelenallein – ich traue meinen Augen nicht – – – – – das ist doch nur ein einziges Zelt!

»Quick! – let's look for our Depot!« rufe ich Julie zu und werfe den Rucksack zu Boden. Wortlos folgt sie meinem Beispiel, nur mit dem Pikkel in der Hand stürmen wir den Rücken hinab, an der Kante entlang... Wir müssen unser Zelt finden!

Hier wird es eben, hier muss es gewesen sein! Auch wenn von der Skistockmarkierung nichts zu sehen ist! Ich ramme den Pickel ein bis zur Haue – nichts! Julie tut das gleiche, wir sondieren, wieder und wieder, im ganzen Umkreis – bis wir völlig atemlos sind – – nichts.

Wieder schaue ich nach oben in die Querung unter dem Eisbalkon, dann zum Plateau, das die Koreaner inzwischen erreicht haben, bohre meinen Blick in die Silhouette des »Lagers«, dieses einzigen koreanischen Kuppelzelts, in dem normalerweise drei Mann Platz haben, doch nichts ändert sich. Wo wollen denn die alle bleiben? Noch immer kann ich es nicht fassen, dass da nicht zwei Zelte stehen!

»Come on, Julie, let's look again – –« Während wir weiter sondieren, jetzt noch viel intensiver – nach unserem Depot mit dem blauen Tunnelzelt – überlege ich: Die zwei Hochträger heute habe ich kein Zelt herauftragen sehen, die waren genügend beladen mit anderen Dingen für die koreanischen Gipfelstürmer und mit Sauerstoff. Bleibt nur die Möglichkeit, dass die Hochträger gestern ein zweites Zelt heraufbrachten, das noch nicht aufgestellt ist. Aber niemand dort oben macht inzwischen Anstalten, eins aufzustellen – also gibt es keines!

Ob die Österreicher biwakieren – beim Gipfelgang oder im Abstieg? Es scheint unvermeidlich bei ihrem Tempo! Vielleicht fixieren sie Seile. Was haben sie gedacht, als sie gestern nur dieses Koreanerzelt heraufbrachten? Haben Sie geglaubt, sie könnten nach dem Gipfel noch bis Lager 3 absteigen? Bis auf 7350 m! – – – so etwas ist doch so gut wie ausgeschlossen!

Kräftig stoße ich immer wieder den Pickel in den Schnee, ein paar Meter von Julie entfernt, die auf der ebenen Fläche am Rande der Schulterkante dasselbe tut. Umsonst, kein Widerstand, kein Gefühl von nachgebendem Stoff unter der Pickelspitze – obwohl der Platz hier bestimmt richtig ist.

Auch Julie ist schweigsam und besorgt. Eine Erklärung ist unnötig: Über uns am Berg bewegt sich fast ein Dutzend Leute, und bis jetzt sieht man nur ein einziges Zelt!

Die Optik trügt etwas – versuche ich mich zu beruhigen –, die zwei Hochträger werden absteigen, Alan und Mrowka haben ihr eigenes kleines Zweimannzelt... macht vier Personen weniger, von den Koreanern wird auch noch jemand absteigen – aber drei bleiben bestimmt über, für den Gipfelgang – – das bedeutet, ihr Zelt ist ebenfalls voll belegt. Wollen sie nicht bei einem plötzlichen Rückzug der Österreicher ein im Hinblick auf die morgige Höchstleistung gefährliches Gedränge in Kauf nehmen, muss noch ein Zelt her! Ich sondiere weiter.

Es ist mir unverständlich, dass nicht einmal die zwei Skistöcke von der insgesamt dreifachen gründlichen Verankerung unseres Riesenrucksacks, der auch zwei Spezialschlafsäcke enthielt, herausschauen oder zu spüren sind! Dabei ist der gelbe »Bibi-Fleck«, ein paar Meter vom Zeltplatz entfernt, noch immer schwach in der Schneefläche zu sehen. Dass wir am falschen Platz suchen, ist daher ausgeschlossen. Dunkel wundere ich mich über das Schicksal unseres Depots, denke an den Balti-Koch, der heute früh von Lager 3 abgestiegen ist und an die Schneestürme, die es in den letzten drei Wochen gegeben hat – – – »Anything is possible«, sagt Julie schnaufend und setzt sich auf den Schnee, »but one thing is sure: here is nothing!« Wir geben die Suche auf.

Die Schlüsselfigur – ein Zelt

Irgendwie, irgendwo muss es ein Missverständnis oder einen Denkfehler bei dem österreichisch–koreanischen Abkommen gegeben haben: Tatsache ist, dass am 1. August nicht nur das dreiköpfige Österreichische Gipfelteam zu Lager 4 aufstieg, sondern auch noch drei koreanische Hochträger, die am selben Tag wieder nach Lager 3 zurückkehrten. Am 2. August stiegen neuerdings zwei koreanische Hochträger zu Lager 4 auf, und außerdem noch das dreiköpfige koreanische Gipfelteam sowie ein oder zwei weitere Koreaner. Dass all diese vielen Menschen insgesamt nur ein einziges Dreimannzelt nach Lager 4 hochtrugen, erscheint mir herzlich wenig. Es ist m. E. ein durch die Augenblickssituation wohl entschuldbarer Planungsirrtum, der seine Wurzel im plötzlichen Hinzutreten der Österreicher hatte. Selbst wenn man davon ausgeht, dass die koreanischen Bergsteiger nur persönliche Ausrüstung zu Lager 4 hinaufgetragen haben, bleiben da immerhin noch fünf Hochträgerkapazitäten übrig sowie die Tragkraft der drei Österreicher. Denn die hatten doch angeboten, das Koreanerzelt von Lager 3 in die Position »Lager 4« zu bringen! Die Fixseillast war bestimmt von einem Träger zu bewältigen und die insgesamt vier Sauerstoffflaschen von zwei weiteren Trägern. Selbst wenn für Gas und etwas Verpflegung noch Gewicht zu berücksichtigen ist, glaube ich nicht, dass es unmöglich gewesen wäre, noch ein zweites Zelt hinaufzutragen (wenigstens am Folgetag)! Ich habe das bei dem Menschenaufgebot dort droben damals ja auch für selbstverständlich gehalten, und erst der Augenschein auf der Schulter des K2 belehrte mich eines Besseren. Meine Meinung ist die, dass der Plan der Koreaner einfach völlig auf die Dimension ihres eigenen Gipfelangriffs abgestellt war – und das mit nur einem Zelt ja auch einwandfrei funktioniert hätte! Die kameradschaftliche Hilfe der Koreaner den Österreichern gegenüber hätte eigentlich eine Erweiterung der Kapazität des Lagers 4 gefordert – doch man hat das entweder nicht erkannt oder es war nicht möglich.

Die Österreicher wiederum waren keineswegs nur Empfänger von Kameradschaftshilfe: Sie dürften den Hauptteil der Spurarbeit von Lager 3 zur Schulter geleistet haben. Und das Anbringen einiger koreanischer Fixseile unter dem Hängegletscher der Gipfelpyramide war zweifellos wertvoll. Beide Teile aber haben entweder gar keine Zeitrechnung vorgenommen oder sie war unrealistisch. Sollte sich die Angelegenheit nämlich beim Vorhandensein nur eines einzigen Koreanerzeltes in Lager 4 auf 8000 m ausgehen, so hätten die drei Österreicher an einem einzigen Tag erstens die Fixseile anbringen, zweitens den Gipfel erreichen und drittens außerdem noch bis zum Lager 3 wieder absteigen müssen!

Dass das kaum möglich ist, wird jeder einsehen. Auch solche, die den K2 nicht kennen. Es wurde auch noch nie versucht.

Etwas Licht ins Dunkel des Geschehens dort oben wirft nunmehr der mit minutiöser Genauigkeit abgefasste Expeditionsbericht der Koreaner – er enthält nicht nur die Bewegungen am Berg, sondern auch die Funkgespräche mit dem Basislager.

Kim Byung-Joon, der Leiter, hat seine Entschlüsse nicht leichtherzig gefasst, und als das österreichische Spitzenteam über Chang Bong-Wan vom Abruzzensporn herab anfragen ließ, ob es hundert Meter Seil haben und das koreanische Zelt für den Gipfelangriff borgen könne, überlegte er lange, denn er war in einer Zwangslage: Gewährte er die Hilfe nicht, fürchtete er für den guten Ruf Koreas, gewährte er sie, sah er mehrere Möglichkeiten einer für den koreanischen Gipfelerfolg riskanten Entwicklung. Das betraf nicht die Abgabe von Seilmaterial – die Koreaner hatten 800 m davon oben! Aber das Zelt: auch wenn es zweifellos von Vorteil war, wenn die Österreicher es für beide Teile mit sich trugen, so fürchtete Kim Byung Joon doch, sie könnten es gar bis 8300 m hinaufnehmen oder bei Schlechtwetter zu lange benützen oder nach dem für sie damit ermöglichten Gipfelgang vielleicht erschöpft die Hilfe des koreanischen »Angriffsteams« benötigen.

Kim wollte daher eine Sicherheitsgarantie: Erst nachdem Hannes Wieser ausdrücklich zugesagt hatte, dass die Österreicher das Zelt nur für eine Nacht auf der Schulter beanspruchen würden, erklärte er sich einverstanden. Die Abtretung der Seile hingegen war bedingungslos. *

Während die österreichische Expedition wegen des bevorstehenden Abmarsches teilweise mit Lagerabbau beschäftigt war und – andererseits – drei Mann den Gipfel angingen, hatten die Koreaner ihre Mannschaft systematisch in eine »Angriffsgruppe« und mehrere »Hilfsgruppen« geteilt – die die Lager auf dem Sporn mit allem für sie Nötigen versorgt hatten – auch Lager 3, von dem man befürchtete, dass es die »Teekessellawine« zerstört hatte. Jedenfalls erscheint es mir nach der obigen Schilderung der Koreaner einfach unbegreiflich, dass Willi Bauer sich später darüber indigniert zeigte, dass die Koreaner nicht auch noch ein eigenes Zelt für sich selbst zur Schulter hochtrugen. Hat Bauer nicht mit Wieser geredet?

Zweifellos sieht heute jeder die Dinge auf seine Weise...

* siehe Bibliographie, Expeditionsbericht von Kim Byung-Joon

Der verlorene Tag

Wieviel hängt von einem Tag ab?
Unter Umständen alles, das ganze Leben.
(Aus meinem Tagebuch)

Der »Berg über dem Berg«.
Der Gipfelaufbau des K2 und die Schulter.
Sie liegen in der Todeszone.

Gedanken: Wie einer die kritische Höhe erreicht, an sie herankommt – ob schnell oder langsam –, ist weitgehend Geschmacksache. Das mag vom Wetter, seiner Belastung und anderen Umständen abhängen, vom Stil natürlich – –

Dann aber hat er nicht mehr viel Zeit: drei Tage höchstens – und dazwischen zwei Nächte; schon die dritte Nacht bringt ihn an den Rand des Sinnvollen. Er wird dann zwar noch absteigen können, aber eine Aktion gipfelwärts würde ja bereits einen vierten Tag bedeuten – und das ist entschieden zu viel; er würde an ihm auch kaum mehr viel ausrichten.

Immerhin, dass Bergsteiger in den bewussten drei Tagen im Achttausendmeterbereich auch schon zwei Aktionen gipfelwärts durchführen konnten – von Odell am Everest über Wiessner zu Bauer und Imitzer am K2 – beweist, dass bei entsprechender Akklimatisierung sogar das möglich ist. Natürlich kann sich nicht jeder die drei Tage leisten, und er wird selbstverständlich trachten, mit knapp zweien durchzukommen... doch eigentlich sollte jemand, dem drei Tage zu viel sind, gar nicht erst dort hinauf. Sauerstoff kann diese Fristen selbstverständlich ändern, doch er wird oft überbewertet und ist kein Freibrief. Grundsätzlich soll man so kurz als möglich in der Todeszone sein und keinen Tag unnötig verlieren, keine Stunde!

An den fünf »großen« Achttausendern Everest, K2, Kangchenjunga, Lhotse, Makalu ist jedoch – abgesehen von ein paar außergewöhnlichen Unternehmungen bei besonderen Bedingungen – unter knapp zwei Tagen in der »Todeszone« nichts zu machen; den dritten, den Reservetag, sollte man möglichst nicht verwenden. Ausruhen kann zwar zur Entspannung dienen, zum Kräftesammeln, einen wirklichen Aufbau aber gibt es nicht mehr. Die Gefahren dort oben: Embolie, Ödem, das Wetter. Hochform und volle Akklimatisierung ist selbstredend Voraussetzung.

Und etwas, das sich wohl schwer definieren lässt: das »Im-Einklang-Stehen« mit dem Universum, Gleichgewicht, Harmonie. Du spürst es, an welchen Tagen...

Der Chinawind bläst! Sein Säuseln an der Schneekante, in den geschwungenen Formen, die die bewegte Luft fast überall auf die Flächen der Schulter gezaubert hat, klingt wie eine beruhigende Stimme... »Ihr habt Glück« – sagt sie – »morgen werdet ihr zum Gipfel gehen.«

Ja, wir sind wieder beruhigt. Möglicherweise haben sie dort oben mit einem Biwak ja gerechnet, es kann gar nicht anders sein, sonst hätten sie schon umgedreht. Schließlich ist das Wetter hervorragend!

In weiter Ferne ist der Nanga Parbat aufgetaucht, gleich neben dem SSW-Grat des K2. Beträchtlich näher ragt auf derselben Seite, knapp jenseits des Baltorogletschers, die matterhornähnliche Gestalt des 7821 m hohen Masherbrum.

Julie und ich haben jetzt wieder Alan und Mrowka erreicht. Die haben ihr Zelt unterhalb eines etwas steileren Hanges – gerade noch in Rufweite vom darüber liegenden Plateaurand, wo das Zelt der Koreaner steht – in eine schwach geneigte Fläche gestellt. Doch ich möchte weiter hinauf wenn der Chinawind stärker wird, bietet das Koreanerzelt eine Art Windschutz für unser kleines Stoffgehäuse. Es tut mir leid, dass Alan nicht auch hinaufgegangen ist, es wäre leichter, für den gemeinsamen Aufbruch; aber man kann ja auch rufen. Hat die eigenwillige Mrowka den Platz hier ausgewählt? Wollte sie nicht aufs Plateau wegen des großen Eisbalkons, der darüber in der Gipfelwand hängt? Oder wollte Alan näher am »Durchschlupf« durch den Ringwall sein? Auf meine Frage sagt er nur lakonisch: »I like it better here...«

Mrowka, dunkelblond, mit ihren hellen, starken Augen, blickt, während sie die Schnüre des britischen Zweimannzeltes spannt, immer wieder gipfelwärts. Sie ist klein und zierlich wie eine Ameise, rührig wie eine Ameise... ja, auch so eigensinnig (da sind wir uns ähnlich)... diesmal wird die quicklebendige, energische »Ameise«, mit der ich in unserer »Gletscherdisco« auf 5000 m immer wieder das Tanzbein geschwungen habe, sicher den Gipfel erreichen. Ja, ihr Blick ist fröhlich – dahinter verbirgt sich große Entschlossenheit. Der Nanga Parbat ist ihr um wenige Höhenmeter entgangen. So etwas darf kein zweites Mal passieren...

Wir besprechen noch kurz alles mit Alan für morgen, dann stapfen wir den Hang hinauf zum Koreanerzelt.

Während auf der K2-Schulter sich jeder für den Gipfelsturm vorbereitet, zerbricht sich dreitausend Meter tiefer, im Basislager des K2, Alans Freund Jim Curran – der Kameramann der Engländer – den Kopf über die Vorgänge am Berg. »Four days up and two down«, hatte ihm Alan im Basislager gesagt; vier Tage hinauf und zwei hinunter – eine etwas optimistische, aber durchaus mögliche Zeit auch für jemanden, der alles, was er zum Gipfelvorstoß braucht, selbst über den Abruzzensporn hinaufschleppt. Das war am 29. Juli gewesen – und am Abend dieses Tages war Alan mit Mrowka gestartet. Seitdem versucht Jim im Geist Alans Aufstieg zu folgen; es gibt zwar eine Walkie-Talkie-Verbindung der Koreaner zwischen Abruzzensporn und Basislager, doch Jim scheint wegen Sprachschwierigkeiten nicht in der Lage, mit dem Freund in Verbindung zu treten oder Nachrichten übermitteln zu lassen.

Besser klappt das mit den Polen, für die Jim persönlich – vom Leiter Janusz Majer beauftragt – die Sprechfunkverbindung zwischen Basislager und SSW-Grat hält. Julie und ich wissen nichts vom Gipfelsturm der Polen an ihrer »Magic Line« (Reinhold Messners Route verlief anders), der inzwischen bereits in vollem Gange ist. Es gab auch keine Nachricht über seinen Verlauf. Nur Alan muss von der neuen, unerwarteten Aufgabe Jims gewusst haben: »... to act as Base Camp Manager, and, more important, maintain radio contact each evening with their team... Weather forecasts each evening could be picked up from Radio Pakistan. We also arranged to open up the radio at eight each morning in case any message was necessary.« So umschreibt Jim später in seinem Buch »K2 – Triumph and Tragedy« sein Tätigkeitsfeld für die polnische Expedition, das sich folglich auch auf den Wetterbericht ausdehnt. Dafür allerdings braucht Jim Radio Pakistan nur bedingt: er ist selbst ein gründlicher Wetterbeobachter, wie seine Aufzeichnungen aus diesen Tagen zeigen; ob seine Mutmaßungen zutrafen, seine Befürchtungen begründet waren – die zweifellos den Unsicherheitsfaktor jeder Wetterprognose in sich trugen –, konnte zu diesem Zeitpunkt bei uns oben kein Mensch diskutieren, denn wir haben nie etwas von Jim gehört. Wie sehr Jim sich Sorgen gemacht hat, geht nur aus seinen Tonbandaufzeichnungen hervor. So wäre z. B. für ihn der 2. August »... a perfect summit day...« für Alan gewesen – also wettermäßig ein Gipfeltag. Doch gleichzeitig hat er größte Bedenken für den Folgetag, sollte Alan sich verspäten... »I very much fear that the weather may be deteriorating and by tomorrow be bad again«, vertraut er im nächsten Satz seinem Tonband an. Das war am 2. August, am selben Tag, an dem wir die Schulter erreichten. Um uns blies der Chinawind, der Schönwetterwind...

Hätten wir irgend eine Sorge gehabt, was das Wetter anging, wir hätten unschwer die Koreaner um eine Sprechfunkverbindung zum Basislager bitten können. Jims stille Bedenken jedoch konnten keinen auf der Schulter warnen.

Julie und ich haben am sanft gerundeten Plateaurand im Windschatten des Koreanerzeltes einen kleinen Platz für unser Parapluie in den Schnee getrampelt. Jetzt verankern wir das im Nu aufgespannte Stoffwunder mit den tief eingerammten Skistöcken, die wir weiter hinauf nicht mehr benützen werden, rammen auch den aus Lager 3 mitgebrachten Schneehaken als Verankerung ein und hängen unseren eleganten französischen »Schirm«, dessen starkes Rot frech in der Sonne leuchtet, an zwei Stellen in Bodennähe mit der dunkelblauen massiven Kuppel des Koreanerzeltes zusammen. Wie hoch sind wir? Genau ist das bei den stark unterschiedlichen Höhenangaben am K2 schwer zu sagen – jedenfalls sind wir im 8000-m-Bereich. Dem Gelände nach muss nicht weit über uns Walter Bonattis Biwakplatz gewesen sein, wo er 1954 mit dem Hunza Mahdi eine Nacht auf einer Schneestufe verbrachte, nachdem sie zunächst noch gemeinsam mit Eric Abram den Sauerstoff heraufgetragen hatten, der für den Gipfelgang Lino Lacedellis und Achille Compagnonis bestimmt war; die hatten ihr winziges Stoffgehäuse weiter oben auf einem Felsabsatz.

Wir haben unsere beiden Pickel in den kleinen Freiraum zwischen den beiden Zelten gerammt, Steigeisen und Karabiner drangehängt, Julie kriecht ins Zelt, und ich reiche ihr die gekürzten gelben Matten (wir haben eine normale halbiert), die gegen Kälte und Feuchtigkeit isolieren, hinein, dann das Seil, die Rucksäcke... Verwundert bemerke ich plötzlich, dass ein Koreaner sich zum Abstieg anschickt. Die beiden Hunzaburschen sind schon voraus. Was ist los? Hat es eine neue Walkie-Talkie-Anweisung Kims aus dem Basislager gegeben? – – Bei den Koreanern, so scheint mir, läuft alles nach Plan. Und nun? – – – Der Koreaner grüßt mich mit einer Handbewegung im Gehen – –

»No sumnit?« frage ich ihn. Kein Gipfel für ihn? »Not possible. Three climbers in this tent. No space – –« ist die Antwort. Klingt es bedauernd? Er sagt es lächelnd und zuckt mit den Achseln. Dann stapft er den weißen Rücken der Schulter hinab, Richtung Lager 3.

Also drei Koreaner sind im Zelt – und sie »greifen« morgen »an«. Der Wuschelkopf ist dabei, das habe ich bemerkt.

Julie ruft nach Schnee! – – sie schiebt mir einen leeren Plastiksack beim Eingang unseres Zeltes heraus, und ich beeile mich, ihn mit windgepressten Brocken zu füllen – – der Durst ist in der kalten trockenen Höhenluft ein treuer Begleiter! Bis es Tee gibt, habe ich noch viel zu viel Zeit! Während sie kocht, kann ich die Zeltschnüre spannen, noch eine Verankerung anbringen (es bläst, an- und abschwellend, von der Chinaseite), auch eine Stufe im Hang vor dem Eingang wäre nicht schlecht...

Gelegentlich schaue ich hinauf zu den Eisklippen des großen Balkons. Wie Ameisen kleben die drei darunter. Ja, sie fixieren dort einige Seile... Verliert nicht zu viel Zeit! Geht weiter...! rufe ich ihnen im Stillen zu. Sicher haben sie heruntergeschaut und gesehen, was hier los ist. Ob einer von ihnen die Zelte gezählt hat?

Möglicherweise haben sie ein geplantes Biwak vor, weiter oben, dort wo Wanda und ihre Gefährten die Nacht verbracht haben... »Tea is ready!« Julies Hand mit dem dampfenden Trinkbecher erscheint im Eingang, dahinter sie selber. »What's the matter up there?« meint sie und blickt stirnrunzelnd hinauf. Aber ich kann ihr keine befriedigende Auskunft geben... Neben uns, im Koreanerzelt, ist es still geworden. Ruhe vor dem Gipfel-Sturm.

Julie kocht weiter, Suppe mit Pilzen; dazu gibt's Prisaola – luftgetrocknetes Fleisch – und Knäckebrot; nein, wir können uns nicht über Appetitlosigkeit beklagen. Und dann heißt es, die Trinkflaschen füllen! Mindestens eine für die Nacht! Mangels Hochträger haben wir natürlich keine Thermosflaschen – sie sind schwer und gehen außerdem leicht kaputt; so können wir den Tee für den Gipfelgang erst morgen früh kochen – die zeitraubende Arbeit des Schneeschmelzens lässt sich z. T. vorwegnehmen. In den englischen Aluminiumflaschen bleibt die Flüssigkeit noch lange heiß, wenn man sie in den Schlafsack nimmt – nebenbei hat jeder eine solche Wärmeflasche gern. Am Nanga Parbat hatte ich...

Hallo – dort oben geht's jetzt voran! Die fixieren nicht mehr, die steigen weiter!

Langsam – aber es geht aufwärts... Ich melde es sofort Julie und krieche dann ins Zelt; sie lächelt; uns ist beiden ein Stein vom Herzen gefallen – sie sind jenseits der Schlüsselstelle; sogar der fragile französische Schirm scheint aufzuatmen, in der Sinkiangbrise – – Ich kuschle mich an den Schlafsack und spinne den Gedankenfaden weiter: Also am Nanga Parbat habe ich 1982 noch eine richtige Gummiwärmeflasche in die Hochlager mit hinaufgenommen – den Inhalt habe ich regelmäßig während der Nacht ausgetrunken, obwohl er nicht besonders schmeckte. An diese Expedition erinnere ich Julie nur selten – sie gerät in streitbare Stimmung, wenn sie an Pierre Mazeaud, den Leiter, denkt – – der ließ sie nicht über 5000 m hinauf und behauptete obendrein, sie wäre faul; seither waren wir dreimal auf 8000 m... Irren ist menschlich! »I need more snow!« werde ich vom warmen Schlafsack aufgescheucht! Aus mit der Träumerei! – – Ich nehme den Plastiksack und krieche hinaus, um neuen Schnee fürs Kochen zu holen. (Es ist immer etwas los. Nicht dass ich mich beklage!)

Und oben, wie ist's da? Langsam streicht mein Blick über die Wand – In der vom riesigen Eisbalkon des Gipfelkegels überdachten Traversierung jenseits der kompakten Felsbarriere im ersten Drittel der sechshundert Meter hohen Schlusswand, in jener schwierigen, exponierten Querung, an deren Beginn man nur durch den engen, vereisten »Flaschenhals« gelangen kann, ist jetzt niemand mehr – – die drei winzigen Menschlein arbeiten sich im Zeitlupentempo neben der linken Begrenzungskante des Rieseneisüberhangs aufwärts, es ist weniger schwierig dort, doch überaus steil... ich weiß es von unserem ersten Versuch her, vor einem Monat... allein der Abbruch des gefährlich gleißenden zugleich anziehenden und abschreckenden Eisungetüms muss 150 m hoch sein! Was ist ein Mensch in diesen Dimensionen!

Willi, Hannes und Alfred mögen jetzt etwa 8300 m Höhe erreicht haben. Warum halten sie sich so weit rechts, direkt neben der gezackten Abbruchkante?

Julie und ich haben dort etwas tiefer, am Ende der Schwierigkeiten, das steile Schneefeld gequert, ehe wir, um kein Biwak zu riskieren, zurück sind, weil es zu spät war – –

Ich sammle Schneebrocken, krieche samt Sack wieder beim Zelteingang hinein; ja, er ist immer noch eng,... ich bin noch immer kein Franzose... aber wenigstens ist er hangabwärts gerichtet, so wie der Eingang des Koreanerzelts neben uns – das erleichtert die Sache etwas; Julie reicht mir noch den letzten Becher Tee von vorhin. Er ist lauwarm. Beim Trinken überlege ich: selbst wenn sie die Kante des Überhangs verfolgen – vom Dach des Eisbalkons geht es ebenso gipfelwärts! Bald werden sie auf 8400 m sein; ja, sie werden noch heute den Gipfel schaffen. Bis zum Abend müssten sie oben sein, werden bestimmt einen herrlichen Sonnenuntergang erleben – morgen können sie sich hier unten ausschlafen. Ich gönne ihnen die »erste österreichische Besteigung«, auf die der Willi so viel hält; Julie und ich sind eine internationale Seilschaft, aber wir gehen weder für England noch für Österreich, wir gehen einfach für uns, es ist unser Traumberg... da gibt es keine Reihung.

Was werden wir morgen alles mitnehmen? Ich schlürfe den letzten Rest Tee, beginne mit einer Hand ein paar der Dinge, die wir brauchen, auf einen Haufen zu legen, etwas reiche ich Julie hinüber – dann und wann fällt ein Wort... wir haben das nun schon so oft getan, es ist wie selbstverständlich. Wir gehen diesmal mit einem Minimum an Gewicht: da ist der leichte, japanische lila Gipfelrucksack für mich, dann der graue Hüftbeutel für Julie, in den eine volle Trinkflasche und noch etliches andere hineinpasst – da ist der ebenfalls ganz leichte Husch-Kocher... das Aluhaferl kommt erst nach dem Kochen morgen früh dazu... wir nehmen nur eine unserer beiden Stirnlampen – samt Reservebatterie... die sonnenblumenfarbene Windkleidung – sie wiegt so gut wie gar nichts –, die neuen, langen Daunenjacken haben wir ja an: alles Top-Ausrüstung aus England, die Julie im Frühling extra für den K2 beschafft hat. – Weiter: Handschuhe und Reserve, zwei Titanschrauben, zwei Titanhaken. Ob es sich lohnt, wegen fünf oder sechs Seilen einen eher schweren Jümar mitzunehmen? Einen, vielleicht. Unsere beiden Bärchen? Hm, ist es nicht besser, sie bleiben hier? (Halt – hier greift Julie ein! Sie will sie mitnehmen...) Ein Feuerzeug, ja! Besser beide! Doch alles wiegt etwas, jede Kleinigkeit... ein Löffel z.B. wäre ein Luxus; die beiden vollen Trinkflaschen sind schwer genug! Jeder Liter Wasser wiegt ein Kilo! (Ein absolutes Muss!) Eine Notwendigkeit... die packen wir auch erst morgen früh dazu. Doch eins kommt gleich in den Rucksack: die Biwakfolie! Unbedingt!... Man kann nie wissen. Wir werden später noch einen *Countdown* vornehmen, alles noch einmal durchgehen – eben fällt mir Julies Fotoapparat ein, aber den hat sie ja; das Sprechgerät lässt sie sicher da... sonst werde ich ihr's nahelegen.

»Would you mind to have a look how they are getting on?« bittet Julie mich, und eine leichte Nervosität klingt in ihrer Stimme. Ob's bei denen dort oben vorwärts geht? Na, hoffentlich. Ich zwänge mich hinaus...

Lieber Himmel! Die haben umgedreht!

Sie kommen herunter, ziemlich schnell – –

»Julie!«, rufe ich ins Zelt hinein – »I am very worried – – the Austrians retreat – rather fast...« Kein Gipfel. Kein Biwak. Abstieg.

Bedrücktes Schweigen. »No accident«, füge ich hinzu. Kein Unfall das sieht man. Es hängt dennoch wie drohendes Unheil in der Luft. Wo wollen die hin?

»I only hope, they don't want to stay here – –« lässt Julie sich schließlich leise vernehmen. Wenn die hier bleiben wollen, gibt's (Platz-)Chaos!

»Sie kämen noch nach Lager 3 hinunter«, denke ich bei mir, »es ist doch erst Nachmittag. Zeitlich kein Problem.« Aber ob sie wollen? – – – das ist eine andere Frage! Ohne Gipfel? Es gäbe schon eine Lösung: Willi, der stärkste, bleibt hier; einen könnten die Koreaner zur Not wohl noch unterbringen; damit wäre die »erste österreichische« am K2 ja gesichert.

Die andern beiden erreichen Lager 3 und versuchen es einen Tag später. Wollen sie überhaupt noch? Bin nicht überzeugt – – einer schien mir heute beim Aufstieg doch ziemlich langsam. Bald werden wir's wissen!

»Get the stove going, Julie!« Setz den Kocher in Betrieb! Durst haben sie sicher...

»It's going already!« Brennt schon. Natürlich. Idiot! Die Höhe... Ich bin nervös. In meine Neugier über die Ursache des Scheiterns dort oben mischt sich die Sorge um das Platzproblem: Beengung vor einem Gipfelgang ist »Krampf«; Beeinträchtigung der Form, Schlaflosigkeit... alles ist möglich; zwar haben die Koreaner gemeinsam eine Flasche Sauerstoff für die Nacht, trotzdem... Schweigend krieche ich für eine Weile ins Zelt.

Trampeln im Schnee? Die Österreicher kommen! Schnaufend, in zügigem Tempo, wie Alpenzebras, die zur Tränke eilen! Jetzt sind sie da...! Willi Bauer, der gedrungene, eiserne Durchhaltetyp; Hannes Wieser, der fröhliche Draufgänger; Alfred Imitzer, der bedächtige Expeditionsleiter.

Dem eher rundlichen, rothaarigen Willi sieht man nichts von den Strapazen an, er wirkt unverwüstlich wie immer. Die Miene der anderen beiden spiegelt den harten Tag wider. Alle drei sind völlig ausgetrocknet.

»Our next tea is just ready«, sagt Julie. »They are lucky!« Glück gehabt, der Tee ist grad fertig! Ich rufe Alfred zu uns. Die anderen beiden zwängen sich fürs Trinken zu den Koreanern hinein.

Etwas wundert mich ein wenig: während Willi sagt, sie hätten Seile fixiert und darum sei's zu spät geworden – erklärt Alfred unaufgefordert, er hätte beim Balkon den Rückzug vom Gipfelangriff wegen tiefen und unsicheren Schnees angeordnet – er habe die Verantwortung da nimmer übernehmen wollen. Alfred hat einen Riesendurst – und er ist ein Riesenkerl; das wird mir klar, während er in gierigen Zügen trinkt: seine Beine sind draußen im Schneehang, er sitzt im Zelt herinnen, wir sind dicht aneinandergedrängt, in dem kleinen sich biegenden Gehäuse, können gerade den dampfenden Teetopf zu dritt zwischen uns halten. Während Alfred bald darauf mehr von ihrem Gipfelvorstoß erzählt, frage ich mich dumpf, was wohl seine Absicht und die der beiden anderen sein mag...

Wenig später gibt es darüber keine Zweifel mehr... von nebenan, aus dem Koreanerzelt, dringen die aufgeregten Stimmen der Asiaten... es ist wie ein Schwall, der sich erhebt und lauter und lauter wird... dazwischen vernehme ich immer wieder die beruhigende Stimme von Willi Bauer... doch sie geht unter im Wirbel erboster Stimmen der Koreaner! Es ist ein aufgeregtes, unverständliches Gezeter, für dessen Ursache man nicht viel Phantasie braucht: die Österreicher wollen nicht bloß eine Teepause machen! Sie gedenken zu übernachten!

Auch wenn man kein Koreanisch versteht, ist die »gütliche Einigung«, wie Willi das später nannte, ein wohl stark übertriebener Ausdruck – er muss dort oben einen recht subjektiven Blickwinkel gehabt haben. Wie die Koreaner das sahen, hat später Peter Gillman in einigen Sätzen Chang Bong-Wans, des Leiters dieses Gipfelteams, wörtlich wiedergegeben:

»Nachdem es missglückt war, den Gipfel zu erreichen, fragte das österreichische Team, ob sie in unserem Zelt schlafen könnten. Wir lehnten ihr Verlangen ab, da wir selbst versuchen mussten, den Gipfel am folgenden Tag zu erreichen. Aber sie wiederholten ihr Ersuchen. Sie bettelten darum. Es gab keinen Weg des Entkommens – so schliefen zwei Mitglieder des österreichischen Teams in unserem Zelt. Es war sehr überfüllt...«*

Leider gibt es enorme Diskrepanzen in der Schilderung der Ereignisse. Je nach Blickwinkel. In der Auseinandersetzung auf der Schulter ging es um das Gewinnen oder Verlieren eines wichtigen Tages, um vielleicht zu ersparende Mühe, irgendeinen Ausweg und um den Gipfel, natürlich. Es ging jedenfalls um keine »Emergency« – keine Notsituation; die hätte jeder stillschweigend akzeptiert.

Als ich später nach endlosen, furchtbaren Tagen mit dem letzten Rest Lebens, der noch in mir war, den Fuß des Berges erreichte, dachte ich nie, über die Auseinandersetzung auf der Schulter sprechen zu müssen. Ich schwieg darüber. Zu schwer lastete alles, was geschehen war, auf mir.

Aber da war der *3. August, der verlorene Tag;* er war mehr als nur Julies und mein geplanter Gipfeltag. Er war ein *Faktum: Sieben Menschen,* die bei Schönwetter untätig einen ganzen Tag auf der Schulter des K2 sitzen – das war unübersehbar. Unbegreiflich...

Auf der ganzen Welt zerbrachen sich Bergsteiger den Kopf darüber. Und nicht nur sie. Es kamen die absurdesten Erklärungen auf – – ja, man hat sogar den stärksten Mann, den es in den Tagen des Gipfelaufstiegs gab, nämlich Alan Rouse, als einen Phantasten hingestellt, der die Lage nicht einschätzen konnte und außerdem nicht in Form war. Dann wieder hieß es, wir hätten halt alle in Gipfeleuphorie dort oben einen Tag lang Tee gekocht. Und sogar, als die Gründe durchsickerten und schließlich bekannt wurden, haben (vermeintliche) Experten lieber ihre Theorien dahergebetet und sich mit den Folgen befasst, als die ganze fatale Ursachenkette genau unter die Lupe zu nehmen. Am schlimmsten jedoch waren – sind immer – jene, die statt zu denken und die Ursachen der Ereignisse zu suchen, sich lieber hinter schablonenhaften Urteilen und herbeigezerrten Idealen verbergen; die daher auch unwillig und unfähig sind, sich in eine bestimmte Lage zu versetzen. Es sind solche, die hintennach schon alles vorher gewusst haben (sie existieren zu Tausenden!) – aber auch andere, die mit dem Hinweis auf Pietät als gewichtiger Ausrede unter jede menschliche Tragödie den berühmten Strich ziehen möchten, den ohnehin die Zeit zieht. Die Stimmen der Toten verlangen

* ›... But the Koreans' leader, Chang Bong-Wan, confirms Kurt's account. After failing to reach the summit the Austrian team asked if they could sleep in our tent‹, he says. ›We refused their request as we had to try to reach the summit the following day. But they repeated their request. They begged us. There was no way to escape so two members of the Austrian team slept in our tent. It was very overcrowded. Another Austrian slept in another tent.‹ (»Clouds from both sides«, Julie Tullis/Peter Gillman).

nicht schlichtes Schweigen, sondern das Gewinnen von Erkenntnissen, die eine Wiederholung des Geschehens verhindern...

Der 3. August. Was bedeutet ein einziger Tag? An einem Achttausender... vielleicht alles.

Schon am Vorabend standen wir mitten in einer entscheidenden Wende – vielleicht derjenigen mit dem größten Gewicht.

Lager 4, K2-Schulter (nach Tagebuchaufzeichnungen):

»Was ist mit eurem deponierten Zelt?« ruft Willi von nebenan. »Unauffindbar«, gebe ich lakonisch zurück. Ob nochmals jemand sondiert? Das Platzproblem ist morgen noch nicht aus der Welt! Aber auf 8000 m scheinen Entschlüsse schwer...

»Wir könnten doch hier drinnen zu dritt sitzen, über Nacht, auch wenn's eng ist«, meint Alfred und schlürft langsam seinen Tee. Dabei ist es schon jetzt eine Krampfposition, in der wir uns befinden: Julie und ich – die Beine angezogen, ohne Möglichkeit, auch nur zu irgendetwas zu gelangen, was man braucht, ohne Möglichkeit, für den Gipfel zusammenzupacken, geschweige denn, in der Früh zu kochen. Und Alfred – er hat seine Beine ja noch draußen gelassen! – er ist ein Riesenkerl. Dieses Zelt, das kleinste hier oben, ist so peinlich genau konstruiert, dass es seitlich am Boden noch eine Tasche nach außen hin hat, in die die zwei Zeltinsassen im Liegen ihre Füße stecken können. Sonst hätten sie ohnehin nicht Platz. Durch die Schwaden von dampfendem Tee und Atem sehe ich Julies entgeisterten Blick... »There is no way«, sagt sie leise.

Ich fasse mir ein Herz: »Alfred – es geht nicht, beim besten Willen nicht. Wenn ihr heute nicht hinaufgekommen seid, so ist das schade, aber wir sind nicht das erste Mal hier, so wie ihr – – für uns ist das die dritte Expedition zu diesem Berg! Morgen ist unser Gipfeltag! Wir können dich nicht behalten – – wir müssen ausgeruht sein.« Jetzt alles aufgeben?

Endlich haben wir den richtigen Tag und das richtige Wetter! Haben mit Alan und Mrowka eine weitere starke Seilschaft im Bündnis – wie's mit den Koreanern ist, wissen wir nicht, aber die gehen immerhin mit Sauerstoff – – es wäre die beste denkbare Konstellation! Nein, wir werden unseren geplanten Gipfeltag nicht einfach hinopfern. Wer weiß, wie lange der Chinawind bläst? – – Ich sehe Julies besorgte Miene, die mehr und mehr einem Ausdruck der Entschlossenheit weicht. »Alfred – you have to sort it out with the Koreans, we have not done this agreement«, sagt sie. Gleichgültig, welche Ursache, das muss das Österreicher-Team jetzt schon mit den Koreanern lösen! Noch ist es nicht zu spät für einen weiteren Abstieg! Trotzdem frage ich mich: ein Missverständnis? Konfusion beim Festlegen von Einzelheiten? – Einerlei: jetzt haben wir den Salat! »Vielleicht kannst du dich doch noch zu den beiden anderen drüben hineinzwängen – oder wechselt euch einfach ab, man kann doch zusätzlich ein Biwak einrichten. Was habt ihr eigentlich heute früh gedacht, wie sich das mit dem Platz hier ausgehen wird?«, will ich von Alfred wissen. – »Wir haben gedacht, dass wir nach dem Gipfel noch bis Lager 3 absteigen können«, gibt er zögernd zu. Liegt da der Hase im Pfeffer? ... Konsequenterweise – – »Ja, ich sehe es ein, dass wir eigentlich nach Lager 3 absteigen sollten« – fährt Alfred fort –, »aber das war anstrengend dort oben, morgen machen wir hier einen Ruhetag, dann packen wir den Gipfel wieder an.« Ein zweiter Gipfelangriff? Ich kann mich bei aller Achtung vor so viel Stehvermögen jetzt noch weniger beruhigen: »Aber bitte, Alfred, wenn ihr heute erfolglos wart und morgen ohnehin rasten wollt, müsst ihr nicht den Gipfelversuch aller übrigen behindern – den Rasttag könnt ihr doch besser im tieferen Lager 3 machen, reißt euch zusammen und steigt noch dahin ab – wenigstens einer oder zwei von euch.« – Alfred überlegt. »Ja«, sagt er dann und macht eine lange Pause – – »aber vielleicht geht es doch anders.«

»Tell him we dig a snowhole and we will cook him tea«, mischt Julie sich wieder ein. Das ist die Lösung! Eine Schneehöhle! Engländer haben wochenlang am Everest in solchen Löchern gehaust. Wenn alle zusammenhelfen, ist der Bau eines Schneelochs keine Zauberei. Ein Schlafsack darin und abwechseln... Nein, nicht die größte aller Freuden – doch morgen könnten die drei in den leeren Zelten nachschlafen.

Umsonst: »Schneehöhle mit Tee« scheint hier niemandes Traum zu sein. »It's just for this night«, sagt Julie eindringlich – es ist doch nur für eine Nacht. Morgen wären wir selbst dazu bereit... Walter Bonatti hat's nicht so »bequem« gehabt.

Alfred schweigt. Kann er sich doch noch hineinzwängen, zu den anderen? Ein Dreimannzelt mit fünf Leuten – – Ein Sechster? Es scheint fast unmöglich. – »Warum zum Teufel hier keine zwei Zelte hochgetragen wurden?« explodiere ich im Stillen in mich hinein. Bei nur einem muss sich doch alles hier am Berg auf Spitz und Knopf ausgehen – sonst funktioniert es einfach nicht. Und bei aller Anerkennung für das Fixieren einiger Koreanerseile... ein verlorener Tag ist dafür zu viel. Die Diskussion im aufgeregten Rot des ächzenden, sich biegenden Parapluies hat noch nicht den Akzent französischer Kampfhähne angenommen – das ist bei Alfred und mir nicht drin –, aber wo ist der Ausweg? Julie ist ratlos, am Ende ihrer sprichwörtlichen Hilfsbereitschaft: sie würde den drei Österreichern Michels Geschenk abtreten – aber nicht vor unserem Gipfelgang; keine Lösung für heute. Wir sind in einer Sackgasse.

Es wird immer später – es geht weiter, mit Pausen, hier wie drüben. Jede Vorbereitung für morgen ist zum Stillstand gekommen. Langsam wächst der Ingrimm in mir: Jetzt muss bald etwas geschehen! Sonst werden für ein nicht vorhandenes Zelt noch völlig Unbeteiligte büßen. Wo immer die Sache auch ihren Haken hat – hier bezahlen Julie und ich oder Alan und Mrowka mit dem morgigen Gipfel. Ade...! gemeinsamer Aufstieg? Nein! Alan ist einer der besten Briten – Julie hält so große Stücke darauf, dass wir das gefährliche Abenteuer mit ihm zusammen wagen – ein Glück, dass er sein kleines Zelt weiter unten stehen hat, so kann er in die Affäre hier wohl nicht hineintrudeln – –

Sechs Uhr vorbei; längst sind wir auf der Schulter des K2 in den kalten Schatten des Gipfelaufbaus gerückt; wie lange dauert das Tauziehen schon? Eine Stunde, zwei?... eine Ewigkeit.

Plötzlich kommt es zu einer unerwarteten Wendung. »Ja – wir sollten absteigen – aber doch wenigstens zu zweit«, meint endlich Alfred, »und nach einem Rasttag in Lager 3 wiederkommen; ich schau einmal, was die anderen sagen...« Er zwängt sich umständlich hinaus. »Can you give five minutes of oxygen to Alfred, he needs a lift!« rufe ich laut in die Stimmen im Nachbarzelt hinüber. Fünf Minuten Sauerstoff können eine Menge Auftrieb geben! Aber wie sollen die Koreaner das verstehen? Wofür... werden sie denken. »Nein – die brauchen den Sauerstoff für die Nacht und den Gipfel«, ruft da der Willi auch schon zurück. »Nur fünf Minuten – er will vielleicht doch noch mit einem von euch zu Lager 3 hinunter«, bestehe ich, »und das möbelt auf – sonst müsst ihr halt noch mehr zusammenrücken oder wir müssen ein Schneeloch graben – –«

Dann geht alles blitzschnell: In wenigen Minuten fällt die verhängnisvolle Entscheidung – – die Koreaner wollen unter keinen Umständen noch einen dritten Mann nehmen, Willi und Hannes wollen ihre Plätze nicht aufgeben, Alfred – der Übriggebliebene... nicht bereit, alleine zu Lager 3 hinunterzusteigen – steht mit seinem Schlafsack ratlos vor dem Koreanerzelt – – Plötzlich fällt der Name »Rouse«, »... beim Rouse versuchen...« Nur ein paar Worte.

Nicht laut, doch Julie hat das gehört. Wie von der Tarantel gestochen, fährt sie auf, zwängt sich in den Zelteingang: »There is no way you should do that«, schreit sie in höchster Erregung und vor Protest zitternd – das dürft ihr auf keinen Fall tun –, »Alan needs a night's sleep, how shall he go to the summit tomorrow otherwise!« – Er braucht den Schlaf, wie soll er sonst morgen zum Gipfel! Julie hat ein starkes Gefühl für Gerechtigkeit, sie ist empört, nicht so sehr, weil dadurch unsere Pläne vom gemeinsamen Aufstieg über den Haufen gerannt werden, sondern vor allem, weil man Alan Rouse, so wie das hier geschieht, ja keine Wahl lässt. »You do not leave him any choice!« ruft sie, noch immer bebend vor Zorn, aber Alfred, den Schlafsack unterm Arm, ist bereits wortlos unterwegs hinunter zu Alans Zelt.

Was soll der faire Engländer denn tun, wenn auf rund 8000 m plötzlich einer mit dem Schlafsack »vor der Tür« steht? Ich bin erschüttert, bei allem Verständnis für Alfreds schwierige Situation mache ich aus meiner Meinung keinen Hehl – aber es hilft nichts. Statt gemeinsam ein Schneeloch zu graben oder Lager 3 zu erreichen, riskiert man, dass jemand vor dem Gipfelgang auf den zweithöchsten Berg der Erde im engen Zelt eine miserable Nacht hat. ›Gibt es keinen Respekt vor den Plänen des anderen mehr?‹, frage ich mich verstört. – In jenem Augenblick wollte ich am liebsten absteigen; ja, wären wir nicht schon drei Jahre an diesem Berg unterwegs gewesen – ich hätte es bestimmt getan. Über Alfred, der letzten Endes Einsicht gezeigt hatte, war ich noch am wenigsten ergrimmt;

aber dass sonst niemand eine der für alle akzeptablen Lösungen in Betracht zog, konnte ich nicht verstehen! Es scheint wohl, dass die große Höhe die Urteilskraft der Menschen vorübergehend in Mitleidenschaft zieht.

Eins steht außer Zweifel: auf 8000 m, wo man wie in einer Schere sitzt, ist vieles anders als auf irgendeinem Alpengipfel; die Zähflüssigkeit bei Entscheidungen, vorübergehende Vergesslichkeit, Hang zur Immobilität, manchmal auch eine gewisse Verbohrtheit, sogar Gereiztheit – sind alles Effekte der Höhe, die jeden treffen können (und ich will mich nicht ausnehmen). Von einem bequemen Diwan her lässt sich die Situation dort oben schwer beurteilen... Die Diskussionen auf der Schulter waren das Zünglein an der Waage – später sprachen nur mehr die unbeeinflussbaren Naturgewalten; der 3. August war der letzte Tag, an dem sie noch keine Macht über uns hatten, der letzte Tag, an dem man den Gipfel des K2 erreichen und noch gut hinunterkommen konnte.

Mit dem Entschluss der Österreicher, nicht nach Lager 3 abzusteigen, waren die Würfel am K2 neuerlich gefallen; ohne es zu wissen, waren sie endgültig – zuletzt auch Alfred – in die gnadenlose Maschinerie aus Höhe, Zeit und Sturm geraten, aus der es kaum noch ein Entrinnen gab; gleichzeitig mit Alfred waren auch Alan und Mrowka ins unsichtbare Räderwerk hineingezogen worden. Die nächsten waren Julie und ich. Nicht notwendigerweise! Es hätte durchaus noch anders kommen können... Aber die folgende Nacht und der Morgen brachten auch für uns die Entscheidung.

Nacht. Unruhe ist in mir. Was sollen wir tun? Meine Gedanken gehen hin und her, kreisen, verfolgen mich: Was sollen wir tun? Die wunderbare Kombination eines Teams starker, erfahrener Leute, die der Zufall – oder die Vorsehung? – hier oben zusammenführte, ist offenbar zunichte. Diesmal, wo auch das Wetter mitspielt, wo der geplante 3. August endlich der »richtige Tag« für den Gipfelangriff zu sein scheint, ist das doppelt bitter. Alan Rouse, das englische »Ass«, und die unbeugsame Mrowka, die harte Polin, werden nach einer miserablen Nacht in bedrängter Enge kaum starten. Die Koreaner können so etwas dank ihres Sauerstoffs vielleicht besser verkraften – dennoch ist die Überfüllung gewiss ein Nachteil auch für sie. Julie und ich sind zwar nicht mehr direkt betroffen – aber am nervlichen Stress haben wir ausgiebig teilgenommen. Eins ist sicher: das Scheitern des österreichischen Gipfelangriffs hat auch uns aus dem Gleichgewicht gebracht.

Sich nicht hineinziehen lassen! Ich erinnere mich an mein Gespräch mit Julie im Basislager – – Jetzt sind wir doch hineingezogen worden – –

Und nun? Was sollen wir tun? Da ist etwas, das in dem Gedankenkreisen immer wieder an die Oberfläche dringt – eine innere Stimme, wie eine innere Überzeugung: du musst morgen gehen! Das ist Julies und dein Tag! Halte ihn ein, was immer auch kommen mag – warte nicht zu!

Es ist wie ein kategorischer Imperativ.

Dann ist da eine andere Stimme, die ebenfalls in diese Richtung raunt: die Koreaner sind gute Kerle, es ist sympathisch, mit ihnen zusammenzusein... gleichgültig, ob im Basislager oder am Berg. Sie strahlen Freundlichkeit und Hilfsbereitschaft aus, sie achten mich wie einen »Vater«, und ich gebe ihnen öfters Ratschläge wie »Söhnen«. Ich fühle mich ihnen näher als den Geschwindigkeitstigern – die mögen manchmal eine größere Gipfelchance haben... aber was bedeutet der Berg selbst für sie?

Geht mit den Koreanern, morgen! raunt sie, die Stimme. Im selben Augenblick bäumt sich eine dritte Stimme auf, energisch, wie das Kommando eines Generals: Du kennst die Koreaner nicht! Bergsteigerisch sind sie dir eine Unbekannte! Das ist ein Vabanquespiel!

Eine vierte Stimme sagt leise: Kurt, wenn ihr wirklich ganz alleine wäret, würdet ihr es selbstverständlich morgen versuchen. Geht morgen, als ob ihr alleine wäret – – – (Da ist sie wieder – das ist sie ja, die Stimme von vorhin – –)

Doch nun tönt eine fünfte Stimme, ganz leidenschaftslos und nur Vernunft, aus dem »Parlament«: Wenn das jetzt nach drei Jahren endlich die *Chance* ist, musst du alle Faktoren abwägen – – musst vernünftig die richtige Entscheidung treffen. In dieser Höhe hast du nur einen »Schuss«, und der muss sitzen – Kraftvergeudung in einem zweifelhaften Vorstoß ist das letzte, was einer sich erlauben kann! Ein zweiter »Angriff« ist dann kaum noch möglich, gewiss nicht am nächsten Tag – und mit entsprechend geringerer Aussicht auf Erfolg. Richtige Strategie ist am Berg entscheidend, so entscheidend wie sonst im Leben! Auch hier, wo kein »Krieg« geführt wird, weil die Auseinandersetzung des Menschen mit der großen Höhe und dem Berg – auf einer anderen Ebene liegt, kennzeichnen manchmal Worte aus der Sprache des Kampfes die Situation eines Gipfelversuches besser als andere – auch hier geht es sehr wohl um das Leben!

(Selbstverständlich ist niemals ein Gipfel des Himalaya »besiegt« worden, und alle »Gipfelsieger« sind nur Menschen, die mit Klugheit, Kraft und Glück ein eigenartiges Spiel gewonnen haben – das freilich für viele von ihnen den unerklärbaren Sinn des Daseins enthält.)

... Die Vernunft – was sagt sie mir? Ja, ich kenne die Koreaner nicht wirklich – aber wenn sie früh aufbrechen, was sie ja wollen (4.30 Uhr sagte einer von ihnen; wogegen ich meinte, 6 Uhr wäre besser, wegen der Morgenkälte), dann könnte es doch gut sein, miteinander zu gehen. Man kann beim Spuren zusammenhelfen – und sollten sie aufgeben, könnten wir immer noch alleine weiter. Julie und ich waren schon öfter nur zu zweit in großer Höhe unterwegs. Wenn der Schnee jedoch so ist, wie Alfred gesagt hat – schwer und tief –, können zwei allein die Spurerei zum Gipfel nicht schaffen. Folglich: Wir müssen gemeinsam mit den Koreanern aufbrechen. Es heißt also, rechtzeitig fertig sein.

Was wohl Julie dazu meint? Sie ist still – ich wecke sie nicht. Eine Weile bin ich zufrieden, döse, schlafe ein bisschen. Dann kann ich nicht anders, ich muss Julie schließlich einweihen: ich unterbreite den Vorschlag.

Die Antwort ist wenig begeisternd: »If you really think, we should – –« Wenn ich durchaus will – – das ist kein besonderes Echo auf meinen Koreaner-Plan. »I would prefer, we go with Alan, but I fear – it's almost certain – after this night he will be knackered – – it's a shame –«, knurrt sie. Lieber mit Alan, aber der wird nach dieser Nacht »hin« sein! »I fear too«, stimme ich zu.

Eine Weile ist Stille, dann meint Julie: »If Alan stays here – and we went a day later – it makes a much stronger team.« Es ist wahr: Einen Tag später haben wir ein viel stärkeres Team, wenn Alan morgen nicht gehen kann. Ist für sie ihr Landsmann der entscheidende Faktor?

Etwas in mir sträubt sich, der späteren Variante zuzustimmen; da ist kein exakter Grund, nur: Wir sollen den morgigen Tag, unseren Tag, nicht verlieren! »Julie – something tells me, not to lose tomorrow...« Wieder ist es eine Weile still, wir wissen beide viel zu gut, wie viel an den großen Gipfeln des Himalaya von einem einzigen Tag abhängen kann: Gipfelglück, Enttäuschung, die Erfüllung jahrelanger Hoffnungen... sogar das Leben – der Verlust eines Tages in solcher Höhe kann todbringend sein.

»If we start with the Koreans early, we may see, how it works – – then continue or go back«, sagt Julie nachdenklich. Natürlich: Wenn es sich gemeinsam mit den Koreanern nicht gut anlässt und wir das rechtzeitig bemerken, könnten wir noch umkehren und den Tag danach vielleicht trotzdem nützen. Das Problem: Sie gehen mit Sauerstoff und wir ohne. Das Tempo könnte völlig verschieden sein... Vielleicht geht alles wie am Schnürchen – aber wenn ihre Geräte streiken oder der Sauerstoff zu Ende geht? Ich denke an die schlimmen Erfahrungen mit den Masken am Makalu – – Wenn wir mit den Koreanern mittendrin stecken bleiben, ist die Chance vielleicht hinüber. Nicht jeder ist ein Compagnoni oder Lacedelli, der dann auch »ohne« weitersteigt – –*

»Well«, sagt Julie zögernd in mein Schweigen hinein, »if you think of an attempt with the Koreans – – let us try – –«

Begeistert ist sie nicht, aber sie ginge, sie hat offenbar entschieden – ich muss noch. Hat sie wirklich? Lieber Gott, lass Alan genug Schlaf finden! Jetzt darf ich meine Gedankenmühle weiterdrehen...

Da sind zwei Unbekannte in der Rechnung für morgen: Alan einerseits; die Koreaner andererseits – dazu noch Unsicherheit in deren Startzeit.

* Als Kim Chang-Sun – wie Kim Byung Joon in seinem Buch berichtet – um 6 Uhr sein Sauerstoffgerät überprüfte, vernahm er ein Zischen, das sich nicht abstellen ließ. Bei zwei Litern Sauerstoff pro Minute (was beim Aufstieg außerordentlich wenig ist!) hätte er mit seiner Flasche eigentlich $11^1/_2$ Stunden auskommen müssen, aber der Druckanzeiger verdeutlichte ihm, dass er nur noch auf 9 Stunden rechnen konnte! Trotzdem startete er – er wollte während der Rasten unterwegs die Sauerstoffzufuhr abstellen. Schon um 12 Uhr war er auf 8400 m; dann – um 14 Uhr – war das lästige Zischen endlich verstummt. Kim Chang-Sun stieg weiter gipfelwärts – – – (ein zweiter Lacedelli?)

Wann werden sie bei der Überbelegung ihres Zeltes wirklich loskommen?

Außerdem hat's eine Menge Schnee dort oben – –

Übermorgen ist die Situation eindeutig... vorausgesetzt, dass das Wetter hält. Die Versuchung ist groß, diesen Tag abzuwarten – –

Schließlich werde ich des Überlegens müde:... Nach allem, was sich gegen den Aufstieg am geplanten Tag stellt – ist es vielleicht irgendeine Schicksalsfügung, sollen wir an ihm nicht gehen? Werden die Koreaner morgen scheitern und wir mit ihnen? Noch einmal sagt die Stimme in mir: Nein.

Es wird wohl das Beste sein, ein Auge auf Alans Zelt, eins auf das der Koreaner neben uns gerichtet, »ad hoc« zu entscheiden, in der Früh – auf alle Fälle aber bereit sein!

Zu einer besseren Lösung komme ich nicht. Endlich schlafe ich ein.

*

Sonnenlicht auf dem Zelt! Ich sehe es durchschimmern, von innen her. Höre, dass drüben bei den Koreanern sich etwas rührt. Quasi pflichtbewusst fange ich mit dem Teekochen an. Julie ist noch völlig in den Schlafsack gerollt, ich sehe ihr Gesicht nicht.

Als der Morgentee fertig ist, wecke ich Julie. Wir schlürfen wortlos die dampfende Brühe – es tut gut: heiß rinnt die Flüssigkeit die trockene Gurgel hinunter, man atmet tief, inhaliert den Dampf, hustet sich frei... Julie schaut mich aus ihren dunklen Augen an, fragend – so scheint es mir, aber sie sagt nichts.

Ich habe natürlich bereits durch den Eingang hinuntergespäht, zu Alans Zelt – es war eins vom ersten, was ich tat –, aber da rührte sich nichts. Es wird wohl so sein, wie wir befürchten.

»Let's get ready, Julie «, sage ich. Richten wir uns her!

Sie schweigt – langsam machen wir uns fertig für den Aufbruch. Das Wetter, es überrascht mich nicht, ist offensichtlich noch immer gut. Bei den Koreanern ist irgendetwas im Gange – aber ich kann mir lebhaft vorstellen, dass man zu fünft in einem Zelt, das normalerweise drei Gipfelstürmern dient, mit einem ganz schönen Durcheinander zu kämpfen hat. Fünf Leute... das bedeutet auch fünf Schlafsäcke, ein Haufen Bergstiefel, dazu die Kocherei, das Herrichten der Sauerstoffgeräte – – das wird noch eine Welle dauern!

Und es dauerte nicht nur eine Weile, es dauerte immer länger – Manchmal fragte ich hinüber... bekam irgendeine Antwort. Eine Zustimmung zwar: ja, man sei bald fertig, man werde bald gehen. Aber nichts dergleichen geschah. Schließlich war mir das Ganze ein Rätsel – aber was sollte ich tun? Was ich nicht wissen konnte: Einer der drei Koreaner, nämlich Kim Chang-Sun, fühlte sich nicht wohl. Ein Grund mehr, in einem überfüllten Zelt, nicht loszukommen – – –

Auf alle Fälle, gleichgültig, wo die Ursache der Verzögerung lag, bei mir hatte das zur Folge, dass ich schwankend wurde; es erhöhte nicht gerade mein Vertrauen, und die Uhr lief erbarmungslos weiter – –

Von einem frühen Aufbruch konnte keine Rede mehr sein. Julie zeigte ebenfalls keine Begeisterung, um so mehr, als inzwischen endgültig klar war, dass Alan heute nicht gehen würde: wir waren seiner ansichtig geworden, wenige Augenblicke nur – aber das reichte zur Verständigung: »... he definitely does not go! « erklärte mir Julie.

Um 7 Uhr gaben Julie und ich den Tag für verloren.

Über den Zeitpunkt des Aufbruchs der Koreaner – dass sie mit beträchtlicher Verspätung loskamen, steht außer Frage – gibt es verschiedene Meinungen: Peter Gillman behauptet in »Clouds from both sides«, der Koreaner Chang Bong-Wan habe als Aufbruchzeit des Gipfelteams 6 Uhr morgens angegeben... ein Zeitpunkt, der meiner Erinnerung nach unmöglich den Tatsachen entsprechen kann. Ich hatte vielmehr den Eindruck, es war ungefähr 8 Uhr morgens (siehe: Interview in der Zeitschrift »Climber« XXV, Dez. 86)... Aber es mag auch 7.30 Uhr gewesen sein, jedenfalls stand das Lager schon lange im vollen Sonnenschein, als der letzte Koreaner losging – nachdem wir ihm auf dem Sauerstoffregler noch drei Liter pro Minute (statt der zwei – die er hatte) eingestellt hatten. Ging etwa eine Uhr falsch oder ein Blick auf das Zifferblatt wurde auf längere Folgezeit ausgedehnt und dann »im Gedächtnis verewigt«? Es ist vieles möglich. Wahrscheinlicher ist ein Übersetzungsfehler: denn Dennis Kemp, der erst vor kurzem von Korea zurückkam, erklärte, ein Mitglied des Gipfelteams habe zweifelsfrei versichert, *um 6 Uhr* hätten sie ihren Aufbruch *vorbereitet*! Es wäre wohl auch zu begreifen, dass die Gipfelstürmer damals ihrem Expeditionsleiter, vor dem sie großen Respekt hatten, eine allzu späte Startzeit über Walkie-Talkie nicht eingestehen wollten. Da sie den Gipfel um 16.15 Uhr erreichten, hätten sie bei einem Aufbruch um 6 Uhr allerdings zehneinviertel Stunden gebraucht, länger als die Mehrheit der ohne Maske aufsteigenden Mitglieder unserer Gruppe! Nachdem jeder mit nur einer Sauerstoffflasche zum Gipfel ging, ist auch das Ausreichen der Sauerstofffüllungen zu berücksichtigen.

Praktisch gesehen, ist es freilich eher gleichgültig, wann die Koreaner wirklich losgegangen sind: Julie und ich folgten ihnen nicht – wie komplex die Gründe waren, habe ich gezeigt.

So viel auch über den 3. August geschrieben wurde – und jeder wollte seine Meinung zum Besten geben – das Rätsel, das »Warum« des für sieben Menschen verlorenen Tages, hat keiner der Autoren gelöst. Auch Peter Gillman stellt abschließend nur fest: »Whatever the reason, the loss of that day was to prove disastrous«. Auf deutsch: Was immer auch der Grund war, der Verlust dieses Tages sollte furchtbare Folgen haben.

Aus dem Stimmenparlament der Nacht war es die leise, die innere Stimme, auf die ich hätte hören sollen.

Der 3. August verging zunächst ohne besondere Ereignisse. Als ich von draußen, von anderen vor dem Zelt, vom stetigen Höhersteigen der Koreaner hörte, verkroch ich mich mit gemischten Gefühlen in den Schlafsack. Hätten wir doch aufbrechen sollen? Trotz der Verspätung? Hatte die eine, die innerste Stimme recht? »... geh heute! Entscheide, als ob ihr alleine wäret« – – Noch vernahm ich sie. Aber nun war nichts mehr zu ändern. Zwar versuchte ich mich zu beruhigen: wir hätten nicht so gehen können wie diese »Sauerstoffleute«, für uns war es einfach zu spät. Aber die Gewissheit, den Gipfeltag verloren zu haben, blieb.

Bald darauf sprach Julie mit Alan – er habe eine schlimme Nacht gehabt, sagte er... so eng sei es gewesen, dass er kaum ein Auge zugetan habe; er wolle sich nun tagsüber ausschlafen und habe morgen einen eher zeitigen Aufbruch vor. Julie legte ihm nahe, sein Zelt in unsere Nähe zu versetzen – so könnten wir uns in der Früh besser abstimmen. Er tat es, brachte gemeinsam mit Mrowka all ihre Sachen den Hang zum Plateau herauf und stellte sein kleines Zweimannzelt ein paar Meter jenseits der Koreanerkuppel in die Schneefläche.

Langsam beruhigte auch ich mich über die Auswirkungen des ersten Gipfelversuchs der Österreicher auf unsere Situation: morgen werden wir alle zum Gipfel gehen, wir werden eine große starke Gruppe sein – und die Streiterei von gestern wird in der Versenkung verschwinden! So sagte ich mir.

Dennoch war mir klar: diese Art des Durcheinander-Bergsteigens »en masse« auf ein und derselben Route, wie wir sie heuer hier kennengelernt haben, ist nicht nach Julies und meinem Geschmack! Es muss offenbar zum Chaos kommen! Dem würden wir in Zukunft aus dem Wege gehen – –

Was wir dachten, bezog sich nicht einfach auf die Tatsache einer größeren Anzahl von Menschen: Im Rahmen einer einzigen Expeditionsgemeinschaft beim Aufstieg an der Nordkante des K2 waren wir auch viele Alpinisten gewesen! Aber es herrschte dort ein anderes Gefühl, ein anderer Geist. Als wehte damals ein anderer Wind – –

Ist vielleicht die starke Unterschiedlichkeit der Aufsteigenden ein Grund – der »Fleckerlteppich«? Dem die guten Geister des Himalaya nicht standhalten, der sie flüchten lässt, verwirrt – –: Götterdämmerung? Menschendämmerung? Irgendetwas stimmt nicht mehr. Nicht nur am K2... und ohne dass wohl der Einzelne die Ursache ist.

Ich sehnte mich nach Tashigang. Und nach der Einsamkeit der Gletschertäler hier im Norden.

Was tut man an so einem »Rasttag« auf 8000 m? Nicht viel – man schläft und kocht. Wir dachten daran, dass nun unsere Träger für den Abmarsch am 5. August eintreffen würden, ehe wir zurück im Basislager sein konnten. Das beunruhigte uns nicht: es waren nur wenige, und der Liaison Officer würde sie sicher einen Tag zurückhalten können.

Die veränderte Zeitkalkulation brachte jedoch ein anderes Problem: gerade an einem Rasttag, einem Tag der Untätigkeit, verbraucht man wesentlich mehr Gas und Verpflegung als an einem Aufstiegstag. Julie und ich hatten wie immer genau kalkuliert, auch eine gewisse Reserve, aber ich wollte nun keineswegs etwas angreifen, das für Aufstieg und Rückweg bestimmt war. Da kam mir in den Sinn, dass ich vor drei Tagen Hannes, als er nicht wusste, wie alles weitergehen sollte, einen Kocher und eine Kartusche abgetreten hatte; nunmehr brauchten die Österreicher sich kein Kopfzerbrechen mehr zu machen; sie saßen zweifellos auf den Gas- und Verpflegungsreserven der Koreaner, die diese, da sie ja ihren Plan einhielten, nicht brauchten.* Dank der Hilfeleistung durch die Fixierung der Seile durften sie wohl auch bedenkenlos darauf zurückgreifen.

So fasste ich mir ein Herz und machte Hannes klar, dass ich durch den Verlust des Tages die weiter unten abgetretene Kartusche wieder bräuchte. Er begriff sofort – – im Handumdrehen erhielten wir einen Epigaskocher; koreanisch, meinte er, kein Campinggas – doch sei mir das sicher egal. Ja, nun stimmte die Rechnung wieder – einschließlich Reserve. Freundlicherweise war da noch als Draufgabe eine Packung Knäckebrot und ein Beutel mit einem seltsamen Pulver, das nach Fisch roch und mich in höchste Neugier versetzte: was war das für eine Spezialität? Fischsuppe? Ein asiatisches Kraftpulver? Voll Spannung setzten wir unseren Kocher in Betrieb: Fischsuppe hab ich für mein Leben gern. Doch es wurde nichts aus den lukullischen Genüssen Koreas... das ozeanische Gebräu schmeckte scheußlich; ein Schluck – – den Rest haben wir weggeleert und so schnell als möglich Tee gekocht! Entweder hab ich im Eifer die zehnfache Konzentration erwischt, oder es war gar keine Fischsuppe! Koreanische »Hieroglyphen«... wer kann sie lesen? Jedenfalls erzählte ich Julie daraufhin die berühmte Geschichte von Anderl Heckmairs Sardinen, die ihn am Eiger fast die erste Durchsteigung der Nordwand gekostet hätten. Dann tranken wir noch mehr Tee.

Langsam, allmählich legte sich die schlechte Stimmung. Wir hofften und freuten uns sogar schon ein wenig auf morgen. Überraschend gestand Julie, sie sei doch froh, dass wir am Morgen nicht gegangen seien: hätte sie heute den Gipfel erreicht, dann hätte Alan, der Spitzenbergsteiger, in England »pretty old« – »sehr alt« – ausgesehen. Das wäre nicht sehr fair von ihr gewesen...

Irgendwann bemerkte ich, dass der Wind, der sich erhoben hatte, nicht mehr von der Chinaseite kam. Es blies jetzt, in Abständen, von Pakistan her. Erst war ich betroffen – dann beruhigte ich mich wieder; wir konnten es ohnehin nicht ändern. Nur hoffen, dass uns das Geschick morgen trotzdem noch einen Tag für den Gipfel schenkte.

* Die Koreaner hatten das Schulter-Lager mit allem Nötigen (Verpflegung, Gas, etc.) für fünf Tage ausgestattet. Statt der vorgesehenen fünf Flaschen Sauerstoff gelangten jedoch nur vier ins Lager. Hiervon waren drei für den Gipfelgang bestimmt – für jeden Bergsteiger eine – und die vierte für die Nächtigung.

Große Wolken waren aufgewachsen, und der Wind bewegte das Zelt, in dem wir lagen. Die Sonne schien auf das Tuch und wir hingen unseren Gedanken nach. Manchmal sprachen wir von unseren Plänen und Wünschen: das Wichtigste war, dass jenseits von ihnen unsere Bahn die eine blieb. Wir waren froh, dass es uns gab. Seit langem hatten wir nicht mehr so viel Zeit für uns, so viel Ruhe am Berg erlebt, auch der Wind, der das Zelt bewegte, war eine vertraute Stimme.

Niemand wollte etwas von uns, und so konnten wir ganz ungestört füreinander da sein.

Am Nachmittag sagte uns Alan, dass er glaube, die Polen, die über den SSW-Grat aufstiegen, könnten heute oder morgen den Gipfel erreichen. Die Koreaner seien ihm mittlerweile schon ganz nahe. Über das Wetter sprach er nicht – es gab offenbar keinen Grund zur Sorge. Wind von Pakistan und wolkiges Wetter ist eine sehr häufige Situation für Gipfelaspiranten im Karakorum. Der Chinawind ist die große Ausnahme.

Einige Vorzeichen eines Wetterumschwungs, über die ich nicht sicher bin, wie weit sie erkennbar waren, müssen uns in den Zelten wohl entgangen sein. Sie haben jedenfalls vier weitere Bergsteigergruppen in der Nähe nicht davon abgehalten, an diesem Tag einen Vorstoß in den 8000-m-Bereich für den kommenden Morgen vorzubereiten, zu dem sie so wie wir auch aufbrachen: Am 4. August haben jugoslawische Bergsteiger um die Mittagszeit den Gipfel des 8035 m hohen Gasherbrum II und den des (neuerdings) 8060 m hohen Broad Peak erreicht; der Alleingänger Tomo Cesen betritt nach siebzehnstündigem Aufstieg die K2-Schulter auf seiner erstmals bewältigten Route, und die Amerikaner am Nordsporn unseres Berges gelangen bis 8100 m, ehe sie – da nur zu zweit – wegen der erschöpfenden Spurerei im Tiefschnee aufgeben; sie entgehen dem tödlichen Höhensturm... während uns der Wetterumschwung im Gipfelbereich ereilt. – Als die Koreaner am 3. August noch aufwärts steigen, umarmen sich Bergsteiger einer französischen Expedition auf dem Gipfel des 8068 m hohen Hidden Peak.

Für uns stand nunmehr der 4. August fest, der an die Stelle des Vortages getreten war. Es scheint eine Ironie des Schicksals, dass im Grunde genommen auch die Österreicher den 3. August als Gipfeltag hätten haben können, wäre eins ihrer eigenen Zelte von unterhalb des House-Kamins hochgebracht worden. Am 4. August musste es für sie unbedingt mit dem Gipfel klappen! Wenn sie am 5. August endlich mittags die Schulter verließen, hatten sie bereits volle vier Tage in der Todeszone zugebracht!

Weder bei ihnen noch bei uns war jedoch das Verhängnis des verlorenen Tages bis dahin in der *Zeitdauer* des Aufenthaltes in der Todeszone begründet (der Fristverlängerung um einen Tag waren wir alle problemlos gewachsen) – – sondern in dem simplen Umstand, dass uns die Verzögerung in den unabänderlichen »Fahrplan« des Sturms brachte. Das haben seltsamerweise nicht alle begriffen.

Um vier Uhr nachmittags geht ein Aufatmen durch unser Lager! In wenigen Minuten werden die Koreaner auf dem Gipfel stehen. Wir alle freuen uns mit ihnen, mit Kim und den anderen im Basislager und auf dem Sporn. Sie haben es sich verdient!

Um 16 Uhr 15 gehört ihnen der K2. Julie und ich denken an den fröhlichen Lockenkopf, und dass jetzt nicht einmal Kim etwas dagegen haben wird, wenn wir mit ihm vor dem Fass sitzen und überschäumend anstoßen werden...

Ja, wenn; werden wir? Doch das Wetter sieht am Spätnachmittag nicht schlecht aus; manchmal ist hier im Karakorum ein Tauziehen im Gange, ein Hin und Her, zwischen Wettereinflüssen von der chinesischen Seite und der pakistanischen Ebene – da draußen ist Monsun, hier gibt es keinen, aber irgendwie drückt es doch immer wieder herein. Oft schwer zu sagen, wann es sich wirklich entscheidet. Wir sehen's morgen früh! Es ist windig...

Wir haben uns eingeigelt: Kraft sparen, konzentrieren auf morgen, sich völlig einstellen darauf. Alles ist bereit. Wir waren fast den ganzen Tag beisammen, im Zelt.

Dann hören wir von den Polen. Sie müssen es sein! Es ist noch jemand auf dem Gipfel aufgetaucht. Der SSW-Grat ist gefallen! Unglaublich – das geht ja wie am Schnürchen heute...

Da sagt plötzlich irgendeiner lakonisch: »Die kommen herunter...«

Die kommen herunter?

Hier?

Normalerweise bin ich ein Mensch, der sich beherrschen kann – auch habe ich eine gewisse Portion Phlegma. Man sagt mir große Ruhe nach, jedoch auch eine Offenheit, die nicht jeder erträgt. Agostino meint oft: »Kurt, sei terribile... du bist schrecklich – aber wir mögen dich!« Ich glaube, ich rege mich nicht einmal auf und überlege »warum«, wenn eine Giraffe beim Fenster hereinschaut. Aber manchmal, selten, kann ich etwas nicht verstehen, nicht akzeptieren, weil es einfach völlig unmöglich ist... dann explodiert alles auf einmal! Sogar im Freundeskreis. Das war jetzt so ein Fall.

»Polnische Wirtschaft! Wieso kommen die hier herunter, wenn nichts ausgemacht ist? Das Schulter-Hotel ist gerammelt voll...!« fluche ich. Ich verstehe die Welt nicht mehr!... Bei aller Sympathie für unsere Bergfreunde aus Warschau, Krakau und sonst wo her, bei aller Bewunderung... was ist hier los?

Julie geht es ähnlich: »How can climbers come over the top of a mountain to other camps without having prepared anything for their housing or support?« faucht sie. Überschreitung ohne Vorbereitung auf der andern Seite...?

Es kann nicht sein! Die wissen doch, dass wir zum Gipfel gehen! Das ist sicherlich eine Notlösung! Ich beruhige Julie, so gut das geht. Mrowka hätte bestimmt ein Walkie-Talkie – und etliches mehr –, wenn das eine geplante Aktion wäre. Also ist sie nicht geplant... Nicht beabsichtigt.

Trotzdem: Es scheint wirklich, dass über diesen Berg in den letzten zwei Tagen das Chaos hereingebrochen ist. Wenn das ein niedrigerer Gipfel wäre – na denn, in Gottes Namen – aber am Berg der Berge...

Irgendwie wird es schon gehen – auch wenn in der kommenden Nacht hier 13 Menschen auf 8000 m sitzen werden... denke ich. Kein Honiglecken...

Doch das Schreckliche dieser Nacht – etwas, das alles übertraf – war noch nicht geschehen. Es war Wojciechs Tod.

Die Tatsache war so schwerwiegend, dass die Frage nach dem Warum dort oben nicht auftauchte... so kann ich nur erzählen, was sich später herausstellte.

Die Polen hatten um sechs Uhr abends den Gipfel erreicht; nicht zu spät, um noch den Abstieg zu wagen. Willi berichtete uns davon, denn wir lagen im Zelt. Willi behielt draußen die Situation im Auge, hat später dann seine Stirnlampe am Koreanerzelt befestigt, so dass alle Absteigenden das Lager finden konnten. Doch als die Sicht noch gut war, glaubte Willi plötzlich gesehen zu haben, dass unterhalb des Gipfels jemand abgestürzt sei!

Was Willi dort oben gesehen hat, wird unklar bleiben – aber noch vor Mitternacht, ca. um 23.30 Uhr, stürzte wirklich einer der Polen ab, im Bereich des Flaschenhalses: Wojciech Wroz. Er war ein erfahrener Bergsteiger und am K2 schon zweimal über 8000 m gewesen, am Nordwest- und am Nordostgrat. Julie und ich kannten den verwegen wirkenden Polen mit dem scharfgeschnittenen Gesicht von unseren gelegentlichen Rundtouren im Basislager, die manchmal bei einem Schluck Wodka im fröhlichen Kreis derer endeten, die »nur« die winterliche Tatra (und Fabrikschornsteine) als Trainingsgebiet haben, aber heute als härteste Himalayabergsteiger der Welt gelten.

Während die durch mehrere Biwaks in extremer Höhe erschöpfte Gruppe, die außer Wojciech noch aus dem Polen Przemyslaw Piasecki und Petr Bozik aus der ČSSR bestand, sich auf der Abruzzenseite des Gipfelkegels tiefer arbeitete, hatten sie nicht nur mit den Auswirkungen der Höhe, sondern schließlich auch mit der Dunkelheit zu kämpfen – und sie kannten diese Wand ja nicht. Trotzdem hatten sie diesen Weg gewählt, weil er leichter war als der Rückweg über die Magic Line.

Zwei der ebenfalls absteigenden Koreaner waren ziemlich langsam, einer band sich schließlich an einen Haken und biwakierte. Auch sie waren beim fatalen Ereignis im Flaschenhals gegenwärtig. Alle Beteiligten waren sehr erschöpft, man kann trotz einer vielleicht nicht weitergegebenen Warnung nur die Höhe für das Geschehen verantwortlich machen.

Wie es schließlich passierte, ist auch heute noch nicht völlig klar: In dem äußerst steilen Gelände, das teils mit alten, teils mit neu hinzugekommenen Seilen versehen war, gab es eine nicht gesicherte, gefährliche Unterbrechung. Den Schilderungen nach wollte der dritte, vorher abgestiegene Koreaner sie mit einem Seilstück überbrücken und ließ das Ende des hierfür gekürzten Seils baumeln... von dort zum nächsten war es unschwierig.

Julie und ich fanden andererseits beim Aufstieg *am nächsten Morgen* an der Basis eines fast senkrechten Winkels – der steilsten Stelle im »Flaschenhals« (nicht eine Unterbrechungsstelle in den Fixseilen!) – ein neues, von oben herabreichendes blauweißes Seil, das frei in den steilen Schneehang hinunterführte. Ohne Endknoten. Es war eine Falle – nicht nur bei Nacht. Wir brachten unverzüglich Absicherungen an: einen Knoten, so dick, dass er unmöglich durch einen Karabiner eines von oben Zurückkommenden hindurchgleiten konnte, und dazu noch eine Handschlaufe. Das war, von oben her, das *letzte* aller Seile.

Zu diesem Zeitpunkt glaubten wir noch, Wojciech sei unterhalb des Gipfels abgestürzt – Willi vermeinte, das gesehen zu haben. Doch er war mit Sicherheit noch bis in den Flaschenhals gelangt. Seine Begleiter, Petr und Przemyslaw, die nach dem Abseilen in der Finsternis – auf ca. 8100 m – auf den Gefährten unterhalb der Seile warteten, hörten plötzlich ein dumpfes Geräusch, wie wenn jemand fiele – – Ist der ahnungslose Wojciech gerade, als er sich völlig sicher wähnte, in die Tiefe gestürzt, weil er, durch Müdigkeit unaufmerksam, in der Dunkelheit das Fehlen eines Endknotens nicht bemerkte?

Dort? Weiter oben? Hatte der darüber hängende Seilrest zwar vielleicht einen Knoten – doch war der zu klein, vereist oder ist er Wojciech einfach nicht zum Bewusstsein gekommen? In jenem Augenblick war das bedeutungslos. Wojciech war abgestürzt; er war verschwunden, tot – bei einem Sturz dort oben gibt es keine Chance. Als jede Hoffnung vorbei war, stiegen die Übriggebliebenen ins Lager 4 ab, wo sie um 2 Uhr nachts eintrafen.

In der Nacht vom 3. zum 4. August waren schließlich *elf* Personen im Schulter-Lager. Da der biwakierende Koreaner erst bei Tagesanbruch herunterkam, konnte sich Alfred an seiner Stelle in die koreanische Kuppel zwängen. Und Alan Rouse? Nach der vorhergehenden engen Nacht war er nicht bereit zu einer weiteren. Seine Lösung hieß: Schneeloch. Er lud Petr und Przemyslaw, die durch den Verlust ihres Kameraden schwer geschockt waren, ein, sein Zelt zu benützen (sie waren darin, mit Mrowka, zu dritt) – und biwakierte selbst, halb inner- halb außerhalb seines kleinen Stoffgehäuses, in einer Schneenische, unbequem – doch wenigstens hatte er Luft... wenn auch eisige!

Interessanterweise hat es ihm nicht geschadet... im Gegenteil: Alan erwies sich als der stärkste Mann beim Gipfelgang, hat alles bis in Gipfelnähe vorausgespurt – erst kurz vorher, etwa hundert Meter darunter, überholte ihn Willi und löste ihn ab.

Bemerkenswert ist jedoch, dass Mrowka (die noch sechs Tage später die Kraft für einen Abstieg hatte) nach dieser Nacht im Zelt am folgenden Tag ein Formtief durchlief.

Es hat im Lager 4 bei den Nächten der Überfüllung (10 bis 11 Personen) mehrmals jemand gegeben, der nach der Drückerei beeinträchtigt war: Alan Rouse und Kim Chang-Sun nach der ersten Nacht, Mrowka und Hannes Wieser nach der zweiten (Bauer sagt zwar, Hannes habe wegen feuchter Handschuhe umgedreht, aber so wie er sich in den hundert Metern, die er ging, bewegte, wäre er auch mit trockenen nicht zum Gipfel gekommen... Julie und ich sagten seine Umkehr voraus, bevor sie geschah; das ist bestimmt keine Schande, nur ganz wenige haben bisher Gipfelangriffe an so knapp hintereinanderliegenden Tagen gepackt!). Kim Chang-Sun, der nach der bewussten Nacht sich am Morgen nicht wohl fühlte, war trotzdem an diesem Tag der formstärkste Koreaner – so wie Alan bei unserem Gipfelgang –, und Mrowka war noch Tage später wieder in guter Form. Ist Schlaflosigkeit, Einengung oder Sauerstoffmangel im Zelt die Ursache des vorübergehenden »miesen« Zustandes?

Die Form ist jedenfalls keine lineare Konstante, sie ist sehr beeinflussbar. Auch die seltsame französische Theorie, dass die körperliche Form eines Bergsteigers im Himalaya im Laufe von Wochen kontinuierlich fällt, während seine Akklimatisierung kontinuierlich steigt, ist praktisch gesehen – was die Form angeht – wirklich graue Theorie. (Ein humorvoller Mediziner sagte mir: Das stimmt – wenn jemand Durchfall hat.) Nach dieser Mathematik hätten ja alle auf der Schulter von Anfang an »auf der Schnauze« liegen müssen, denn alle waren schon viele Wochen im K2-Bereich.

»Trotz ihrer schlechten Form haben XYZ den Gipfel des K2 erreicht!« mokiert sich der Verfasser des mathematisch angehauchten Berichts – man möchte fast ergänzen: »und noch dazu ohne Sauerstoff«. Dass diese Tatsache und das immerhin tagelange sonst unerklärliche Aushalten danach die obgenannte »Courbe de forme« schon von sich aus widerlegt, hat der Mann beim angestrengten Blick durch die Mathematikerbrille übersehen – er wollte es offenbar nicht wahrhaben, dass die Form in Wirklichkeit eine sehr individuelle Schlangenlinie ist, die von vielen Faktoren abhängt. Nicht nur von der Zeit.

Der 3. August, der verlorene Tag, ging in den 4. August über, ohne dass es eine Trennungslinie gab; gerade der Übergang war eine fortwährende Folge von Ereignissen, die mit Ausnahme von Wojciechs Tod – der einsam darüber stand – in irgendeiner Weise miteinander verschachtelt waren. Jetzt gab es zwei Walkie-Talkies in Lager 4, das polnische und das koreanische, aber die aktuellen Ereignisse beherrschten die Sprechminuten – was die sieben Gipfelanwärter für den kommenden Tag betraf, kam es weder zu einer direkten Verbindung mit dem Basislager noch zu einer Nachricht von unten oder oben.

Die Stimmung ist gedämpft und gespannt zugleich. Die letzte Chance, der letzte Kampf... Jeder überlegt, aber jeder weiß, er wird es versuchen. Man spürt die unheimliche Macht des großen Berges... Man fürchtet sie und kann ihr nicht entrinnen. Und gleichzeitig vertraut man auf ihn.

Der Gipfel – unser Traum erfüllt sich

Ein winziger Mensch, und ein ganzer Himmel aus Eis über ihm...

Der Himmel hat Risse, Sprünge, schillert und glänzt, gleißt still im Licht der Sonne – und obwohl man sich fragt, wie es möglich ist, dass diese Tausende Tonnen von Eis nicht herunterkommen, hat man gleichzeitig das Gefühl, eine Wunschvorstellung, dass sie sich gegenseitig untereinander halten.

Das tun sie wohl auch, sonst wäre der Riesenbalkon, dieses Ungetüm, hier nicht oben. Wenn die rätselhaften Kräfte plötzlich nachließen, würde eine riesenhafte Wolke von donnerndem Eisstaub mit unvorstellbarer Gewalt über die Steilrippen und Flanken des K2, auch über den Abruzzensporn selbst, hinabrasen und drüben den Broad Peak hinaufstürmen.

Stattdessen aber hängt das Eis still wie der Himmel über einem winzigen Menschen, der gebückt, auf allen Vieren, zu ihm hinaufsteigt, und rührt sich nicht.

Wenn man vom Tal den K2 anschaut, etwa auf dem Weg zum »Sattel der Winde«, kann man sich von den Dimensionen des Eisgebildes dort oben keine Vorstellung machen.

Der Berg sieht dann aus wie ein herrlich gerippter, völlig weißer Kristall, an dem unterhalb der Spitze die Laune eines Riesen einen halben angebissenen gläsernen Apfel geklebt hat.

Der ganze Gipfelaufbau ist durch seine Ferne entrückt, weit oben, schwebt – – hat nichts mit der kristallenen Wucht des breiten Unterbaus zu tun, der in einer Vielfalt von Linien, einem ganzen Gespinst von Strebepfeilern vieler Dome, deren Spitzen miteinander verwachsen sind, nach oben zieht. Dieser gewaltige, etwa zweitausend Meter hohe Unterbau, der sich bei ca. 5300 m aus dem Gletscherboden erhebt – diese empordrängende Bewegung der Linien –, beruhigt sich in den weiten Räumen des Schnees, die darüber liegen. Die gewölbten Hänge spannen sich wie ein sanftes weißes Tuch...

Darin steht, wie auf einem Altar, der eigentliche Gipfelaufbau. Das Gefühl, das diese ganze harmonische Verbindung in dem, der davorsteht, erweckt, ist seltsam und unbeschreiblich. Der Berg hat eine Ausstrahlung von Kraft, Entrücktheit und Größe – die in ihrer Einfachheit völlig gefangen nimmt.

Wenn du an der Wand unterhalb des »gläsernen Apfels« lehnst, bist du im obersten Bereich – und deine Augen prüfen und forschen... nun aus der Nähe. Du hast das Gefühl, einen unbegreiflichen Altar mit seinen ebenso unbegreiflichen Opfergaben betreten zu haben – und Scheu erfasst dich.

Ja, man kann es ruhig sagen – – Angst. Es ist Angst.

Diesem Gefühl kann sich kaum jemand entziehen, der zum höchsten Punkt des K2 hinaufsteigt. Der kleine gebückte Mensch, der sich auf allen Vieren höherarbeitet, ist Alan Rouse – – ein Stück tiefer eine zweite Gestalt: Mrowka. Darunter eine weitere: Alfred. Es ist 7 Uhr morgens am 4. August. Auch Julie und ich sind aufgebrochen... unter uns entdecken wir bald darauf Hannes und etwas später, vorläufig als letzten, Willi. Hannes hat inzwischen umgedreht.

Julie und ich waren binnen kurzem am Ende dieser Reihe – nur wir gingen als Seilschaft... das ist sicherer, aber es kostet etwas Zeit. Der ungefähr einstündige Abstand zu Alan bei unserem Aufbruch hat sich dennoch bis zum Gipfel nicht erheblich vergrößert.

Wir haben doch Glück mit dem Wetter! Blendende Helligkeit rundum, strahlender Sonnenschein...

Meter um Meter nähern wir uns dem Eisungetüm mit dem Gefühl, das eine Maus beschleichen mag, die sich zwischen den Pfoten einer schlafenden Katze durchtastet.

Das Einzige, was einen trotzdem unter dem riesigen Sérac durchsteigen lässt, ist die Tatsache, dass die gefährlichen Abbrüche, die es immer wieder einmal gibt, offenbar in größeren Zeitabständen erfolgen; niemand denkt gerne daran: aber es ist bis zu einem gewissen Grad Glückssache, ob man durchkommt. Das weiß und spürt jeder, während er sich darunter befindet, und beeilt sich dementsprechend. Es ist einer jener seltenen und unvermeidbaren Fälle, wo man ein klar erkennbares Risiko bewusst auf sich nimmt.

Schon kurz oberhalb von Lager 4 zeigten sich Spuren eines solchen vergangenen Eisabbruchs – Hunderte halb verschmolzener Splitter, so als stünde man am Fuß einer Halde.

Vor die Wahl gestellt, durch den gefährlichen Flaschenhals genau unter dem Eisbalkon zu steigen, oder die schwierige und zeitraubende Kletterei weiter links in den senkrechten Felsen zu versuchen, entschließt sich fast jeder trotzdem für den Flaschenhals – denn auch die Zeit ist bei diesem Gipfelgang ein entscheidender Faktor. In dieser großen Höhe – auch wegen der Schwierigkeit und Steilheit – kann man am K2 nicht einmal mehr mit hundert Meter Höhengewinn pro Stunde rechnen, wie es vergleichsweise am Broad Peak oder Gasherbrum II ohne weiteres möglich ist... Von einem letzten Hochlager auf ca. 8000 m Höhe braucht man 8 bis 10 bis 14 Stunden zum Gipfel des K2 – – eine Zeit, die je nach den Schneeverhältnissen, der körperlichen Kondition und Akklimatisierung des einzelnen, dem Gewicht der Ausrüstung, die er mit sich trägt, der Möglichkeit des Abwechselns in der Spurarbeit, der Qualität der vorangegangenen Nachtruhe, einer etwaigen Wartezeit auf 8000 m, dem Vorhandensein oder Anbringen von Sicherungspunkten (Haken) oder Fixseilen an kritischen Stellen, durch das Höhersteigen mit oder ohne Sauerstoffgerät, durch Hitze, Kälte und Sturm nach oben oder unten noch recht variabel ist. Es sind also so viele Unbekannte, dass eine

Vorausberechnung der Aufstiegszeit an der Gipfelpyramide des K2 kaum möglich ist. Ja, es wird manchmal oder oft sogar absolut unmöglich sein, überhaupt hinaufzukommen – so ist die genannte Zeit nicht einmal eine grobe Richtlinie.

Der »Berg über dem Berg« bleibt eine Sphinx – ein Etwas jenseits menschlicher Dimensionen.

Um 11 Uhr morgens an diesem 4. August sind die jugoslawischen Bergsteiger am gegenüberliegenden Broad Peak bereits in Gipfelnähe. Am Himmel zeigen sich langgezogene Schlieren, und etwas unterhalb der 8000-m-Linie wachsen überall bauschige Wolkenballen. Nur der Gipfelaufbau des K2, der »Berg über dem Berg«, ragt heraus und steht frei in der Sonne. Eine halbe Stunde später haben sich die hohen Schlieren wieder aufgelöst, der Himmel ist wieder blau, mit vereinzelten durchscheinenden Wattefeldern, die bauschige Wolkenschicht in der Höhe der K2-Schulter ist jedoch dichter geworden...

Tomo Cesen dreht auf ca. 7800 m dort im Nebel und später einsetzendem leichten Schneefall um, die Koreaner sowie Petr und Przemyslaw beginnen den Abstieg, auch die zweite Polengruppe auf der Magic Line steckt in der »Suppe« – das Wetter ist bei ihnen miserabel – und hat den Rückzug angetreten.

Doch die Bergsteiger am Broad Peak erreichen um halb zwölf den Gipfel, noch immer bei guter Sicht und über dem Wolkenmeer. Um 12 Uhr stehen auch die anderen Kameraden weiter östlich auf ihrem Achttausender, dem Gasherbrum II. Und noch am frühen Nachmittag fotografiert Willi Bauer den vorausspurenden Alan Rouse – seine ganz in Rot gekleidete Gestalt, die sich den letzen Séracs unterhalb des Gipfels nähert – gegen einen wolkenlosen, tiefdunkelblauen Himmel...

So war das Wetter je nach der Höhe und Luftschicht ganz verschieden und nahm sich auch je nach dem Blickwinkel völlig anders aus. An Achttausendern ist das nichts Ungewöhnliches: Situationen, die dieser ähnelten, haben Julie und ich am Nanga Parbat mehr als einmal erlebt..., und als ich am 13. Mai 1960 mit den Gefährten der Schweizer Expedition den Gipfel des Dhaulagiri betrat, tobte mehr als zweitausend Meter unter uns in der Tiefe ein Gewitter; sein rollender Donner drang aus weiter Ferne zu uns empor...

Doch kehren wir zum K2 zurück!

»Julie, es ist erst Mittag – diesmal schaffen wir es!« Ich bin voll Hochgefühl. Zwölf Uhr, und wir sind fast am Ende des Quergangs.

»Yes – this time we'll make it«, sagt sie leise und lächelt mir zu. Wir sind glücklich. Die Sonne blinkt in den bizarren Eisgebilden des Hängegletschers hinter uns – wenn man sich nicht mehr darunter befindet, wenn einem nicht mehr die haushohen gläsernen Tafeln, blaugrünen Schwerter, Spitzen und Zackenränder über dem Kopf hängen, wenn man nicht mehr angstvoll auf jeden Laut von oben lauscht – – dann sind sie schön. Das Wetter ist gut, und wir haben noch den halben Tag vor uns. Das heißt, um 16 Uhr spätestens sollten wir auf dem Gipfel sein. Aber jetzt haben wir das Schwierigste hinter uns, den Flaschenhals und die Traverse! Der K2 wird endlich uns gehören! Wir sind in Hochstimmung.

Da ist das letzte Fixseil! Alan Rouse oder die Koreaner haben es in die Flanke gespannt – Alfred, Willi und Hannes sind ja vorgestern nach der Querung den Eisbalkon entlang hinauf und dann dort drüben irgendwo im tiefen Schnee steckengeblieben.

Das letzte Fixseil... Ist eigentlich nicht notwendig hier, denke ich, diese ansteigende Querung ist unschwierig – aber der Schnee ist doch stellenweise ziemlich tief, und es ist bestimmt ein hervorragender Wegweiser bei einem Abstieg im Sturm. Dann ist man, das weiß ich, über 8000 m um jede Kleinigkeit froh! Hier, wo keiner sicher sein kann, dass die Erinnerung nicht plötzlich auslässt – – wenn außerdem in der wirbelnden Luft, in den rasenden Wolken alles anders aussieht, man nichts mehr wiedererkennt. Gefahren der Todeszone – – Einmal hab ich, es war während des Aufstiegs am 7502 m hohen Shartse, den ganzen Rückzug mit Kleidungsstücken markiert, mit den gelben Reservesocken, der zu Streifen zerschnittenen zweiten Hose, ein Socken an einem Felskopf, der nächste weiter oben... es war eine komplizierte Route. Das hat dem Hermann Warth und mir zwar damals nicht das Leben gerettet, aber es hätte ja sein können – wären wir plötzlich in den Wolken verschwunden!

8300 m! Über einem riesigen isolierten Block am linken Rande des Steilhangs habe ich den letzten Haken erreicht, sichere Julie nach. Wir sind jetzt auf der Gratrippe, längs der 1939 Fritz Wiessner vorgestoßen ist, gemeinsam mit Pasang Dawa Lama, einem der besten Sherpas, die es je gegeben hat. Beide stiegen ohne Sauerstoffgerät und wussten den Gipfel nahe. Sie hätten ihn sicher erreichen können, und Fritz Wiessner hätte auch die Nacht in Kauf genommen – – aber dann befiel den sonst so wagemutigen Sherpa die Angst vor den bei Einbruch der Dämmerung erwachenden Dämonen, und er wollte nicht mehr weiter. Nur noch 230 Höhenmeter wären zu bewältigen gewesen!

Du kannst es niemals wissen, hier oben, wie es ausgeht – – Es ist jetzt das dritte Mal, dass wir beide in die letzte Höhe des K2 vordringen. Vier Jahre lang schon lässt er uns nicht mehr los, der gemeinsame Traumberg. Und fast hätten wir ihn aufgegeben – – Die Sonne strahlt, wir fühlen uns gut, besser als je zuvor in so großer Höhe am K2! Die vergangenen Wochen der Erholung im Basislager zeigen ihre Wirkung... Über uns türmt sich der Berg immer noch himmelwärts. Nicht mehr so steil wie der Abbruch unterhalb des Balkons, aber nun bäumt sich eine geriffelte, von den Stürmen verwüstete, mit Hunderten von Querrillen geprägte Wölbung auf, gezeichnet von der Gewalt der Elemente, eine gerippte, in den Himmel reichende Dünenlandschaft aus Eis und Schnee, von einzelnen Séracs unterbrochen. Ganz oben steht darin die schimmernde »Flosse des Hais« gegen das Blau – *the shark's fin,* wie Julie und ich die große markante Eisklippe kurz unterhalb des Gipfels getauft haben. Nur eine einsame, ganz in Rot gekleidete Gestalt bewegt sich durch die steile Welt aus Schnee aufwärts – langsam, stetig, scheinbar durch nichts aufzuhalten – vielleicht hundert, hundertfünfzig Meter über uns... Alan Rouse; die anderen hat jetzt die gewaltige Landschaft verschluckt, sie sind verschwunden, irgendwo zwischen den dunklen Felserkern und blendenden Kulissen untergetaucht.

Die unermüdlich höher steigende Gestalt dort oben strahlt Hoffnung aus... aber sie verschwimmt fast in der blendenden Helligkeit – – die eingerahmt ist von dem unheimlichen, übermächtigen, fast schwarzen Himmel... der in seiner tiefen Dunkelheit alles zu verschlingen scheint. Die Erde der Menschen ist so ferne...

Alle hier oben, man spürt es, sind in der Gewalt des Achttausenders. Ja, du kannst es nie wissen, was geschieht, wie es ausgeht – hier oben! In die Freude darüber, diesmal so früh dran zu sein, dass uns nach menschlichem Ermessen der jahrelang erträumte Gipfel endlich, es ist geradezu unfassbar, wirklich gehören wird... mischt sich wie eine Drohung das Gefühl, dass es ja ein menschliches Ermessen hier oben kaum noch gibt.

Nur dein Gefährte ist noch etwas von dort unten – erstaunlicherweise so wie deine Gedanken hier – und beide: wie schwebende Gedanken... seid ihr am Seil verbunden... zwei Inseln im Weltraum.

Die schlafenden Dämonen des Pasang Dawa Lama, werden sie erwachen? Irgendetwas treibt uns zur Eile an, eine Unruhe, die die Freude, den Jubel über das gute Vorwärtskommen überschattet. Bald ist es 13 Uhr – wie doch die Zeit dahinstürmt!

Es fehlen uns noch an die 300 Höhenmeter zum Gipfel.

Und wenn wir den Rucksack mit Kocher, Biwakzeug, dem Jümar, hier ließen – ihn an den letzten Haken hingen? Jedes halbe Kilo wiegt ein Vielfaches in dieser Höhe. Bis hierher müssten wir doch in jedem Fall wieder zurückkommen können! Ich mache Julie auf die mögliche Zeitersparnis aufmerksam. Sie nickt. Ich sehe ihr Gesicht, als sie die dunkle Sturmbrille hochschiebt – ihre Augen leuchten vor Freude, vielleicht auch vor Aufregung, weil wir dem Ziel endlich nahe sind. »Yes, – – a sip from the bottle, and then press on«, sagt sie zwischen den tiefen Atemzügen, die hier jede Bewegung begleiten – ja, ein Schluck aus der Flasche und weiter! Reservehandschuhe, ein Plastiksäckchen mit Ovomaltine, die Stirnlampe... wir stopfen alles in die Taschen unserer Daunenjacken – die beiden Titan-Eisschrauben nehme ich auch mit, man kann nie wissen! Wir leeren die Trinkflasche, lassen sie ebenfalls hier; was die zweite angeht, besinnen wir uns eines Besseren und nehmen sie mit, in Julies Hüftbeutel.

Wir übersehen, dass ein kleines Päckchen mit einer Astronautendecke, das fast gar nichts wiegt, im Rucksack verblieben ist – –

Es heißt jetzt, so leicht und schnell als nur möglich sein! Nein, es ist nicht spät, aber... der K2 ist hoch, unvorstellbar hoch! Wir spüren es deutlich, wenn wir auf das bauschige Wolkenmeer in der Tiefe blicken; auch die anderen Achttausender sind jetzt hinabgesunken, mitten hinein. unser Broad Peak, die Gasherbrums – – unbeschreibliche Erregung, die dich da erfasst, Glück und eine Art Angst zugleich; nein, es gibt kein Wort dafür!

Höher, noch höher... Unseren Rucksack am letzten Haken – den müssen wir im Abstieg wieder erreichen!

Als wir neuerlich losgehen, ist es fast halb zwei – – Die Sonne scheint, etwas schwächer ist das Licht geworden, es mag wohl der letzte schöne Tag sein. Wieder sage ich mir: Kurt, es geht uns gut, so gut wie noch nie hier oben! Es wird die Erfüllung unseres Traums sein.

Und doch fühle ich eine leise Unruhe in mir. Aber sie vergeht.

Am kurzen Seil, über Blockwerk und Schnee der Rippe, erreichen wir einen Felsaufschwung, eine etwa 10 m hohe senkrechte Wand aus rostigbraunem Gestein, stellenweise schwefelgelb und überhängend. Der Platz darunter, es erscheint fast absurd, ist völlig eben, geschützt: groß genug für ein schmales Zelt! Gleich daneben, am linken Rand, geht es ins Bodenlose hinab – da ist die Südwand, aus der sich hier irgendwo vor einem Monat Kukuczka und Piotrowski herausrauften, nachdem sie wegen der extremen Schwierigkeiten am Schluss fast alles zurücklassen mussten. Ob das hier der Platz ist, wo die Barrards biwakiert haben, Maurice und Liliane? Mit Michel und Wanda? – –

Wir steigen an dem rostigen Felsaufschwung vorbei, weiter durch plattigen Schnee. Über uns zeigt sich eine letzte felsige Schulter, von der es nach rechts auf eine steile weiße Wölbung hinaufgeht, die gipfelwärts zieht. Hinter einem Schneewall auf Höhe des Felsabsatzes kann ich für kurze Zeit die halbverborgenen Gestalten von Willi, Alfred und Mrowka wahrnehmen – dann sehe ich wieder nichts mehr von ihnen, vielleicht haben sie Halt gemacht. Nur Alan Rouse, weiter oben, klettert gerade über einen steilen Schneeaufschwung. Er ist langsamer geworden... es muss dort gar nicht leicht sein! Als ich wenig später wieder emporblicke, sehe ich Alfred und Willi, die ihm jetzt dicht auf den Fersen sind, aber das Hindernis nach einigen Versuchen an einer anderen Stelle packen. Die Mühe des Steigens nach so vielen Stunden in dieser Höhe zeichnet sich in ihren Bewegungen ab – die sind zeitlupenartig geworden. Alles ist jetzt in ein milchiges Licht getaucht. Mit blauen Schatten. Wo bloß Mrowka bleibt?

Unglaublich aufgewühlt ist diese Schneelandschaft! Da sind Borten und Bänder, wellenförmig geschwungene Simse von marzipanähnlicher Beschaffenheit, vom Wind ziselierte Platten mit Riefenmuster, die vom Druck eisiger Luftmassen auf andere, beinharte Flächen aufgepresst wurden. Es sind Schilde aus Kristallpulver, von verschiedener Konsistenz, oft quer durcheinander, wie ein in Auflösung begriffenes gigantisches Schindeldach. Die meisten dieser Platten halten unter deinem Schritt, aber nicht jede – du trittst in sie hinein oder hindurch, sie zerbrechen oder gleiten ab...

»Be careful, Julie...!«, warne ich meine Begleiterin.

»I know... don't worry«, beruhigt sie mich. Es heißt trotz der Steigeisen hier verdammt aufpassen.

Einem brusthohen Schneeriegel mit überhängendem Saum folgend verlassen wir die tückische Windgangellandschaft... doch schon bald sinke ich so tief ein, dass ich keuchend reumütig in Richtung auf die Wölbung zurückquere. Unser Abstand zu den ersten dreien, die wie festgenagelte Marionetten, sich dann und wann bewegend, unterhalb der Gipfelséracs hängen, ist etwas größer geworden – doch auch sie haben kaum Fortschritte gemacht. Weiter! Dort oben steht uns wohl noch einiges bevor. Der Höhenmetergewinn pro Stunde scheint sich im Gipfelbereich für alle enorm zu verringern.

»Julie – how are you feeling?« frage ich besorgt; schwer atmend sind wir nebeneinander stehengeblieben. Wie es ihr wohl geht? Sieben Stunden Aufstieg, am zweithöchsten Berg der Welt, ohne Sauerstoffgerät... da darf ich meine Gefährtin wohl einmal vorsorglich fragen, ohne dass sie es mir übelnimmt.

»Oh, I am feeling fine«, lächelt sie mich an, »don't worry!«

»No headache – not at all?« Kopfweh? – wage ich eine weitere Frage. Ich will es genau wissen. Schließlich nähern wir uns einer unsichtbaren Schranke, die man nur an wenigen Tagen im Leben, an den besten, überschreiten kann. Wie sehr wir bereits im Grenzbereich sind, das sagen die langsamen Bewegungen aller hier oben.

Julies Antwort beruhigt mich endgültig... »No, Kurt, – no headache kein Kopfweh – at all!« und sie nickt kräftig: »Go, go on – no time to lose!« Vorwärts! 8400 m... es geht langsam auf 15 Uhr.

Gleich darauf sehen wir Mrowka.

Sie ist bewegungslos, lehnt im Steilhang oberhalb der kleinen Felsschulter. »She is sleeping!« meint Julie erstaunt. Ich traue meinen Augen kaum. Schläft sie wirklich?

Bereits vorher – am Ende des Quergangs – dort, wo Alan oder die Koreaner das letzte Fixseil gespannt hatten, war Mrowka, den Kopf auf den Arm gelehnt, in Halbschlaf versunken – es war eindeutig nicht »ihr Tag«. Willi, der sie in dieser Stellung gegen die sonnenbeschienene Kante des Eisbalkons und die Wolken in der Tiefe fotografierte – gemeinsam mit Alfred, der an seinem Rucksack zu erkennen ist – war besorgt und mahnte sie zur Umkehr. Doch Mrowka war weit davon entfernt, aufzugeben. So stiegen Willi und Alfred höher, in Alans Spur. Mrowka, allein, folgte ihnen.

Vorsichtig nähere ich mich der hingekauerten Gestalt, zutiefst verwundert. Mrowka schläft tatsächlich. Ihre vom dunkelblonden Haar umrahmte Stirn ist auf den rechten Arm gestützt, in der Schneewand. Die Hand in der Schlaufe des tief eingerammten Pickels garantiert Sicherheit – aber wenn sie plötzlich aufwacht?

»Mrowka – willst ein Zuckerl?« frage ich sie eindringlich, während ich sie am Rücken an ihrer blassgelben Jacke halte. Sie schreckt auf, blickt mich erstaunt an: »No – – up, I have to go up!« Höher! Hinauf! Das will sie.

Ich bin ratlos, schockiert. Die gute Mrowka, die hilfreiche »Ameise«, ist wie besessen! Unmöglich ist dieses Energiebündel zu bremsen – obwohl der Sauerstoffmangel sie in einen seltsamen Zustand versetzt zu haben scheint, wie sich bald darauf zeigt...

Julie ist entsetzt, als Mrowka plötzlich zwischen uns aufsteigt – jeden Augenblick bei einem Stolpern ins Seil greifen und mich hinabreißen könnte. Sie schlägt ihr vor, hinter uns zu gehen – wir würden sie gerne beim Gipfel dann vorlassen. Doch Mrowka steigert ihre Geschwindigkeit und meint trocken: »I do not want to climb behind an old man – – –«

Ich traue meinen Ohren nicht. Ist sie verhext? Nicht ernst nehmen, Kurt, lass sie vorausgehen! Ich bleibe stehen, und schon ist sie vorn.

Unsicheres Schneeplattengelände! Aus Sorge verfolge ich die hastigen, unkontrollierten Bewegungen der Polin über mir, wie sie Hammer und Pickel in die Platten schlägt und sich raufzieht. Sie ist in einem Zustand zwischen Schlaf und Wachsein. Ich bin irritiert, habe ein Gefühl der Ohnmacht – es lässt sich nichts dagegen tun – vor allem drängt es sie mit jeder Faser nach oben, sie kämpft um ihren Gipfel, von Umkehr, die zweifellos das beste wäre, kann keine Rede sein. Sekunden später ruft Julie, ich solle Mrowka unbedingt überholen – – sie hat Angst, bei einem Sturz würde sie uns ins Seil fallen, uns aus der Wand fegen. Ich versuche es, aber beim Legen einer neuen Spur ist Überholen glatt unmöglich! Keuchend strecke ich die Waffen – Mrowka wird jedes Mal schneller, wenn ich soweit bin...

»Basta! « schreie ich zu Julie hinunter – ich habe es satt; wir müssen das Risiko auf uns nehmen... so wie bei jedem Eisturm über uns. Doch dann besinne ich mich eines Besseren: Abstand halten! Es ist das einzige, was wir tun können.

Wie viel wertvolle Zeit und Energie hat dieses unerwartete Zwischenspiel gekostet? Hoffentlich dauert es nicht allzu lange, bis Mrowka auf Alan trifft – auf ihren Partner wird sie vielleicht hören.

»Let's have a rest and a drink!« sage ich zu Julie. Trinken und eine Schnaufpause. Wir brauchen es.

Mrowka steigt jetzt über uns schräg nach rechts hinaus. So kommen wir auch aus der Falllinie, Gott sei Dank. – Der Himmel über uns hat inzwischen einen fahlen Farbton angenommen. Aus der Tiefe wallen Wolken auf, alles ganz langsam, aber beunruhigend. Wenn ich hinausblicke zum Baltoro, sehe ich zwar deutlich die Gestalt des Masherbrum, darunter das Gipfelmeer – doch über die ganze Landschaft hat sich ein schwaches diesiges Grau gebreitet...

Das Wetter wird langsam schlechter, das ist unverkennbar... Es ist wie beim Gipfelgang auf den Gasherbrum II! Damals, vor sieben Jahren!, blitzt es plötzlich in meinem Hirn. Am 4. August 1979, als ich mit meinen Gefährten den höchsten Punkt erreichte, war das Wetter fast genauso, ja, schlimmer... ich erinnere mich: der Himmel wurde allmählich düsterer,

Stimmung in der Gipfelwand bei beginnender Wetterverschlechterung; Kurt und Julie, als Pünktchen in der Tiefe, etwa 8450 m hoch, während ihrer Trinkpause. (Aquarell von Herbert Finster)

wie durch einen bleiernen Vorhang drang das Licht einer unheimlichen Sonne. Schließlich lag Dunkelheit schwer auf allem wie eine Last – »Götterdämmerung« über den Bergen des Karakorum... doch nichts geschah, nur ein zarter Nebel, fast durchsichtiges Grau, das langsam dichter wurde, hüllte alleine, geisterhaft über dem Zackenmeer, die gewaltige Gipfelpyramide des K2 ein, wie ein weicher Mantel, ein unheimliches Zaubergewand von drohender Schönheit... So blieb es. Wir kamen gut hinunter.

Kann sich das, genau auf den Tag, wiederholen? Niemand weiß es – es könnte anders sein. Doch jetzt sind wir zu hoch, um zu entkommen. Wenn es schlimm wird, sind wir dem Untergang geweiht, selbst wenn wir umdrehen – – –

Ich klammere mich an die Gasherbrum–Erinnerung, versuche mich zu beruhigen, während das Grau langsam, ganz langsam, doch unaufhörlich zunimmt. Wächst die Gefahr? Es heißt wohl, das Risiko zu tragen, das unausweichliche Restrisiko eines solchen Aufstiegs.* Meinem Gefühl nach ist es die Gasherbrum-Situation – –

* Tatsächlich, wie der Ereignisablauf selbst bestätigt hat, hätte sich trotz einer Umkehr dort oben für uns nichts mehr geändert. Wir saßen genauso in der Falle, wie Hannes Wieser auf der Schulter – der gar nicht erst losgegangen war – wie Mrowka, die kurz unterhalb des Gipfels umdrehte, wie Alan Rouse, Willi Bauer, Alfred Imitzer, die den Gipfel erreichten. Da war kein Unterschied: wir waren alle einen ganzen Tag zu spät – – es war durchaus nicht eine Frage von Stunden.

Was wohl Julie denkt?
»Julie – –«
Doch sie antwortet nicht, blickt gebannt nach oben. »Look there! « sagt sie plötzlich und deutet hinauf. An der sanften Himmelslinie des Gipfels, an dem dunklen Schneerand hinter dem Sérac über unseren Köpfen ist eine Gestalt aufgetaucht, jetzt noch eine! Sie sind halb verdeckt vom Schneesaum, aber jetzt wirft der eine in einer jubelnden Bewegung die Arme hoch – dort oben, das ist der Gipfel, das muss der Gipfel sein! Und sie sind kurz davor.
Nur mit Mühe bremse ich meine Erregung, zwinge mich zur Ruhe – die Nähe des Gipfels ist Schein, das mögen noch hundertfünfzig, vielleicht knapp zweihundert Höhenmeter sein, und das ist über 8000 m eine ganze Menge... »Rasten und Trinken!« Wir leeren die Flasche. Wir stehen beieinander und ahnen nicht, dass Willi uns in diesem Augenblick von oben her fotografiert – unabsichtlich –, zwei kleine Gestalten in der Tiefe unter seinem Freund Alfred, der wenige Meter von ihm entfernt gerade den Vorgipfel erreicht. Es ist 15.15 Uhr. Im Hochblicken sehe ich später noch einmal jemanden: das muss der Dritte sein. Sie haben den Gipfel. Weiter!
Wie ein Koffer hängt ein sperrender Schneebalkon über uns. Mrowka ist hier kurz vorher rechts hoch – eine Wühlerei im Tiefschnee mit mehreren Absätzen... ich ziehe es vor, eine Titanschraube im Grunde eines Winkels auf der linken Seite zu drehen, wo ich gutes Eis gefunden habe. Von Julie gesichert, erreiche ich die Kante schräg darüber, dann arbeite ich mich auf allen Vieren mit den Zwölfzackern und dem Pickel über eine steile harte Rippe aufwärts, die sich rasch verbreitert. An einer kleinen Spalte lässt sich ein guter Standplatz einrichten, und nun sichere ich Julie nach, die erst die Schraube aus dem Winkel herausdrehen muss, ehe sie mir folgen kann. Über uns im bläulich-grauen Mischlicht sind mehrere steile Wölbungen aus Schnee zu erkennen, ein dreizackiger Sérac, der uns den Blick zum Gipfel verwehrt, und rechts oben, scheinbar zum Greifen nahe, eine schimmernde weiße Spitze, die mächtige »Haifischflosse« aus Eis... kurz unterhalb des höchsten Punktes.
Es ist vier Uhr! – das sollte unser Limit für den Gipfel sein – – – Doch wir sind ihm nahe, so nahe!
Plötzlich ist Willi Bauer da. Er und Alfred sind im Abstieg.
»Bist du sicher, dass du noch hinaufwillst?« fragt er mich.
Ich bin überrascht: »Das kann doch höchstens noch eine Stunde sein!« Warum diese Frage? Unruhe erfasst mich.
»Da irrst du dich«, sagt Willi, »wir haben vier Stunden gebraucht« – »Also, Willi«, werfe ich ein, vorwurfsvoll und einen Augenblick sogar bestürzt, denn das ist nicht gut möglich (er hat mich wohl nicht recht verstanden). – »Ich meine, vier Stunden haben wir gebraucht«, fährt der Willi fort, »von dort unten weg!« – und er deutet in Richtung Eistraverse. Ach so – – das ist etwas anderes!
Dennoch bin ich höchst beunruhigt, denn ich erinnere mich im selben Augenblick daran, dass dort unten unser Rucksack hängt – mit Kocher

und Biwakzeug! Vom Gipfel braucht man sicher eine Stunde dorthin, selbst wenn der Abstieg nur einen Bruchteil an Energie verbraucht. Was tun wir, wenn wir nicht mehr hinunterkommen?

Da fallen mir Agostino und Joska ein, unsere beiden Freunde, die 1983 in Gipfelnähe einen Unterschlupf fanden und mit unbedeutenden Erfrierungen davonkamen.

»Gibt es Gletscherspalten, wo man biwakieren kann?« frage ich den Willi. Er bejaht: »Den Gipfel erreicht ihr natürlich schon noch«, meint er abschließend und steigt dem Alfred nach, der inzwischen das Schneebollwerk bewältigt hat.

Ein Wirbel von Gedanken durchfährt mich. Ja, das mag knapp werden, das Wetter beunruhigt mich jetzt nicht so sehr wie die Zeit, der Willi mit seiner vagen Auskunft war keine große Hilfe... doch hier oben ist die Zeit wie ein Gummiband, du bist so vollauf beschäftigt mit dem, was du tust, gibst acht, alles genau und richtig zu machen, all deine Konzentration gehört dem Schnee, dem Eis, jedem Schritt in diesem Gelände, gehört der Wand, in der du dich bewegst – die Zeit gewahrst du einfach nicht. Es ist, als fehlte diese Dimension hier oben.

Gebückt steigen wir weiter – jeden Schritt mehrere Atemzüge! 8500 m – – Da – plötzlich – wie von Zauberhand! Entgeistert bleibe ich stehen, blicke nach oben: Ein fahles Gekräusel von Schatten und Licht, es huscht, tanzt über den letzten dunklen Wölbungen. Ist das doch Vorspiel zu einem Sturm? Eine Tändelei, ehe die Energien der Luft brüllen?

Geht es gleich los... und wir sind dann drin, mittendrin? Oder ist es nur das Faltenspiel des fahlen, seidenen Mantels, der uns zu umhüllen beginnt? Der sich wieder auflösen wird – –

Vertrauen zu unserem Berg kämpft mit Furcht in mir, mündet in einen einzigen wahnwitzigen Gedanken: hinauf! Solange es noch geht!

Trotzdem wäre ich auch bereit zur Umkehr. Wenn es irgendeinen Grund gibt, von Julie her...

»Sollen wir weitersteigen oder nicht? Der Gipfel ist so nahe – dort ist er! – Aber wir können immer noch umdrehen – –« Ich sehe Julies angespannten Blick. Sie hat die tanzenden Schleier gesehen.

»I am feeling very fit!« sagt sie.

»Es kann nur noch eine Stunde sein – –«

»If you think so – – let's go on! « sagt sie entschlossen. Weiter! Weiter – – wir wissen, dass alles auf dem Spiel steht. Einmal im Leben!.... es ist uns klar bewusst.

Das Gekräusel verschwindet. Es regt sich kein Lüftchen. Nein, ein Sturm kommt nicht in dieser Weise. Das transparente Grau über der Landschaft deutet auf eine langsame Verschlechterung. Können wir einem Biwak entgehen? Wir müssen jetzt über 8500 m hoch sein.

Da ist Mrowka wieder aufgetaucht! Sie schwingt den Hammer, lässt ihn mit verrissenem Gesichtsausdruck in die steile Schneewand fahren – es ist eindeutig, sie hat den unbändigen Willen, hinaufzukommen. Alle paar Schritte macht sie jetzt Halt, legt den Kopf auf den Arm, rastet. Mir graut, wenn ich an eine Nacht für sie hier oben denke – es ist offenkundig, dass sie umdrehen sollte. Aber wie ihr das beibringen? Sie wird sich nur einem fügen, wenn überhaupt – – nämlich Alan, ihrem Partner. Wo bleibt er nur? Schon vorher hat mich Julie darauf aufmerksam gemacht, dass es unmöglich für uns sei, eine erschöpfte Mrowka zum Gipfel zu begleiten und dann auch noch gut hinunterzubringen; bei einem Abstieg, der sicherlich in die Dunkelheit führen wird. Denn was wir beide uns zutrauen, nach all den Jahren, gilt nicht für drei – und gewiss nicht bei Nacht, über 8000 m.

Da endlich taucht Alan auf der Wölbung über uns auf, seine schlanke Silhouette vor dem Grau des Himmels. Alan Rouse! Er, der in dem Chaos an diesem Berg schon mehrmals als Erlöser gewirkt hat.

»Are there any crevasses to bivouac up there?« frage ich ihn. Ein guter Biwakplatz kann zu einer Frage des Überlebens werden. »Yes – there are«, sagt Alan – es gibt welche. »And please, Alan... « fügt Julie mit flehender Stimme hinzu, »take care of your partner – we could not. We think, she has to go down...« und sie deutet auf Mrowka, die an der Schneewand lehnt und rastet. Wird es ihm gelingen, sie zum Abstieg zu bewegen? »Whatever you decide, be with her« – was immer ihr auch entscheidet – hinauf oder hinunter –, geh mit ihr, bekräftigt Julie noch, während der überraschte Alan sich schnell zu seiner Gefährtin begibt.

Bald darauf sehen wir die beiden im Abstieg; es war ein schwarzer Tag für eine der besten polnischen Bergsteigerinnen. Noch im Lager 4 hat sie um den Gipfel geweint.

Wir sind allein. Der Schnee. Die gerippte Oberfläche. Hunderte von Linien. Die Haifischflosse aus Eis, jetzt direkt über uns, ganz nahe. Ein dünner transparenter Schleier umhüllt alles... Wir steigen gipfelwärts. Die Würfel sind gefallen.

Es ist tatsächlich nicht mehr weit! Mit jedem Schritt wird mir das klarer. Nein, wir werden hier oben keinen Biwakplatz brauchen. Da ist ein Windkolk unter dem eisigen Dreieck – ich merke ihn mir doch, zur Sicherheit. Die Spannung steigt! Eine etwa drei Meter hohe fast senkrechte Barriere aus Eis sperrt uns plötzlich den Weiterweg und den Blick auf das, was dahinter liegt. Da hinauf? Jenseits des Eisturms sah es leichter aus, doch ich will nicht mehr zurück. Die Titaneisschraube knirscht, während ich sie mit dem Pickel eindrehe, ich schlage ein paar Griffe mit der Haue raus – das spart mir etwas Mühe –, dann schiebe ich mich erwartungsvoll höher. Ein Seitenblick auf Julie, die mich sichert... ihre Augen sind groß und fragend, ihr Gesicht voll Erregung. Ich schlage mir noch zwei Griffe aus dem Eis, dann ziehe ich mich über den Rand empor...

Da ist die sanfte Linie der Gipfelschneide, davor ein flacher Schneehang, eine kleine Mulde. Alles erscheint plötzlich lächerlich einfach. Wir können die Titanschraube für den Rückweg stecken lassen... »We are almost there, leave the screw in«, rufe ich Julie hinab. Wir sind fast oben dort drüben, wenig höher hört der K2 auf. Ich ziehe das Seil ein und sichere sie. Unser K2. Es geht wie ein Leuchten über das Gesicht meiner Gefährtin, als sie den Kopf über den Rand hebt und hinüberblickt. Ein paar Minuten noch... Die Schraube hat sie dennoch mitgebracht.

Wieder eine Biwakmöglichkeit! Ich betrachte das Loch am Rande der Mulde fast mit einem Lächeln. Es ist heller hier oben. Ein freundlicher Platz, im Vergleich zu der düsteren Steilheit des riesigen Berges. Doch wir werden hier nicht im Biwak sitzen: Wie eine Ironie erscheint mir die Zeit – nun sind wir früher dran als vorhin befürchtet. Noch eine Spalte, dann folgen wir auf der weißen Linie, die sanft emporsteigt – – –

Die Freude! Das Glück! Wir halten uns umschlungen. Für einen Augenblick der Ewigkeit gehört uns der K2.

»Julie, our most desired peak« – ich fühle, dass meine Stimme bebt. Der Gipfel, den wir uns am meisten gewünscht haben. Der herrliche K2.

Die großen dunklen Augen unter der gelben Kapuze, die so viel Kraft ausstrahlen können, der vertraute Blick über dem schmalen Lächeln. Julie. Ja, es ist unser Berg. »Our very special mountain« – – Sie sagt es leise, flüsternd; unser ganz besonderer Berg.

... Tausende von Gipfeln zu unseren Füßen, wir sehen sie nicht. Aber das ist bedeutungslos. Minuten im Schnee, im höchsten Schnee des K2...

Als ich auf die Uhr schaue, ist es kurz nach halb sechs. Da liegen auf der Wölbung in diesem Raum aus durchscheinendem, bald hellerem, bald dunklerem Grau, der uns umgibt, die ockergelben gedrungenen Sauerstoffzylinder der Koreaner, dazwischen aufgespannt – wie erstarrt – die große rot–weiß–rote Flagge der Österreicher aus dem Basislager; in müder Bewegung flappt dann und wann daneben ein kleines dreieckiges Fähnchen der Naturfreunde und der etwa handgroße rechteckige britische Wimpel, den Alan befestigt hat. Ich löse ihn und reiche ihn Julie... »That's for you – Alan will not mind, we take it down...« Sie hält ihn zögernd einen Augenblick in der Hand, stopft ihn dann in die Tasche der Daunenjacke... »You can have it later, or Alan – if he wants it«. Sie scheint sich aus dem Wimpel nichts zu machen, der Gipfel unseres Traumbergs bedeutet mehr, viel mehr.

Dabei lässt uns der alles umhüllende Mantel aus zartem Grau nicht viel sehen: ein kleiner, markanter Vorgipfel – Fels und Schnee – weiter drüben auf der entgegengesetzten Seite; dort müssen sie von der »Magic Line« heraufgekommen sein. Unter uns, in nördlicher Richtung, erkennen wir durch den seidigen Nebel – der eine eigenartige Transparenz hat – eine Art langgezogenen Erker... es ist ein felsiger Nebengipfel oder auch nur ein Absatz, der höchste, in der Nordwand. Ein Gedankenblitz führt mich hinab, einen Augenblick, zu unserer Umkehrstelle von 1983, und ein Gefühl von Genugtuung steigt in mir auf...

Doch der Nebel wird düsterer, kühler Wind streicht um den Gipfel, es ist wie eine Warnung. Schnell machen wir noch einige Bilder, da sagt Julie auch schon: »It's high time to leave – –« Unruhe flackert in ihren Augen. Es ist sechs Uhr vorbei. Wir müssen gehen!

Der Absturz

Die Nacht auf dem Hängegletscher

Wenn ich vorausgehe, sind wir schneller! Ich bin der bessere Wegfinder. Und auf Julie hinter mir kann ich mich absolut verlassen... Sie ist gut in Form: sonst ließe ich sie im Abstieg natürlich nicht hinten gehen. Ja, wir werden ohne Biwak durchkommen. Natürlich wird uns noch vor dem Rucksack, der 300 m weiter unten am Fixseil hängt, die Dunkelheit erwischen, aber wir haben ja die Stirnlampe.

»I go ahead, if you do not mind.« Ich blicke Julie an und wende mich zum Gehen. Sie nickt, energisch ihre Augen unter dem reifverkrusteten Haar. »Allright – but go on! No time to waste...«, ruft sie mir nach, während ich den Gipfel verlasse. Ja, ich beeile mich! Jede Minute ist wertvoll! Noch ist es hell, ist alles deutlich zu sehen, ist nur schwacher Wind um uns – aber wie lange noch, dann wird die Dunkelheit kommen, wird alles doppelt so mühsam sein, wird jeder Schritt ein Problem – – – Nichts überstürzen! Nicht schneller gehen, als es sicher ist, sagt eine Stimme in mir.

Der Vorgipfel ist hinter uns, ich halte im dünnen Nebelgrau auf die eisige Silhouette der Haifischflosse zu. Hier war doch irgendwo eine kleine Spalte! Ich mache einen schwachen Bogen nach rechts, gehe dann wieder auf die Flosse zu, sehe jetzt auch unsere Aufstiegsspur im Schnee; einen Augenblick drehe ich mich um – – und erstarre: Julie, am anderen Ende des Seils, hat wohl wegen der Eile den Umweg ausgelassen, sie folgt mir direkt, in gerader Linie. Vor ihr, kaum erkennbar, eine schwache dunkle Furche im Schnee – – die Spalte! »Stop – for God's sake! A crevasse«, brülle ich, gerade noch rechtzeitig, um sie zum Stehen zu bringen. Nein, auch ich hatte von oben her die Spalte nicht erkannt, nur die Erinnerung hat mich gewarnt! »Go back and down to my steps, Julie...«, rufe ich beschwörend. Geh zurück und in meine Spur! ›Ich hätte sie aufmerksam machen sollen, ich habe es versäumt‹, denke ich vorwurfsvoll. Ist das die extreme Höhe? Die Auswirkung der dünnen Luft? Die zu Kurzschlüssen führen kann – obwohl du meinst, es geht dir gut? Dass du alles unterlässt, was du gerade nicht im Sinn hast und doch normalerweise tun würdest. Oder dass du, viel schlimmer, unterlässt, was du gerade im Sinn hattest – weil du es gedacht hast, weil du den Gedanken für die Wirklichkeit genommen hast, oder, genauso verhängnisvoll, weil du das Denken an eine Handlung bereits für so ausreichend hältst, dass sie selbst nicht mehr notwendig ist... jetzt nicht, vielleicht später – ein gefährlicher Trugschluss!

Nein, ich bin sicher, dass wir zwei nicht in einem solchen Zustand sind, aber das eben vermiedene Spaltenabenteuer, wohl auf die Eile zurückzuführen, tönt in mir wie eine Warnung. Nichts überstürzen! Genau und gründlich bleiben, gerade beim Abstieg! Der Abstieg ist immer das Gefährlichste...

Julie ist sofort stehengeblieben. Behutsam tut sie einige Schritte zurück – erreicht meine Spur, folgt ihr. Ich atme auf – nicht auszudenken, fiele einer von uns hier auf 8600 m in eine Spalte! Weiter! Gleich darauf bin ich an der kurzen, senkrechten Wandstufe. Ich mache Stand und sichere Julie hinunter. Wir sind jetzt auf der Höhe der Haifischflosse. »Put the screw in at the bottom!« rufe ich ihr zu, während sie hinabsteigt. Ja – sie soll die Eisschraube am Fuß der Wandstufe hineindrehen! Auch wenn das Zeit kostet. Nein, ich denke nicht, dass ich stürzen werde – aber die Sicherheit ist die paar Minuten wert. »Come down!« ruft jetzt Julie von unten, und ich steige nach, während sie das Seil einholt. Als ich sie erreiche, nur ein paar Worte... sie dreht bereits die Schraube heraus, ich sehe wieder die Anspannung, Entschlossenheit in ihrem Gesicht – ja, wir wollen noch hinunterkommen zum Lager, müssen schnell sein, einerseits, und vorsichtig andererseits – – wir müssen das letzte Licht des Tages ausnützen, um die Séracs zu bewältigen.

Weiter!... Jetzt gemeinsam. Ich glaube, dass wir im Abstieg die untere Eis- und Schneestufe besser dort überwinden, wo Mrowka hochstieg – nicht dort, wo wir hinauf sind! Schon sind wir oberhalb des Steilaufschwungs angekommen, an der Stelle, wo die Spuren sich trennen. Noch sieht man am zerwühlten Schnee, wo die anderen hinunter sind. Wieder allein voraussteigend, schwindle ich mich hinab bis zu einer kleinen Querspalte, die unter mir im Zwielicht aufgetaucht ist, warte dort, Julie sichernd, den Pickel tief in den Schnee gerammt. Ich bin erleichtert – denn Julie kommt erstaunlich behende und sicher über die Steilstufe herab – – Jetzt ist sie bei mir. »Attention, the small crevasse – you remember?«, erinnere ich sie an die Querspalte und möchte damit gleichzeitig meine Unterlassungssünde vom Gipfel gutmachen. »Of course«, sagt sie kurz und etwas atemlos. War da ein Lächeln? Wir kennen die Spalte! Beim Aufstieg sind wir hier links und ist Mrowka rechts hoch... Vorwärts! Hinunter! Ob die Polin mit Alan inzwischen unser Lager schon erreicht hat? Es ist jetzt so dämmrig geworden, dass man zwar die Schneeformationen in der Nähe, aber sonst nicht viel mehr erkennen kann. Nur in der Tiefe kann ich undeutlich am dunklen Gestein die höchste Felsschulter ausmachen – dort müssen wir hin!

Sie ist etwa 8400 m hoch, und von ihr ist es nicht mehr weit bis zu unserem Rucksack. Das schaffen wir auch in der Dunkelheit noch – viel langsamer zwar, mit der Stirnlampe. Soll ich die jetzt schon auspacken? Nein, noch sieht man genug, nur keine Zeit verlieren! Ich taste mich den gewölbten Rücken hinab, seitlich absteigend, Schritt für Schritt, den Pickel immer wieder einrammend, den Blick nach unten gerichtet.

Hier sind diese verdammten unregelmäßigen Schneeplatten, windgepresste Tafeln. Geh nicht zu schnell, Kurt, hier heißt es aufpassen! Und jetzt sieht man schon wirklich nicht mehr viel. »Take care!« rufe ich zu Julie hinauf. Gib acht! Sei vorsichtig!... doch ich weiß, dass sie vorsichtig ist. Ob wir stehen bleiben sollen, um die Lampe auszupacken? Julie hat sie in der Daunenjacke, hat sie eingesteckt, als wir den Rucksack deponierten, heute mittag. Die Schneeoberfläche hier ist unregelmäßig, vielfältig! Sind das noch Steigspuren? Der Rücken ist nicht steil hier, die Richtung stimmt – – aber jetzt holen wir die Lampe heraus!

Ja, wir tun es – –

»Oh, Kuuurt – – ! ! !« Der Schrei gellt durch die Dämmerung, laut, entsetzt, verzweifelt. Ich werfe mich herum, im selben Augenblick, ramme den Pickel mit all meiner Kraft in den Hang, werfe mich darauf – – das Seil, das Seil! – – Hier ist es – – Schon saust Julie als schwarze Masse mit ungeheurer Wucht an mir vorbei – – ! Halten! Halten!! – – Entsetzt warte ich auf den Ruck, hoffnungslos und doch hoffend – auf die Chance eins zu tausend, diesen völlig unerwarteten Sturz zu halten! Kurt, die Chance ist null – – das ist das Ende: dreitausend Meter Absturz, den K2 hinunter – –

Der Ruck! ! !

Für Bruchteile einer Sekunde kann ich halten, dann schleudert es mich hinaus, fetzt mich hinunter mit Urgewalt, machtlos, schwerelos, wie eine Feder in der Explosion eines Vulkans – – –

– – – – – – ein Nichts, hilflos, in rasender Geschwindigkeit – – – – in rasender Angst vor dem Aufprall – – Sekunden, endlos – – es wirbelt mich, kopfüber, kopfunter, hinab – – den Hang! Ich klammere mich an, kralle mich fest, mit der Kraft der Verzweiflung – – der Ruck!!! – – die Riesenfaust reißt mich wieder von der Fläche, hinaus in die Luft – – – der Wirbel geht weiter – – –

Patsch! Die Riesenfaust hat mich in den Schnee gestampft. Ich sitze, den Rücken zur Wand, aufrecht im Hang. Bis zu den Knien stecken die Beine in tiefem schwerem Schnee. Ich habe das Seil in der Hand, der Pickel steckt tief im Schnee. Ich bin sprachlos – – –

Julie? Was ist mit ihr?

»Kurt«, höre ich es wie benommen, im Hang über mir.

»Get your iceaxe in, belay yourself!« schrei ich hinauf in die Dunkelheit. Den Pickel hinein, sichere dich! Ich zittere am ganzen Körper.

Gleichzeitig wuchte ich mich noch tiefer in den Schnee, verbessere meine eigene natürliche Sicherungsposition, in der, wie durch ein Wunder, mein Sturz geendet hat. Aber auch Julie ist wie durch ein Wunder etliche Meter weiter oben zum Stillstand gekommen. Hat sie gebremst? Undeutlich erkenne ich die Gestalt über mir im Hang.

»I cannot get hold of my iceaxe... I am laying on top of it«, höre ich ihre Stimme. Aha, sie liegt auf dem Pickel. Scheinbar hat sie gebremst. Wieso bringt sie ihn nicht heraus? Ich kann das alles noch gar nicht fassen. Dass wir am Leben sind, dass wir jetzt nicht zerschmettert am Fuß des Berges liegen, es ist ein Wunder!

»I try to get the iceaxe now, but I am in an awkward position, take care«, klingt es erstickt von oben. Aufpassen, Kurt! Scheinbar liegt sie schlecht, im Steilhang: Schräg? Vielleicht mit dem Kopf bergab?

Schchch – – – – – ein Rutschgeräusch – – dann prallt Julie mit voller Wucht auf mich! Dank meiner bombenfesten Position im schweren tiefen Schnee halte ich dem Anprall stand. Noch einmal gut gegangen!

»Are you allright Julie«, frage ich besorgt. – »Yes, I am o.k.«, meint sie wie selbstverständlich, »but the iceaxe is up there«. Nur der tiefe Atemzug hinterher sagt mir, dass sie froh ist, noch zu leben. Der Pickel ist oben! Hauptsache, sie hat sich nichts getan! Ich steige hinauf und hol' ihn herunter.

Was jetzt geschehen soll? Es ist fast völlig dunkel. Ich sehe in der Nähe die flache Wölbung des Hängegletschers, auf dem wir gelandet sind, sehe darin die undeutliche Kontur einer Spalte. Wir sind am Beginn des riesigen Balkons in der oberen Hälfte der Gipfelpyramide, der Sturz hat uns aus der Route geworfen, und gleich wird es Nacht sein. Am besten ist es wohl, wir biwakieren dort drüben. Da es bedeckt und windstill ist, kann es nicht allzu kalt werden, vielleicht ist diese Spalte ein guter Biwakplatz. Mag sein, dass wir nach ein, zwei Stunden dann weiter absteigen... Ich bezweifle es: zwar sehe ich undeutlich die Kontur der höchsten Felsschulter, aber dort hinüberzukommen, auf die Route, bei Nacht, das mag nicht ganz einfach sein. Wie auch immer – großer Gott, wir dürfen froh sein, dass wir noch leben! Das andere lässt sich jetzt alles überstehen... Das Wetter ist zwar nicht gut, aber auch nicht wirklich schlecht. Wir sitzen in den Wolken – – für ein Freibiwak besser als eine eisige sternklare Nacht! Aber wir sind hoch, sehr hoch: rund 8400 m, vielleicht etwas darunter.

»Julie, we have to bivouac – let's go over to that crevasse.« Zur Spalte hinüber!

Wir stapfen durch tiefen Schnee über den mäßig geneigten Hang. Als wir bei der Gletscherspalte sind, ist es fast finster. Doch kann ich noch das Wesentlichste erkennen: die eisige Kluft scheint ein idealer Biwakplatz zu sein, etwa zwei Meter breit und mit einer Rampe, die in sie hinunterführt, wie in einen richtigen Schlupfwinkel. Man kann den Rand unseres Riesenbalkons ahnen... er ist ganz nahe. Der Schnee, auf dem wir haltgemacht haben, ist hart und tragfähig, ein guter Sicherungsplatz – Julie rammt den Pickel ein. Sicherlich wird auch der Weg in den Schlupfwinkel hinein aus festem Schnee sein, wie ihn die Stürme mancher Tage hier angepresst haben, eine kristalline Masse, die ziemlich häufig an den exponierten Abschnitten der Gipfelpyramide vorkommt. Und die weite Spalte ist wohl von unten bis oben angefüllt mit Schnee. Dennoch – – gerade weil das alles so perfekt erscheint, kann ich ein leises Misstrauen nicht unterdrücken! Mir kommen Pasangs Dämonen in den Sinn – – – die bei Nacht erwachen.

Haben wir nicht gerade erst mit Riesenglück diesen Sturz überlebt, sind dem sicheren Tode entronnen? Plötzlich erscheint mir der wunderbare Schlupfwinkel wie eine Falle.

»Julie, I have to check the crevasse, before we go in. Please, get the flashlight out and then belay me«, sage ich. Ja, ich will unbedingt da hineinleuchten und, ehe wir den Schlupfwinkel beziehen, alles mit dem Pickel sondieren – – gut gesichert! Julie hat sich hingehockt, kramt in der Daunenjacke nach der Lampe. Wir beide haben am Nordsporn des K2 tagelang in so einer Spalte gelebt, unsere Expedition hat in der Kluft ein ganzes Lager aufgeschlagen – es war ein sicherer Platz, über den die Lawinen hinwegbrausten, in der gefährlichen Flanke des Sporns. Auch am Tirich West IV im Hindukusch haben Dietmar Proske, mein Seilgefährte, und ich in der Nordwand des Siebentausenders ein ähnliches Spaltenbiwak bezogen. Doch die meisten dieser Klüfte sind keineswegs harmlos – –

Julie hat die Lampe gefunden! »I have to turn the battery around«, sagt sie mit einem Seufzer und nestelt am Gehäuse. Vielleicht haben unsere Augen sich an die Dunkelheit gewöhnt oder ist es das Licht des Schnees in der Nacht, jener eigenartige Schimmer, von dem man nicht weiß, wo er herkommt, und den es gibt, auch wenn man mitten in den Wolken steckt – jedenfalls herrscht keine völlige Finsternis, es lassen sich Umrisse erkennen, und was Julie gerade tut, hat sie schon hunderte Male getan. Sie hat die Lampe geöffnet und dreht die Batterie um – als Sicherheitsmaßnahme gegen vorzeitiges Entladen hat sie sie verkehrt in das Gehäuse eingesetzt. Gleich darauf bereue ich, dass wir aus Gewichtsgründen nicht zwei Stirnlampen mitgenommen haben. »It does not work«, sagt Julie resigniert, knipst die Lampe ein paar Mal erfolglos an, macht sie wieder auf... »I will try again«, sagt sie. Ich fühle es heiß in mir hochsteigen, vielleicht war die Nervenanspannung der letzten Stunden zu groß: ›Verdammte Schweinerei‹, denke ich, ›das hat uns gerade noch gefehlt! Nacht! 8400 m! Wir sind abgestürzt, sitzen auf dem höchsten Balkon der Welt, sehnen uns nach irgendeiner Bleibe und nun – –‹

Julie hat die Batterie neu eingelegt, macht die Lampe zu, knipst sie an – wieder kein Licht.

Eine Welle von Jähzorn überfällt mich, raubt mir plötzlich die Vernunft, ich reiße Julie die Lampe aus der Hand und schleudere sie in den Abgrund... Ich bin im selben Augenblick zutiefst erschrocken über mich selbst! »Shit«, murmle ich verlegen, betroffen über meinen Zornesausbruch und seine Folge. War das jetzt doch die große Höhe! Julie sagt kein Wort – aber es ist klar, wir hätten noch weiter basteln sollen. Jetzt sind wir jedenfalls eindeutig ohne Licht!

Vor mir in der Dunkelheit gähnt das schwarze Loch des Spalteneingangs. Unheimliche Stille darin. Ich muss es trotzdem probieren. »Belay me – sichere mich!« kaue ich in meinen vereisten Bart. Dann schiebe ich mich langsam, vorsichtig die Rampe hinab, fortwährend sondierend. Ich bin jetzt in einem viereckigen Tunnel zwischen den Wänden der Spalte, und der Boden ist völlig solide, aber hier noch viel zu steil für ein Biwak. Doch ich spüre, wie die Hoffnung in mir wächst. Wieder sondiere ich: der Schnee ist fest und tragfähig. Wenn ich nur irgendetwas sehen könnte! Der Boden trägt, aber es ist noch immer zu steil. Unbehagen beschleicht mich, ich halte einen Augenblick inne – soll ich nicht lieber wieder hinaus? »Julie, belay me carefully!« Aufpassen! Bäuchlings nun, mit den

Füßen voraus, die Hand am Pickel verankert, schiebe ich mich noch ein wenig in den Gang hinein – es ist jetzt flacher, hier könnten wir bleiben! Aber vorher will ich den Untergrund doch noch einmal prüfen... Da bemerke ich es! – – – Im Bereich meiner Füße ist der Boden zwar noch fest, aber der tastende Schuh spürt, dass die harte Schneerampe kurz vor der anderen Spaltenwand ein Luftloch hat. Um Gottes Willen, hier können wir nicht bleiben! Unter dieser Rampe ist Luft! »Julie, attention, pull!« Sofort strafft sich das Seil. Mittlerweile ist ein Stück der Rampe abgebrochen und stürzt in die Tiefe, ich hab keinen Halt mit den Füßen mehr! – Keuchend, mit verzweifelter Anstrengung ziehe ich mich am Pickel auf, finde irgendwie Halt, komme ein Stück höher, schlage die Haue wieder ein. »Julie, pull what you can«, schreie ich in Panik, »it's a bridge, which is crumbling away«, keuche ich – eine Brücke, die unter mir stückweise wegbröselt. Ich höre die Trümmer in die Tiefe rascheln, finde irgendwie mit dem linken Steigeisen Halt, der rechte Fuß hängt bereits in die Spalte hinab. Einen Augenblick halte ich still, – – – die verfluchte Falle! Hab ich es doch gespürt! Wenn das Zeug hier wegbricht, hänge ich unten. Schaudernd denke ich an Renatos Ende... Vorsichtig schiebe ich mich weiter, es gelingt mir, den Fuß aus dem Loch herauszubringen und auf die Rampe zu setzen, aber ich wage es nur mit den Händen, mich höher zu ziehen. »Julie«, keuche ich – –

Aus, es geht nicht mehr, ich kann nicht mehr! Keuchend bleibe ich schräg im halb verrutschten Gleichgewicht hängen. Der Pickel hält mich, ein Steigeisenzacken – und Julie. Ich versuche, Kräfte zu sammeln, die Lungen voll Sauerstoff zu tanken, auch wenn es hier wenig davon gibt. Dann nehm' ich den nächsten Anlauf. »Julie, up again, pull what you can!« Schnaufend wie eine Lokomotive, zentimeterweise, komme ich höher, endlich habe ich mit beiden Fußspitzen Halt gefunden. Wieder keine Kraft mehr! »Stop and hold«, japse ich.

Schwarz in der Dunkelheit ist alles hier, kaum dass ich den Pickel sehe; das Gesicht im Schnee der Rampe, fühle ich dennoch unter mir die erbärmliche pechschwarze Finsternis der Kluft, des leeren Raums da unten, unsichtbar, spürbar doch, wie ein eisiger Sarg, an dessen Rand du hängst – ich fühle, wie die Erschöpfung nach mir greift, und die Tiefe mit ihren schwarzen Armen. Pasangs entfesselte Dämonen! Ich habe plötzlich unbeschreibliche Angst, wie nie in meinem Leben. Wenn ich hier je wieder herauskomme und dem Tod in dieser eisigen Gruft entrinne – – –

Noch bin ich nicht unten. Und noch bin ich nicht heraus! »What is the matter?« höre ich es von draußen. Was los ist? »I need to breathe«, sage ich schwach. Es ist wie eine Lähmung, ein Bann, der mich ergreift... In diesem Augenblick bricht unter dem rechten Fuß, ohne den geringsten Anlass, die ganze Schwarte in die Tiefe. Es rauscht und kracht! Schreck erfasst mich! Panik! Die Geister! Das sind sie! Meine Hand umkrallt den Pickel: Nein, ihr kriegt mich nicht! »Up!« brülle ich. Sofort spüre ich den Zug! Einen Augenblick hängt mein ganzes Gewicht am Seil – ich kann die Faust zwischen der linken Wand und dem Schnee verklemmen, gerade soviel, dass ich mit der anderen die Pickelhaue herausreißen und wieder einschlagen kann – ein Stück weiter oben. »Zug!« würge ich hervor. Ich höre jetzt Julies schweren Atem über mir, erahne ihre dunkle gebeugte Gestalt, wie sie mit aller Gewalt am Seil zieht. Endlich! – Ich spüre, wie die Dämonen an Macht verlieren... verbissen schiebe ich mich höher, immer wieder nach Luft schnappend, schlage keuchend die Haue ein – ich habe kaum noch Kraft, doch – Gott, ja, ich komme heraus! Gott – Julie, dass du mich gehalten hast – –

›Don't panic, you will not die here«, sagt die dunkle Silhouette über mir ganz ruhig. Es klingt wie ein Weissagung in dieser Stimme. Nein, ich werde nicht sterben hier. Ich liege draußen, das Gesicht im Schnee, Julie, du hast mir das Leben gerettet!

›Thank you – that was very close«, hauche ich mit meinem letzten Atem.

Wo werden wir bleiben? Zunächst einmal habe ich es eilig, von der Spalte wegzukommen. Auch wenn hier alles fest ist, der Schreck sitzt mir noch in den Knochen. Wo wir bleiben? Ein Schneeloch aus der Wand herausschlagen, das ist jetzt der einzige Ausweg! Wenig höher setzt eine steile Schneewand mit harter Kruste an. Ich schwinge den Pickel, arbeite einen Halbkreis heraus, dann weiter in die Tiefe, Platz für zwei, dicht aneinander gedrängt.

Es ist absurd: unser Biwakzeug hängt nur 100 m tiefer im Rucksack am letzten Haken, es scheint sich alles gegen uns verschworen zu haben...

Ohne Stirnlampe können wir dort nicht hinkommen. Das ist viel weiter drüben, draußen an der Kante, in der Finsternis. Wir müssen morgen in aller Frühe erst einmal den Rückweg von unserem Hängegletscher zur Route finden.

Wir arbeiten hart an dem Loch, noch ist uns nicht kalt. Eine alte Biwakierregel sagt: Je länger du ein Biwak herrichtest, desto kürzer musst du biwakieren...

Peng! – die Pickelschaufel schlägt auf Eis. Auch weiter oben, weiter drüben, überall... Hier steht die Wand an, unter dem Schnee, bloody hell! »So much for our snowhole!« fluche ich in Englisch. Kein Schneeloch.

Wir müssen uns mit einer offenen Nische begnügen. Aber es gelingt mir doch, mich mit dem Pickel seitlich derartig unter die harte Kruste hineinzuarbeiten – vorsichtig, ohne sie zu zerbrechen –, dass schließlich wenigstens eine kleine Höhlung da ist, in der einer von uns – Julie – Platz haben kann. Der Boden davor ist eben, es geht kein Wind, der andere kann also auch vor der Höhlung hocken bleiben, so halb und halb noch in der Nische des geplanten Lochs, ein bisschen durch die ausgehauene Wölbung geschützt. Der Luxus ist spartanisch: ein paar Zuckerl und ein Plastiksäckchen mit Ovomaltine. Wir haben nur unser Seil, auf das einer sich setzen kann. Dazu noch Julies Hüftgurtbeutel. Was den Kälteschutz angeht: Wir sind zwar in unsere guten langen Daunenjacken und die gelben Ultimate–Windblusen und Überhosen gehüllt, aber es rächt sich jetzt, dass meine schwerere warme Daunenhose unten im ABC-Lager geblieben ist. Nicht so sehr für mich, der ich für Kälte unempfindlicher bin, als für Julie. Sonst sind wir gut geschützt, mit unseren Sturmhauben, Handschuhen, Übergamaschen. (Tatsächlich hat sich keiner von uns die Füße dort oben erfroren, ich auch die Hände nicht, Julie allerdings die Nasenspitze und möglicherweise zwei Finger einer Hand.) Es war dennoch ein elendes Missgeschick, dass wir unser Biwakzeug nicht erreichen konnten. Ein Fehler, der sicherlich auf die in großer Höhe häufig auftretende Vergesslichkeit zurückzuführen ist, war das Zurücklassen der nur wenige Gramm wiegenden Biwakfolie im Rucksack am letzten Haken. Verzweifelt durchsuchte ich immer wieder alle Taschen, aber ich fand sie nicht. Sie war tatsächlich im Rucksack geblieben.

Es war eine lange, lange Nacht. Obwohl zum Glück kein Sturm kam, wurde es auf den Morgen zu kalt und windig. Wir versuchten, uns gegenseitig warm zu halten, so gut es ging. Wir waren froh, als endlich Dämmerlicht durch die Wolkennebel drang, froh, dass die lange Nacht vorbei war, wir immer noch lebten und trotz allem noch ausreichende Kräfte für den Abstieg spürten. Wir waren dem Himmel dankbar, dass das Wetter nicht ganz umgefallen war, es zeigten sich sogar Flecken von Sonnenlicht, während wir den Weg in die Tiefe suchten...

Hinunter bis 8000 m

Illusion der Sicherheit in der tödlichen Falle

Wo ist das Lager? Der Hafen, wo diese Odyssee durch die Wolken ein Ende nimmt – – Wir müssen ihn finden! Der Abstieg vom Dach des Hängegletschers hat viele Stunden gedauert, hat alle unsere Energien und die ganze Aufmerksamkeit gefordert. Es war der letzte Akt im Kampf ums Überleben an der Gipfelpyramide – so dachten wir jedenfalls. Aber nun sind wir unten, irgendwo auf 8000 m, und sehen nichts! Vor kurzem – aber wer weiß, vielleicht ist das auch schon wieder eine Stunde her – habe ich noch über uns den Flaschenhals und den Eisüberhang gesehen, konnte aus der Erinnerung die Abstiegsrichtung fixieren, aber seitdem stecken wir in der »Suppe«. Und die Gefahr, am Lager vorbeizusteigen, ist riesengroß! Es darf nicht geschehen! Beklemmend fühle ich, dass dieser Abstieg auch an unseren Energien gezehrt hat! So erstaunlich gut es uns heute morgen noch ging – – Julie verlangt nun schon seit einiger Zeit nach einer Rast; ich habe Angst, sie zu gewähren – nur kleine Schnaufpausen habe ich zugestanden, eine halbe Minute vielleicht, wenn das Seil wieder einmal zu Ende war.

Ja, wir stecken in der Suppe! Ziehende Wolkenballen, Nebelbänke, ein paar verirrte Schneekörner, alles ist weiß, düster, grau, je nachdem, wie dicht die Watte gerade ist; die Hangneigung und die Erinnerung daran vom Aufstieg her – das ist der einzige Hinweis dafür, wo wir uns befinden. Vorhin habe ich einen Stein für ein Zelt gehalten – und das bedrückt mich sehr. Der Schreck darüber hat mich aufwachen lassen, hat alle meine Sinne mobilisiert! Wir werden den rechten Weg finden. Man sagt mir nicht umsonst einen sechsten Sinn für das Gehen bei Nacht und im Nebel nach – sonst wär ich schon längst nicht mehr am Leben.

Ich sehe Julies von den grauen Schwaden umwobene Gestalt – sehe ihre langsamen Bewegungen – sie weiß so gut wie ich, dass hier irgendwo die Barrards, Liliane und Maurice, sich verirrt haben müssen. »Let's continue to zig-zag, we must find the plateau!« rufe ich ihr zu, einfach um ihr irgendetwas zu sagen. Es ist klar: Wir müssen das kleine Plateau finden, auf dem das Lager steht! »Yes, we have to find it! But the slope here is still too steep – –« erwidert sie. Ich sehe den ernsten Blick ihrer dunklen Augen zwischen dem reifverkrusteten Haar – es ist so düster, dass wir seit kurzem die Brillen abgenommen haben. Ja, der Hang ist zu steil! Voll Schreck durchfährt mich der Gedanke, wir könnten vielleicht an dem Plateau vorbei in die Chinaseite hinabsteigen, auf den riesigen Wechten landen, die dort über gewaltigen Abgründen hängen! Vielleicht ist Maurice dort verschwunden, nachdem er Liliane verlor. Julie und ich gehen am Seil: Was immer auch geschieht – es ist unser beider Leben, oder es ist unser Tod.

Es soll unser Leben sein! Versuchen wir es wieder weiter rechts drüben! Nur beim Abstieg im Zickzack werden wir das Lager finden! – »To the right, now!« rufe ich meiner Gefährtin zu. In mir die bange Frage, ob das jetzt richtig war – und die absurde, verrückte Hoffnung auf einen Windstoß, der die Wolkenmassen teilt. Endlich teilt, nur für einen Augenblick!

– – – Weiter im Zickzack! Wir gewinnen kaum an Tiefe. Wir verschwenden Energien – und doch ist es die einzige Chance! Nur so werden wir in dieser Schneewüste das Lager nicht verfehlen. Aber die Sorge steigt – – – wie lange noch! Und wir sind jetzt müde – – – wir haben so viel hinter uns – – – Will dieser Berg uns nicht mehr hergeben? Nein, sonst hätte er uns schon genommen – – Seit dem Absturz sind wir in seiner Hand.

Es wird flacher! Mein Gott, Julie, es wird flacher! Das muss das Plateau sein! Aber es könnte auch der obere Rand einer Riesenwechte sein! Denn wo ist die gekräuselte Oberfläche gerundeter Eiskörner und -stücke, angeschmolzen und wieder gefroren, aneinandergeklebt durch die eisige Kälte der Nacht, immer wieder vermehrt durch neue Brocken und Scherben, die von dem riesigen Hängegletscher in der Gipfelwand abbrechen und in der geringeren Neigung des Plateaus zum Stillstand kommen? Wo ist diese Zone am oberen Plateaurand, an die ich mich vom Aufstieg her so deutlich erinnere? Wo sind wir? Ist es doch eine Wechte? Aber vielleicht hat der Flugschnee alles zugedeckt! Sind wir am Beginn des Plateaus?

Eigentlich – – schießt es mir plötzlich durch den Kopf – müsste man uns vom Lager aus ja hören können. Wenn wir dort sind, wo ich glaube, brauchen wir bloß zu rufen!

»Ha–a–a–lo–o–!« brülle ich in den Nebel hinaus – und zu Julie gewandt: »They should hear this« – das müssten sie eigentlich hören. Sie schaut mich groß an: »Are you calling for help?« – »No, but so we cannot miss the camp!«, gebe ich zur Antwort. So können wir das Lager nicht verfehlen! Wenn es hier irgendwo ist... Bange Erwartung. Stille.

»Can I sit down now?« höre ich meine Begleiterin. »Of course«, sage ich und lausche weiter in die Stille hinaus. Dann schreie ich wieder... während Julie jetzt auf dem Schnee sitzt. Ich bin in höchster Aufregung. Wird dieser Tag mit einem zweiten Biwak enden? Keine Antwort. Nur Wolken und Stille und das leise Geräusch des Windes auf der Schneefläche: »Wir müssen weiter«, sage ich zu Julie. Enttäuschung, Hoffnungslosigkeit – und doch wieder Hoffnung. Sie rafft sich auf.

Plötzlich höre ich den Schrei durch den Nebel. Eine Antwort! Im nächsten Augenblick rufen wir beide zurück – lauthals, erleichtert, mit einem Gefühl, so als wären Tonnen der Angst von uns gefallen. Das Lager! – – – Kein Biwak mehr! Wir hören die Stimme wieder – es scheint Willis Stimme zu sein. Aus der Richtung weiß ich, dass wir am Beginn des Plateaus sind. Gleich darauf, im Weitergehen, stoße ich auf ein paar Eisbrocken – aha, hier ist die Zone, an die ich mich erinnert habe! Jetzt lässt die Neigung nach, wir stehen auf einer schwach abschüssigen Schneefläche, die, ich weiß es, auf das Lager hinführt, das wir am unteren Rand des Plateaus eingerichtet haben.

Bei all dem, was über diese Tragödie erschienen ist, muss ich wenigstens einmal, nämlich hier – und damit gleichzeitig pauschal auch gegen Falschdarstellungen anderer – Stellung nehmen: für Julie und mich, die wir uns aus eigener Kraft und nur mit gegenseitiger Hilfe von der Höhe des Berges herab zum letzten Lager durchgekämpft haben! Es ist unrichtig, dass Julie, wie einzelne Schreiber berichten, auf allen Vieren zum Lager gekrochen sei, es stimmt auch nicht, dass – wie Willi erzählt hat – ihre Nase und Wangen schwarz gewesen seien, Fleischfetzen von einer Hand heruntergehangen seien, dass sie sich nicht mehr auf den Beinen habe halten können und er sie daher zu den Zelten hinuntergezogen habe; die beträchtlichen Diskrepanzen, die es immer wieder zwischen seinen und meinen Schilderungen gibt, könnten meines Erachtens darin begründet sein, dass Willi Opfer von Halluzinationen wurde – wobei man Dinge sieht oder hört, Vorstellungen hat, die nicht Wirklichkeit sind; dagegen ist auf 8000 m kein Mensch gefeit! Wenn andere Schreiber sogar groteskerweise von unterhalb der Wolken Julie und mir eine Ankunftszeit von 19 Uhr auf dem Gipfel bescheren – so kann ich mir das noch weniger erklären. Oder die letzte »Ansprache« des in Wirklichkeit bewusstlosen, im Sterben liegenden Renato Casarotto am Rande der Gletscherspalte! Die »schriftstellerische Freiheit« ist in K2-Schilderungen gleich seitenweise strapaziert worden!

»I want to rest now definitely«, sagt Julie und lässt sich zu Boden sinken. Beide sind wir unglaublich erleichtert, seit Minuten, seit wir wissen, das Lager liegt knapp vor uns.

Da reißt es auf! Ein Lufthauch, einen Augenblick nur, teilt die Nebel in einem wirren Kreisel, in dem ich plötzlich, wie in Bewegung, die bunten Farbflecke der Zelte ausnehmen kann... im nächsten Augenblick sind sie schon wieder verschwunden.

Behalte die Richtung im Gedächtnis, Kurt! Wo war das? Dort? Gradaus hinunter, da muss es gewesen sein – – – Beim nächsten Aufreißen müssen wir losgehen, dorthin. Ich hocke mich auf den Schnee zu Julie, lege den Arm um ihre Schulter. In ihrem Gesicht ist Müdigkeit und Entspannung. Wir haben es geschafft. Geschafft, wieder herunterzukommen, aus der Höhe des Berges über dem Berg, wir sind in Sicherheit, und der K2 gehört uns. Es ist knapp ausgegangen, diesmal. Ich denke an den Sturz und das Biwak. Ich sehe Julies bräunlich verfärbte, gefrorene Nasenspitze – aber bei Gott, wir leben, und der K2 gehört uns. Wir werden nie wieder hier heraufsteigen. Wir haben zu allem, was wir mit diesem Berg gelebt haben, den Schlusspunkt gesetzt – und er wird immer uns gehören und wir immer zu ihm. Es ist knapp ausgegangen, aber ich bin trotz allem froh, dass wir gegangen sind. Unser Weg ist frei – –

Da reißt es wieder auf! Ich seh' das Lager, die drei bunten Zelte, seh' Willi, der dort steht. Jetzt müssen wir hinüber, bevor es wieder zumacht! Aber Julie will noch weiter rasten, sitzen bleiben. Kann ich sie ziehen? Dort drüben gibt es Tee, Erholung, Wärme. Dort ist das Ende der schrecklichen Odyssee – – Ich stehe auf. »I will pull you – –«, sage ich zu ihr und nehme sie bei der Hand. Dann beginne ich, sie über die Schneefläche abwärts zu ziehen. Es geht leichter als gedacht – denn sie hat die glatte, gelbe Perlonhose an, die Schneefläche ist zwar gerippt, aber doch ziemlich regelmäßig, die Neigung leicht abwärts gerichtet, und Julie stützt sich mit der anderen Hand auf der Fläche ab – die steigeisenbewehrten Füße hat sie etwas angehoben. Ich weiß – es gibt irgendwo eine kleine Spalte, aber in die werden wir nicht ausgerechnet jetzt noch fallen! Trotzdem halte ich die Augen offen. Keuchend ziehe ich Julie voran, in Richtung auf das Lager zu – – – Nach einer Weile bleibe ich stehen. »Would you not want to get up?«, schnaufe ich und frage mich im Innersten, ob ihr diese Fortbewegungsart eher zu gefallen scheint, ob sie nun, wo alles vorbei ist, plötzlich so erschöpft ist oder ob sie nicht, wenn es ginge, doch lieber aufrecht ins Lager zurückkommen möchte, wenn wir schon den ganzen Abstieg bis zum Rand des Plateaus gut geschafft haben. Geht es nicht anders?

»I do not see very well – I prefer to stay on the ground«. Sie sieht nicht sehr gut, deshalb will sie auf dem Boden bleiben? Hat sie etwas mit den Augen? Ich bin überrascht: Den ganzen Abstieg lang hat sie doch gut gesehen – – ist es die Anstrengung? Eine beginnende Schneeblindheit? »O.k.«, sage ich, stemme mich wieder in den Schnee und ziehe weiter. Irgendwo höre ich Willis Stimme, aber ich weiß jetzt, wo das Lager steht, auch wenn ich es gerade wieder nicht sehen kann. »My glove! My glove!« schreit Julie plötzlich. Sie muss beim Abstützen im Schnee den Handschuh verloren haben! Hoffnungslos, den jetzt suchen zu wollen! »We are almost there – it's just a moment!« keuche ich. Gleich sind wir da! Vor mir die Silhouette der Zelte, sie sind aus dem Nebel getaucht, Willi, der sich vom Koreanerzelt her in Bewegung setzt, uns die letzten Meter entgegenkommt. Ich ziehe Julie vom Boden auf, wir gehen noch ein paar Schritte gemeinsam auf Willi zu – wir umarmen uns, es ist die Rückkehr in eine andere Welt. – Aus einer anderen Welt. »Bitte macht Tee für Julie«,sag ich zu Willi... Es ist mir klar, dass nicht für uns beide in diesem Zelt Platz ist. Ja, ich bin froh, dass jemand sich um sie annimmt, ich merke, dass ich zuletzt alles hergegeben habe, an Kräften, an seelischer Anspannung – ich bin unendlich müde und will nur schlafen. Die Österreicher nehmen Julie auf und kümmern sich um sie, ich lege mich in unser kleines Zelt, bald weiß ich von nichts mehr. Von Alan und Mrowka habe ich nichts bemerkt, sie müssen wohl da sein, denn bei diesen Sichtverhältnissen kann kein Mensch absteigen.

Wie Willi mir später in Innsbruck erzählte, war Julie nach heißem Tee bald wieder bei Kräften; bestimmt hat auch das Gefühl eine Rolle gespielt, sich wieder in Sicherheit zu wissen. Das Ärgste war vorbei. So dachten wir jedenfalls alle. Sie hatte keinerlei Erfrierungen an den Füßen erlitten, wie Willi feststellte. Wohl aber habe sie außer Erfrierungen eine Verletzung an einer Hand gehabt. Willi war durchaus der Meinung, dass sie den Abstieg schaffen würde. Nur ihre Sehstörung machte Kopfzerbrechen. »Wenn wir ihr etwas zu trinken gaben, griff sie manchmal am Becher vorbei.« Hannes und Alfred sprachen deshalb von einer etwaigen Hubschrauberbergung aus dem unteren Bereich des Berges – aber Willi wusste, dass Hubschrauber allerhöchstens aus 6000 m Höhe noch jemanden aufnehmen können, und das nur unter günstigen Bedingungen. Julie schien die »Bergung« nicht so ernst zu nehmen; sie freute sich aber, von wo auch immer, auf einen Hubschrauberflug! Denn wie sie laut Willi an diesem Nachmittag im Österreicherzelt sagte: »General Mirza hat mir versprochen, mich mit dem Hubschrauber zu fliegen, wenn ich den Gipfel des K2 erreiche.« Ich war selbst dabei, es war im Basislager, als der General das sagte – und sah das glückliche Lachen auf Julies Gesicht: früher oder später würde sie wohl fliegen! Julie war noch nie im Leben mit einem Hubschrauber unterwegs gewesen – es war für sie ein Abenteuer, dem sie mit keiner geringeren Spannung entgegenblickte, als irgendwann einmal mit der »Concorde« aufzusteigen – und sei es bloß für eine Runde über London!

Willi hat mir später noch mehrmals versichert, dass am ersten Tag niemand im Zweifel war, dass Julie, die sich wieder erholt hatte, den Abstieg schaffen würde. Sie blieb für den Rest des Tages bei den Österreichern. Auch sie holte so wie ich den Schlaf nach – wie man mir einmal, als ich aufwachte und fragte, aus dem Nachbarzelt bedeutete.

Schon in früheren Jahren hatte ich festgestellt, dass das Wetter am K2 sich oft verschieden entwickelt. Es kann am Abruzzensporn unten fast windstill sein, während ein »Stockwerk« höher der Rauch des Sturms waagrecht über die Felsrippen fegt; die Schulter mag in einer riesigen Wolke stecken, und der Gipfel selbst hat nochmals sein eigenes Wetter. Bei der gewaltigen Höhe des K2 reicht der große Berg ja in die Nähe der Flughöhe der Jet-Flugzeuge. Passagiere der Linie Islamabad–Peking sehen über dem Wolkenmeer oft nur die markante riesige Pyramide des Gipfelaufbaus in den Himmel ragen – vielleicht auch noch die höchsten Gasherbrumspitzen und die Schneiden des Broad Peak. Darunter ist dann »Sauwetter« – zumindest ist es nicht schön.

Auch im Laufe des 4. August hat das Schlechtwetter schichtweise begonnen. Die Gewalt des Sturms hat im oberen Bereich nur zögernd eingesetzt. Julie und ich hätten das Biwak in der offenen Nische auf rund 8400 m sonst gewiss nicht überlebt.

Unterhalb von 8000 m fegten jedoch bereits um fünf Uhr nachmittags am 4. August Schneeschauer quer durch die ganze Südwand des K2, es wurde immer dunkler, die Wolken, die nunmehr auch weiter oben den K2 umhüllten, reichten alsbald bis zum Gletscher hinab – dann begann es dort anhaltend zu regnen! Schließlich wurde Schneefall daraus. Doch Petr und Przemyslaw – die beiden Überlebenden der Magic-Line-Gruppe, die den Gipfel überschritten hatten und sich nun langsam über den Abruzzensporn hinabmühten – konnten wahrnehmen, dass es weiter oben nicht so viel schneite.

Am 5. August zu Mittag war – wie Jim Curran erzählt – vom Basislager aus sogar ein klein wenig blauer Himmel zu sehen, doch konnte man den starken Wind an den vom K2 fortdriftenden Wolkenspiralen ahnen. Schon um halb zwei am Nachmittag ist das Wetter aber schlimmer als je zuvor! Voll Sorge vertraut Jim seinem Tonband an: »... befürchte das Schlimmste. Zurzeit sind 12 Menschen am Berg, alle auf oder über 7000 m, und das Wetter dort oben muss grauenvoll sein.« (Aus »K2, Triumph and Tragedy«)

Erst am 8. August, zwei Tage nach Petr und Przemyslaw, ist es auch den letzten Bergsteigern von der Magic Line – Janusz Majer, dem Expeditionsleiter, und den beiden Polenmädchen Krystyna Palmowska und Anna Czerwinska – gelungen, das Basislager zu erreichen. Der Rückzug über die schwierige Route war ein harter Kampf. Glücklicherweise gab es Fixseile!

Obwohl man nun sicher an eine Rettungsaktion für uns sieben auf der Schulter Verbliebenen dachte, war, solange der Sturm so fürchterlich tobte, überhaupt keine Chance gegeben, dass jemand von unten her die Schulter erreichte. Sogar eine vielköpfige Rettungsmannschaft hätte bei den herrschenden Verhältnissen nichts ausrichten können. Und die Leute im Basislager, die dafür in Frage gekommen wären, waren angeschlagen, hatten zum Teil Erfrierungen oder waren erschöpft. Von den Österreichern war nur noch Michael Messner da, die anderen hatten vor Tagen ahnungslos den Rückmarsch angetreten und der österreichischen Botschaft in Islamabad gutgläubig die Meldung gebracht: drei Österreicher auf dem Gipfel des K2!

Die Koreaner hatten beim Abstieg auf dem Sporn alles nötige für etwaige Notfälle in den Zelten zurückgelassen, auch Julie und ich hatten unsere Depots. Doch die Frage für uns alle war: Wie kann man zum Sporn hinuntergelangen, ohne umzukommen?

Jim, Alans Freund im Basislager, beobachtet das Wetter Tag für Tag und hofft und hofft. Aber die Chancen für die dort oben sinken mehr und mehr. Kein Mensch kann unbegrenzt in der Todeszone aushalten, auch wenn er voll akklimatisiert ist und genug zu trinken hat! Und die dort oben waren nun sicher mit dem Gas am Ende. Und Sauerstoff? Sie hatten keinen. Bei einem Aufenthalt von dieser Dauer wäre eine Wagenladung voll Flaschen nötig gewesen! Lebte überhaupt noch jemand?

8. August: Jim Curran ist verzweifelt: »... Ich glaube... wahrscheinlich sind alle tot.« Doch er hofft noch immer.

Am 9. August begibt er sich gemeinsam mit Michael Messner zum ABC-Lager, ohne irgendetwas zu entdecken. Er übernachtet in unserem kleinen dunkelgrünen Zelt, dem einzigen, das dort noch verblieben ist.

Die ganze Nacht lang rüttelt der Wind an dem schwankenden Stoffgehäuse, schlagen abgerissene Schnüre gegen die Zeltbahn.

Auch am Morgen des 10. August geht das Toben des Sturms am K2 weiter. Doch das Wetter sieht besser aus. Jim sucht wieder das Basislager auf.

Am 11. August ging die Nachricht vom Tod aller in die Welt hinaus.

Kehren wir zum 5. August zurück – zu jener im Sturm verlorenen Insel auf 8000 m...

Die drei Zelte des Lagers 4 (Aquarell von Herbert Finster)

Orkan auf 8000 m – die Agonie der fünf Tage

Nacht. Ich höre das Zischen des Windes, immer wieder das Prasseln von Schneekörnern auf dem Tuch. Ich bin aufgewacht und lausche den Böen – solange das Geräusch so bleibt, immer wiederkehrend, handelt es sich um Triebschnee. Der Wind holt ihn sich von irgendwoher am Berg – und lagert ihn woanders ab. Man kann es hören, merkt es auch an den Pausen dazwischen, dass es nicht schneit, dass es nur Flugschnee ist, der durch die Luft verfrachtet wird. Er macht mir wenig Sorge. Auch wenn die Position unseres Zeltes jetzt ungünstig ist, weil die Strömungsrichtung sich geändert hat. Als Julie und ich es aufstellten, wehte der Chinawind. Deshalb hatten wir die kleine, etwas fragil wirkende Behausung im Lee des Koreanerzeltes untergebracht; dicht daran, so dass die massige asiatische Stoffkuppel hervorragenden Schutz bot. Aber das war am 2. August; seitdem hat sich der Wind um hundertachtzig Grad gedreht, er bläst von Pakistan, trifft zuallererst unsere kleine Unterkunft! Daran ist nichts zu ändern: längst sind die Verankerungen tief im Schnee verschwunden, im Boden eingefroren. Morgen früh werden wir absteigen, wenn – – Sorgenvoll lausche ich auf das Geräusch der Luftmassen: doch ja, sie bringen nur Triebschnee!...

Man hört es in einem Hochlagerzelt sofort, wenn Schneefall einsetzt. Der Laut ist weicher und ununterbrochen. Lawinengefahr, schneller Rückzug als bedingungslose Notwendigkeit – das alles können die Folgen sein.

Morgen müssen wir von hier weg! Es ist höchste Zeit! Wir haben einen Tag verloren – und den Gipfel trotzdem gepackt. Doch nun geht der 5. August zu Ende! Es ist mehr als genug.

Aber die Sicht? Sie ist das große Problem: Seit der fatale Eissturz, die »Teekessel-Lawine«, von der Schulter des K2 losgebrochen ist, gibt es nur einen einzigen schmalen Durchschlupf – durch den wir heraufgekommen sind. Hätten bloß die Bambusstangen noch gereicht, um ihn zu markieren, wir könnten auch im Nebel absteigen! Aber nach dem großen Hang über Lager 3 waren sie – bei 7700 m – zu Ende. Alan Rouse und ich hätten nochmals zehn bis fünfzehn Stangen gebraucht!

Als wir zu diesem Platz hochstiegen, war herrliches Wetter... und die meisten haben wohl Alan und mich für Sicherheitsfanatiker gehalten. Jetzt stecken wir in der »Suppe« hier oben – – nur die nicht vorhandenen Stangen könnten uns den Weg zur Tiefe weisen. Bei einem Verhauer droht Sturz über die Abbruchkante...

Wir werden es trotzdem versuchen müssen! Gebe Gott, dass kein Schneesturm kommt – – dann ist hier nichts mehr möglich, dann sind wir in der Falle. Das Risiko, sich im eisigen, tobenden Wirbel des Schnees zu verirren und nicht einmal mehr zum Zelt zurückzufinden, ist enorm. Der sichere Tod. Was soll man dann bloß tun? Warten und hoffen?

Wie mag es wohl Julie im Nachbarzelt gehen?

Angstvoll lausche ich in die Nacht hinaus, auf das Geräusch der Schneekörner – – doch es ist nur Triebschnee. Ich schlafe wieder ein.

Ein Geräusch am Zelteingang? »Please open!« höre ich Julies dünne Stimme. Schlaftrunken brumme ich etwas Unverständliches. Hätte auch schon früher kommen können! Ich öffne den Schlauchverschluss. Umständlich kriecht Julie herein. »It is very difficult to get in«, schnauft sie. Kein Wunder, der Flugschnee! Das Eingangsloch ist klein und ganz unten, dicht über dem Boden des Zeltes. Nichts für Schneeverwehungen! Das habe ich mir schon im Zwischenlager auf 7000 m gedacht.

»Wieso kommst du erst jetzt, mitten in der Nacht?« brumme ich.

»Willi took care of my fingers, he gave me his silkgloves«, höre ich Julies Stimme in der Dunkelheit. Er hat sich um ihre Finger gekümmert und ihr seine Seidenhandschuhe gegeben. Na gut... die wird sie noch brauchen. Wenigstens hat sie sich drüben beim Tee erholt, hat nachgeschlafen und ist wieder da – denke ich, etwas beruhigter. Wir rollen uns ein und schlafen.

Wir erwachen durch wütendes Rütteln am Zelt! Sturm, ein Orkan muss das sein. Schneesturm! – – Ich spüre einen Knoten im Hals, schlucke – jetzt hat es uns doch erwischt. Das wird eine schöne Bescherung, von hier hinunterzukommen!

Unser Mini–Gewölbe biegt sich unter der Wucht der Luftmassen, siedendes Prasseln liegt in der Luft, darüber ein dumpfes Dröhnen von oben her, von der Gipfelpyramide.

Das müssen über hundert Stundenkilometer sein, mit denen der Triebschnee gegen das Zelt wirbelt – ein immer höherer Wall scheint sich draußen aufzubauen, drückt auf die Stoffwände herein – – Werden die Schneemassen über unser kleines Gehäuse wachsen, so wie wir das eines Nachts am Nanga Parbat erlebt haben? Dort hatten wir wenigstens ein solides Zelt – – Unwillkürlich umklammere ich Julie, ziehe sie an mich. Damals haben wir es auch überlebt – – 7400 m hoch war das – – hier sind wir auf 8000 m, beträchtlich höher. Julie sagt nichts, sie drückt sich an mich – ich weiß, sie denkt wohl dasselbe.

Langsam kommt der Morgen herauf, hier innen nur ein fahler Dämmerschein. Es tut mir jetzt leid, dass ich heut nacht so brummig war, irgendwie möchte ich etwas Gutes sagen:... »Wir haben den Gipfel des K2 erreicht, Julie – unser Traumberg! Wir haben den Absturz überlebt, das Biwak überstanden, wir werden auch aus dieser Situation herauskommen; der K2 gehört uns – are you happy?« Keine Antwort. Ihre Stille bedrückt mich.

»I do not know – –« sagt Julie endlich leise, zögernd, und nach einer Pause: »I do not see very well – –« Sie sieht nicht gut? Mein Gott, sie sieht nicht gut!

Ich bin betroffen. Jetzt fällt mir ein: als ich sie gestern über die Schneefläche zog... sagte sie da nicht plötzlich, sie sähe schlecht? Ja – doch ich habe es der Müdigkeit zugeschrieben. Mir selbst ist das schon am Everest passiert. Aber nun?

»Do you have any pain?« Schmerzen? Sie schüttelt den Kopf: »No pain«, sagt sie leise. Ich blicke in ihr Gesicht – sehe ihre Augen, groß und dunkel. Sie scheinen mir dunkler als sonst zu sein. Aber das ist wohl das Dämmerlicht hier drinnen.

Ihre Lippen sind kalt. Ich bin bestürzt, lasse es mir aber nicht anmerken. irgendetwas stimmt nicht mit ihr, da ist ein Tief... Nein, schneeblind ist sie nicht. Sicherlich wird es ihr morgen wieder besser gehen! Wenn wir bloß nicht hier oben in der Sturmfalle säßen!

Eins ist klar: zunächst können wir auch deshalb kaum absteigen. »We wait here till tomorrow – then you will see better and we will go down«, sage ich mit erzwungener Ruhe. Also bis morgen warten und dann hinunter! Ein Abstieg bei diesem Sturm heute wäre ohnehin Wahnsinn.

Aber jetzt muss etwas geschehen, damit Julie wieder in Schwung kommt. Tee! Flüssigkeit! Ich beeile mich, den Kocher in Betrieb zu setzen. Wie gut sieht Julie noch? Ich darf es mir nicht anmerken lassen, wie sehr mich diese Frage beschäftigt. Wie kann ich es herausfinden? – – Schließlich kommt mir eine Idee: »Could you please give me the knife? For the snow...« Sie soll mir das Messer geben! Für Schneestücke vom Eingang, zum Kochen... ich warte gespannt, beobachte sie unauffällig. Sie gibt es mir.

Erleichtert atme ich auf. Es lag da im Zelt herum, in der Nähe der Wand. Sie muss doch wohl einigermaßen sehen – so genau kann sie nicht gewusst haben, wo es lag. Oder – –?

Der Tee ist fertig. Es ist für uns beide eine Wohltat, ihn zu schlürfen. Julie lehnt sich an mich. Trotz des Sturms, der draußen unvermindert weitertobt, herrscht keine Kälte hier drinnen, die wachsenden Schneewälle haben wenigstens ein Gutes: sie schützen vor Wärmeverlust. Schließlich müssen wir sogar die Daunenjacken ausziehen. Wir strecken uns, stecken die Füße im Schlafsack in die hierfür vorgesehene sackartige Seitentasche am Boden des Mini-Zelts und warten. Schließlich dösen wir ein.

Ich habe am Morgen die Finger an Julies rechter Hand angeschaut: sie sind leicht bräunlich, wie die Nasenspitze. Erfrierungen, doch kein dritter Grad: zwei hat es stärker erwischt, auch ein weiterer hat noch etwas abgekriegt. Ich bin überzeugt, dass das kein unüberwindliches Handicap abgeben wird. Julie scheint eher darüber besorgt zu sein, ob sie in Zukunft noch das Schwert halten kann; nicht, dass sie klagt – aber ich weiß, wie sehr sie mit ganzer Seele an ihrer Waffe hängt!

Ich versuche, sie zu beruhigen – andererseits haben wir immer gewusst, dass so etwas eines Tages geschehen konnte. Der Schneesturm heult weiter...

»Bloody hell!« fluche ich, unwillkürlich auf Englisch. Das Zelt! Es neigt sich langsam vornüber! Die Schneemassen haben sich auf der Bergseite derart aufgetürmt, dass sie auf die Kuppel der schmächtigen Behausung drücken, die elastischen Verstrebungen des »Parapluies« scheinen im Bereich der Seitenwände nicht stark genug zu sein, um dem Druck standzuhalten. An zwei Stellen winden sie sich wie Schlangen! Ich bin voll Sorge: wie lange mag die französische Superkonstruktion wohl noch halten? Hier gibt es nur eins: Entlasten!

Dafür muss ich hinaus. Zuviel Schnee, als dass man ihn auch durch noch so energisches Boxen von innen her wegbrächte!

Nun bin ich schon öfter in Stürmen hinaus und habe Zelte in Windeseile freigelegt – meist ohne mich erst umständlich in Überhosen und Schuhe hineinzuquälen – ich habe genug Reservesocken mit, auch hier oben!

Aber das Problem ist, wie ich gleich darauf erkennen muss, nicht nur auf die schwachen Verstrebungen beschränkt: ich komme beim Eingang nicht mehr hinaus! Knapp über dem Boden angebracht, scheint das Loch mit dem kurzen Stoffschlauch eher für einen Campingaufenthalt auf flachen, mit Enzian bestandenen Bergwiesen bestimmt zu sein denn für einen Ausstieg im tiefen Schnee. Obwohl ich das Zelt natürlich mit dem Eingang zur Talseite aufgestellt habe, lastet so viel weiße Masse über dem Schlauch, dass ich nicht durchkomme! »To hell with this umbrella...«, fluche ich keuchend beim vergeblichen Versuch. Da sind wir jetzt, eingesperrt wie zwei Mäuse unter einer Glasglocke – nicht ganz so schlimm, denn hier kann man natürlich ein Loch schneiden und hinaussteigen. Eine Gewaltlösung, die in Anbetracht des Sturms nicht ratsam ist. Nicht, dass mir das »Wunderzelt« leid täte – dieser aufgespannte Regenschirm mit Boden. Aber statt jetzt voll Ärger gegen die Schneewand zu boxen, würde ich lieber mit dem Erfinder in den Ring steigen... »Merde« schnaufe ich, nicht grundlos ins Französische überwechselnd.

In diesem Augenblick höre ich draußen die Stimme von Alan Rouse – er scheint mit Willi zu reden.

»Al can help us« – meint Julie. Wir rufen ihn und bitten ihn, den Eingang freizulegen.

»Of course« – – schon gräbt der hilfsbereite Alan da draußen wie ein Dackel in die Tiefe, ich kann es nicht sehen, aber ich höre ihn keuchen, durch die Zeltwand. Mit den Händen ist das eine erschöpfende Arbeit, aber es gibt in diesem Lager keine Schaufel.

»I have to stop«, schnauft Alan, »that is like a pit.« Wie ein Bergwerk ist das, wie eine Grube! Ich glaube es ihm.

Jetzt versucht es Willi, erst mit dem Pickel, dann mit den Händen. Zwar hat ein Schlag ein Loch ins Zelt gerissen, aber der Trichter in den Schneemassen erreicht jetzt den Eingang. »Den Rest kannst du selber machen«, schnaubt der Willi wie ein Nilpferd; er hat genug... »und beeil dich, sonst ist's wieder zu!« ruft er noch, dann höre ich, dass er zu den andern beiden ins Zelt nebenan kriecht. Auch Alan muss zu seinem Unterschlupf zurückgekehrt sein, ich vernehme ihn nicht mehr.

Und nun? Die Schuhe anziehen? Das dauert mir viel zu lange! In den dicken Wollsocken geht's auch – ich hab ja Reserve. In ein paar Minuten bin ich wieder herinnen: den Eingang freilegen, eine Stütze finden – Pickel, Skistock... irgendetwas kann ich sicher verwenden.

Und Julie? Kann sie von innen helfen? – »Allright!«, erwidert sie, und wir besprechen, was jeder tun soll. Sie ist wieder voll Tatkraft. Beklommen und doch zuversichtlich schaue ich sie an: da sitzt sie, halb aufgerichtet im Schlafsack, und wartet darauf, dass ich losgehe. Julie, good Julie, denk ich – – wir werden es schaffen! Dann beginne ich den Ausstieg.

Auf dem Rücken liegend, die Füße voran, schiebe ich mich in den Engpass des Eingangs – denn ich habe begriffen, dass es zunächst bergauf geht. Wie ein Wurm winde ich mich weiter hinaus, nun bäuchlings herumgedreht, empor durch den Schnee, die Beine draußen, den Kopf noch im Zelt – japsend, nach Luft schnappend erreiche ich das Freie, stehe jetzt aufrecht im gewölbten Hang, das Zelt und den Trichter im Schnee vor mir. Im selben Augenblick stürzt sich der Sturm auf mich, da ist Schnee in der Luft, überall... ich sehe die Silhouette des im düsteren Grau von den jagenden Schwaden gebeutelten Koreanerzelts, das zerquetschte Rot dessen, was von unserer eigenen kleinen Kuppel noch herausschaut...

Ist das ein Höllenwind! Schneeflocken peitschen mein Gesicht. Gott, das sind ja Berge von Schnee, die sich hier türmen! Und es ist im Vergleich zum Zeltinnern verdammt kalt! Mir wird gleich warm werden – ich arbeite wie ein Schaufelbagger. Das Zelt sitzt unheimlich tief drinnen, die Verankerungen sind weiß Gott wo... ich finde keinen Skistock! Auf der Bergseite ist der flache Hang des Plateaus, an dessen Rand wir uns befinden, in einer mächtigen Welle bis über das Zeltdach emporgewachsen. Wie ein rasender Maulwurf versuche ich jetzt auf der Talseite den Eingang völlig freizulegen – doch es ist eine Sisyphusarbeit! Gleichzeitig sehe ich, wie das Zelt mehr und mehr vornübersinkt, auf den Trichter zu...

Den Pickel im Inneren als Stütze verwenden?

Ein Unterfangen von zweifelhaftem Wert, riskant.

Und wird der Eingang nicht in Kürze wieder zugeweht sein? Immer mehr wird mir klar, dass das Zelt nicht zu halten ist. Eisige Kälte kriecht an meinem Körper hoch, dringt von allen Seiten auf mich ein – so lange wollte ich nicht draußenbleiben!... »Try to lift the tent!« höre ich Julie von innen. Das Zelt heben!... Wozu? – frage ich mich resigniert, doch ich packe es und ziehe es nach oben. Gelingt ihr etwas? Ich merke, wie Julie an den Verstrebungen links vom Eingang arbeitet. »I think, we can make it!« höre ich sie hoffnungsfroh. O tapfere Julie! Ich bewundere dich... Aber im nächsten Augenblick hängt das Zelt wieder vornüber. Ich spüre meine Füße nicht mehr! So ein Blödsinn, diese Hast vorhin! Keine Schuhe!

Ich hätte mir die Zeit nehmen sollen, sie anzuziehen. Zurück, hinein! Und zwar schnell! Geht es überhaupt noch?

Und wer gräbt uns in einer halben Stunde wieder aus?

Und wenn das Zelt zusammenbricht!... Alles in mir sträubt sich, Julie zu sagen, dass uns nur noch eines übrigbleibt – –

»I cannot fix it« – klingt es jetzt resigniert von innen. Arme Julie. Nichts zu machen.

»We have to give the tent up, Julie – – we have to split!« würge ich hervor; wir müssen das Zelt aufgeben und uns trennen! Zu zweit kommen wir bei den anderen nicht unter.

Scheußlich, doch wir haben keine Wahl. Diese Kälte! Ich zittere jetzt am ganzen Körper.

»Please, fast, give me my sleepingbag«, flehe ich, »will you go to Alan and I to the Austrians?« Wo will sie hin? Julie, entscheide dich schnell, es schüttelt mich wie in einem Krampf, es darf keine Minute mehr vergehen!

»No – let me go to the Austrians, you go to Alan.« Der Schlafsack kommt durch den Eingang. Sie will zu den Österreichern!

»Willi! Schnell! Unser Zelt ist im Eimer – nehmt Julie bitte bei euch auf«, schreie ich die dunkle Kuppel an, »kannst du ihr heraushelfen? Jetzt sofort!« Jagende Schwaden, Sekundenbruchteile, eine Ewigkeit – die massige Gestalt von Willi schiebt sich durch den Eingang: »Ja, natürlich« – sagt er.

Jetzt ist Julies Hand aufgetaucht... »Please help me out!« höre ich sie rufen. Schon schiebt sich der Willi an mir vorbei, an unseren Zelteingang heran, um ihr durch den Engpass herauszuhelfen. »Julie«, schreie ich ihr im Sturm zu, »I am freezing – Willi does help you – I have to run, we... will... meet... later!« Bebend, eingestäubt von unten bis oben mit Pulverschnee, die Füße in den Wollsocken gefühllos wie Holz, den Schlafsack im Arm... so laufe ich durch den Tiefschnee hinüber zu Alans Zelt.

»Please let me come in!« keuche ich... doch Alan hat den Eingang bereits offen. Im Rückblick sehe ich noch Willi bei unserem Zelt, seine vornübergebeugte Gestalt...

Nein, Julie – wir konnten das Zelt nicht retten, wir mussten uns trennen! Während ich zu Alan und Mrowka hineinkrieche, fühle ich Dankbarkeit, Wärme... und unendliche Bitternis, die in mir aufsteigt.

*

Ich lehne an der Schneewand, die ich durch das Zelttuch spüre, kalt, hart. Neben mir sind Alans Beine, er hat den Kopf beim Eingang und schläft. An meiner Seite, im Hintergrund des Zeltes, halb aufgerichtet, Mrowka... still, in sich gekehrt, den Blick geradeaus – – – Hadert sie mit dem Schicksal, das ihr den K2 nicht gegönnt hat? Dessen Gipfel sie noch näher war als letztes Jahr dem des Nanga Parbat. Sie scheint völlig abwesend.

Alan hat sich bei meinem Eintreffen rührend um mich bemüht, hat mir in der fürchterlichen Enge des Zeltes in den Schlafsack geholfen, nachdem ich mich sämtlicher Kleidungsstücke entledigt hatte... sie waren total eingestäubt mit Pulverschnee. Nur die Daunenjacke habe ich anbehalten – sonst liege ich nackt im Schlafsack. Die übrigen, nass gewordenen Sachen haben wir in die Apsis geworfen; dort, hinter der Zwischenwand, werden sie leider in Kürze zu Stein und Bein frieren. Die andere Kleidung ist drüben im »Parapluie«-Zelt, ebenso die Bergschuhe. Es gab bei dem plötzlichen Umzug ja keine Möglichkeit, sie mitzunehmen. Der heiße Tee, den Alan mir bereitet hat, hat meine Lebensgeister wieder geweckt, hat meine Verbitterung über das ganze Elend etwas besänftigt – ich weiß, dass Julie drüben im Nachbarzelt gut aufgehoben ist, auch wenn ich darunter leide, dass bei dem Fauchen des Sturms kein Sprechkontakt dorthin möglich ist. Es gibt nur Rufverbindung – wenn einer aus dem Zelt heraussteigt. Sobald der Sturm nachlässt, wird es auch von hier innen möglich sein, sich rufend zu verständigen – ich kann ja nicht hinaus, ohne Schuhe. Sind Julies Augen besser geworden?

Ich empfinde es als sehr schmerzhaft, dass wir zwei, die bisher alle Entscheidungen am Berg stets gemeinsam getroffen und so viele Situationen durchgestanden haben, jetzt nichts füreinander tun können – plötzlich durch ein paar lächerliche Meter aus Schnee und tobenden Luftmassen getrennt.

Doch nein, da sind ja die Gedanken! Nur helfen sie uns jetzt nicht viel. Wird sie vielleicht herüberkommen?

Mittlerweile ist durch Rufkontakte zwischen Alan und Willi für jeden klar, dass wir alle gemeinsam absteigen werden – bei erster Gelegenheit. Und so schnell wie möglich! Aber bei einem derart gewaltigen Sturm ist das Risiko, sich zu verirren und nicht einmal mehr zu den Zelten zurückzufinden, so groß, dass es besser ist, einen Tag zuzuwarten.

»Jesus Christ! So much snow...«, schimpft Alan, rappelt sich auf und zwängt sich durch den Zelteingang ins Freie. Er ist voll angezogen, es ist nicht das erste Mal, dass seine kräftigen, langen Arme wie Windmühlenflügel die Berge weißen Pulvers da draußen in die Luft wirbeln und vor allem die talseitige Zeltwand und den Eingang selbst freilegen. Immer höher wachsen dort im Lee die Schneewälle, bauen sich mit beängstigender Geschwindigkeit wieder auf. An der Bergseite hat Alan »das Handtuch« – nach China – »geworfen«: Der schnell anwachsende Triebschnee ist dort zu einer massiven Wand erstarrt. Doch das kleine, recht solide Zweimannzelt von Alan hält dem Druck der Schneemassen bisher gut stand. Ich bewundere diesen jungen englischen Bergsteiger: seine Dynamik, seine scheinbar unerschöpfliche Energie, seine Fairness und Hilfsbereitschaft – die er beim Aufstieg wie kein anderer bewiesen hat. Es ist jetzt vier Tage her, seit er Alfred Imitzer Unterschlupf gewährte, und vor drei Tagen hat er seinen Platz der erschöpften Seilschaft von der »Magic Line« geopfert. Wo nimmt dieser Mensch bloß die Kraft her?

Bei den Österreichern ist sicher der Willi am besten in Form, und er zeigt sich hilfsbereit. Wenn wir nur aus dieser Falle hier herauskommen – Der verlorene Tag. Ich will nicht daran denken, aber es bleibt mir wie ein bitterer Geschmack auf der Zunge. Wir könnten jetzt im Abstieg über den Abruzzensporn sein, weit unten; vielleicht auch schon in unserem

Zelt am Fuß des Berges. Ich lehne den Kopf an die Schneewand und lausche dem Sturm.

Was geschah inzwischen außerhalb unserer begrenzten Welt auf der Schulter, wo wir wie Gefangene das Ende des Aufruhrs der Elemente herbeisehnten? Wo wir jeden Tag glaubten und hofften, es sei der letzte dort oben!

Die Jugoslawen, die um die Mittagszeit des 4. August auf dem Gipfel ihrer beiden Achttausender standen, waren noch hinuntergekommen. Die amerikanischen Gipfelaspiranten auf der Nordseite hatten im tiefen Schnee das Erreichen ihres Ziels als aussichtslos erkannt, auf 8100 m umgedreht und waren dann wegen der Wetterverschlechterung längs ihrer Fixseile den Nordsporn hinabgestiegen. Sie erreichten wohlbehalten ihre vorgeschobene Basis. Dasselbe glückte den Koreanern noch am 4. August, ebenfalls entlang der Fixseile über den Abruzzensporn. Die polnischen Bergsteiger auf der Magic Line kämpften seit Tagen mit dem furchtbaren Wetter und waren noch nicht unten. Petr und Przemyslaw hatten Lager 4 am 4. August erst um 10.30 Uhr verlassen – das war, als die bewusste Wolkenschicht langsam im 8000-m-Bereich wuchs... sie kamen gut hinunter. Doch wir andern waren hoch darüber.

Am 5. August ruft Jim – leider zu spät – endlich Lager 4. Aber dort gibt es kein Walkie-Talkie mehr, Petr und Przemyslaw haben es mit hinuntergenommen – wie die Koreaner.

Unsere Gruppe, die auf der Schulter in der Falle sitzt, ist folglich ohne Funkverbindung. Sieben Menschen stecken in den Sturmwolken, und keine Chance für einen Durchbruch, der sich vom Blickwinkel des Basislagers aus zeigt, kann ihnen mitgeteilt werden. Nichts hilft es, dass Jim am Morgen des 7. August einen Augenblick der Hoffnung schildert: »... der K2 ist bis zur Schulter hinauf wolkenfrei, sogar der Felszacken, hinter dem Lager 4 liegt, ist herausgekommen, sowohl der Abruzzensporn als auch der ganze Abstieg ist sichtbar. Es ist gewiss nicht so windig dort oben wie gestern Nacht, und jeder... wird jetzt so schnell als möglich herunterkommen. Die große Frage ist: gibt es da überhaupt noch jemanden?«

Das alles war für uns absolut unbekannt. Obwohl niemandem entgangen war, dass in der Nacht vom 6. zum 7. August der Sturm abflaute und wir folglich einen Ausbruch planten, herrschte am Morgen keine Sicht. Die Gefahr, sich im dichten Wolkennebel auf der Schulter zu verirren, ist beträchtlich, und besonders wenn man nicht weiß, wie weit die Wolken hinabreichen, wird kaum jemand das Risiko eines Abstiegs eingehen! Keiner wusste, dass unterhalb der Schulter alles frei war! So ging die Chance aus Unkenntnis der wirklichen Lage verloren. In diesem Augenblick hätte ein Walkie-Talkie unbedingt Leben retten können...

»Let's hope, our gas will last«, schnauft Alan und arbeitet sich wieder einmal beim Eingang herein. Er ist besorgt, dass das Gas nicht reicht... Natürlich stimmt durch den Zeitverlust jetzt auch seine Kalkulation nicht mehr. »I have another full cylinder«, versuche ich ihn zu beruhigen, »the one for the summit push.« Ich habe noch die beim Gipfelgang nicht verwendete Husch-Kartusche in der Daunenjacke und drüben im Zelt einen fast vollen Epigaskocher. Ob er den holen will? Alan schüttelt den Kopf, er hat jetzt keine Lust. Und meine Hoffnung, bei dieser Gelegenheit auch meine Bergschuhe und übrigen Kleider im Rucksack von drüben zu bekommen, fällt vorläufig ins – noch vorhandene – Wasser.

Im Nebenzelt hat man, wohl auch wegen der Bestände der Koreaner, noch keine Gassorgen. Und jeder sagt sich: der Sturm kann ja nicht ewig dauern. Verpflegung gibt es nirgends mehr viel, aber was hier oben vor allem zählt, ist trinken.

Wie geht es Julie? Wenn ich die Schuhe hätte – Auch ein Versuch, sie durch Mrowka zu bekommen, schlägt fehl; als sie draußen ist und das Zelt freilegt, vergisst sie darauf – und außerdem stürmt es erbärmlich.

Nacht. Es ist still. – – Es ist still? Bessert sich das Wetter? – –

Ich höre Stimmen von draußen, höre Willi. Wird man absteigen? Aber nach einiger Zeit verstummen sie. Offenbar nicht! Klar, wenn das Wetter besser ist, warten wir wohl das Tageslicht ab. Alan kriecht von draußen herein: »The weather is better – tomorrow we can go down.« Also hinunter, am Morgen!

Das war die Nacht, aus der mir Willi später erzählte, Julie habe gesagt: »Es ist still draußen, wir könnten absteigen!«...

Im Krankenhaus in Innsbruck war seine Erinnerung an die Begebenheit bereits verändert... Julie habe in jener Nacht gesagt: »Es ist still draußen, ihr könntet absteigen!« Sie habe sich nicht mehr mit einbezogen.

Ich erinnere mich jedenfalls, dass ich über die Verschiebung des Aufbruchs auf den Morgen nicht böse war: noch hatte ich keine Gelegenheit gehabt, mit ihr Kontakt aufzunehmen (ich erfuhr einmal, dass sie schlief, sonst nichts) und alles Notwendige an Ausrüstung war außerdem, so wie meine Schuhe, in dem aufgegebenen Zelt!

Ich bin in einer erstarrten krampfhaften Stellung im hintersten Winkel des Zeltes. Der Nacken schmerzt, die Enge ist fürchterlich. Die Temperatur im Schlafsack lässt sich ertragen, es macht nichts, dass ich nichts anhabe. Aber der Druck des Schnees von der Kopfseite her ist schlimm! Ächzend ändere ich meine Lage. Nur ein klein wenig. Das betrifft sofort jeden von uns – ob er will oder nicht! Wir sind eine erschöpfende Verflechtung von Gliedmaßen. Stöhnen, schweres Atmen, dann wieder Stille. Warum sind die Nächte so furchtbar, warum quält da die Enge hundertmal mehr als am Tag?

Von draußen das leise Geräusch des Windes und dann und wann der knackende Ton, der harte Klang des Aufpralls einzelner Schneekörner auf der Wölbung des Zelts, auf dem Stofftunnel. Ja, es ist Tag, es muss bereits spät am Morgen des 7. August sein. Es ist grau draußen, etwas heller. Noch hat niemand etwas vom Abstieg gesagt. Ich fühle Sorge und Enttäuschung in mir aufsteigen: das Wetter hat sich offenbar wieder verschlechtert. Keine Sicht! Wenigstens tobt der Sturm nicht mehr.

Hoffen jetzt alle, dass man bald etwas sehen wird?

Ich bin ein Schlafsack-Gefangener. Bleierne Müdigkeit nach der qualvollen Enge der Nacht. Das Prasseln vereinzelter Schneekörner, das Säuseln des Windes – – ich döse – –

War da nicht Julies Stimme? »Hey, Kurt – Julie is calling you!« Alan rüttelt mich am Arm, »I think she is coming over.« Ich fahre hoch, kann es nicht fassen, bin außer mir vor Freude. Sie kommt – und wenn sie das kann, muss sie sehen!

»Julie«, schreie ich zurück, so laut es geht...

»Oh, Kurt«, höre ich es schwach aus der Richtung des Koreanerzelts; dann vernehme ich die nahenden Schritte. Einen Augenblick später klatscht sie mit dem Körper gegen die talseitige Zeltwand auf Mrowkas Seite – – – »No, Julie, the entrance is here, to the left«, mache ich klar, wo der Eingang ist und – »it is great, you are coming...«, drängt es aus mir hervor. Wie habe ich mich um sie gesorgt, wie habe ich sie vermisst! Ich bin froh, dass sie da ist – dass es ihr besser geht. »I just wanted to say hello«, sagt sie und bleibt auf dem hohen Wall über dem Eingang stehen, »how are you?«

Ich kann sie nicht sehen, denn im Schnee gibt es nur eine kleine Öffnung, auch die Apsis ist halb mit weißem Pulver gefüllt; ich bin im hinteren Zeltwinkel, die Füße beim Eingang, die Beine halb unter Alans Körper verkeilt.

»Don't worry, I am fine« – ich beuge mich vor, so weit ich kann – »but I want to see you, can you bend down?« – ich möchte ihr Gesicht sehen! Kann sie sich herabbeugen?

Der Rand ihres Haares wird sichtbar...

»I still cannot see you – I want to see your face«, beharre ich, denn ihr Antlitz ist immer noch verborgen, »look, you must see my hands« – ich strecke meine Hände zum Eingang, ihr entgegen – »here I am, yes, they are allright«... da bin ich, alles in Ordnung. Aber sie? – »Are you fine, is it o.k. with the Austrians?« – – Das strähnige Haar kommt tiefer, es ist wie ein Gespinst, grau und braun, im Nebel, ihr Haar, das ich kenne, das doch wie etwas Fernes wirkt, das eine Stimme hat – –

Irgendwo habe ich das in der Vergangenheit gesehen, weit zurück in der Zeit, ein Kristallmuster... Ja, es war auf der Chinaseite des K2, am nördlichen Gletscher, wir waren glücklich, er stand als Traumberg über uns. An einer flachen Stelle im Lehm am Gletscherrand hatten sich über Nacht Eiskristalle gebildet, lange dünne Nadeln – ein ganzes Gespinst. Sie blinkten und schimmerten, und alle waren sie im Vergehen – – Sie hinterließen eine wunderbare Zeichnung in der Erde: Die Kristalle selbst verschwanden so wie jeden Morgen, und dennoch waren sie da! Das Bild war von solch verzaubernder Schönheit, dass es uns plötzlich mit unerklärlicher Gewalt ergriff und wir unter einem seltsamen Bann uns an den Händen fassten: Da war es... es war vergangen – doch es war da. Und die nächste Nacht würde alles an den Anfang zurückbringen...

»Kurt – I am feeling rather strange – –«, tönt Julies Stimme wie aus weiter Ferne durch das seltsame Gespinst aus Haar und Eiskristallen; es ist, als spräche sie ganz nah und doch von irgendwo... Sie fühlt sich seltsam?

Aber jetzt ist sie doch hierher gekommen...

Sie muss trinken, trinken, trinken – morgen geht's hinunter, heute ist's nicht mehr möglich... sowie ich die Schuhe habe, werde ich sie besuchen. Ich sage es ihr – und zuletzt eindringlich: »Be strong! I think of you.« Halt durch, ich denk an dich. Kann ich ihr Mut machen? Ich beuge mich vor, so weit es nur geht, vom hintersten Zeltwinkel, doch ich schaffe es nicht, Julies Gesicht zu sehen – und jetzt verschwindet das Haargewebe. »Bye, bye«, sagt sie, und mit den ersten Schritten, im Weggehen: »I do not have your boots...«

Eine sonderbare Antwort. Aber während ihre Schritte sich entfernen, denke ich: sie sieht wieder! Sie kehrt jetzt alleine zum Österreicherzelt zurück und ist vorhin alleine herübergekommen! Ich werde später selbst zu ihr gehen: erst muss ich endlich die Schuhe kriegen.

Zuallererst will ich mich aber – nun wo ich weiß, dass sie kommen kann – aus dem Zeltwinkel ganz hinten auf der Bergseite befreien! Warum nicht den Kopf zum Eingang?

Das wird eine größere Unternehmung: nach etwa einer Stunde, nach vielen Umschlichtungen und Verrenkungen liege ich mit dem Kopf in der Ecke zur Apsis, jetzt direkt Alan gegenüber. Ich sehe sein Gesicht vor mir: scharf geschnitten, die gerade Nase, der offene Blick aus den hellen Augen – manchmal etwas träumerisch und irreal, doch immer positiv. Mrowka hat es vorgezogen, an ihrer Wand auf der Talseite zu bleiben, den Kopf im Hintergrund des Zeltes – wie ein Murmeltier im Bau.

Vergeblich schlage ich vor, ich würde das Zelt freilegen, sowie mir jemand meine Sachen von »drüben« brächte. Alan sagt ja, schläft aber ein. Unruhe steigt in mir auf: ich fühle die Ohnmacht meiner Situation.

Ob er mir seine Überhose und Schuhe borgt, für einen kurzen Besuch bei Julie? Dann kann ich auch alles Nötige aus unserem Zelt selber ausgraben! Alan murmelt eine Zustimmung, meint aber, er würde mir die Sachen schon bringen, heute oder morgen – spätestens vor dem Aufbruch.

Irgendetwas stimmt nicht mit Alan, er hat nicht mehr dieselbe Spannkraft.

Es ist Nachmittag, der Wind bläst unregelmäßig, hat Pausen. Die müssten mich doch jetzt hören können, da drüben! Ich richte mich auf, rufe aus vollem Hals, mache klar, dass ich für ein paar Minuten hinüberkommen möchte. Die Antwort ist enttäuschend: kein Platz! Absolut kein Platz!! Außerdem – – Julie schläft – – –! Ich bin deprimiert. Langsam wird es dunkel. Ich werde morgen hinübergehen.

Es ist der Morgen des 8. August. Wieder eine Nacht vorbei – weniger verkrampft als mit dem Kopf dort hinten in der Ecke. Alan ist wach. Ich werde ihn noch einmal um meine Sachen bitten. Ich höre den Wind, anund abschwellend, mit Pausen; er ist nicht allzu stark. Willi Bauers Stimme von drüben?

Ja, das ist der Willi, der ruft! Ich antworte. Soll ich hinüberkommen?

»Kurt« – höre ich den Willi rufen – »heut Nacht ist uns die Julie g'storben – – –«

Zu den Bildseiten 241 bis 245:

Seite 241: Bergsteiger-Kaleidoskop aus dem ›Dorf auf der Moräne‹ – dem Ausgangspunkt in 5000 m Höhe für die Aufstiege am Berg, unser Zuhause für Erholung und zum Teil auch Akklimatisierung.
Von links oben bis rechts unten:
Ein Koreaner bei der Bierprobe;
Mrowka, die ›Ameise‹, mit Basislagerlektüre, dahinter Anka und Krystyna;
Alan Rouse strahlt, weil das Wetter besser wird;
Goretta bei einem Funkgespräch mit Renato Casarotto;
Österreichergruppe vor dem Messezelt: links ›Mandi‹ Ehrengruber, darüber Alfred Imitzer und Willi Bauer, rechts Hannes Wieser;
Unterhaltung vor dem Casarotto-Quartier: Renato, Josema, Kurt und Julie.

Seite 242 oben: Erschöpft, aber glücklich vom Gipfel zurück: links Mari Abrego, rechts Josema Casimiro, die beiden Basken – Renato Casarotto (dazwischen) ist ihnen entgegengegangen.
Seite 242 unten: Hochlager 3, etwa 7700 m, unter der verhängnisvollen Eisbarriere – Ursprung der späteren ›Teekessel-Lawine‹. Im Hintergrund das Eistrapez der Chogolisa, 7654 m.

Seite 243: Unser erster Vorstoß: Julie erreicht die Schulter. Über der von Stürmen zerfurchten Schneefläche ragt der Gipfelaufbau des K2 – ein ›Berg über dem Berg‹, schwierig und gefährlich, mit ›Flaschenhals‹ und ›Eis-Traverse‹ unter dem Abbruch des Hängegletschers. Ganz oben, knapp vor dem höchsten Punkt, die charakteristische ›Haifischflosse‹.

Seite 244: 5. Juli 1986: Unseren Freunden von QUOTA 8000 winkt Gipfelglück! Bei strahlendem Wetter bewältigen sie in 8200 m Höhe den gefährlichen Quergang nach dem ›Flaschenhals‹ – mit Tonnen von Eis über den Köpfen!
Seite 244 unten: Wanda Rutkiewicz, Liliane und Maurice Barrard und Michel Parmentier hatten den Gipfel bereits am 23. Juni erreicht – im Abstieg blieb das Ehepaar Barrard verschollen, nachdem Wanda sie zuletzt hoch oben unter dem Abbruch des Hängegletschers gesichtet hatte.

Seite 245 oben: Gipfelfreude! Mari Abrego stößt den Pickel mit der Baskenflagge in den höchsten Schnee des K2 – rundum, bis in unermessliche Ferne, Berg an Berg…
Sollte man meinen, dass es bei diesem wolkenlosen Himmel dennoch zu einem Wettersturz kommen kann?
Seite 245 unten: Filmen und Bergsteigen – welche Plackerei! Kurt mit Überlast vor dem Lager 2 (6700 m); das dort stehende Baskenzelt war eines mehr – ihr Geschenk an uns. Hätte höher oben ein Zelt mehr das spätere Verhängnis abwenden können?

JULIE

ROMAN
TERRIFIAN

K2
BETONG

NIKE

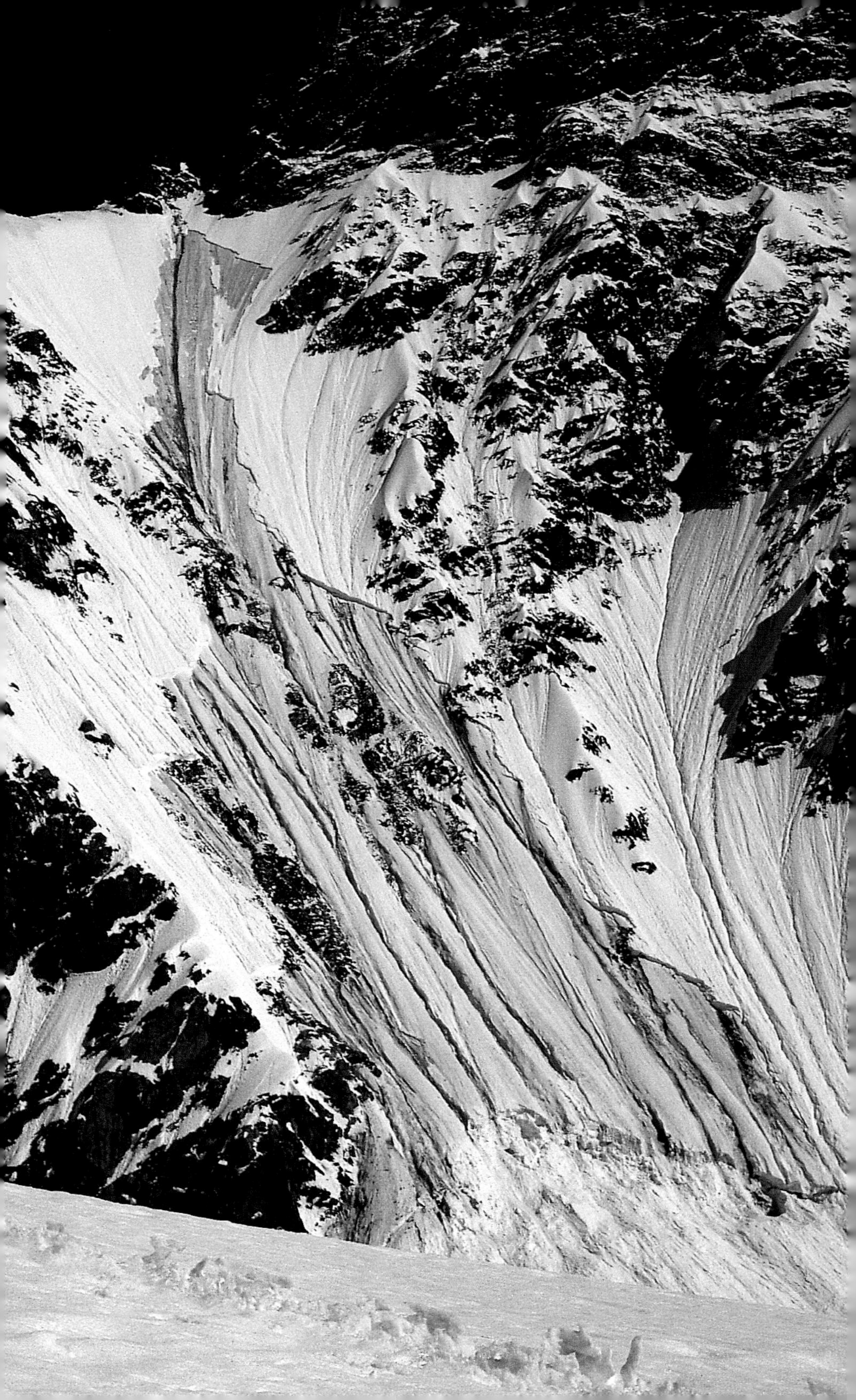

MARIO PUCHOZ
GUIDA ALPINA DEL
IN THE MEMORY
OF GREAT HERO WHO
SACRIFICED HIS LIFE FOR THE
GREAT CAUSE OF
GOD MAY REST HIS SOUL
IN PEACE
ESTCORT
MEMORIA DI
SPEDIZIONI ITALIANE
QUESTE MONTAGNE
COMPONENTI DELLA
ITALIANA 1954
K2
POSERO
CONQUISTA
LA VIA TRACCIATA
MEZZO SECOLO FA
SULLA CRESTA ABRUZZI

SMITH

Der K2 mit der Position der Hochlager in den Tagen vor der Tragödie. Die weißen Kreise bezeichnen die Koreaner-Lager, auf 7350 m (3) und auf ca. 8000 m (4). Die dunklen Halbkreise bezeichnen die zwei durch die Lawine zerstörten Lager der österreichischen Expedition. Der dunkle Vollkreis bezeichnet ihr letztes intaktes Lager.

Unten: Die »Teekessel-Lawine« längs des Abruzzensporns und der verbeulte Teekessel Manfred Ehrengrubers.

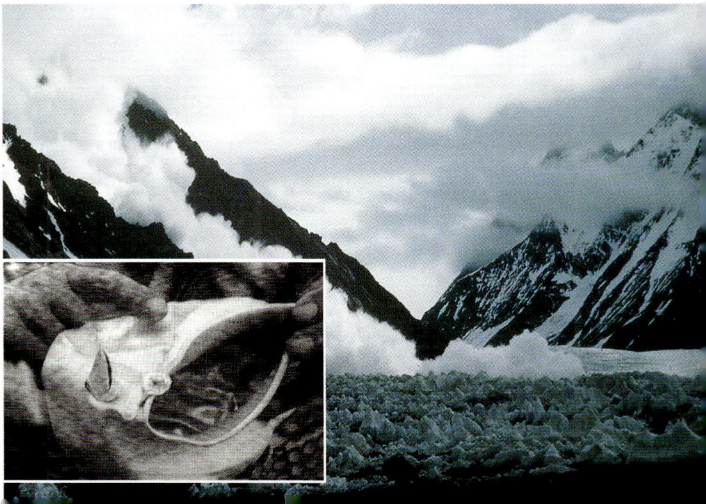

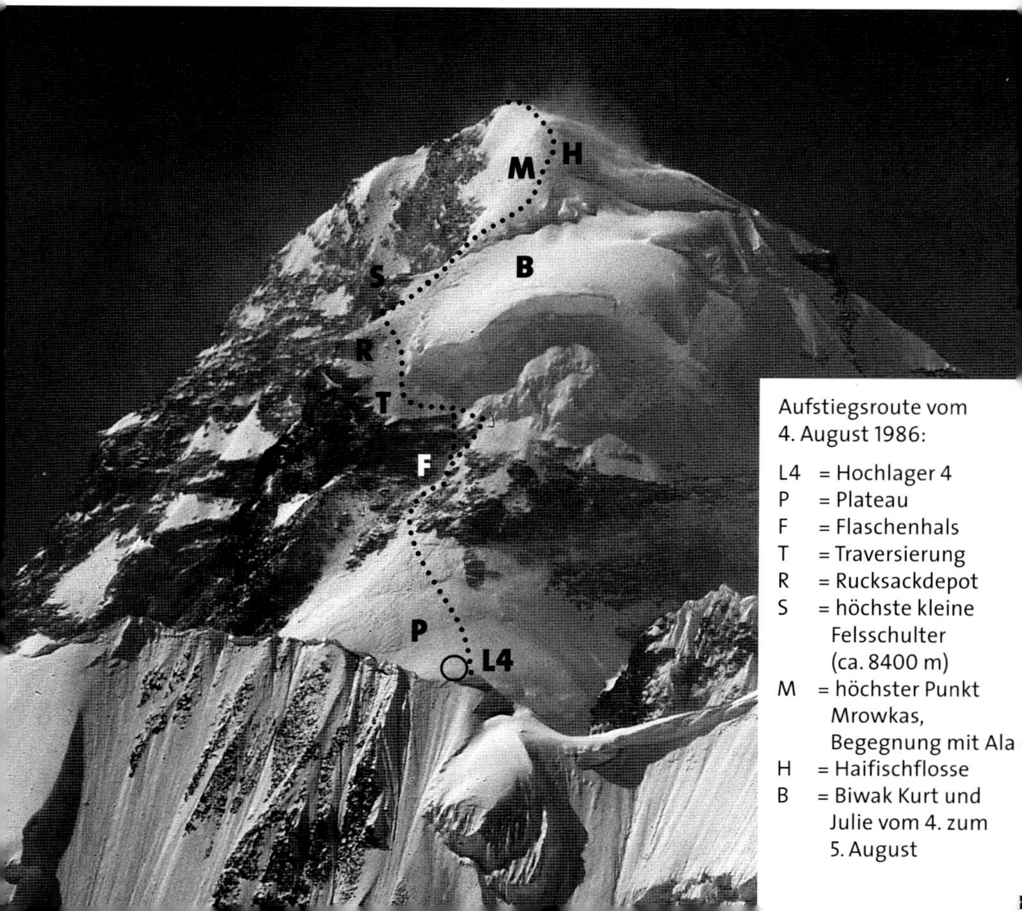

Aufstiegsroute vom 4. August 1986:

L4 = Hochlager 4
P = Plateau
F = Flaschenhals
T = Traversierung
R = Rucksackdepot
S = höchste kleine Felsschulter (ca. 8400 m)
M = höchster Punkt Mrowkas, Begegnung mit Ala
H = Haifischflosse
B = Biwak Kurt und Julie vom 4. zum 5. August

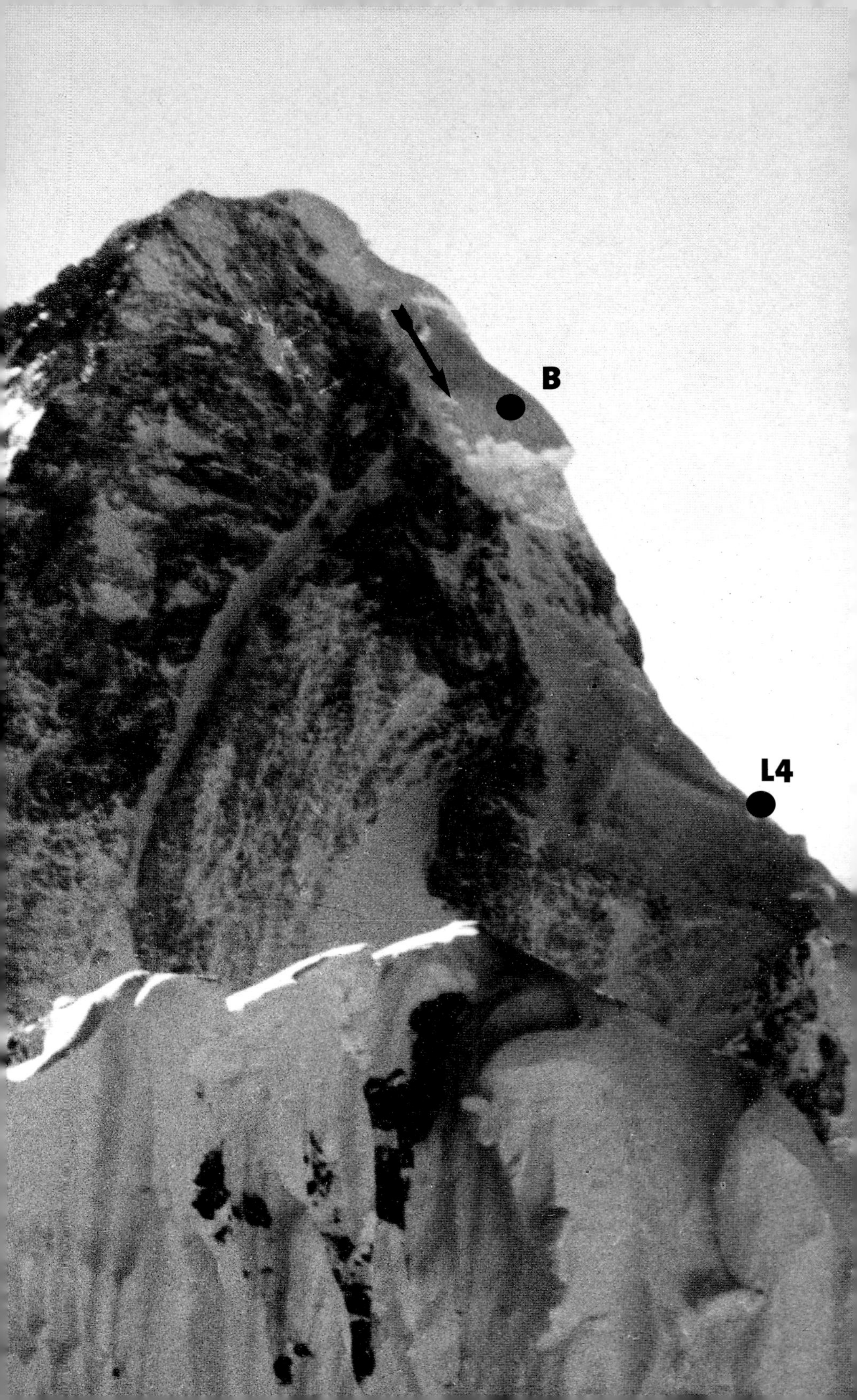
B
L4

Zu den Bildseiten 246 bis 256:

Seite 246 bis 247:
Russisches Roulette am K2?
Links die Lawine, die Al Pennington und John Smolich begrub.
Rechts: Grabkreuze und Erinnerungstafeln an der Gilkey-Pyramide und eine Diskussion über die Ereignisse im Basislager; neben Kurt der polnische Expeditionsleiter Janusz Majer, im Hintergrund Jerzy Kucuczka.

Seite 248: Und wieder.... Abgeschlagen! Kurt beim Rückzug am Abruzzensporn im Wettersturz.

Seite 249: Was sollen wir tun? Julie in Meditation, an ihrem ›Dojo‹ bei den Eistürmen.

Seite 250 bis 251: Bildlegende siehe dort

Seite 252: ....›und ein ganzer Himmel aus Eis über dir‹... Im ›Flaschenhals‹ unter der Abbruchwand des Hängegletschers.
Unten: Der ›Berg über dem Berg‹ – Teleaufnahme des K2-Gipfelaufbaus aus dem Shaksgamtal. ›Flaschenhals‹ und ›Eis-Traverse‹ gehören zu den gefährlichsten Passagen am K2.
Siehe die eingezeichnete Aufstiegsroute vom 4. August 1986 auf dem Bild – mit Buchstabensymbolen.

Seite 253: K2-Gipfelpyramide: Der Pfeil zeigt den ungefähren Verlauf des Absturzes am Abend des 4. August an, das ›B‹ das folgende Biwak auf dem Hängegletscher. L4 ist das Sturmlager im 8000-m-Bereich, in dem wir tagelang gefangen waren.

Seite 254 bis 255: Abruzzensporn: Situation beim Abstieg im Sturm über senkrechte Wandstufen unterhalb des House-Kamins (Tiefblick mit Leica-Fisheye).

Seite 256: Kurt nach der Tragödie im Hospital in Innsbruck.

»Wenn ich mir einen Platz zum Sterben aussuchen könnte, es wäre in den Bergen. Als uns die Lawine am Broad Peak hinuntertrug, wusste ich, dass es mir nichts ausmachen würde, so zu sterben. Mehrmals am Berg gab es Augenblicke, wo einfach stillsitzen und in einen ewigen Schlaf hinübergleiten etwas Leichtes und Schönes gewesen wäre – aber hoffentlich wird sich der Kreis der Natur für mich nicht zu bald schließen. Ich habe so viel, wofür ich lebe...«

(Gedanken von Julie nach dem Tod unseres baskischen Gefährten Juan-Jo, während eines Gesprächs 1985 am Fuß des Everest, später in ihr Buch »Clouds from Both Sides« aufgenommen)

– – Es war wie ein Hammerschlag, der mich traf... völlig unerwartet. Alan, der neben mir lag, versuchte, mir beizustehen. Ich vernahm seine Worte, ohne sie zu begreifen – – – ich musste es schließlich glauben.

Alles war von diesem Augenblick an anders – völlig verändert – die Tage, das Licht, die Dunkelheit, alles. Der Sturm, irgendetwas... hatte unser Seil zerrissen.

Nur ganz langsam erkannte ich, dass es immer noch da war.

Lager 4, letzte Sturmtage:

(8. August)

– – Lichtblitze, Gedankenfetzen zwischen dem Diesseits und dem Jenseits, Gegenwart, unterbrochen von Träumen aus der Vergangenheit, die Wirklichkeit, sie ist alles – Einst und Jetzt zusammen, Oben und Unten...

Julie hat einmal gesagt, es müsste der schönste Tod sein, hoch oben in den Bergen hinüberzuschlafen... Hat sie es getan? Dachte sie, diese Stunde wäre da? – Wie konnte sie nur so plötzlich sterben? Wir hätten uns nicht trennen sollen... das war das Ende. War es auf unserem Weg vorgezeichnet? Ich glaube es nicht. Aber jetzt ist es geschehen – unwiderruflich, für immer.

Seltsam – seit sie tot ist... hat irgend etwas von mir Besitz ergriffen. Es ist wie eine Kraft, die mich von allem entfernt und die mich gleichzeitig der Erde näher bringt. Was immer es auch sei – es ist eine unglaubliche Stärke: Einst und Jetzt zusammen, Oben und Unten.

Aber wenn ich oben und unten nicht mehr auseinanderhalten kann, das Einst und Jetzt, werde ich nicht mehr in der Lage sein, abzusteigen. Noch kann ich es.

Wenn der Sturm für Tage länger dauert? Hier, auf 8000 m – – –

Tagebuchnotizen:

Als kein Gas mehr im Rousezelt war, meine Schuhe noch immer im Parapluie lagen, konnte ich Mrowka bewegen, den lila Rucksack – leider nicht die Schuhe – und den Kocher von drüben zu holen... da hatten wir wieder Gas, drei Teebeutel, ein paar Zuckerln, zweieinhalb Scheiben Knäckebrot, die wir säuberlich teilten – wie einen Schatz –, nachdem wir bereits tagelang nichts mehr zu essen hatten. Von den drei Teebeuteln hatten wir grad ein bisschen Geschmack, wir konnten uns ja kein kochendes Wasser mehr leisten – aber das Interesse war wieder wach, es war ein unerwarteter Luxus!... Zwei der Teebeutel waren wir leider bald los... einmal hat Alan vergessen, ihn beim Urinieren aus dem Kochtopf zu nehmen, einmal Mrowka; wie wir das bei der drängenden Enge überhaupt alles fertiggebracht haben, ist mir schleierhaft; aber es blieb uns nichts übrig, draußen tobte ja der Sturm. Wenn ich genau nachdenke, war Mrowka wohl zweimal bei unserem Zelt drüben – es muss so gewesen sein, denn zuletzt bekam ich ja die Schuhe. Der Zeitablauf der vielen Tage in der Gruft ist mir nur für wenige Ereignisse im Gedächtnis geblieben.

Seit dem Besuch Julies am zweiten Tag lag ich mit dem Kopf beim Eingang – so konnte ich gut den Schnee erreichen und abwechselnd mit Alan, solange wir noch Gas hatten, kochen. Er und Mrowka haben öfter das Zelt freigelegt, auch Willi war zweimal da. Doch zuletzt war so wenig Luft im Zelt, dass die Flamme wie ein geisterhafter, verlorener Heiligenschein hoch über dem Kocher im Halbdunkel schwebte und gleich wieder ausging – noch ehe wir den kleinen Topf mit Schnee draufbrachten. Es war frustrierend. Erst nach vielen Versuchen und nachdem wir mit viel Kraftaufwand ein Luftloch beim Eingang nach oben hin gemacht hatten, gelang es, endlich wieder etwas Wasser zu bekommen.

Die Nächte waren das Schlimmste: die Hüftknochen des Nachbarn drückten in die Muskeln, bis man vor Schmerzen versucht hat, irgendeine andere Stellung einzunehmen; aber wegen der Enge war nur eine geringe Änderung der Lage möglich. Da es jedem so ging, war es ein furchtbares Karussell, dem erst der Morgen, wer weiß warum, ein Ende bereitete. Einmal in der Nacht bei dem schrecklichen Gerangel ist mir zu Bewusstsein gekommen, dass Gas ausströmte – voll Schreck hab ich nach dem Kocher gesucht, fand ihn unter mir und hab zugedreht. Ich weiß nicht, wie viel Gas uns dabei verlorengegangen ist. Am letzten Tag, oder schon einen davor? – hatten wir sicherlich keines mehr. Am Schluss hatte auch niemand mehr die Kraft und den Willen, die Apsis freizukriegen, der Schnee kam nicht viel anders herein, wie wenn sich langsam die untere Hälfte einer Sanduhr füllt... bis die Zeit um ist. Wir haben da einfach hineingelangt, mit den bloßen Händen, und den Schnee gegessen...

(9. August, zwölfter Tag am K2)

– – Wie ich aufwache, bemerke ich: – – – ich bin eingeschlafen, mit der Hand im Schnee – – ich spüre ein paar Fingerspitzen nicht mehr – – die sind jetzt erfroren – – ich nehme es zur Kenntnis.

Kurt! Man sollte nicht einschlafen mit der Hand im Schnee!... Es ist doch geschehen. So ist das eben... Sonst habe ich noch keine Erfrierungen, vorläufig. Noch nie habe ich mir etwas erfroren, bisher. Wird das jetzt so weitergehen?

Irgendwann wird die Kraft nicht mehr reichen.

Ich kann nichts tun als warten.

Es ist alles vom Wind beschlossen.

– – Der Mittelfinger... Sein Ende ist nun zu einer mächtigen Blase aufgequollen, bläulich... Er wird wohl daran glauben müssen. Nicht schön, wenn man so Stück für Stück abstirbt. Muss das wirklich so weitergehen?
– – Draußen dröhnt der Sturm, es ist keine Möglichkeit, auszubrechen.

Einmal hab ich jemanden gefragt, ob sich so etwas auszahlt, für einen Achttausender. Er meinte – ja, für diesen Berg schon. Es war am Fuße des K2, und Julie war an meiner Seite. Es war ein wunderbarer Tag, die Sonne schien, und das Licht blitzte zwischen den Eistürmen...

Beim Atmen spüre ich jetzt einen schwachen Widerstand, eine Blockierung hinter dem rechten Schulterblatt. In der Lunge? Ein leichter Schmerz, ein Widerstand – – – ist das ein Anzeichen vom Ende? – – Wie lange noch?

– – Wie lange dauert dieser Sturm noch! Mit Alan geht es bergab – die letzte Nacht war schlimm, er war unaufhörlich in Bewegung, aufgebracht wie ein gefesseltes Tier, manchmal hat er plötzlich um sich geschlagen, er hat mit dem Schicksal gehadert, ich habe versucht, ihn zu beruhigen. Vergeblich. Der gute Alan, der mich am Arm ergriff, der mir mit seinen Worten helfen wollte, als ich von Julies Tod erfuhr, er verfällt mehr und mehr. Sein Gesicht ist von den Strapazen dieser Tage gezeichnet – er ist nicht mehr ganz da –, und immer öfter verlangt er nach Wasser, das es nicht gibt. Ich schiebe ihm einen Batzen Schneematsch zwischen die Lippen, den er gierig aufsaugt. Alan – – fragt es dumpf in mir – Alan, wie lange wirst du es noch schaffen? Wer hier nicht mehr gehen kann, ist verloren, auch wenn der Sturm aufhört.

Mrowka, zusammengekauert im Zeltwinkel, bewegungslos, scheint in einen Winterschlaf versunken.

Wieder spüre ich den kleinen Widerstand beim Atmen, sonst – wenn der nicht irgendeine böse Überraschung bedeutet – fühle ich, dass ich es wohl noch einen Tag aushalten kann; viel länger nicht mehr – – – Ich kaue Schneematsch, nur Flüssigkeit und das Ende des Sturms kann uns hier noch retten – – –

Ich wundere mich selbst, dass ich so ruhig bin. Doch es würde nichts nützen, wenn ich unruhig wäre. Es ist so einfach: es hängt von der Dauer des Sturms ab. Ich muss noch mehr Schnee essen, langsam ihn im Mund zergehen lassen – – – ich weiß, dass ich Wasser haben muss, auch wenn der Magen schon ganz scheußlich ist. Ich schiebe Alan noch einen Schneebatzen zwischen die Lippen – er schlürft, saugt; seine Augen sind rot, voller Äderchen; das war gestern noch nicht. Er blickt zur Zeltdecke... »Jesus Christ«, murmelt er; und wieder: »Jesus Christ...«

Draußen geht der Sturm weiter. Die Schneekristalle bröseln und prasseln abwechselnd auf das Tuch – draußen, im Hintergrund, das dumpfe, gleichmäßige Dröhnen von Luftmassen, die der K2 durchschneidet: eine ewige Geräuschkulisse. Ich schließe die Augen – – –

Sonnige Felder; die grünen Weizenähren wiegen sich auf den Terrassen; der Urwald rundum mit den riesigen märchenhaften Baumgestalten; das Dorf mit seinen flachen Dächern aus Bambusmatten; Tashigang; ein tibetisches Lied – das Lied von der Sonne... »la tela khor rhe – e nyima che shar«... ›und so dreht es sich... die große Sonne geht auf‹... Drugpa Aba, der Hausvater, der Vater von Drugpa, singt es so wie jeden Tag, und das Licht der Sonne, dieses wunderbare Licht, es durchdringt alles, durchdringt die Ähren und die Blätter... es ist ein leuchtendes Grün, ein wunderbares Licht – – Es ist das Licht.

– – Nacht. Qualvolle Enge in unserem Verlies. Sich ergeben ins Schicksal, aushalten, Erschöpfung, weiter aushalten, Träume: Sonne und Wiesen, die Deinen zu Hause, das ganze Leben – was ist die Wirklichkeit?

(10. August; der dreizehnte Tag am K2)

Fahle Dämmerung im Zeltinneren; die Umrisse der verkrümmten Körper in den Schlafsäcken, Erschöpfung. Das war wieder eine Nacht. Draußen dröhnt der Sturm, aber man ist dankbar, dass die Dunkelheit zu Ende ist. Sogar die qualvolle Enge wird, wenn man etwas sieht, erträglicher. Es scheint heller als sonst zu sein. Gibt uns das Leben noch eine Chance? Gibt es noch eine Hoffnung? Unbarmherzig prasseln die Schneekristalle auf das bisschen Tuch über unseren Köpfen, das noch aus der Schneefläche ragt, die uns verschlungen hat. Dort oben über uns faucht der Sturm. So als gehörten wir nicht mehr zu ihm, hier im Inneren unseres Gewölbes. Doch es ist heller! Ist das Prasseln nur noch Triebschnee, hat es zu schneien aufgehört, gibt es ein Loch in der tödlichen Wolkenflut, die uns seit Tagen hier gefangen hält, wie Blinde in einem Irrgarten? Die uns als einzigen sicheren Ort diese eisige Gruft ließ, diese Lagerstätte langsamen Todes? Hier kann kaum noch einer länger als einen Tag überleben – – –

Wenn du keine Kraft mehr für den Abstieg hast, bleiben dir nur noch die letzten Träume... Die Sonne!... Da ist doch Sonnenlicht auf dem Zelttuch? Großer Gott – – – Ich wühle mich durch den Triebschnee der Apsis, erreiche mit ausgestreckten Armen ganz oben den Eingang – – – da, da, durch das winzige Loch in der Schneefläche schaut der blaue Himmel herein – – das Blau des Himmels, zerrissen von den rasenden Kristallen des Schnees, die der rauchende Sturm durch die Luft peitscht, dieses Blau des Himmels – – das die letzte Hoffnung bringt, hier noch lebend herauszukommen!

Es ist die Wirklichkeit – –

Die Flucht aus der Todeszone

Bewegung, Rufe von Zelt zu Zelt. Die Sonne hat das Lager aus seiner tödlichen Starre erweckt. Aber Alan ist im Delirium, stammelt nach Wasser, das es nicht gibt. Und wer weiß, wie es drüben aussieht, im anderen Zelt. Ich kann nur Willis Stimme vernehmen. Abstieg! Ja, es ist die einzige, die letzte Chance. Niemand weiß, wie lange wir den Weg nach unten sehen können, wie lange das Wetterloch dauern mag. Jetzt scheint endlich die Sonne – aber der Sturm geht weiter, und es mag Stunden dauern, ehe wir loskommen: Wir sind wie betäubt, durch die vielen Tage der Gefangenschaft auf 8000 m. Die Flamme des Lebens brennt nur noch in den innersten Fasern des Bewusstseins.

Entscheidungen? Die Situation ist extrem. Wer noch länger hier oben bleibt, wird sterben.

Mrowka zieht sich an für den Abstieg; in der fürchterlichen Enge des Zeltes kann sich nur einer bewegen. Ich presse mich an den bewegungslosen Alan, um ihr so viel Raum als möglich zu lassen. Ehe sie sich in die Schuhe müht, sehe ich, dass eine große Zehe zur Gänze erfroren ist – sie ist dunkelblau. Aber damit kommt man hinunter. Sonst hat sich die kleine »Ameise«, wie wir sie alle wegen ihrer Betriebsamkeit nannten, über die schrecklichen Tage gut gehalten. Wohl auch wegen des warmen Wassers, das Alan ihr, so lange wir noch Gas hatten, selbstaufopfernd abgetreten hat. Er und ich haben uns mit kaltem Wasser und mit Schneematsch begnügt. Doch der dynamische Alan, der schon in den Tagen des Gipfelangriffs für die anderen seine Kräfte hergab, ist nun an der Grenze seiner unglaublichen Widerstandsfähigkeit angekommen. Es hängt wie eine furchtbare Wahrheit im Zelt: in seinem Zustand wird er nicht mehr hinunterkommen. Auch wenn er selbst es kaum noch begreifen wird – – –

Der Gedanke, ihn hier oben lebend zurückzulassen, ist furchtbar. Während Mrowka sich mit langsamen Bewegungen anzieht, deute ich auf Alan: was tun wir mit ihm? Alan schläft und stöhnt. Ja, ich weiß, es ist eine sinnlose Geste. Mrowka wendet den Blick ab: »Das Leben ist dort unten«, sagt sie dann leise. Wir haben vorhin versucht, ihn aufzusetzen – vergeblich. Er ist zurückgesunken und wollte Wasser. Es muss sein einziger Gedanke sein. Ja, das Leben ist dort unten. Dort unten ist auch Wasser! Aber es ist für uns unmöglich, Alan zu tragen! Wir schaffen es nicht.

Der Sturm rüttelt am Zelt. Es muss eisig sein draußen. Ich brauche meine Schuhe! Mrowka weiß das, aber ich erinnere sie noch einmal, während sie hinauskriecht: »Mrowka, vergiss meine Schuhe nicht, sie sind drüben im Zelt, mit dem blauen Rucksack.« Sie darf nicht vergessen! »Brauchst du den Rucksack...?« fragt sie – »Nein, ich habe Julies – –« »Dann kann ich den haben, für meinen Schlafsack.« – »Ja, natürlich...«

Ich liege mit dem Gesicht auf den Schuhen. Ich muss eingeschlafen sein. Ich weiß, dass Mrowka sie mir gegeben hat. Jetzt ist sie fort, irgendwo draußen. Ich muss mich anziehen! Der Sturm heult, die Sonne scheint, wie lange noch? Es geht auf Mittag!

Auf! Anziehen! Ich hebe den Kopf, blicke umher. Die Hose? Doch ja, die leichte Kunstdaunenhose, die habe ich auf der Brust, zusammengefaltet, damit sie trocken bleibt – unter der Daunenjacke geschützt. Außer der habe ich ja nichts an, war nackt im Schlafsack, all diese Tage, seitdem ich bei Alan Zuflucht suchte und die schneeverstaubte Unterwäsche ablegen musste, weil sonst der Schlafsack waschnass geworden wäre. Verrückt, ja – – – es war die einzige Möglichkeit. Ich habe noch Julies lila Rucksack vom Gipfelgang her, den gelben Windanzug, einen Fingerhandschuh, einen Fäustling, eine einzelne, orangefarbene Übergamasche, alles andere ist verschwunden, im kaputten Zelt, im Schneechaos... Drei Paar Handschuhe? Ja, das war einmal – – Jetzt muss ich mich mit dem arrangieren, was übrig geblieben ist! Es reicht, um hinunterzukommen. Alan stöhnt neben mir: »Water!« Mir krampft sich das Herz zusammen. ›Mein Gott, wenn ich ihm wenigstens diesen Wunsch erfüllen könnte! Vielleicht finde ich noch irgendwo einen Tropfen – etwa drüben im anderen Zelt?‹ Alan versinkt wieder in seinen Dämmerzustand.

Langsam, immer aufs neue innehaltend – eine Atempause – ein, zwei Bewegungen – ziehe ich mich an, registriere: dieser Innenschuh ist nass, er war unterm Kopf – atmen! – nein, der Fuß sieht nicht erfroren aus, noch nicht, glaub ich – Atempause! Glück gehabt – der andere auch nicht – atmen! – – der zweite Innenschuh ist trocken. Den Sitzgurt anlegen! Es ist gut, dass ich nach der Rückkehr von oben noch alles in den Rucksack gesteckt hab. Atmen! – – Leider, leider nicht alles – – nur einen Fingerhandschuh, einen Fäustling hab ich – – wenigstens die Füße sind o.k. – So, der Abseilgurt sitzt – – Atempause! Das Seil werd ich auch mitnehmen – – hinunter bis zu den Fixseilen. Wird wohl niemandem etwas nützen, aber wer kann das schon wissen – –

Danke dir, Mrowka, dass du diesen Sack geholt hast! – – barfuß hab ich mich zu unserem Zelt nicht hinübergetraut. Warum nur hab ich mir damals nicht Zeit genommen, die Schuhe anzuziehen, um den Weg hinaus freizulegen – – – hab's halt schon so oft in Socken getan. Wär' bloß der Eingang von dem Elendszelt nicht so eng gewesen und das Gestänge so mickrig – wir hätten uns nicht zu trennen brauchen – – –

Aber was kann ich noch ändern: nichts mehr –

Mrowka ist wieder draußen vor dem Zelt aufgetaucht, sie will jetzt ihren Schlafsack! Ich habe mein feuchtes, vereistes Ding schon in Julies Rucksack gestopft. Besser als nichts, wenn man biwakieren muss! Ich reiche Mrowka den Daunensack hinaus. Alan murmelt im Schlaf. Ich weiß immer noch nicht, was ich tun soll, und weiß trotzdem, dass ich keine Wahl habe. Es sei denn, hier oben zu bleiben und zu sterben. Hätte ich nicht mit Julie in unserem Zelt umkommen können! Wir hätten uns niemals trennen sollen – – So starb sie allein, und niemand hat mir ein Wort gesagt – denke ich voll Bitterkeit. Meine Nähe, hätte sie etwas geändert? Vielleicht doch. Für sie gewiss. Nun bin ich hier, gleichzeitig fern von mir, reihe mit Mühe eine Handlung an die andere, im Zeitlupentempo, mit aller Aufmerksamkeit – und es fordert die ganze Konzentration – um nichts zu vergessen – – denn in dieser Höhe rächt sich jeder Fehler fürchterlich.

Vielleicht finde ich noch ein paar Tropfen Wasser für Alan! Ich zwänge mich hinaus, stehe sofort im eisigen Anprall der Luftmassen: gewaltige Böen, rasend schnell dahineilende Wolken, tiefer als unser Standort, auch tiefer als die Schulter des K2, vielleicht in einer Höhe von 7700 m; ja, klare Sicht darüber, aber furchtbarer Sturm. Doch die einzige Möglichkeit, von hier noch hinunterzukommen, das ist heute! Ohne Sicht wäre es so gut wie unmöglich, den einzigen Durchschlupf zwischen den Séracs der Schulter in die Tiefe zu finden – die Eislawine hat nur diese eine Möglichkeit übriggelassen!

Es ist, als müsste ich erst wieder gehen lernen – taumelnd tue ich ein paar Schritte im Sturm – –

Willi und Mrowka sind im Freien, hantieren mit den Pickeln, Skistöcken, klauben sie wohl auseinander. Ich nehme meinen Pickel – – sehe die langsamen, eckigen Bewegungen der beiden anderen: sie sind wie Roboter. Wenig später ist mein Pickel plötzlich verschwunden, voll Schreck suche ich danach und finde ihn wieder, er steckt jetzt woanders im Schnee. Wortfetzen in der Luft und die eisigen Böen – wie benommen bin ich, manchmal wie im Traum. Dann wieder ein klarer Gedanke: Wir müssen das Lager 3 erreichen. Wir? Alan kann nicht mehr, und wer hätte hier noch die Kraft, ihn fortzubewegen? Der Wille allein kann's auch nicht. Von Hannes und Alfred seh ich nichts, sie müssen im Zelt sein. Wenn's denen noch gut ginge, wären sie schon draußen. Mir kommt vor, Willi hat vorhin versucht, sie lauthals hochzubringen – jetzt ist er über die Kante den Steilhang hinunter – – glaubt er, dass ihm jemand folgt, oder will er bloß einmal schauen? Da hinunter ist es abgeblasen, Windgangln, kein Tiefschnee. Windgepresst und plattig, bis zur Schulter hinaus. Aber da wo es flacher wird, müssen wir links in den Leehang hinein. Werden wir dort durchkommen? Vielleicht will der Willi einmal nachschauen...

Wirklich – es ist, als müsste ich erst wieder gehen lernen – taumelnd bewege ich mich durch den Sturm hinüber zum Zelt der anderen. Ja, Willi ist sicher gerade dabei, das erste Stück des Abstiegs auszukundschaften, den kritischen Punkt zu gewinnen, wo es links zur großen Spalte hinabgeht. Oder ist er einfach losgegangen mit der Hoffnung, die anderen folgten seinem Beispiel? Ich weiß es nicht, jedenfalls ist ihm keiner nachgegangen.

Als ich das sturmgebeutelte Koreanerzelt erreiche, sehe ich Hannes im Eingang sitzen. Er erkennt mich, macht seinen vertrauten Zwinkerer – als wollte er mir bedeuten: Servus! ja, ja – es geht schon noch! Aber ich sehe seine schneeweiße Hand, von der er den Fäustling abgezogen hat und die er massiert. Die Haut ist völlig weiß, blutlos, seltsam runzelig, wie aufgeweichte Hornhaut, die tagelang im Wasser lag – so jedenfalls sieht es aus. Alfred, hinter ihm, schlürft aus einem großen Topf mit Schneeresten. Sein Gesicht ist schrecklich gezeichnet und die Augen voller roter Äderchen. Sein Blick ist bald starr, bald irrt er umher – sein Zustand erinnert mich an den von Alan. Ich glaube, auch er ist verwirrt. Es macht keinen Anschein, als ob die beiden das schützende Zelt verlassen wollten. Auch Mrowka und ich zwängen uns nun hinein, um etwas Schutz vor dem eisigen Wind zu haben. Kein Wasser mehr für Alan, stelle ich betrübt fest und blicke auf die Schneereste im Topf. In unserem Zelt nebenan, in dem Julie liegt, gibt es natürlich keins. Ich habe auch Scheu davor, dort viel herumzukramen. Ich sehe Willi jetzt schnaufend den Hang emporkeuchen, sichtlich erregt, dass keiner ihm folgt. Ich bin inzwischen wieder ins Freie hinaus.

»Außa! – außa! « schreit Willi auf seine Gefährten ein und zieht sie aus dem Zelt. Es ist sicherlich die einzig mögliche Methode. Taumelig beginnen Hannes und Alfred mit ihm und Mrowka den Abstieg. Ich bleibe allein zurück – mit Julie und Alan.

Was kann ich tun? Benommen suche ich noch einmal nach irgendetwas für Alan, aber es gibt nichts – – –

Eine Weile sitze ich still im Koreanerzelt und überlege...

Dann kommt mir Julies kleines Sprechgerät in den Sinn: kann sie – Kann sie noch irgendetwas gesagt haben? Ich weiß nichts über ihre letzten Stunden. Kaum etwas über die letzten zwei Tage. Aber in den Taschen ihrer Daunenjacke ist nichts – sie hätte das Gerät wohl auch kaum noch benutzt; die kleine Kamera ist ebenfalls im Sturm verschwunden. Resigniert gebe ich auf. Ich werde es niemals wissen. Mit Scheu nähere ich mich unserem Zelt. Willi hat es von oben her mit dem Pickel aufgerissen und Julie hineingebettet – das weiß ich von Mrowka. Ich kann ihr Gesicht nicht sehen. Das Zelt ist halb eingedrückt, doch nicht zusammengebrochen. Ich verschiebe den Schlafsack, der die Öffnung schließt, und decke die Daunenjacke über ihre Füße – – sehe ihre Bergkleidung in Rot und Schwarz. Julie..., noch einmal berühre ich sie – dann lass' ich sie allein. Irgendwo im Inneren des Zeltes weiß ich unsere beiden kleinen Bären, die irgendetwas zusammengeführt hatte, aus einem Bus in Varese und einem kleinen Ort im südlichen England. Die werden bei ihr bleiben. Und ich sehe noch Julies stolzes, zufriedenes Lächeln, als es ihr gelungen war, im Basislager vor unserem Aufbruch dem einen Bärchen, das ein Auge verloren hatte, aus Zwirn ein neues zu machen und einzusetzen – Ihr Schlafsack, der den Riss im Zelt verschließt, ist völlig trocken – – mir kommt die Feuchtigkeit und Nässe in Alans Zelt zum Bewusstsein: ob ich ihm den gebe? Ich verschließe die Öffnung mit der Daunenjacke und trage den Schlafsack hinüber zu Alans Zelt. Jeder Schritt, den ich näher komme, wird mir schwerer. Ich habe kein Wasser, nichts, für ihn. Der Daunenschlafsack ist nur irgendetwas, weil ich eigentlich nichts habe. Ich bin nichts als ein hilfloser Wanderer hier oben zwischen einer Toten und einem, der sterben wird. Und ich weiß, dass ich hinunter muss...

Auf dem flachen Stück der Schulter hat sich inzwischen Furchtbares abgespielt – ich habe es in Augenblicken von weitem gesehen, einfach im Bewusstsein registriert: Hannes und Alfred waren nach wenig mehr als hundert Metern am Ende ihrer Kräfte. Willi und Mrowka haben sich verzweifelt bemüht, den einen, den anderen zu stützen, einem Gestürzten wieder aufzuhelfen – – aber es war ein hoffnungsloses Beginnen.

Sie haben sie schließlich aufgeben müssen. Und nun entdecke ich Willi und Mrowka dicht hintereinander, wie zwei gebückte Schattenflecke im Grau des durchsichtigen Nebels im Windschatten der Schulter, sie scheinen bis über die Hüften im Tiefschnee zu stecken, kaum voranzukommen. Ich halte den Schlafsack für Alan in meinen Händen. Und er wird Wasser von mir wollen. Und ich habe keines...

»Vater, was soll ich tun!« Wenn je, dann bist du mir jetzt nahe! Ich weiß, du bist mir nahe. Manchmal, in schrecklichen Situationen, wenn ich nicht mehr aus noch ein wusste, hab ich dich gefragt.

Oh, Alan! Da ist das dunkle Loch in unser Zelt hinunter: – – – Ich glaube die wirren Augen zu sehen, das Stammeln zu hören durch das Toben des Sturmes, ich sehe die Finger, die sich hektisch bewegen, die Hände, die nach irgendetwas in der Luft greifen – – »Alan«, schreie ich in die Tiefe, »I brought you a dry sleepingbag« – – – ein trockener Schlafsack! Keine Antwort. Hat er mich verstanden? Ich schiebe den Schlafsack zu ihm hinunter. Schaudernd bemerke ich, wie sich über mir in der Gipfelwand ein rasendes Gekräusel von Wolken bewegt, sich verdichtet, immer weiter herabreicht, auch die jagenden Wolken in der Tiefe sind jetzt höher – – wie lange noch dauert es, bis sich alles schließt? Bis der Hexentanz der Wolken wieder den ganzen Berg umhüllt? »Bua, du muaßt abi!« Ja, Vater, ich weiß. Ja, Alan, ich muss gehen! Aber ich kann dir die Hoffnung auf Wasser nicht nehmen, wenn du mich überhaupt noch verstehst. »Alan, I will go and try to find some water...«

Im Grau in der Tiefe sind Willi und Mrowka kaum noch zu erkennen. Ein dichter Filz aus Schneestaub erfüllt die Luft auf der Leeseite der Schulter, graue Watte, die alles verschluckt, mehr und mehr die beiden, den Weg in die Tiefe – –

Los! Wolken von Schneestaub! Blitzendes Sonnenlicht! Zerberstende Schneetafeln unter meinem Schritt. Ich keuche den Steilhang hinab. Langsamer! Stolpere nicht! – –

Das Leben ist unten – hat Mrowka gesagt. Hier oben ist jetzt nur der Tod. Und es ist fraglich, ob wir ihm entrinnen werden. Vielleicht.

Ich habe Hannes erreicht. Er sitzt im Schnee, kehrt mir den Rücken zu. Ein paar Meter weiter drüben liegt Alfred bewegungslos auf der zerfurchten Fläche, das Gesicht im Schnee. Er ist wohl tot. Hannes bewegt schwach die Arme, rudert im Zeitlupentempo durch die Luft, während die Eiskörner prasseln und ich mich mühsam unter den Druckwellen aufrecht halte. Dann sehe ich sein Gesicht. Seine Augen, weiß, blicken ins Leere. Er sieht mich nicht. Ich rufe seinen Namen, aber er bewegt nicht einmal den Kopf. Nur die Arme rudern weiter durch die Luft. Er hört mich nicht. Vielleicht ist er in einer anderen Welt, bereits tot. Es ist, als horche er auf irgendetwas in weiter Ferne... Er ist nicht mehr hier, und doch denke ich, um wie viel besser es wäre, er wäre jetzt im Zelt und würde hinüberschlafen; ein besserer Platz zum Sterben als hier – auch wenn er die Kälte wohl kaum noch spürt. »Hannes!«, schreie ich, »wenn du noch irgendwie kannst, geh hinauf zum Zelt!« – aber er macht keine Bewegung, wendet nicht einmal den Kopf. Schneestaub peitscht die Gestalten auf der zerfurchten Fläche. Absurdes Sonnenlicht – – – Das Grauen, die Machtlosigkeit, die Resignation. Der Wille zum Überleben! Noch scheint die Sonne! Hier kann ich nicht mehr helfen – – ich gehe weiter an der Schneekante entlang, gleich muss ich hier links hinab! Die letzten Meter Sonnenlicht, schon beginnt das Grau! Da ist Willis und Mrowkas Spur! Ein Abbruch, Schneeplatten darunter. Ich steige hinab, entdecke die Gestalten voraus im Grau, weiter unten, halb versunken in einem Meer von Pulverschnee und Nebel. Sie kommen ganz offensichtlich nur langsam voran. Da ist die Spur! Ein ganzer Graben! Dort drunten wühlt sich der Willi wie ein Panzer durch den Schnee! Mrowka scheint an ihm zu kleben, wie ein Schatten. Wird das ein Abstieg! Wenn wir den überleben – – dann haben noch alle Engel mitgeholfen. Schnell hab ich die beiden erreicht. Willi bemerkt mich zuerst, ich sehe sein Erstaunen. – »Hast du was zu essen, hast du einen Kocher?« fragt er mich dann plötzlich. Wie soll ich denn? Das hat doch niemand mehr! – denke ich verwundert. »Nein, natürlich nicht«, gebe ich zurück; schweigend spurt der Willi weiter. Langsam folgt ihm Mrowka, Schritt für Schritt. Es ist flaumiger, leichter Schnee, aber es ist ein Ozean, in dem man versinkt. Nach oben zu wäre ein Durchkommen unmöglich, auch wenn uns die im Basislager noch am Leben wähnten – sie könnten uns hier nicht helfen. Wir stecken in der »Suppe«, sind auf die Erinnerung angewiesen. Auf das vage Gefühl der Linie des Aufstiegs, nur in umgekehrter Richtung. Die Hangneigung, Séracs, die große Spalte, die es zu finden gilt, mit der Brücke – der Durchschlupf über dem Steilhang. Über dem fürchterlichen Steilhang, in dem jetzt Tonnen von Schnee hängen werden!

Schemenhafte Konturen, grau in grau, zunehmende Steilheit – ein Abstieg unter solchen Verhältnissen ist glatter Irrsinn, aber die Alternative ist der Tod. Wir wissen das alle. Auf Nummer Sicher geht hier gar nichts mehr, es geht um Kopf und Kragen. Vorsichtig tastet sich der Willi voran, unendlich langsam. In der Tiefe ist jetzt, schwach erkennbar, die Riesenspalte aufgetaucht. Es sieht alles völlig unwirklich aus, in dem haltlosen Grau ist es, als schwebe man darüber. Aber dort unten, das muss die Brücke sein, über die wir gekommen sind: Wird der Hang da hinunter halten? Oder werden wir plötzlich mit einer Wolke von Pulverschnee in die Tiefe donnern? Wird jemals menschlicher Geist aus der fernen Welt dort unten erfahren, was hier geschah? Ich halte den Atem an – rufe Willi etwas zu; aber wir sind uns ohnehin einig, es gibt keine andere Möglichkeit. Das ist die Passage! Während die Sekunden sich zur Ewigkeit dehnen, schiebt Willi sich langsam durch den Pulverschnee abwärts. Schritt für Schritt, von Halt zu Halt. Er scheint mit der Schneelandschaft verwachsen zu sein, und als sollte endlich ein Wunder in diesen furchtbaren Tagen geschehen: der Hang hält. Wir erreichen die Brücke und bewältigen die Riesenspalte. Ein kleiner Gegenanstieg, dann kommt der steilste Hang – es geht hinab ins Nichts. Doch jetzt ist Vertrauen da: der Schnee ist tief, es ist zwar eine unsagbare Wühlerei, aber er hält, es ist machbar. Es heißt nur noch höllisch aufpassen, dass wir nicht in die Randkluft unter dieser Wand fallen. Willi hat die Patentlösung: Er tritt die Schneemassen über der schrägen Kluft in die Tiefe – sie füllen sie, es ist geschafft! Zwar sehen wir nun überhaupt nichts mehr, stecken bis über den Bauch im Pulverschnee, aber es ist uns klar, dass es jetzt nach rechts hinüber gehen muss... Mrowka löst Willi nun für kurze Zeit im Spuren ab, dann ziehe ich längere Zeit den Graben. Undeutlich tauchen die Silhouetten der Séracmauer, wo die Eislawine abbrach, zu unserer Rechten auf. Der Pulverschnee darunter ist grundlos, die Schinderei unmenschlich, die verbrauchten Energien enden in wütendem Hunger... »Hat noch irgendjemand etwas zu essen?« frage ich, mit wenig Hoffnung. »Ja, ein Zuckerl«, sagt Mrowka, »aber das gibt es erst heute abend.« Vergeblich versuche ich sie zu überzeugen, dass es jetzt notwendiger wäre, dieses letzte bisschen Energiestoff zu uns zu nehmen – denn unten im Lager 3 müssen wir doch etwas finden! – – Mrowka sagt nein.

Die ersten Bambusstangen! – – – Die letzten, die Alan und ich beim Aufstieg gesteckt haben. Wir sind jetzt also ungefähr 7700 Meter hoch. Keine 350 Meter mehr zum Lager 3 hinab! Die Spurarbeit ist vorbei, der Hang ist vom Sturm abgeblasen, zum Teil voller Windgangln – ich erinnere mich vom Aufstieg her an gefährliche harte Stellen und unsichere Schneetafeln. Die Sicht ist null, und so groß die Versuchung ist, mit dem Gesicht talwärts abzusteigen, ich drehe mich bergwärts und steige auf allen vieren ab. Es ist einfach sicherer – aber natürlich viel langsamer. Bald bin ich allein.

Wieder eine Bambusstange! Lass dich nicht durch die anderen aus dem langsamen Tempo bringen, Kurt – – – es ist die einzig richtige Form des Abstiegs hier. Ein falscher Schritt, und es geht ins Bodenlose! Zu Willi und Mrowka, die schneller waren, weil sie anders gingen, habe ich vorhin gesagt, sie brauchten nicht auf mich zu warten – – – Wir müssen jetzt bald 4 oder 5 Stunden unterwegs sein. Wie mag das Lager 3 ausschauen?

Ein Schritt, wieder ein Schritt, noch einer – – – Windgangln im Wolkennebel. Rufe! Nun warten sie offenbar doch auf mich. Einen Augenblick später entdecke ich Mrowka und Willi bei dem blauen Eisturm, unter dem Julie und ich beim ersten Gipfelvorstoß in einem Windkolk unser Tunnelzelt aufgestellt hatten.

»Steigt ruhig hinunter zu Lager 3, ich gehe langsam – es ist nicht mehr weit!« Noch ein paar Bambusstangen– – –

Lager 3! 7350 Meter. Doch es ist zerstört. Hier können wir nicht bleiben – Wird wohl die Gewalt des Sturms gewesen sein, der das neu aufgebaute Lager vernichtet hat. Ich entdecke nur ein eingedrücktes Koreanerzelt unter dem Schnee – – und reiße es mit dem Pickel auf! Irgendetwas zu essen finden! Und die Abseilachter, die Julie und ich hier in einem Säckchen deponiert haben! Nichts, ich finde sie nicht! – – Enttäuscht wühle ich mich durch den spärlichen Zeltinhalt. Willi und Mrowka durchstöbern das von der Eislawine zerstörte Österreicherzelt weiter unten. Wie Willi mir später sagt, findet Mrowka eine Kartusche für den Kocher, den sie aus Lager 4 mitgenommen hat. Aber ich finde unsere Abseilachter nicht! Das ist schlimm – – Wie viel Energie spart so ein Achter, wie viel Sicherheit gibt er! Orangenzuckerl? Nein, Brausepulver! Wenigstens etwas – – Das Zeug zischt im Maul, mit Schneematsch, wenigstens etwas! Die anderen steck ich ein, werde Willi und Mrowka davon geben. Und diese roten Fäustlinge? Prima Fäustlinge! Koreanische! – – Mein eigener linker Fäustling ist nass, resümiere ich, den könnte ich ersetzen. Aber rechts, den ledernen Fingerhandschuh, den werde ich behalten – den brauch' ich für die Bedienung der Karabiner an den Fixseilen, für das Umhängen! Also hat es nur Sinn, den linken Fäustling auszutauschen, den anderen lass ich hier. (Heute verfluche ich diese Logik, ein Beispiel für das lineare, schrittweise Denken, das in unseren Hirnen nach den vielen Tagen des Sturms in der großen Höhe Platz gegriffen hatte – denn der zweite Fäustling hätte mir fast alle Amputationen an der rechten Hand erspart. Zwar wäre ich an den Fixseilen langsamer gewesen, aber ich hätte ihn ja nur von Zeit zu Zeit im Austausch mit dem Fingerhandschuh anzuziehen brauchen. Aber in dieser Situation war ich nicht mehr in der Lage, weit genug vorauszudenken!)*

Ich gebe Willi und Mrowka von den Brausetabletten und fluche über die unauffindbaren Achter! Willi gibt mir daraufhin einen grauen Schraubkarabiner. Ich nehme ihn – ich hab zwar noch einen eigenen, blauen, aber mehr ist besser als weniger. Leider hat also niemand von uns einen Achter. Ein Verhängnis? Ja – es wäre mehr als nur eine Erleichterung gewesen – – –

* Es war Kim Chang-Sun, der die Fäustlinge zurückließ – für den Fall, dass einer von uns sie beim Abstieg brauchte. Ich danke ihm – – Das Zelt mit unseren beiden Abseilachtern war vermutlich vom Sturm zerstört, verschwunden.

Wo bleibt Mrowka?

7250 m. Die mächtige Séracmauer unter Lager 3. Ein imposanter haushoher Abbruch aus blauem, schillerndem Eis – weiße, marzipanartige, fast senkrechte Platten aus gepressten Kristalltrümmern und hartem kristallinem Pulver dazwischen. Hier beginnen die Fixseile für den Abstieg vom Lager 3. Fast überall in letzter Zeit durch die Koreaner erneuert, stellen sie bei einem Sturm gewissermaßen die Lebensversicherung für einen Rückzug über den Abruzzensporn dar. Wenn man keinen Fehler macht, natürlich. Und wenn man im Sturm, von oben kommend, den Beginn der Seile findet. Von oben her endet die steile Schneefläche unter Lager 3 abrupt mit dem Rand des Abbruchs – ihn selbst sieht man nur von unten.

Jetzt, bei dem verzweifelten Ausbruch von Willi, Mrowka und mir aus der Todeszone, in der wir wie durch ein Wunder so viele Tage überlebt hatten, waren wir alle drei überzeugt, dass wir gewonnen hatten. Was sollte noch passieren? Abzusteigen an Fixseilen war für jeden von uns das kleine Einmaleins! Natürlich hängt das von der Methode ab, die einer gewohnt ist. Aber jeder Alpinist muss auch andere Praktiken beherrschen, wenn er ein Ausrüstungsstück verliert. Auch ohne Achter war ein Herunterkommen nicht etwa ein Glücksspiel – wir alle kannten den Sporn sehr gut, waren schon oft auf- und abgestiegen. Nein, jetzt konnte nach menschlichem Ermessen wirklich nichts mehr passieren! Auch das Wetter schien nicht beunruhigend – und obwohl wir zweifellos alle sehr müde waren, erschöpft war keiner. Es waren vielmehr Durst und Hunger, woran wir alle litten! Um so rätselhafter wird es wohl für immer bleiben, warum Mrowka das Tal nicht mehr erreichte – – –

Eines ist sicher: Nie zuvor hatte jemand so lange in so großer Höhe ausgehalten – wir waren acht bzw. neun Tage ohne künstlichen Sauerstoff auf 8000 m und darüber gewesen. Niemand von uns konnte wissen, was ihm das angetan hatte. Vielleicht war nicht nur Mrowka, vielleicht waren auch Willi und ich beim Abstieg zum Lager 2 schon so nahe an der Grenze des Lebens, dass wir es nicht einmal mehr ahnten. Oder spürten wir doch etwas davon? Unser aller Blut war in der großen Höhe zähflüssig wie »Honig« geworden, und wohl jeder stand an der Kante zu einer Embolie. Dagegen hilft auch die sauerstoffreichere Luft geringerer Höhe wenig. Nur trinken, trinken, trinken – – –

Den Wettlauf mit der Zeit, ehe sich der Klumpen im Blut bildet – war er es, den Mrowka verlor?

10. August, am Spätnachmittag, an der Kante des Eisabbruchs:

Ich lasse das rot-grüne Seil unserer baskischen Freunde hier zurück; ein halbes Kilo weniger – es kann niemandem mehr helfen. Einen Augenblick kommt mir Juan-Jos Grab am Everest in den Sinn, droben am

Grat hoch über den Gipfeln, wo ich mit Julie gestanden habe... und Mari und Josema, Juan-Jos Gefährten, die uns das Seil geschenkt haben, mir und Julie, die ja auch halbe Baskin ist – – – war. Wieder bleibt ein Stück zurück, von uns, von ihr... Das Stehen und Warten hier ist furchtbar. Ich zittere plötzlich vor Kälte. Ist Mrowka endlich unten?

An dieser Séracwand muss man höllisch aufpassen, dass man nicht zu tief hinabfährt – denn dann hängt man im glatten Eis und kommt kaum noch in die Querung hinein! Noch dazu reicht ein überschüssiges Koreanerseil, vielleicht hat's der Sturm beim Fixieren verblasen, in weiter Schlinge wohl vierzig Meter in die überhängenden Séracs hinaus und hat sich dort verfangen.

Ich weiß es noch, Julie und ich wollten das Seil, um die Gefahr zu beseitigen, beim Aufstieg einholen, aber es gelang uns nicht – es hing fest in den blauen Zacken.

Eine Weile schon bewegt sich das weiß-blaue Fixseil zu meinen Füßen nicht mehr, das knapp vor mir an der Abbruchkante mit mehreren anderen Seilen an einem mächtigen Firnanker befestigt ist. Kann ich jetzt endlich Mrowka folgen? Es schüttelt mich: der Nebel, die Kälte, die Feuchtigkeit – – Hinunter! Bewegung!

Taumelig erreiche ich die Kante, bücke mich, fasse das Seil... Gib acht, Kurt! Reiß dich zusammen: mach nichts verkehrt jetzt, bis du am Seil hängst! – – Tiefe unter mir, grau – – zweitausend Meter sind es, ich weiß das – –

Den Karabiner in die Schlaufe am Haken geklickt, die Selbstsicherung! Der andere Karabiner, Bremsschlaufe, zuschrauben... Gott, ist das umständlich, die Finger, gefühllos, im vereisten Lederhandschuh... Beim Losfahren blicke ich den Abbruch hinab, ins düstere Grau: Von Mrowka ist nichts zu sehen. Ich bin wohl oben zu lange still gestanden.

Beeile dich, Kurt! Noch haben wir Tageslicht! Knirschend beißen die Steigeisen ins Eis, während ich hinabfahre... Jetzt sehe ich Mrowka, schräg unter mir, wie sie sich am Seil hinüberhangelt – Nebelgrau rundherum, Schnee, Felskulissen, von Willi ist weit und breit nichts mehr zu sehen! »Der Willi ist fort«, denke ich einen Augenblick überrascht. Der rennt jetzt zum Lager 2 hinunter! Dort kann er Tee kochen, er hat Durst, sagt mein eigenes durstiges Ich. Gebe Gott, dass hier nichts passiert – Aber was soll hier schon passieren, an den Fixseilen, wir sind sie doch zigmal hinauf und hinunter? – Und die senkrechte Wand des Séracs, die haben wir bereits.

Noch nicht ganz, Kurt! Da ist die heikle Stelle vor dem Quergang – – ich lehne am blauen Eis und verschnaufe. Dann hänge ich die Karabiner um und ziehe mich mit großer Anstrengung in die Traversierung hinein – ich atme auf, als ich die heikle Stelle hinter mir habe: Es muss fatal sein, wenn man hier tiefer fährt und erschöpft ist.

Von Mrowka sehe ich wieder nichts mehr. Sie muss wohl ein ganzes Stück voraus sein.

Ich beeile mich! Es ist hier leichter, man braucht nur das Seil um den Arm schlingen, den Karabiner einhängen und hinunterfahren. Da ist das violette Seil über die kurze, senkrechte Stufenleiter im Fels hinab! – – Ich weiß noch, es war lose, führte in den Abgrund hinaus, als Julie und ich zum ersten Mal hierher kamen. Wohl eine Folge von Eis- oder Steinschlag... und Sturm. Wir haben die Misere dann gerichtet, Julie hat den Strick an ein anderes Seil geknüpft – – plötzlich ist mir, als wäre sie in der Nähe, wieder da, als wäre ich in ihrer Begleitung, während ich mich den folgenden Quergang entlangtaste. Da sind die paar Meter Schnee ohne Fixseil... gib acht, Kurt!

Die glatte Platte mit dem Kaminriss. – Ja, der hat dreißig Meter weiter unten einen Überhang. Das schwarzgelbe Seil hier hält, wir haben's ausprobiert, jetzt gibt's auch noch ein koreanisches – – Hier oben, an der flachen Stelle darüber, haben wir im 84er-Jahr den Schnee weggepickelt, in der vagen Hoffnung, Platz für unser Biwakzelt zu finden, für eine Nacht bloß – – –, aber dann war's nichts damit, und wir mussten trotz der späten Stunde noch mit Wanda zurück hinunter auf 7000 m!

Meine Steigeisen scharren im plattigen Fels neben dem Riss – – sei vorsichtig – –

Plötzlich rutsche ich – –

Halten, Kurt! Halten!

Ich bin schräg hintenüber, den Rücken auf der Risskante, zum Stillstand gekommen. Der Arm, an dem ich hänge, schmerzt, die Hand ist fest um das Seil gekrampft – – nur ein kurzer Rutsch war das, aber ein Fuß hat sich dabei plötzlich im Rissgrund verklemmt, so hat's mich herumgedreht und auf die Kante geworfen. Für Sekunden verharre ich keuchend, bewegungslos in dieser Stellung, noch voller Schreck über den unerwarteten Zwischenfall, dann richte ich mich langsam auf. Ein Glück, dass ich den Schraubkarabiner mit der Bremsschlaufe vorher zugeschraubt habe, trotzdem – – Er ist eben kein Achter! Ein Achter ist unübertroffen – Sicherheit und Schnelligkeit in einem!

Erst unterhalb des House-Kamins haben Julie und ich bei einem Felsturm einen Reserveabseilachter deponiert. Ob der auch verschwunden ist, so wie unsere beiden anderen im Lager 3?

Auch Mrowka hat keinen Achter – – sie hat ihren aus Gewichtsgründen im Basislager gelassen.

Während ich vorsichtig bis unter den schwarzen Überhang hinabfahre, entdecke ich Mrowka wieder unter mir. Bald darauf habe ich sie erreicht.

Ich sehe sie stehen, sie hantiert mit einer dünnen Schnur und ihrer Stichtplatte. Ich warte. Hier ist es doch eigentlich leicht und ungefährlich... »Willst du jetzt nicht einfach mit dem Karabiner fahren?« Ich kann den Sinn ihrer Hantierung nicht begreifen. »Nein«, sagt sie, und ich frage nicht weiter, denn ich weiß, dass sie ihren Kopf hat – hier muss sich wohl jeder bewegen, wie er es für richtig hält. »Mit dem Karabiner könntest du viel schneller sein«, sage ich, »kann ich vorgehen?« Es ist ein bequemer Felsabsatz, und man kann gut umhängen. Sie hat nichts dagegen. Knapp darunter geht es auf eine schmale, waagrechte Schulter hinaus, auf der wir im Aufstieg öfter eine Rast eingelegt hatten. Während ich dort die Karabiner neuerlich umhänge, kommt sie nach. »Kannst du mir den Eishammer in den Rucksack tun?« meint sie. Schnallen öffnen? Mit meinen Händen? Der Wunsch scheint mir in unserer Situation bizarr und zeitverschwenderisch. Den Hammer braucht sie doch nicht mehr, der ist bloß schwer! Und das Tageslicht nimmt jetzt auch mehr und mehr ab... »Ich schenke dir gerne meinen eigenen, den ich weiter unten hab, verlier keine Zeit damit! Lass ihn hier!« sage ich, dann beeile ich mich, weiterzukommen.

Die Finger meiner rechten Hand sind gefühllos, der lederne Handschuh ist nass geworden, von der Abfahrt an den Fixseilen. Warum hab ich dort oben im Lager 3 bloß nicht den zweiten Fäustling mitgenommen! Aber wie sollte ich damit die Karabiner bedienen?... Logik nach einer Woche im Sturm auf 8000 m... Sie ist da, aber sie ist begrenzt, enger geworden.

Noch sehe ich Mrowka über mir, wie sie sich über die Platten abseilt. Dort, wo etliche der parallel laufenden Seile, manche mit dicken Knoten, andere von den Stürmen zerfasert, von fingerdickem Rauhreif bedeckt sind. Es wird dämmerig. Dunkle Wolken am Horizont, die näherkommen, graue Schleier da und dort. Der Abend naht. Das gibt einen Abstieg bei Finsternis!

Etwas später, im Halbdunkel, lehne ich an der Wand. Sturmböen wuchten in den Felsen. Eine Weile warte ich auf Mrowka, dann gebe ich es auf. Es ist klar, dass sie mit ihrem System langsamer, wenn auch sicherer ist – doch mich beutelt die Kälte, ich muss mich bewegen! Verhauer gibt es ja nun keinen mehr, die Kette fixer Seile ist ununterbrochen.

Die Sturmböen rütteln mich durch, aber es schneit nicht, Gott sei Dank! Als ich einmal einen menschlichen Drang verspüre, begreife ich, dass ich unmöglich die Überhose und den Reißverschluss der blauen, gefütterten Hose darunter mit der behandschuhten Rechten aufbringen kann, vom Klettergürtel ganz zu schweigen. So geht schließlich alles in das eine Hosenbein.

Mich kümmert das wenig. Hauptsache, ich habe den Handschuh anbehalten – nicht auszudenken, ich würde den verlieren! Die Finger sind bereits erfroren, aber vielleicht ist noch etwas davon zu retten...

Es wird finster, das bedeutet das Ende jeden raschen Abstiegs! Aber schnell kann ich sowieso nicht mehr sein, ich bin zu müde dafür, ich muss jetzt nur aufpassen, keinen Fehler beim Umhängen der Karabiner an den Standplätzen zu machen! Meine ganze Aufmerksamkeit gilt dem Seil, dem Fels, über den ich mich bewege, dem Schnee, in den ich steige. Auch im Stockdunkeln weiß ich noch, wo ich bin – aber es heißt langsam sein, keinen falschen Schritt tun.

Am schwierigsten wird die stählerne Strickleiter; ich raste fast auf jeder Sprosse...

Doch ist es mir die ganze Zeit, als sei da eine unsichtbare Energie, um mich und auch in mir – eine Kraft – wie ein Beschützer – –

Die hat mich schon oben im Zelt umfangen, während der letzten Tage. Ist das Julie?

Allmählich gerate ich in einen Zustand, in dem es keine Empfindung mehr gibt, kein Gefühl, nur noch Gedanken, die in Zeitlupe registrieren... das ist dieses Seil, das ist jener Erker, das ist der Beginn des Quergangs... der Knoten im Seil... jetzt umdrehen... einen Schritt zurück, hinaus auf die Felsschwarte... nicht danebensteigen... die Platte – sie hat einen Absatz... Hat es gestürmt? Ich glaube, es hat eine Zeit lang gestürmt, vorhin... jetzt stürmt es nicht mehr... die Luft ist dicht und voll Sauerstoff... es ist eine Wohltat, sie einzuatmen...

Es muss zehn Uhr gewesen sein – als ich das Lager 2 auf 6700 m erreichte.

Erst scheint es menschenleer, ich sehe nur die dunkle Kontur unseres Baskenzeltes. Dann, als ich um einen Felserker biege, taucht leuchtend grün das auf dem höchsten Schneesaum an die Wand geschmiegte Koreanerzelt auf. Es ist ein zauberhafter Anblick: Licht, Wärme, Leben – – Ein riesiger grüner Lampion, schimmernd in der pechschwarzen Nacht!

Wie ein Bild aus einem Märchenbuch.

Ich öffne den Eingang, und da ist es wie ein zur Wirklichkeit gewordenes Märchen: da sitzt der Willi, von Schwaden umgeben wie ein Zauberer, und rührt in einer dampfenden Schüssel voll eines braunen undefinierbaren Gebräus! Was immer das auch sein mag – samt den dicken aufgequollenen Körnern darin – so viel Flüssigkeit hab ich schon lange nicht mehr gesehen! Er reicht mir wortlos die Schüssel, und ich trinke... Wie das heiß, herrlich durch die trockene gequälte Gurgel rinnt! Mein Gott, was habe ich für einen Durst! Willis Gesicht ist hochrot – es dampft hier drinnen wie in einer Sauna, ein Gaskocher zischt – –

»Wo ist Mrowka?« fragt er plötzlich.

»Ich glaube, sie kommt in einer Stunde«, gebe ich zur Antwort. Schwer zu sagen, bei dieser Dunkelheit. Es könnten auch zwei sein... Als sie um Mitternacht immer noch nicht da ist, kommen uns Bedenken. Biwakiert sie etwa? Ich weiß, sie hat ihren Schlafsack mit – in dem blauen Rucksack, den ich ihr im Lager 4 gab – sie hat von dort oben auch einen Kocher mitgetragen und im Lager 3 in einem zerrissenen Zelt eine passende Gaskartusche dazu gefunden... Hat sie nicht irgendwann während des Abstiegs gesagt, sie bleibe vielleicht in Wandas Zelt auf 7000 m, gleich unter der Leiter?

Dort, abseits der Route gibt es auch noch Verpflegung. Sie wird wohl dort sein, hoffentlich. Wenn nicht? Wir lassen das Licht brennen, lauschen in die Nacht hinaus, schmelzen weiteren Schnee – – doch Mrowka kommt nicht. Willi hat Erfrierungen an beiden Händen – sämtliche Fingerspitzen, bei mir sieht vor allem die rechte Hand scheußlich aus – ein Finger hat eine riesige Blase, ein Fingernagel fehlt, auch die anderen hat es alle erwischt, nur der Daumen scheint in Ordnung zu sein – er schmerzt etwas... ein gutes Zeichen. Dafür ist der linke Fuß völlig gefühllos und angeschwollen. Ich massiere ihn lang und intensiv, ohne jedes Ergebnis... der Kreislauf muss völlig blockiert sein; Ursache ist wohl der nass gewordene Innenschuh und die im Schneechaos des Sturmlagers verschwundene Übergamasche. Resigniert gebe ich schließlich meine Bemühungen, ihn wieder zum Leben zu erwecken, auf und wende mich dem rechten Fuß zu: mit Erfolg – nach einer langen gezielten Massage kehrt das Gefühl zur Gänze zurück. Freilich hatte mein rechtes Bein seit dem zweimaligen Bruch des linken – einmal beim Skifahren und einmal auf dem Postamt – schon seit langem den besseren Kreislauf. Willis Füße hingegen scheinen nichts abgekriegt zu haben – er hatte Plastikschuhe an, und seine Innenschuhe waren nicht nass geworden.

Wir warten auf Mrowka bis gegen Mittag – aber sie kommt nicht. Wir sind unruhig, voll böser Ahnung. Heute ist der 11. August, seit zwei Wochen sind wir am K2 unterwegs, hinauf, hinunter und gefangen im Zelt, noch nie haben Menschen so lange einem Sturm in 8000 m Höhe widerstanden, ohne Möglichkeit, ihm zu entrinnen – – ja, vier von uns sieben sind dabei dort oben gestorben – – sollte der Berg hier im letzten Augenblick noch ein weiteres Opfer gefordert haben?

Wir sehen jetzt nur noch zwei Möglichkeiten: entweder Mrowka hat das Zelt auf 7000 m erreicht und schläft... oder sie hat irgendeinen technischen Fehler an den Fixseilen begangen und ist abgestürzt. Immer wieder denke ich an die Stichtplatte mit der dünnen Schnur, mit der sie hantierte: war es das? Schläft sie hingegen im Zelt, kann das ohne weiteres zwei Tage dauern.

Da keiner von uns beiden die Kraft hätte, wieder zurück hinaufzusteigen, beschließt Willi, so rasch als möglich ins Basislager zu eilen, um eine Rettungsmannschaft nach oben zu schicken. Ich werde inzwischen langsam alleine weiter über den Sporn absteigen. Willi überredet mich noch, meinen Schlafsack hier zu lassen, der ziemlich vereist ist, und bietet mir einen eigenen aus dem nächsttieferen Lager an. Nach einigem Zögern willige ich ein – auch wenn ich wenig Sinn darin sehe (ich habe ihn dann hinuntergetragen, doch nie benützt – und musste mir im Basislager einen polnischen ausborgen. Über Schlafsack und Kaminabstieg wurden gleich drei einander ausschließende Versionen in Umlauf gebracht!).

Willi geht zuerst los, er will im Österreicherzelt unter dem House-Kamin nachschauen, was da noch ist, und dort auf mich warten. Ich plage mich noch einmal mit meinem linken Fuß ab – vergeblich. Den nassen Innenschuh habe ich nachts an der Flamme des Kochers zu trocknen versucht – er ist halb versengt. Die große, violette Blase, in der der eine Finger endet, ist bei all den Tätigkeiten aufgeplatzt – aber ich habe keine Schmerzen. Mühsam quäle ich mich schließlich in die Schuhe hinein und mache mich auf den Weg.

Die Strickleitersprossen im House-Kamin zwingen mich beim dreimaligen Abseilen zu größter Aufmerksamkeit – sie sind teilweise im Eis des Kamingrunds eingefroren, teilweise fehlen sie oder sind schräg verzogen... als ich endlich Willi beim Österreicherzelt erreiche, drückt er mir den Schlafsack in die Hand und macht sich auf den Weg nach unten.

Ich bin wieder allein am Sporn.

Während ich langsam über die Himmelsleiter aus Felsstufen, Türmen und Schneefeldern hinabsteige und, eine nach der anderen, die altbekannten Tiefen unter mir auftauchen, kehren meine Gedanken immer aufs Neue zur vergangenen Nacht zurück – – erst in dieser Nacht im Lager 2 habe ich etwas über Julies Ende erfahren: Sie ist eingeschlafen und nicht mehr aufgewacht.

Und plötzlich – ich höre es noch jetzt, durch die Geräusche des Berges um uns, durch die Wellen der Luft um unser Zelt hindurch – plötzlich sagt der Willi mit stockender Stimme, wobei ihm die Bewegung fast den Atem verschlägt und ihm das Wasser in die Augen steigt: »Sie hat noch gesagt...« er verstummt, ringt nach Fassung, dann – immer schneller, während sich mir das Herz zusammenkrampft, bei jedem Wort, klingt es wie ein Aufschrei: – – »sie hat noch gesagt: ›Willi, bring den Kurt gut hinunter‹ – –« Er schluchzt.

Das also hat sie gesagt... Da wusste sie, dass es zu Ende ging mit ihr – Erschütterung und Wellen von Schmerz erfassen mich: Was alles weiß ich nicht? Was hat sie noch gesagt? – »... das war das Letzte, dann hat sie nichts mehr gesagt, nur noch geschlafen...«, stammelt der Willi.

Ich spüre die Dunkelheit draußen ums Zelt, die Bewegung der Luft. Die Nacht hat plötzlich eine Stimme bekommen... ihre Stimme.

Das also hat sie gesagt.

Ich lag nur wenige Meter daneben, im Sturm.

Und habe es nicht gewusst.

Warum durfte ich nicht bei ihr sein?

Es gibt keine Antwort.

Ihr letzter Wunsch – dass ich hinunterkomme, für uns beide.

Ist das eine Antwort?

Es muss die Antwort sein, es ist ihre Antwort auf alles.

Es ist Tag. Und ich höre die Stimmen der Nacht.

Julie – –

Das Perpetuum mobile

»Immer wenn ich selbst mein Tempo bestimmt habe, war es gut. Wenn mich jemand zur Eile antrieb, war der Erfolg schlechter als bei meinem eigenen Tempo. Fehler, Verlust der Kontrolle, verheizte Reserven sind die Folgen der Hast.

Ich lebe, weil ich mein Tempo behielt.«

(Tagebucheintragung)

»Ich bin ein Perpetuum mobile, das seinen Rhythmus hat, das ihn von selber aus sich heraus finden muss, bei Tag, bei Nacht, von Sonnenaufgang bis Sonnenuntergang und wieder bei Nacht...«

»Von irgendwoher bin ich gekommen, und nach irgendwohin werde ich gehen... auch wenn die Gestalt sich ändert. Der Ort und der Weg ist in Pelbe – dem unendlichen Knoten. «

(Tagebucheintragungen)

Der 11. August. Es ist Nachmittag. Ich bin wieder im Abstieg.

... Die Sonne scheint. Das Wetter ist gut! Endlich habe ich den ersehnten Abseilachter – habe ihn aus unserem Depotsack beim Felsturm unter dem House-Kamin geholt... samt einem Eisbeil, das mir heute Nacht noch nützlich sein wird. Bis zum Fuß des Berges habe ich noch immer gut 1000 Höhenmeter zu bewältigen. Seit ich den Achter habe, geht das Abseilen wie »am Schnürchen« – – ich lehne mich zurück in einen traumhaften Diwan in der Luft, sanft gebremst von der durch den Achter laufenden Seilschlinge, und nur die Beine müssen noch gehen. Aber ich werde ja all meine Reserven für den Abstieg in der kommenden Nacht brauchen – früher werde ich kaum in den Schlusshang gelangen.

Die Nacht selbst schreckt mich nicht. Ich bin oft bei Nacht gegangen – auch alle modernen Schnellläufer beziehen die Nacht mit ein. Doch ich »renne« nicht – mein Tempo bestimmt sich nach anderen Gesichtspunkten: aus einem natürlichen Rhythmus in mir – und den Umständen am Berg.

Das ist eine Fahrt mit dem Achter! Wie gut, dass Julie und ich überall am Sporn unsere Depots angelegt haben. Auch am Fuß des Berges, im ABC-Lager, ist in unserem Zelt alles für Rückzug und Aufenthalt bereit – dort werde ich sicher bis morgen mittag bleiben*... dann weiter zum Basislager.

Schon jetzt fühle ich die lebensspendende Wirkung der tieferen Luftschichten – – wie viel mehr Sauerstoff atmet man doch auf 6000 m ein! Willi wird jetzt bald im Basislager sein und die Suchmannschaft für Mrowka in Trab bringen. Und Mrowka? Wenn ich im Abseilsitz hänge, Gesicht zum Berg, blicke ich manchmal prüfend nach oben – – aber es wäre ein Wunder, wenn sie jetzt noch käme: hat sie Wandas Zelt im Zwischenlager auf 7000 m erreicht, dann schläft sie heute für die vergangene Nacht nach – sie ist dort sicher, und sie hat Gas und Verpflegung. Hat sie es aber nicht erreicht – – dann muss etwas passiert sein. Dann gibt es kaum mehr Hoffnung.

Wie bitter, dass erst jetzt die Sonne scheint – –

Lager 1. Ich sehe es voll dumpfer Bewegung: Hier habe ich mit Julie gesessen und mit Hannes und Alfred Tee getrunken, ehe sie vorausstiegen, dem Willi nach. In der Kuppel des roten Zeltes hängen unsere letzten Filmaufnahmen: – – Julie und ich, der Hannes beim Teetrinken. Wir waren froh und zuversichtlich – – ja, da haben wir beide gewusst, dass von nun an der Gipfel mehr zählt als der Film, und haben die Kamera endgültig hier gelassen! Die letzte Chance, die sich abzeichnete, sollte nicht ungenützt vorbeigehen – –

Jetzt ist alles anders: Mit zitternden Händen, während mir das Wasser in die Augen steigt, öffne ich den Eingang des stillen Zelts... ich greife nach oben in die Kuppel: Ja, hier hängen in einem Säckchen mit der Kamera unsere Filme – letztes Zeugnis unseres Teams, das nun der Vergangenheit angehört.

Sie dürfen nicht hier zurückbleiben! Während ich alles in den Rucksack packe, fühle ich es wie ein Vermächtnis in mir aufsteigen: nein, unsere Gedanken sind nicht tot, unsere Ideen sind da, solange noch einer von uns lebt. Julie, ich führe es weiter, mit dir – – das Team.

Als ich das Lager verlasse und im Schatten des nahenden Abends in den letzten Abgrund, den ich noch bewältigen muss, hinuntersteige, ist mir, als weiche der Boden unter meinem Schritt, da sind um mich wirbelnde Grate, Wolkenfahnen, verschlungen in leuchtendes, stilles Licht über den grünen Feldern von Tashigang... unter Tränen sehe ich einen Berg verschwimmen, schön wie ein Traum aus der Tiefe der Erde. Er hat uns gehört– – –

*

* Ich konnte nicht ahnen, dass es am Fuß des Abruzzensporns nichts mehr gab: Eine Woche, nachdem man uns zuletzt gesehen hatte – im Aufstieg zum Gipfel – war alles geräumt. Man hielt uns für tot.

Nacht. Müde, verwaschene Sterne. Der Steilhang, in dem ich lehne... die letzten fünfhundert Meter des Abstiegs. Ich habe auf die Fixseile verzichtet, die ich nicht mehr erkennen kann, die teils unter dem Schnee verschwunden sind, teils wegen der Ausaperung viel zu hoch hinauf in die Felsen reichen, wo sie verankert sind – am mächtigen Körper des Abruzzensporns, der wie ein dunkler Lindwurm neben mir schläft. Es wäre eine Tortur, bei dieser Finsternis da hineinzusteigen, um sie zu finden – – So bin ich allein mit der Nacht, mit der Tiefe unter mir, mit den Hauen der beiden Pickel – nein, das eine ist ein Pickelhammer – bin alleine mit meinen Gedanken, mit der Zeit, die verrinnt, während ich langsam, das Gesicht der Schneewand zugekehrt, in einer Art Passgang hinabsteige einem stetigen Rhythmus –, wobei ich einmal mit dem einen, dann wieder mit dem anderen schweren Lederschuh weit nach hinten aushole und dann mit der Wucht seines Gewichts die Vorderzacken der Steigeisen in die steile Schneefläche schlage – während gleichzeitig einmal die eine, einmal die andere Hand auf die Schaufel des in den Schnee gedruckten Pickels oder auf den Hammer gestützt mich im Gleichgewicht hält – und einen Augenblick später diese Hand sich im selben Rhythmus wie die Beine mit der aus der Schneefläche gezogenen scharfen Haue nach unten senkt, um sie neuerlich in die wegen der Dunkelheit nur zu ahnende Fläche zu stoßen; in die Steilwand, die mit mir in die vollkommene Finsternis der Tiefe über dem Godwin-Austen-Gletscher hinabreicht. Es wird wohl viele Stunden dauern – – –

Trotz meiner Sehnsucht danach, endlich unten zu sein, muss ich gerade jetzt mehr aufpassen denn je. Hier, in der freien Wand, wird dir kein Fehler verziehen.

Tak, tak– – – Tak, tak – – – Tak, tak – – klingt der Laut der Steigeisen, die ich in den dunklen Hang setze, durch die Nacht, vermischt mit dem rhythmischen Knirschen des Schnees unter der Haue des Pickels. So etwa alle zwanzig Schritte raste ich. Da lehne ich mich vornüber in den Steilhang, stütze die Stirn auf den Arm und gehöre der Finsternis.

Dann denke ich an das Wasser dort unten, den kleinen Bach zwischen den Steinen, das Wasser, das zwischen den Eisschilden rauscht... ich denke an die paar Spitzen der grünen Blätter, die an wenigen Stellen, man kann sie an den Fingern einer Hand zählen, dort unten zwischen den Blöcken hervorlugen – wie ein geheimnisvoller, unsichtbarer Garten, den man nur ahnen kann. Wir haben diesen Platz beide geliebt... vor den wilden Kulissen der Eistürme, vor der Pyramidengestalt des letzten Broad-Peak-Gipfels. Du konntest dort hinausblicken, aus 5300 Meter Höhe, über die geschwungene Bahn des Godwin-Austen-Gletschers bis zum zwei Stunden entfernten Basislager – dem »Dorf« mit seiner Betriebsamkeit. Hier, am Fuß des Abruzzensporns, war hingegen ein heimeliger Platz, der sogar einen Hausherrn hatte – – ein hamsterähnliches Tier mit schwarzen Knopfaugen. Es muss wohl seine Sommerfrische sein – Schneestaub bröselt an mir vorbei. Ich atme die kalte Nachtluft.

Soll ich weiter? Der Daumen der rechten Hand schmerzt vom heftigen Eindrücken der Haue des Pickels – – die anderen Finger umschließen ihn wie beinharte, erstarrte Klauen. Ein paar Sterne flackern am Himmel. Ich will noch bleiben...

... Gelebt hat das Tier von den paar Expeditionsabfällen und den wenigen grünen Blattspitzen. Dann haben wir bemerkt, wie sorgsam es mit seinem heimlichen Garten umging, es fraß die Blätter nie ganz ab, nur da und dort ein wenig, so dass sie weiterwachsen konnten... ein begabtes Tier.

Doch wie steigt ein Hamster durch den Eisbruch? – – Und warum?

– – Um mich ist Dunkelheit, überall die Wand, ragen undeutliche Felsgestalten des Abruzzensporns. Ich lehne im Schnee, stütze den Kopf auf den Arm, höre die Gletscherwasser in der Tiefe rauschen – Ein Luftzug trägt ihren Laut zu mir herauf – – – Ich möchte dort unten sein.

Tak, tak – – – Tak, tak – – – Tak, tak – – ich steige weiter. Der Laut meiner eigenen Schritte klingt wie ein Perpetuum mobile durch die Nacht. Ein gleichbleibender Takt, wie der Schlag des Herzens – –

... Als die Koreaner kamen, wuchsen die Zelte neben unserer eigenen kleinen dunkelgrünen Stoffbehausung – sie hatte zufällig dieselbe Farbe wie die Blattspitzen – wie eine Schar bunter Pilze aus der Blockhalde. Der Hausherr war sicherlich zuerst verärgert und zeigte sich nicht – später hat er vielleicht die Familie nachgeholt, weil es so viel Reis gab...

Tak, tak – – – Tak, tak – – – Tak, tak – – ja, der Garten vor den Eistürmen war für Julie ein ganz besonderer Platz. Und es war unser Platz. Wenn ich daran denke, bin ich glücklich.

Tak, tak – – – tak, tak – – – tak, tak – –

Irgendetwas von ihr ist jetzt dort unten. Sie selbst? Wenn ich das Wasser berühre, wird sie da sein – –

Tak, tak – – – tak, tak – –

Der Schnee ist tiefer, es ist weniger steil. Wie eine dunkle Riesenschlange windet sich nun die Gratrippe neben mir zur Tiefe. Ich kann erahnen, wo sie endet.

Warum bist du nur dort oben geblieben, Julie? – Nie werde ich es begreifen können. Tak, tak – –

Du hast es vielleicht in deinem Innersten gespürt: Und ich – warum habe ich es nicht geahnt? Beide haben wir doch gewusst, dass es stets geschehen konnte – –

Wir wollten noch einmal an unserem Traumberg sein, ein letztes Mal gemeinsam den Gipfel versuchen, ehe wir ihn, vielleicht für immer, aufgaben. Es war ein so gutes Gefühl, als uns wieder das Seil verband... Tak, tak – – – tak, tak – – – tak, tak– – – tak– – –

Jetzt bin ich allein. Jetzt bleibt mir nur die Sehnsucht nach diesem Platz dort unten. Dort unten, da bist du vielleicht. Am Wasser... »I will be a little mouse and watch you«, hast du in Tashigang gesagt und gelächelt... ich werde eine kleine Maus sein und dir zuschauen. Es war das einzige Mal, dass wir davon sprachen, was dann sein werde, wenn einer von uns am Berg bliebe. Doch die Sonne schien auf die Dächer des Dorfes, leuchtete im Grün der Felder, wir fühlten ihre Wärme auf der Haut – – und rasch sprachen wir von etwas anderem. Es war absurd, an den Tod zu denken. Dass nur einer von uns am Berg bliebe – – es war undenkbar und durfte niemals sein – –

Tak, tak – – – Tak, tak – – – Tak, tak – –

Es ist geschehen.

Ich bin im Abstieg vom K2.

Wir haben unseren Traum erfüllt – und alles andere dafür hingegeben. Wir wussten es nicht – –

Ich höre das Surren eines Steins durch die Luft. Dann ist es wieder still. Wie viele Stunden steige ich bereits durch die Finsternis? Zwei? Drei?

Tak, tak – – – tak, tak – – – – – tak – – – – – tak – – –

Was soll diese Müdigkeit? Was befällt mich? Fröstelnd mache ich Halt. Ein seltsames Gefühl zieht durch meinen Körper, durch mein Gehirn.

Eine Vorstellung unermesslicher Weite... Ich muss eine Weile schlafen.

Nein, reiß dich zusammen, Kurt! Wenn du schläfst, stürzt du ab!

Du musst da hinunter, jetzt – es ist nicht mehr weit...

Tak, tak – – – tak – – – tak... doch meine Sicherheit, wo ist sie geblieben? Meine Überzeugung gerät ins Wanken.

Es geht auf einmal nicht mehr. Finsternis... alles ist leer rundherum. Angst erfasst mich... Unter mir die Tiefe, bodenlos, ohne Ende scheint sie plötzlich. Ein Abgrund, unermesslich! Bleib ruhig, Kurt! Raste – und steige dann weiter. Ramme die beiden Pickel ein, es kann nichts passieren... bleib ruhig. Ich lege den Kopf auf den Arm... Ich bin ein Teil der Nacht.

Unendliche Zeit vergeht.

Ich gehe hinaus in die unermessliche Weite...

Wieso regt es sich dort? Da sind jetzt – – – – da sind jetzt Menschen. Lichter. – – Lichter! Menschen! – ein beleuchtetes Zelt? Ist es eine Halluzination? Gerade war es noch dunkel, ich bin mitten in der Nacht, es können nicht Menschen sein! Nur langsam, Kurt – – lass dich nicht verführen – blick in den Hang vor dir – –

Tak, tak – – ich komme jetzt in den Bereich der Lawinenknollen entlang der Blockhalde – – ich finde eine freie Bahn, taste mich hinunter, immer noch auf allen Vieren, das Gesicht zum Hang; ich sollte mich jetzt umdrehen, aber das könnte bei dem unebenen Knollengelände noch zu einem Sturz in die Blöcke führen. Ich raste wieder, die Menschen unter mir sind jetzt zu einer Tatsache geworden, es gibt sie, die Lichter blinken in emsiger Bewegung. Sie haben mich noch nicht bemerkt – – Ein Gefühl der Erleichterung durchströmt mich, ich habe es geschafft, in wenigen Minuten werde ich am Ort des Wassers sein, unseren Garten des Glücks erreichen, dessen Hausherr jetzt schläft, tief zwischen den Steinen.

Wer sind die anderen? – Ich bin wie in Trance, es berührt mich kaum. Ich steige weiter hinab, fühle mit den Füßen die flache Rinne am Rande des Schneefelds – – der strahlende Schein einer Lampe dringt plötzlich zu mir herauf! Haben sie mich entdeckt? Ich habe das Gefühl, dass ich noch immer zur Nacht gehöre.

Plötzlich wird mir bewusst, dass die Luft eisig kalt um mich ist, ich bemerke, dass ich zittere – vielleicht auch vor Erregung, ich bin unten, da ist jemand, es wird ein Zelt geben, Julies und meines oder ein anderes, ich bin unten, brauche nicht mehr den Pickel zu umklammern, es ist zu Ende!

Ich freue mich plötzlich auf die, die da kommen – Irgendjemand muss mich bemerkt haben, ich höre Stimmen, Rufe, sehe Lichter, die über Blöcke grad' unter mir herausqueren, aber ich gebe kein Zeichen, steige stumm, unverändert weiter, das Perpetuum mobile dieser Nacht in mir kennt keine andere Bewegung mehr – – – tak – – tak – – – – tak – – – tak – – ganz langsam.

Ich bin in einen Lichtkegel getaucht! Da ist eine Gestalt, die sich nähert, jetzt ist sie neben mir – – – Langsam drehe ich mich um, richte ich mich auf – – »You are safe at last«, höre ich Jims Stimme sagen. Jim Curran, der mich jetzt am Arm ergreift und festhält, während um mich allmählich die Nacht entweicht, die Nacht, von der ich ein Teil war und die mich jetzt unmerklich, nur zögernd freigibt.

Noch mehr Lichter nähern sich! »You are safe at last...« Warum sagt er das eigentlich?, denke ich. Natürlich bin ich in Sicherheit, hier am Platz unseres Gartens! Ja, ich habe es jetzt geschafft – – aber sie – – ist oben geblieben.

»I have lost Julie«, sage ich zu Jim; ich kann nichts anderes sagen.

Es ist Mitternacht am 11. August. Die 2700 Meter Abstieg vom Platz des tödlichen Sturms sind zu Ende. Krystyna, Janúsz, Jim... sie geleiten mich über die Blöcke hinüber zum Zelt. Zu ihrem Zelt, das sie eben erst aufgestellt haben. Das ganze Lager hier, auch Julies und mein Zelt, ist verschwunden. Man hat es geräumt, man hat uns seit Tagen für tot gehalten.

Vor zwei Wochen sind wir von hier aufgebrochen...

Etwas hätte ich fast zu erzählen vergessen: ich tastete mich noch, als wollte ich damit ein Versprechen erfüllen, zu unserem Garten hinab, neben dem murmelnden Wasser – – – ich stolperte, stürzte ins klirrende Eis und trank und trank und trank.

*

Ich liege in einem doppelten polnischen Schlafsack, weich, mollig und warm – so üppig, wie nur polnische Schlafsäcke sind. Und die »Krysiu«, so weißblond wie meine Tochter, flößt mir heißen Tee ein – – oh, es ist gut, umsorgt zu sein! Janusz hat mir vorhin die Schuhe ausgezogen, und

Jim erzählt mir, wie er mich entdeckt hat: »... da war ein Laut in der Nacht, der sich immer wiederholt hat – wie ein langsamer, stockender Herzschlag, nein anders... den konnte ich mir nicht erklären. Da war wieder Stille... und dann hab ich's wieder gehört... es klang wie Metall und doch wie ein Mensch... der noch lebte...«

Ein Herzschlag, der die Gedanken bewegte, und die Arme und Beine, den Pickel. Eine unerschöpfliche Energie, die aus der Nacht kam. Ein Perpetuum mobile.

Es ist mir wie ein Wunder, dass ich noch lebe.

Ärzte und Physiker sagen, dass alles ein Ende hat, dass es das Perpetuum mobile nicht gibt. Nicht in dir und nicht außerhalb. Aber vielleicht nimmt man manchmal teil an der Ganzheit der Welt – –

Am nächsten Morgen, völlig unerwartet, wäre es für mich fast vorbei gewesen. Als ich mit Jim, einem Hochträger und Krischu mühsam durch den Eisbruch kletterte, zögernd, denn wir waren ohne Seil – so wie fast alle hier in letzter Zeit –, und vorsichtig, weil ich wegen meiner erfrorenen, angeschwollenen Füße die nassen, überdies »tonnenschweren« Bergschuhe gegen bequeme, aber auf dem Eis schlüpfrige Moonboots ausgetauscht hatte – brach plötzlich ein Griff aus, ich rutschte, verlor den Halt, und wäre nicht Jim gewesen, der mich am Arm erwischte, so wäre ich wohl in eine mit Wasser gefüllte Spalte hinuntergestürzt und ertrunken.

Etwas später litt ich – kein Wunder – an schrecklichem Hunger und fühlte mich am Ende meiner Energien... bis die gute Krischu vorauseilte und mir vom Basislager eine heiße Suppe schickte. Dann ging es wieder weiter, langsam – –

Doch als auf der Moräne, dem letzten Kilometer vorm Basislager, Bergsteiger mit einer Tragbahre auftauchten, willigte ich ein – –

Die Suchaktion der anderen von Willi alarmierten Bergsteiger nach Mrowka blieb erfolglos. Man fand sie weder abgestürzt am Fuße des Berges noch schlafend in dem kleinen Zelt auf 7000 m Höhe. Das war der höchste Punkt, den die Suchmannschaft erreichte. Ein Jahr später entdeckte sie eine japanische Expedition an den Fixseilen, ein Stück oberhalb der Leiter, die kurz hinter dem Zelt ansetzt. Sie hatte die Hand noch im Seil und stand aufrecht an die Wand gelehnt; wie man mir erzählte, hatte sie eine dünne Schnur am Seil, über deren Bedeutung sich niemand klar war. War sie einer Embolie erlegen? War sie eingeschlafen? – Es wird immer ein Rätsel bleiben.

Mrowka wurde später in der Nähe des vorgeschobenen Basislagers begraben. Von den anderen Toten oberhalb der Schulter des K2 war nichts mehr zu sehen – die Schneestürme hatten sie zugedeckt.

Man mag über »jenseitige« Zusammenhänge im Leben eines Menschen denken wie man will, sie werden ja nicht sichtbar und sind niemals erklärbar – – von logisch denkenden Menschen oft als »Spintisiererei« bezeichnet, auch wenn noch kein Logiker das Rätsel von Leben und Tod wirklich erklärt hat; doch sogar der trockenste Realist, der nüchternste Mathematiker steht manchmal vor Zeichen oder Ereignissen, die in eine andere Welt gehören, die unerklärbar und doch Tatsache sind – – und für die das Wort »Zufall« wie die billige Ausrede eines Nichtwissers erscheint.

So wird auch das Folgende niemals erklärbar sein:

Dann geschah – bemerkte ich – am rechten, weniger erfrorenen Fuß etwas Seltsames... immer deutlicher, von Tag zu Tag, zeichnete sich – erschien – im Nagel der großen Zehe eine blaue, schließlich schwarze »11«... eine unheimliche Markierung. Sie war so klar, dass ich sie nicht einfach als Ausgeburt der Phantasie abtun konnte, und ich begann darüber nachzudenken – im Innsbrucker Krankenhaus hatte ich Zeit genug dafür. Sollte ich das elfte Opfer am K2 sein? Nach dem Trägerführer Mohammed Ali, den am 4. August bei Lager 1 der Steinschlag traf, war Julie am 7. August das neunte Opfer des furchtbaren Bergsommers am K2 geworden; als nächster, zehnter, starb Alfred Imitzer beim mit letzter Kraft versuchten Abstieg am 10. August, dann Hannes Wieser, Alan Rouse, schließlich Mrowka an den Fixseilen. Es war der 11. August, als ich kurz vor Mitternacht das Ringen ums Überleben gewann und nach zwei Tagen Abstieg aus 8000 m Höhe, wobei ich fast immer allein war, den Fuß des Berges und die dort eingetroffene Suchmannschaft für Mrowka erreichte, die gegebenenfalls auch mich retten sollte. Der 11. August – sollte das mein letzter Tag sein? Oder sollte ich als Elfter dort droben hinübergehen? Die schwarze »11« war eine unheimliche Markierung – – wie immer man es auch nimmt, ohne Zweifel war ich meinem Schicksal entgangen.

(Aus meinem Tagebuch)

Die beiden Gesichter der Wolken

Manche fragen mich: Du hast doch Freunde dort oben verloren, willst du wieder hinaufsteigen zu den Gipfeln des Himalaya? Sie erwarten ein Nein: Aber ich habe diese Menschen nicht nur verloren – ich habe mit ihnen da oben gelebt. Sie selbst haben ihr Leben dort gefunden...

Auch ich könnte mein Dasein nicht einfach ändern. Ich bin jetzt dreißig Jahre immer wieder hinaufgegangen, und so kann ich auch gar nichts anderes weiterhin tun. Ich muss mit den großen Bergen sein – auch wenn ich vielleicht nur noch manchmal zum Gipfel emporsteige.

August 1988; ich sitze im Flugzeug – bin unterwegs nach Sinkiang. Mit Agostino, Gianni, den anderen. Wir werden in der Bergwüste nördlich des K2 erkunden... dort, wo die endlosen Prozessionen grünblauer Eistürme in gezackter, geschwungener Linie dem Lauf der einsamen Gletscher folgen; unterm Gasherbrum, hinter den Broad Peak hinein... vielleicht bis in den Winkel, den Julie und ich so brennend gerne gesehen hätten. Wir werden dort sein, wo wir beide unterwegs waren, mit dem schimmernden K2 über unseren Häuptern.

Ja, ich weiß – – Glück und Trauer werden mich begleiten. Und ich werde immer noch suchen.

Draußen, vor dem Fenster des Flugzeugs, sind riesige Wolkentürme aufgetaucht: Ich sehe, wie sie wachsen, wie ihre nahen, bauschigen Ränder sich ausdehnen, verändern... wir gleiten mittendurch, wattiges Weiß huscht wie Spuk vorbei, unglaubliche, schwerelose Überhänge, gewundene Buchten, geballte Körper umgeben uns, ungeheure Säulen, die aus der Tiefe heraufreichen... wunderbare Wolkengebilde. Wolken, wie Julie sie liebte.

Ich erinnere mich, was sie sagte, über das Antlitz der Wolken: »... da ist eins, das Schöne, das dir die Phantasie zeigt – als Kind habe ich von diesen Burgen geträumt, habe mir alles Mögliche unter diesen Wolkengestalten vorgestellt...

Aber sie haben auch ein dunkles Gesicht, das deine Träume zerstören kann...«

Die vielen Gesichter der Wolken... weiße Türme, die sich aufbauen, aus sich heraus fort und fort ihre Gestalt verändern, Lawinen von Wasserdampf, die in den Himmel wachsen, mit derselben Macht und Gewalt wie der Schneestaub... mit derselben Stärke der Phantasie, die Menschen immer wieder hinauftreiben wird, um das zu begreifen und zu fühlen und zu berühren... was sie darin sahen. Denn darin liegt das Sein.

Aber bricht aus ihnen ein Sturm hervor? Bäumen sie sich auf, drohend, mächtig, unbegreiflich wie gewaltige dunkle Vögel... die Sturmvögel, die alles hinwegreißen, die nicht nur Träume zerstören; wenn sie über dir sind, dich in ihrer Gewalt haben, gibt es kein Licht und keinen Schatten mehr. Und du kämpfst, für alles, was das Leben bedeutet, für alles, was deinem Gefährten und dir lieb und teuer ist, für ihn, die zu Hause, dich selbst... bis du dich irgendwann einmal still zurücklehnst – wie Julie.

Auch die Sturmvögel gelangen ans Ende.

Die Dunkelheit, das alles erdrückende Grau, gab es noch lange nach der Rückkehr vom K2: als wäre der Sturm – wie ein Fluch – noch immer nicht vorbei. Da gab es Gedächtnislücken voll Phantasie, Heldenlieder, Phrasen. Nachträgliche »Rettungen«, die keine waren – weil keiner, der nicht auf eigenen Füßen noch hinabsteigen konnte, heruntergekommen wäre. Die verschiedensten Meinungen prallten aufeinander. – Aber diese Zeit ist vorbei, es war ein Kampf, doch er war notwendig; für alle, die wieder hinaufsteigen werden.

Ja, ich habe auch die andere Seite kennengelernt: Freundschaft, Menschen, die wirklich halfen – und viel ertrugen; wie Teresa, Karen, Hildegard, Tona. Wie Ceci, Inge und Dennis, Terry... Es dauert lange, bis du aus einem solchen Abgrund wieder herauskommst.

Heute fliege ich zwischen den weißen Wolken Julies. Ohne sie – die neben mir sitzt und sie sieht. Sie ist mit ihnen.

»Liebe ist kein Besitztum; sie ist überall« – hat sie mir einmal beim Flug durch die Wolken auf einen Zettel geschrieben.

Die Stimme... da ist sie, ich höre sie.

Heute fliege ich zwischen den weißen Wolken...

Anhang

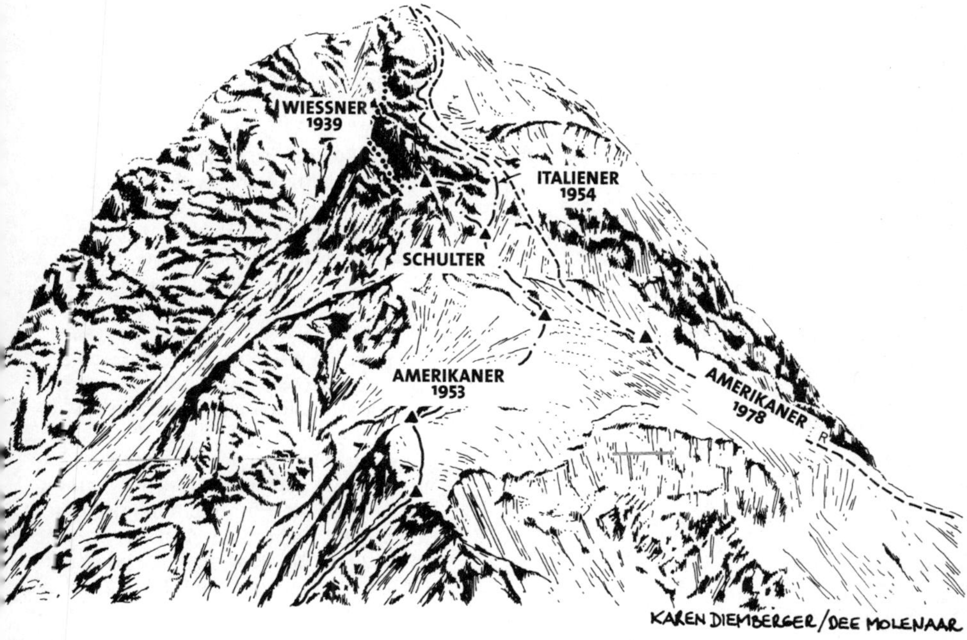

K2, die letzten eineinhalb Tausend Meter zum Gipfel (von SO)

Karen Diemberger nach einer Vorlage von Dee Molenaar

K2-Expeditionsgeschichte

(von den ersten Erkundungen bis heute, erweiterte Übersicht nach einer Darstellung in Mari Abrego »En la cima, K2«) von Xavier Eguskitza

Jahr	Expedition	Leiter	Route	Bemerkungen (SO = Abruzzensporn)
1272/ 1274	italienisch			Marco Polos Reise nach China bringt ihn auch in die Nähe des Karakorum.
1835/ 1838	englisch			G.T. Vigne bereist Kaschmir, Ladakh und Baltistan; 1835 erreicht er von Skardu aus die Stirn des Chogo-Lungma-Gletschers.
1856	deutsch	Adolf Schlagintweit		Er gelangte – wahrscheinlich als erster Nichteinheimischer – in die Nähe des Baltorogletschers und bestieg den westlichen Mustaghpass (Panmah-Pass).
1856	englisch	T. G. Montgomerie		Er verwendete bei der Kartographie des Karakorum zum ersten Mal den Namen »K2«; vom Mt. Haramukh in Kaschmir (rund 200 km vom K2 entfernt) nummerierte er die Karakorumgipfel auf seiner Skizze der Reihe nach mit K1, K2, K3 etc. und bemerkte, dass der K2 der höchste zu sein schien. Bis 1858 wurde dann der K2 von Kaschmir aus durch den Surveyor G. Shelverton erstmals vermessen. Es stellte sich heraus, dass er der zweithöchste Berg der Welt war – mit 28,250 ft (8611 m).
1861	englisch	H. H. Godwin Austen		Austen sah die Gipfelpyramide des K2 von einem Punkt 600 m über Urdokas (Baltorogletscher) und machte eine berühmte Skizze; vorher war er bis 15 km an den Concordiaplatz herangekommen; sein Name wurde als Name für den K2 vorgeschlagen. Erste Übersichtskarte 1:500 000 des Karakorum.
1887	englisch	Francis Younghusband		Überschreitet das Karakorumgebirge von China her, mit einer kleinen Gruppe von Trägern; er entdeckt das Shaksgamtal und kommt in der Nähe des K2 vorbei (er ist der erste Europäer, der ihn von Norden sieht) und erreicht den Baltorogletscher über den alten Mustaghpass.

1890	italienisch	Roberto Lerco		Erste Erkundung des K2 (zwischen Mai und Oktober); auch Erkundungen im Bereich des Hunzatals (Rivista Mensile 1954); soll angeblich auf dem Südostgrat bis 6600 m gelangt sein, doch wird das vielfach als fraglich angesehen.
1892	englisch	Willim Martin Conway		Expedition mit wissenschaftlicher und bergsteigerischer Zielsetzung; sie bewältigt erstmals den ganzen Baltorogletscher (Conway tauft den »Concordiaplatz«, wo ihn die Bahnen der zusammenfließenden Gletscher an die Place de la Concorde in Paris erinnern). Ersteigung des Pioneer Peak (6890 m) – damals Welthöhenrekord – am Baltoro Kangri; wertvolle topographische Ergebnisse (Baltorokarte) (sechs »Explorer« – Bergsteiger/Wissenschaftler, ein Vogelforscher, vier Gurkhasoldaten).
1902	international	Oscar Eckenstein	NO	Bergsteigerversuch am Nordostgrat bis 6525 m; sechs Bergsteiger – darunter die Österreicher Heinrich Pfannl und Victor Wessely.
1909	italienisch	Luigi Amedeo di Savoia, duca degli Abruzzi	SO	Entdeckten und versuchten die »mögliche« Route am K2, den »Abruzzensporn«; erreichten 6250 m (zwölf Bergsteiger).
1929	italienisch	Principe Aimone di Savoia, duca di Spoleto	(S; N)	Verzichteten auf einen Besteigungsversuch und brachten wichtige geographische und geologische Daten mit. Prof. Ardito Desio nahm als Geologe teil, erkundete mit drei Teilnehmern das Shaksgamtal und erreichte auf der Baltoroseite u. a. den von Conway als »probable saddle« bezeichneten Übergang zum Siachengletscher, den er nach dem Entdecker taufte.
1937	englisch	Eric Shipton	(N)	Erkundungen, wissenschaftliche und kartographische Arbeiten sowie Besteigungen nördlich des K2 im Bereich mehrerer großer Gletscher und des Shaksgam (E. Shipton, H. Tilman, J. Auden, M. Spender und sieben Sherpas).
1938	amerikanisch	Charles S. Houston	SO	Erster groß angelegter Aufstieg über den Abruzzensporn; die Amerikaner richteten sieben Hochlager ein und erreichten 7925 m (sechs Bergsteiger).

1939	amerikanisch	Fritz Wiessner	SO	Vorstoß bis 8382 m – ohne Sauerstoffgeräte! Neun Hochlager. Anschließend starben beim Rückzug bzw. einer Rettungsaktion vier Bergsteiger: drei Sherpas und der Amerikaner Dudley Wolfe (Teilnehmer: sechs Bergsteiger).
1953	amerikanisch	Charles S. Houston	SO	Richteten acht Hochlager ein und gelangen bis ca. 7900 m. Trotz eines verzweifelten Rettungsversuchs stirbt der erkrankte Art Gilkey durch eine Lawine, kurz nach einem von Pete Schoening wie durch ein Wunder gehaltenen Massensturz. Errichtung der »Gilkey-Pyramide« unterhalb des Basislagers als Gedenkstätte (acht Bergsteiger).
1953	italienisch	Riccardo Cassin	SO	Erkundungsexpedition für 1954; R. Cassin und A. Desio zum Fuß des Abruzzensporns (September).
1954	italienisch	Ardito Desio	SO	*Erstbesteigung des K2.* Neun Hochlager. Fixseile und Sauerstoffgeräte. Am 31. Juli um 18 Uhr erreichen Lino Lacedelli und Achille Compagnoni den Gipfel, obwohl ihnen wenig unterhalb der Sauerstoff ausgegangen ist. Mario Puchoz stirbt an Lungenentzündung (elf Bergsteiger).
1960	deutsch/ amerikanisch	W. D. Hackett	SO	Schlechtwetter verhinderte die Bewältigung der »Schwarzen Pyramide«, eines schwierigen Steilaufschwungs des Abruzzensporns (sieben Bergsteiger).
1975	amerikanisch	James Whittaker	NW	Versuch einer neuen Route vom Savoiasattel her; bis 6700 m. Diana Roberts ist erste bergsteigende Frau am K2 (zehn Mitglieder).
1976	polnisch	Janusz Kurczab	NO	Die Polen bewältigen den schwierigen Nordostgrat; am Gipfelaufbau darüber gelangen Chrobak und Wroz bis 8400 m; Umkehr wegen nicht ausreichenden Sauerstoffs. Diese Route war bereits 1902 angegangen worden (19 Mitglieder).
1976	japanisch	Takayoshi Takatsuka	SO	Erkundung. Am 7. August erreichten drei Bergsteiger 7160 m auf dem Abruzzensporn (sechs Mitglieder).

1977	japanisch	Ichiro Yoshizawa	SO	*2. Besteigung des K2.* Riesenexpedition: 52 Mitglieder, 1500 Träger. Sechs Japaner und ein Pakistani erreichten den Gipfel am 8. und 9. August. Expeditionsfilm 35 mm! Mit Sauerstoff. Mit 73 Jahren ist I. Yoshizawa der Älteste, der den Fuß des K2 erreicht.
1978	amerikanisch	James Whittaker	NO/SO	*3. Besteigung des K2. Nordostgrat:* sie folgen dem Weg der Polen bis 7700m, dann traversieren sie schräg zur Normalroute. Vier Bergsteiger erreichen den Gipfel am 6. und 7. September – nur mit wenig bzw. ohne Sauerstoff (14 Mitglieder, darunter drei Frauen.)
1978	englisch	Chris Bonington	W	Dieser erste Versuch am Westgrat (bis 6700 m) wird nach dem Lawinentod von Nick Estcourt aufgegeben (acht Mitglieder).
1979	französisch	Bernard Mellet	SSW	Südsüdwestgrat. Riesenexpedition mit 30 Tonnen Material. Versuch auf einem der steilsten und schwierigsten Grate. Fünf Gipfelvorstöße. Gelangten bis über 8400 m (14 Bergsteiger; Tod eines Hochträgers).
1979	international	Reinhold Messner	M.L./SO	*4. Besteigung des K2.* Reinhold Messner und Michel Dacher erreichten den Gipfel ohne Sauerstoff am 12. Juli über den Abruzzensporn. Vier Hochlager. Die von Reinhold Messner entdeckte Magic Line, das ursprüngliche Expeditionsziel, wurde aufgegeben. Tödlicher Spaltensturz eines Trägers.
1980	englisch	Peter Boardman	W/SO	Nach Versuch am Westgrat bis über 7000 m gelangen sie am Abruzzensporn über 7900 m (vier Bergsteiger).
1981	japanisch	Teruoh Matsuura	W	*5. Besteigung des K2 (und erste über den Westgrat).* Am 7. August erreichen ein Japaner und ein Pakistani den Gipfel. Mit Sauerstoff.
1981	französisch/deutsch	Yannick Seigneur	S	Versuche einer neuen Route (in der Südwand); bis 7400 m (vier Bergsteiger).
1982	polnisch	Janusz Kurczab	NW	Versuch eines Aufstiegs ohne Berührung des Savoiasattels; sie gelangen bis 8200 m, zuletzt auf der chinesischen Seite – sie wurden, von dort entdeckt, zurückbeordert! 3500 m Fixseil (21 Bergesteiger: 15 Polen und sechs Mexikaner).

1982	japanisch	Isaoh Shinkai	N	*6. Besteigung des K2 (und erste von China über den Nordsporn).* Sieben Bergsteiger erreichen den Gipfel am 14. und 15. August (ein tödlicher Absturz beim Abstieg). Ohne Sauerstoff (14 Bergsteiger).
1982	österreichisch	(Hanns Schell) Georg Bachler	SO	Sie gelangen bis 7500 m, verzichten auf weiteren Aufstieg, um beim Abtransport der toten polnischen Bergsteigerin zu helfen (vier Bergsteiger). Bachler war effektiv Leiter, Schell blieb in Österreich.
1982	polnisch	Wanda Rutkiewicz	SO	Polnische Frauenexpedition; Tod Halina Krügers; sie gelangen bis 7100 m (elf Bergsteigerinnen, darunter eine Französin: Christine de Colombel).
1983	spanisch	Antonio Trabado	W	Sie erreichen 8200 m, über Westgrat und –wand (Juanjo San Sebastian und A. Trabado).
1983	international	Doug Scott	S	Aufstiegsversuch bis 7500 m über eine Rippe links des Abruzzensporns (drei Briten und der Franzose J. Afanassief). (R. Baxter-Jones s.u.)
1983	spanisch/ navarrisch	Gregorio Ariz	SO	Mari Abrego und Roger Baxter-Jones erreichen – nach dem Aufgeben ihrer Expeditionen – die Höhe von 8300 m, wo sie wegen Schlechtwetter umdrehen (vorher war die neunköpfige Expedition aus Navarra bis 7700 m gelangt).
1983	italienisch	Francesco Santon	N	*7. Besteigung des K2* (und zweite über den Nordsporn). Durch vier Teilnehmer, am 31. Juli und 4. August. Aufstieg ohne Sauerstoff Juli Tullis »höchste Frau« am K2 (insgesamt 23 Mitglieder).
1984	international	Stefan Wörner	SO	Aufstieg bis 7500 m.
1985	schweizerisch	Erhard Loretan	SO	Fünf Bergsteiger erreichen den Gipfel an zwei verschiedenen Tagen. Ohne Sauerstoff.
1985	französisch	Eric Escoffier	SO	Drei Bergsteiger erreichen den Gipfel. Daniel Lacroix beim Abstieg verschollen. Ohne Sauerstoff.
1985	japanisch	Kazuoh Tobita	SO	Drei Japaner erreichen den Gipfel. Vermutlich ohne Sauerstoff.
1985	international	Wojciech Kurtyka	SO	Versuch scheitert auf 7000 m (mit R. Schauer, nach der Westwand des Gasherbrum IV).

1986	italienisch/ baskisch	Renato Casarotto	SO/ SSW	Mari Abrego und Josema Casimiro: Gipfelbesteigung über Abruzzensporn; Renato Casarotto stirbt durch Spaltensturz nach Versuch am SSW-Grat.
1986	französisch	Maurice Barrard	SO	Gipfelbesteigung zu viert, wobei Wanda Rutkiewicz und Liliane Barrard als erste Frauen oben stehen. Tod des Ehepaars Barrard beim Abstieg.
1986	englisch	Alan Rouse/ John Barry	NO/ SO	Versuch am Nordwestgrat bis 7400 m; Alan Rouse stirbt nach Gipfelbesteigung über Abruzzensporn beim Abstieg (elf Mitglieder).
1986	amerikanisch	John Smolich	SSW	Nach Lawinentod John Smolichs und Al Penningtons wird aufgegeben (acht Bergsteiger).
1986	italienisch/ international	Agostino Da Polenza	SSW/ SO	Acht Expeditionsmitglieder besteigen Gipfel über Abruzzensporn, Julie Tullis stirbt beim Abstieg. Am SSW-Grat Aufgabe wegen des Lawinenunglücks.
1986	international	Karl Herrligkoffer	S/SO	Zwei Schweizer erreichen den Gipfel über Abruzzensporn; zwei Polen Erstbegehung der Südwand (Kukuczkaroute); Tod Piotrowskis beim Abstieg (insgesamt 16 Mitglieder).
1986	österreichisch	Alfred Imitzer	SO	Zwei Bergsteiger auf dem Gipfel, zwei Tote beim Abstieg (A. Imitzer, H. Wieser; insgesamt sieben Bergsteiger).
1986	südkoreanisch	Kim Byung-Joon	SO	Drei Bergsteiger auf dem Gipfel, mit Sauerstoff. Tod des Sirdars durch Steinschlag (insgesamt 19 Mitglieder).
1986	polnisch	Janusz Majer	SSW/ SO	Erstbegehung des SSW-Grats zu dritt; Tod W. Wroz' beim Abstieg; Mrowka Dobroslawa-Wolf stirbt beim Abstieg nach Versuch am Abruzzensporn (acht Mitglieder, darunter drei Frauen).
1986	amerikanisch	Lance Owens	N	Versuch am Nordsporn bis 8100 m (acht Bergsteiger).
1986	jugoslawisch/ slowenisch	Viki Grošelj	S	Alleingang von Tomo Cesen auf neuer Route links des Abruzzensporns zur Schulter, 7800 m.
1987	international	Doug Scott	S	Versuch am Sporn links der Abruzzenrippe bis 7100 m, nachdem sie auf der Normalroute 6900 m erreicht hatten (sechs Bergsteiger).

1987	französisch	Martine Rolland	SO	Versuch bis 7000 m (sechs Mitglieder).
1987	polnisch/ schweizerisch	Wojciech Kurtyka	W	Versuch in der Westwand mit Jean Troillet bis 6400 m.
1987	japanisch	Haruyuki Endo	SO	Versuch bis 7400 m.
1987	japanisch/ pakistanisch	Kenshiro Otaki	SO	Versuch bis 8300 m; tödlicher Absturz eines Japaners (14 Mitglieder).
1987	baskisch	Juanjo San Sebastian	S	Aufstieg über Rippe links des Abruzzensporns zur Schulter und auf der Normalroute bis 8300 m (sieben Bergsteiger plus Sirdar).
1987/ 1988	polnisch/ international	Andrzej Zawada	SO	Winterexpedition; Abruzzensporn bis 7350 m (20 Bergsteiger).
1988	jugoslawisch	Tomaz Jamnik	SSW	Versuch bis 8100 m (anschließend Abruzzensporn bis 7400 m; 15 Mitglieder).
1988	amerikanisch	Peter Athans	SO	Versuch bis 7400 m (fünf Mitglieder).
1988	neuseeländisch	Rob Hall	SO	Versuch bis 7400 m (vier Mitglieder).
1988	spanisch/ katalanisch	Jordi Magriñá	SO	Versuch bis 8100 m (12 Mitglieder).
1988	französisch	Pierre Béghin	N	Versuch am Nordsporn bis 8000 m (sechs Mitglieder mit Arzt).
1989	polnisch/ schweizerisch	Wojciech Kurtyka	NW	Der Versuch einer neuen Route über die Nordwestwand konnte wegen Schlechtwetter nicht gestartet werden (mit Jean Troillet und Erhard Loretan).
1989	österreichisch	Eduard Koblmüller	O/SO	Versuch bis 7200 m an der bisher unbestiegenen Ostwand. Tod eines Mitgliedes. Ein Versuch am Abruzzensporn endete bei 7000 m (sieben Mitglieder).
1989	baskisch	Juanjo San Sebastián	SO	Versuch bis 7400 m (11 Mitglieder).
1990	international	C.A. Pinelli	SO	»Free K2«, Aufräumexpedition, organisiert von Mountain Wilderness. Es wurden ca. 7000 m erreicht (9 Mitglieder).
1990	amerikanisch	Doug Dalquist	SO	Erreichten ca. 7600 m, mussten dann wegen viel Tiefschnee aufgeben (5 Bergsteiger).

1990	japanisch	Tomoji Ueki	NW/N	Versuch einer neuen Route durch die Nordwestwand; sie vereinigt sich bei ca. 7700 m mit der alten Nordspornroute. Zwei Teilnehmer erreichten den Gipfel am 9. August (12 Mitglieder).
1990	amerikanisch/ australisch	Steve Swenson	N	Kleinexpedition, nur vier Bergsteiger; am 20. August wird der Gipfel zu dritt über die Nordspornroute von 1982 erreicht.
1991	deutsch	Sigi Hupfauer	SO	Versuch bis 7000 m.
1991	neuseeländisch	Rob Hall, George Ball	SO	Versuch bis 7500 m, Schlechtwetter, viel Schnee.
1991	italienisch	Fabio Agostinis	N	Nordsporn bis 8200 m, Schlechtwetter, viel Schnee.
1991	französisch	Pierre Béghin, Christophe Profit	NW/N	Alpinstilaufstieg auf origineller Spiralroute (Vereinigung verschiedener Routen), Gipfel am 15. 8. 91).
1992	polnisch/ schweizerisch	Wojciec Kurtyka	WNW	Ein weiterer Versuch neuer Route WNW-Wand, verunmöglicht durch Schlechtwetter (mit Erhard Loretan).
1992	schweizerisch	Peter Schwitter	SO	Versuch am Abruzzensporn bis 7400 m, 5 Mitglieder. Zuletzt erreichte Chantal Mauduit mit anderer Expedition den Gipfel.
1992	mexikanisch/ international	Ricardo Torres	SO	Versuch am Abruzzensporn bis ca. 8000 m (4 Mexikaner, Neuseeländer und 2 Schweden). Adrián Benítez: tödlicher Absturz am Sporn.
1992	russisch/ amerikanisch	Vladimir Balyberdin	SO	Erste Wiederbesteigung des K2 über den Abruzzensporn seit 1986. Der Leiter und ein Ukrainer erreichten den Gipfel am 1. August, zwei Tage später ein weiterer Russe und eine Französin (von der Schweiz. Expedition), und am 16. August drei Amerikaner (insgesamt 17 Mitglieder).

1993 bis 2000: siehe zusammenfassender Nachtrag für die 5. Auflage ab S. 304

K2-Besteiger

(von Xavier Eguskitza)

Nr.	Name	Nationalität	Datum	Route	Expedition	Leiter
1	Achille Compagnoni	italienisch	31.7.54	Abruzzen-sporn	italienisch	Ardito Desio
2	Lino Lacedelli	italienisch	31.7.54	Abruzzen-sporn	italienisch	Ardito Desio
3	Shoji Nakamura	japanisch	8.8.77	Abruzzen-sporn	japanisch	Ichiro Yoshizawa
4	Tsuneoh Shigehiro	japanisch	8.8.77	Abruzzen-sporn	japanisch	Ichiro Yoshizawa
5	Takeyoshi Takatsuka	japanisch	8.8.77	Abruzzen-sporn	japanisch	Ichiro Yoshizawa
6	Mitsuo Hiroshima	japanisch	9.8.77	Abruzzen-sporn	japanisch	Ichiro Yoshizawa
7	Masahide Onodera	japanisch	9.8.77	Abruzzen-sporn	japanisch	Ichiro Yoshizawa
8	Hideo Yamamoto	japanisch	9.8.77	Abruzzen-sporn	japanisch	Ichiro Yoshizawa
9	Ashraf Aman	pakistanisch	9.8.77	Abruzzen-sporn	japanisch	Ichiro Yoshizawa
10	James Wickwire	amerikanisch	6.9.78	NO-Grat Abruzzen-sporn	amerikanisch	James Whittaker
11	Louis Reichardt	amerikanisch	6.9.78	NO-Grat Abruzzen-sporn	amerikanisch	James Whittaker
12	John Roskelley	amerikanisch	7.9.78	NO-Grat Abruzzen-sporn	amerikanisch	James Whittaker
13	Rick Ridgeway	amerikanisch	7.9.78	NO-Grat Abruzzen-sporn	amerikanisch	James Whittaker
14	Reinhold Messner	italienisch	12.7.79	Abruzzen-sporn	europäisch	Reinhold Messner
15	Michl Dacher	deutsch (BRD)	12.7.79	Abruzzen-sporn	europäisch	Reinhold Messner
16	Eiho Ohtani	japanisch	7.8.81	Westgrat SW-Seite	japanisch	Teruoh Matsuura
17	Nazir Sabir	pakistanisch	7.8.81	Westgrat SW-Seite	japanisch	Teruoh Matsuura

18	Naoe Sakashita	japanisch	14.8.82	Nordsporn	japanisch	Isao Shinkai
19	Yukihiro Yanagisawa	japanisch	14.8.82	Nordsporn	japanisch	Isao Shinkai
20	Hiroshi Yoshino	japanisch	14.8.82	Nordsporn	japanisch	Isao Shinkai
21	Kazushige Takami	japanisch	15.8.82	Nordsporn	japanisch	Isao Shinkai
22	Haruichi Kawamura	japanisch	15.8.82	Nordsporn	japanisch	Isao Shinkai
23	Tatsuji Shigeno	japanisch	15.8.82	Nordsporn	japanisch	Isao Shinkai
24	Hironobu Kamuro	japanisch	15.8.82	Nordsporn	japanisch	Isao Shinkai
25	Agostino Da Polenza	italienisch	31.7.83	Nordsporn	italienisch	Francesco Santon
26	Josef Rakoncaj	tschecho-slowakisch	31.7.83	Nordsporn	italienisch	Francesco Santon
27	Sergio Martini	italienisch	4.8.83	Nordsporn	italienisch	Francesco Santon
28	Fausto De Stefani	italienisch	4.8.84	Nordsporn	italienisch	Francesco Santon
29	Marcel Ruedi	schweizerisch	19.6.85	Abruzzen-sporn	schweizerisch	Erhard Loretan
30	Norbert Joos	schweizerisch	19.6.85	Abruzzen-sporn	schweizerisch	Erhard Loretan
31	Erhard Loretan	schweizerisch	6.7.85	Abruzzen-sporn	schweizerisch	Erhard Loretan
32	Pierre Morand	schweizerisch	6.7.85	Abruzzen-sporn	schweizerisch	Erhard Loretan
33	Jean Troillet	schweizerisch	6.7.85	Abruzzen-sporn	schweizerisch	Erhard Loretan
34	Eric Escoffier	französisch	6.7.85	Abruzzen-sporn	französisch	–
35	Daniel Lacroix	französisch	7.7.85	Abruzzen-sporn	französisch	–
36	Stéphane Schaffter	schweizerisch	7.7.85	Abruzzen-sporn	französisch	–
37	Noboru Yamada	japanisch	24.7.85	Abruzzen-sporn	japanisch	Kazuoh Tobita
38	Kenji Yoshida	japanisch	24.7.85	Abruzzen-sporn	japanisch	Kazuoh Tobita
39	Kazunari Murakami	japanisch	24.7.85	Abruzzen-sporn	japanisch	Kazuoh Tobita
40	Wanda Rutkiewicz	polnisch	23.6.86	Abruzzen-sporn	französisch	Maurice Barrard
41	Michel Parmentier	französisch	23.6.86	Abruzzen-sporn	französisch	Maurice Barrard
42	Maurcie Barrard	französisch	23.6.86	Abruzzen-sporn	französisch	Maurice Barrard

43	Liliane Barrard	französisch	23.6.86	Abruzzen-sporn	französisch	Maurice Barrard
44	Mari Abrego	spanisch/ baskisch	23.6.86	Abruzzen-sporn	baskisch	(Renato Casarotto)
45	Josema Casimiro	spanisch/ baskisch	23.6.86	Abruzzen-sporn	baskisch	(Renato Casarotto)
46	Gianni Calcagno	italienisch	5.7.86	Abruzzen-sporn	italienisch	Agostino Da Polenza
47	Tullio Vidoni	italienisch	5.7.86	Abruzzen-sporn	italienisch	Agostino Da Polenza
48	Soro Dorotei	italienisch	5.7.86	Abruzzen-sporn	italienisch	Agostino Da Polenza
49	Martino Moretti	italienisch	5.7.86	Abruzzen-sporn	italienisch	Agostino Da Polenza
50	Josef Rakoncaj	tschecho-slowakisch	5.7.86	Abruzzen-sporn	italienisch	Agostino Da Polenza
51	Benoît Chamoux	französisch	5.7.86	Abruzzen-sporn	italienisch	Agostino Da Polenza
52	Beda Fuster	schweizerisch	5.7.86	Abruzzen-sporn	international	Karl Herrligkoffer
53	Rolf Zemp	schweizerisch	5.7.86	Abruzzen-sporn	international	Karl Herrligkoffer
54	Jerzy Kukuczka	polnisch	8.7.86	Südwand	international	Karl Herrligkoffer
55	Tadeusz Piotrowski	polnisch	8.7.86	Südwand	international	Karl Herrligkoffer
56	Chang Bong-Wan	südkoreanisch	3.8.86	Abruzzen-sporn	südkoreanisch	Kim Byung-Joon
57	Kim Chang-Sun	südkoreanisch	3.8.86	Abruzzen-sporn	südkoreanisch	Kim Byung-Joon
58	Chang Byong-Ho	südkoreanisch	3.8.86	Abruzzen-sporn	südkoreanisch	Kim Byung-Joon
59	Wojciech Wroz	polnisch	3.8.86	SSW-Grat	polnisch	Janusz Majer
60	Przemyslaw Piesecki	polnisch	3.8.86	SSW-Grat	polnisch	Janusz Majer
61	Petr Bozik	tschecho-slowakisch	3.8.86	SSW-Grat	polnisch	Janusz Majer
62	Willi Bauer	österreichisch	4.8.86	Abruzzen-sporn	österreichisch	Alfred Imitzer
63	Alfred Imitzer	österreichisch	4.8.86	Abruzzen-sporn	österreichisch	Alfred Imitzer
64	Alan Rouse	englisch	4.8.86	Abruzzen-sporn	englisch	Alan Rouse
65	Kurt Diemberger	österreichisch	4.8.86	Abruzzen-sporn	italienisch	Agostino Da Polenza

66	Julie Tullis	englisch	4.8.86	Abruzzensporn	italienisch	Agostino Da Polenza
67	Hideji Nazaku	japanisch	9.8.90	NW-Wand/ N-Sporn	japanisch	Tomoji Ueki
68	Hirotaka Imamura	japanisch	9.8.90	NW-Wand/ N-Sporn	japanisch	Tomoji Ueki
69	Steve Swenson	amerikanisch	20.8.90	Nordsporn	amerikanisch/ australisch	Steve Swenson
70	Greg Child	australisch	20.8.90	Nordsporn	amerikanisch/ australisch	Steve Swenson
71	Greg Mortimer	australisch	20.8.90	Nordsporn	amerikanisch/ australisch	Steve Swenson
72	Pierre Béghin	französisch	15.8.91	NW/Nord	französisch	(mit Profit)
73	Christophe Profit	französisch	15.8.91	NW/Nord	französisch	(mit Béghin)
74	Vladimir Balyberdin	russisch	1.8.92	Abruzzensporn	russisch	Vladimir Balyberdin
75	Gennady Kopieka	ukrainisch	1.8.92	Abruzzensporn	russisch	Vladimir Balyberdin
76	Chantal Mauduit	französisch	3.8.92	Abruzzensporn	schweizerisch	Peter Schwitter
77	Aleksei Nikoforov	russisch	3.8.92	Abruzzensporn	russisch	Vladimir Balyberdin
78	Ed Viesturs	amerikanisch	16.8.92	Abruzzen-	russisch	Vladimir Balyberdin
79	Scott Fischer	amerikanisch	16.8.92	Abruzzen-	russisch	Vladimir Balyberdin
80	Charley Mace	amerikanisch	16.8.92	Abruzzen-	russisch	Vladimir Balyberdin

1993 bis 2000: siehe zusammenfassender Nachtrag für die 5. Auflage ab S. 304.
Bis Ende August 2000 erreichten insgesamt 175 Bergsteiger den Gipfel des K2.

Sie starben am K2

Name	Nationalität	Datum	Ursache	Route
Dudley Wolfe	amerikanisch	30.7.39	vermutlich Höhenkrankheit, Erschöpfung; in L7 (7550 m)	Abruzzensporn
Pasang Kikuli	Sherpa	31.7.39	verschollen zwischen L6 und L7	Abruzzensporn
Pasang Kitar	Sherpa	31.7.39	verschollen zwischen L6 und L7	Abruzzensporn
Pintso	Sherpa	31.7.39	verschollen zwischen L6 und L7	Abruzzensporn
Art Gilkey	amerikanisch	10.8.53	Lawine bei L7 (7450 m)	Abruzzensporn
Mario Puchoz	italienisch	21.6.54	Lungenentzündung in L2 (5900 m)	Abruzzensporn
Nick Estcourt	englisch	12.6.78	Lawine in der Nähe von L2 (6500 m)	Westgrat
Ali, Sohn von Kazim	pakistanisch	9.6.79	Spaltensturz	Savoiagletscher
Laskhar Khan	pakistanisch	19.8.79	Herzschlag zwischen L3 und L4	SSW-Grat
Halina Krüger	polnisch	30.7.82	Herzschlag bei 6700 m (L2)	Abruzzensporn
Yukihiro Yanagisawa	japanisch	15.8.82	abgestürzt beim Abstieg	Nordsporn
Daniel Lacroix	französisch	7.7.85	verschollen beim Abstieg	Abruzzensporn
John Smolich	amerikanisch	21.6.86	Lawinentod auf 6000 m	SSW-Grat
Alan Pennington	amerikanisch	21.6.86	Lawinentod auf 6000 m	SSW-Grat
Liliane Barrard	französisch	24.6.86	Absturz beim Abstieg	Abruzzensporn
Maurice Barrard	französisch	24.6.86	verschollen beim Abstieg	Abruzzensporn
Tadeusz Piotrowski	polnisch	10.7.86	Absturz beim Abstieg	Abruzzensporn
Renato Casarotto	italienisch	16.7.86	Spaltensturz auf 5100 m	SSW-Grat
Wojciech Wroz	polnisch	3.8.86	Absturz beim Abstieg	Abruzzensporn
Mohammed Ali	pakistanisch	4.8.86	Steinschlag unter Lager 1	Abruzzensporn
Julie Tullis	englisch	7.8.86	Ursachenkomplex, nach Absturz, in L4 (8000 m)	Abruzzensporn
Alan Rouse	englisch	10.8.86	vermutlich höhenkrank und Erschöpfung, in L4 (8000 m)	Abruzzensporn

Alfred Imitzer	österreichisch	10.8.86	vermutlich höhenkrank und Erschöpfung, unter L4 (8000 m)	Abruzzensporn
Hannes Wieser	österreichisch	10.8.86	vermutlich höhenkrank und Erschöpfung, unter L4 (8000 m)	Abruzzensporn
Dobroslawa Wolf	polnisch	10.8.86	unbekannt (Embolie?), zwischen L3 und L2	Abruzzensporn
Akira Suzuki	japanisch	24.8.87	Absturz bei ca. 8200 m	Abruzzensporn
Hans Bärnthaler	österreichisch	28.7.89	Wächtenbruch bei Erkundung der Ostwand	
Adrián Benítez	mexikanisch	Sommer 1992	Absturz am Abruzzensporn	

1993 bis 2000: siehe zusammenfassender Nachtrag für die 5. Auflage ab S. 304.
Bis Ende August 2000 kamen insgesamt 50 (?) Menschen am K2 ums Leben, 1998 fand dort kein Bergsteiger den Tod.

Nachtrag für die 5. Auflage: Expeditionen 1993–2000 (von Roberto Mantovani)

1993 Eine internationale Expedition unter Leitung des Slowenen Tomaz Jamnik erreichte den Gipfel über den Abruzzensporn. Carlos Carsolio (Mexiko), Stipe Bozic (Kroatien) und die Slowenen Viki Groselj und Zvonko Pozgaij bestiegen den K2 am 13. Juni, der Schwede Göran Kropp am 23. Juni. Bostjan Kekec starb während eines Besteigungsversuchs.

1993 Drei Teilnehmer einer amerikanischen Expedition unter Leitung von Stacy Allison erreichten am 7. Juli den Gipfel über den Abruzzensporn: Phil Powers (USA), Jim Haberl und Dan Culver (beide Kanada). Dan Culver kam beim Abstieg ums Leben.

1993 Eine internationale Gruppe unter Leitung des Deutschen Reinmar Joswig ging den Gipfel über den Abruzzensporn an. Am 30. Juli erreichten ihn außer Joswig der Kasake Anatoli Bukreev, der Deutsche Peter Mezger und der Australier Andrew Lock. Mezger und Joswig stürzten während des Abstiegs tödlich ab.

1993 Schwedische Expedition über den Abruzzensporn unter Leitung von Magnus Nilsson. Am 30. Juli erreichten Rafael Jensen und Daniel Bindner mit Teilnehmern der Joswig-Expedition den Gipfel. Tödlicher Absturz Bindners beim Abstieg, der infolge eines Hirnödems die Balance verloren hatte.

1993 Eine britische Expedition, geleitet von Roger Payne, brach ihren Aufstieg über den Abruzzensporn ab, nachdem sie dem Schweden Rafael Jensen zu Hilfe kamen.

1993 Eine baskische Expedition unter Leitung von Félix Iñurrategi, die über den Nordsporn aufsteigen wollte, erreichte jedoch nur 6800 Meter.

1993 Eine kanadische Expedition unter Leitung von Peter Arbie wollte über den Südsüdwestgrat aufsteigen, brach jedoch ihren Versuch 400 Meter oberhalb des Negrottosattels ab. Beim folgenden Versuch auf der Kukuczka-Piotrowski-Route querten sie in 6000 Meter Höhe zum Südsüdostsporn. Nach Erreichen der Schulter gelangten sie auf der Normalroute bis 8000 m und kehrten dann ins Basislager zurück.

1993 Eine internationale Expedition unter Leitung von Wim Van Harskamp brach ihren Versuch am Abruzzensporn auf 7400 m ab.

1993 Eine spanische Expedition unter Leitung von Josep Aced unternahm einen Versuch über die Tomo-Cesen-Route. Sie erreichte 7200 m.

1993 Einem internationalen Team, das der Brite Jonathan Pratt und der Amerikaner Daniel Mazur leiteten, gelang die zweite Besteigung über den Südwestgrat: am 2. September erreichen die beiden den Gipfel.

1994 Eine baskische Expedition unter Leitung von Juan Oiarzabal stieg über den Südsüdostsporn und die Normalroute auf. Am 23. Juni erreichten Oiarzabal, Alberto und Félix Iñurrategi, Enrique De Pablo und Juan Tomáz den Gipfel.

1994 Ein polnisch-amerikanisches Team (Kurtyka-Wielicki-Buhler) stieg über die Cesenroute auf, musste aber unterhalb des Gipfels abbrechen.

1994 Ralf Dujmovits, dem Leiter einer kommerziellen Expedition, gelang es, mit Teilnehmern verschiedener Nationalitäten den Gipfel über den Abruzzensporn zu erreichen.

Am 9. Juli bereits erreichte der Neuseeländer Rob Hall den Gipfel, am 23. Juli waren der Expeditionsleiter, der Finne Gustafsson und die beiden Deutschen Schlönvogt und Wärthl erfolgreich.

1994 Ein internationales Team unter der Leitung von David Bridges versuchte den Aufstieg über den Abruzzensporn. Am 23. Juli erreichte der Australier Mike Groom den Gipfel. Der US-Amerikaner Steve Untch starb am 26. Juli nach einem Fixseilriss.

1994 Eine ukrainische Expedition unter Leitung von Vadim Sviridenko versuchte den Aufstieg über den Abruzzensporn. Hierbei kamen am 11. Juli Dimitri Ibragimzade, Aleksandr Parkhomenko und Alexei Kharaldin ums Leben. Am 23. Juli erreichten Benko und Vladislav Mstislev den Gipfel.

1994 Eine spanische Expedition unter Leitung von Angel Rifa versuchte den Abruzzensporn, gab jedoch 300 m über Lager 2 auf.

1994 Ein koreanisches Team unter der Leitung von Kim-In-Tae erreichte Lager 3 am Abruzzensporn.

1994 Ein japanisches Team unter der Leitung von Yurifumi Kinoshi gab seinen Versuch am Abruzzensporn knapp unterhalb des Lagers 2 auf.

1994 Eine japanische Expedition unter der Leitung von Tadakiyo Sakamara brach ihren Versuch am Abruzzensporn kurz vor der Errichtung des Lagers 4 im Bereich der Schulter ab.

1994 Eine angloamerikanische Gruppe, bestehend aus den Brüdern Adrian und Alan Burgess, Brad Johnson, Alan Hinkes, Paul Moores und Mark Wilford versuchte den Aufstieg über den Nordsporn, wobei Alan Hinkes 8100 m erreichte.

1994 Eine baskische Expedition unter Leitung von José Carlos Tamayo stieg über den Nordsporn auf. Am 30. Juli erreichten J.C. Tamayo und Sebastian De La Cruz den Gipfel.

Am 4. August waren Juanjo San Sebastian und Atxo Apellániz erfolgreich. Während des Abstieg erlag Apellániz beim Biwakieren einem Hirnödem.

1994 Eine italienische Expedition unter der Leitung von Don Arturo Bergamaschi wollte eine neue Route in der Nordwestwand eröffnen. Die Spitzengruppe erreichte 8450 Meter.

1995 Eine internationale Expedition unter der Leitung von Ronald Naar war am Abruzzensporn erfolgreich. Außer dem Expeditionsleiter erreichten der Holländer Hans Van der Meulen, der Brite Alan Hinkes und der Pakistani Rajab Shah den Gipfel.

1995 Eine katalanische Expedition unter der Leitung von Josep Aced erreiche 8300 Meter am Abruzzensporn. Beim Abstieg stürzte Jordi Angles ab und starb unweit des Basislagers.

1995 Ein amerikanisches Drei-Mann-Team (Leiter John Culberson) erreichte 8100 Meter auf der Béghin-Profit-Route.

1995 Eine deutsche kommerzielle Expedition unter Leitung von Peter Kowalzik erreichte am Nordsporn 7900 Meter.

1995 Ein amerikanisch-englisches Team unter der Leitung von Rob Slater unternahm einen Versuch über den Abruzzensporn; hierbei erreichten Slater und Alison Hargreaves am 13. August den Gipfel. Auf dem Rückweg stürzten sie im Höhensturm ab.

1995 Ein neuseeländisch-australisches Team unter der Leitung von Peter Hillary stieg über den Abruzzensporn auf, wobei am 13. August Bruce Grant den Gipfel erreichte. Ein plötzlicher Höhensturm aus China führte zu seinem Absturz beim Rückweg.

1995 Ein spanisches Team (Leiter José Garcés) stieg über den Südsüdostsporn auf. Lorenzo Ortiz und Javier Olivar erreichten den Gipfel und auch Javier Escartin war ihm beim letzten Walkie-Talkie-Gespräch bereits nahe. Während des Abstiegs stürzten alle drei infolge eines Höhensturms ab.

1996 Italienische Expedition, Leiter Agostino Da Polenza. Beim Aufstieg über den Abruzzensporn erreichten am 29. Juli Mario und Salvatore Panzeri sowie Giulio Maggioni und Lorenzo Mazzoleni den Gipfel. Mazzoleni starb beim Abstieg.

1996 Japanischer Alleingänger, Masafumi Todaka. Er erreichte den Gipfel am 29. Juli, mit den italienischen Bergsteigern.

1996 Polnisch-italienische Expedition über den Nordsporn, Leiter Krzysztof Wielicki. Am 10. August erreichten Wielicki, Marco Bianchi und Christian Kuntner den Gipfel. Vier Tage später folgten ihnen auch Petr Pustelnik und Richard Pavlovski.

1996 Chilenische Expedition, Leiter Rodrigo Jordan, Aufstieg über den Südsüdostsporn. Am 12. August erreichten Christian Garcia Nuldobro, Waldo Farina, Misari Alvial und Michael Purcell den Gipfel.

1996 Japanische Expedition, Leiter Yamamoto Atsushi, Aufstieg über den Südsüdostsporn. Am 12. August erreichten Matsubara Masayuki, Akasaka Kenzo, Muraia Bunsho, Yoshida Yuichi, Tanigawa Taro und Sshiina Atsushi den Gipfel. Am 14. August folgten ihnen Yamamoto Atsushi, Inaba Hideki, Nagakubo Hirotaka, Takahashi Kazuhiro und Sana Takahashi.

1996 Russische Expedition, Leiter Ivan Dusharin, über den Nordsporn. Am 14. August erreichten Igor Benkin, Sergei Penzov und der Amerikaner Carlos Buhler den Gipfel. Während des Abstiegs starb Benkin an Erschöpfung.

1997 Japanische Expedition, Leiter Osamu Tanabe. Aufstieg über die Westwand mit einer neuen Variante im oberen Abschnitt, die kurz unter den Gipfel zum Nordsporn führt. Den Gipfel erreichten: Masamiki Takine, Akira Nakajima, Ryoji Yamada, Masami Kobayashi und die Hochträger Dawatsi, Gyarbu, Mimma und Pernbadolge.

1997 Baskische Expedition, geleitet von Ramon Agirre. Versuch am Südsüdostsporn bis 7000 Meter.

1998 Eine italienische Expedition, Leiter Abele Blanc, mit Marco Barmasse, Edmund Joyeusaz und dem Brasilianer Vladimir Niclevicz unternahm Aufstiegsversuche an der Kukuczka-Route und am Abruzzensporn.

1998 Eine internationale Expedition von spanischen, türkischen und kanadischen Bergsteigern erreichte nur Lager 3.

1998 Eine von National Geographic gesponserte amerikanische Expedition, Ziel: Heidi Howkins als erste Amerikanerin auf dem Gipfel, erreichte das Lager 3. Am 17. Juli entdeckten Howkins und Christian Binggele Überreste der 1986 verschollenen Seilschaft Maurice und Liliane Barrard in der Nähe des Lagers 1.

1998 Eine irische Expedition, Leiter Calvin Torrans, kam nicht über 6700 m (Lager 2) hinaus.

1998 Zwei deutsche Expeditionen scheiterten am Nordsporn

1998 Die japanische Expedition »Balooning Fly over K2«, Leiter Michio Kanda, war erfolglos – der Ballonflug über den K2 scheiterte.

1999 Am 10. Juli verließ eine internationale Expedition (drei Italiener, ein Rumäne, ein Amerikaner und ein Türke) den Abruzzensporn, nachdem der 32jährige Mihai Cioroianu zwischen Lager 1 und 2 von einem Stein auf der Brust getroffen wurde und starb. Jay Sieger und Ugur Uluocak versuchten den Gipfel neuerlich, gelangten jedoch nicht über 6700 m hinaus.

1999 Eine Woche später gaben Hans Kammerlander und Konrad Auer auf, nachdem sie bei einem Versuch über den SSO-Sporn (Baskenweg) und über den Flaschenhals 8400 m erreicht hatten.

1999 Eine japanische Expedition, Leiter Takuo Fujiwara, der auch ein Amerikaner angehörte, versuchte den Westgrat. Rückzug nach Einrichtung des Lagers 4 (7500 m).

1999 Eine koreanische Gruppe, der auch der Himalayamann Park Jung-Hun angehörte, versuchte den SSO-Sporn, musste jedoch auf 7200 m aufgeben (schwere Schneefälle).

1999 Ein internationales Team, der Italiener Abele Blanc, der Spanier Pepe Garces und der Brasilianer Waldemar Niclevicz, erreichte das Basislager, nachdem es in der Gasherbrumgruppe tätig war. Blanc machte angesichts der schlechten Verhältnisse am Berg keinen Versuch, die beiden anderen versuchten den SSO-Sporn längs der Fixseile der Koreaner. Wegen der schweren Schneefälle kein Gipfelversuch.

2000 Der Sommer dieses Jahres brachte eine lange Schlechtwetterperiode, die zahlreiche Versuche (sowohl auf der pakistanischen als auch auf der chinesischen Seite) scheitern ließ, darunter den von Hans Kammerlander, der den Gipfel über den Abruzzensporn erreichen wollte, um dann von dort mit den Ski abzufahren.

Am 26. Juni wurde der Gipfel durch eine koreanische Expedition erreicht, die Yeong Ryong Kang leitete. Die Spitzengruppe (acht Alpinisten) stieg über den Abruzzensporn auf.

Einen Monat später – am 29. Juli – erreichte das internationale Team Waldemar Niclevicz, Abele Blanc und Marco Camandona den höchsten Punkt ebenfalls über den Abruzzensporn.

Die Gesamtzahl der Besteigungen

Die Statistik der Besteigungen an den höchsten Bergen der Welt wird von Jahr zu Jahr schwieriger. In mancher Saison wächst die Zahl der Aufstiege mit Riesenschritten. So z.B. am Everest: Ende 1998 betrug die Zahl der Besteigungen 1052. Allein im Frühjahr 1999 kamen 121 Aufstiege hinzu, dann weitere 133 vor dem Eintreffen des Monsuns im Jahr 2000. Derzeit ist die Gesamtzahl der Aufstiege 1306. Die Zahl der Toten hat 150 überschritten.

Doch dieser Trend ist von Berg zu Berg und von Jahr zu Jahr verschieden – besonders wenn man die technisch schwierigeren Achttausender betrachtet. Am K2 z. B. gab es bis Ende August des Jahres 2000 nur insgesamt 175 Gipfelbesteigungen, während die Zahl der tödlich Verunglückten 49 betrug. Sicherlich viel weniger als am Everest – jedoch in Prozenten ausgedrückt, war die Zahl der Todesopfer weit höher!

Im Mai 1999 hat die englische Zeitschrift High eine von Xavier Eguskitza zusammengestellte Tabelle publiziert, die sich mit dem Risiko des Aufstiegs an den Achttausendern des Himalaya und Karakorum auseinandersetzt. Die Untersuchung zeigte deutlich, dass – statistisch gesehen – zum Ende des Jahres 1998 (die Situation blieb seither im wesentlichen unverändert) der K2 der Berg mit der höchsten Todesrate für »Gipfelsieger« im Abstieg war (13,4 %). Ihm folgten, der Reihe nach, die Annapurna (5,9 %), der Makalu (4,8 %) und der Kangchenjunga (4,7 %). In Eguskitzas Liste stand der Everest erst an fünfter Stelle (3,4 %) – mit 1052 Gipfelbesteigungen und 36 Toten beim Abstieg vom Dach der Welt. Wenn man die allerletzten Aufstiegsziffern in Betracht zieht, dürfte heute die Prozentzahl – jedoch nur sie – noch niedriger sein.
Roberto Mantovani

Die wichtigeren Gipfel im Karakorum über 7200 m

K2 (Chogori)	8616 m*
Gasherbrum I (Hidden Peak)	8068 m
Broad Peak (Falchan Kangri)	8060 m*
Gasherbrum II	8035 m
Broad Peak – Mittelgipfel	8016 m
Gasherbrum III	7952 m
Gasherbrum IV	7929 m*
Distaghil Sar	7885 m
Kunyang Kish	7852 m
Masherbrum	7821 m
Rakaposhi (Domani)	7788 m
Batura I	7785 m
Kanjut Sar	7760 m
Saltoro Kangri	7742 m
Trivor	7728 m
Saser Kangri	7692 m
Chogolisa (Bride Peak)	7654, 7665 m
Shispare	7611 m
Skyang Kangri (Saircase)	7544 m
Yukshin Gardan Sar	7530 m
Mamostong Kangri	7516 m
Pumari Kish	7492 m
K 12 (Chumik Group)	7469 m
Teram Kangri I	7462 m
Malubiting	7458 m
Yazghil Dom	7440 m
Sia Kangri (Queen Mary Peak)	7422 m
Ghent (Kondus Peak)	7401 m
Rimo	7385 m
Sherpi Kangri	7380 m
Chongtar	7370 m
Skil Brum	7360 m
Karun Koh	7350 m
Momhil Sar	7343 m
Yutmar Sar	7330 m
Bajohaghur Duam Asir	7329 m
Gasherbrum V	7321 m
Baltoro Kangri (Golden Throne)	7312 m
Urdok	7300 m
Baintha Brakk (Ogre)	7285 m
Pasu Peak	7284 m
K6 (East Hushe Group)	7282 m
Mustagh Tower	7273 m
Diran	7266 m
Crown	7265 m
Apsarasas	7245 m
Singhie Kangri	7202 m
Bularung Sar	7200 m

* Neuvermessung

Zusammenstellung:
Rudolf Jauk, Rosenheim

Gipfelprofile

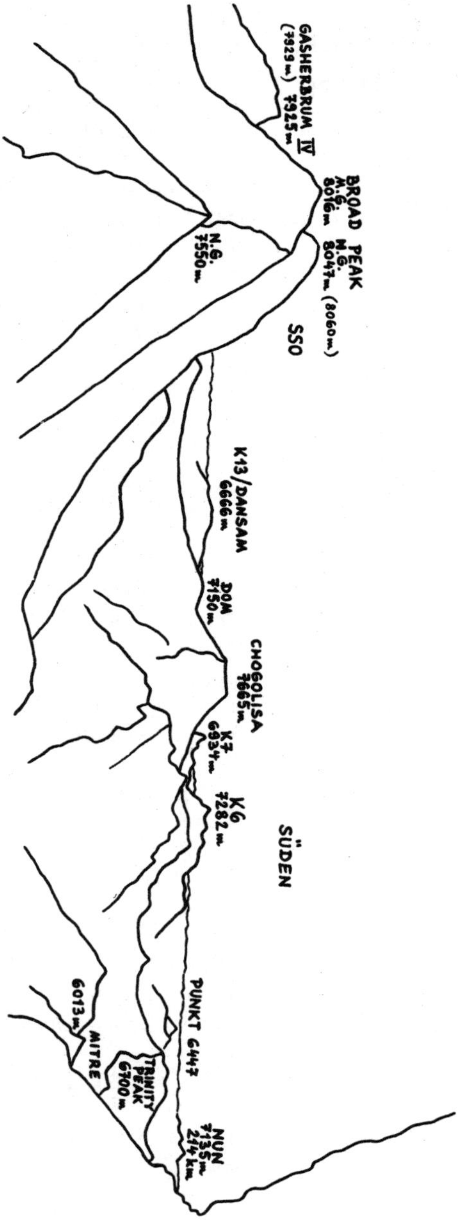

Hochlager am K2 in 7700 m Höhe. Blick auf die Schneiden der Broad Peak-Gipfel und das Trapez der Chogolisa

Gipfelbestimmung: Rudolf Jauk

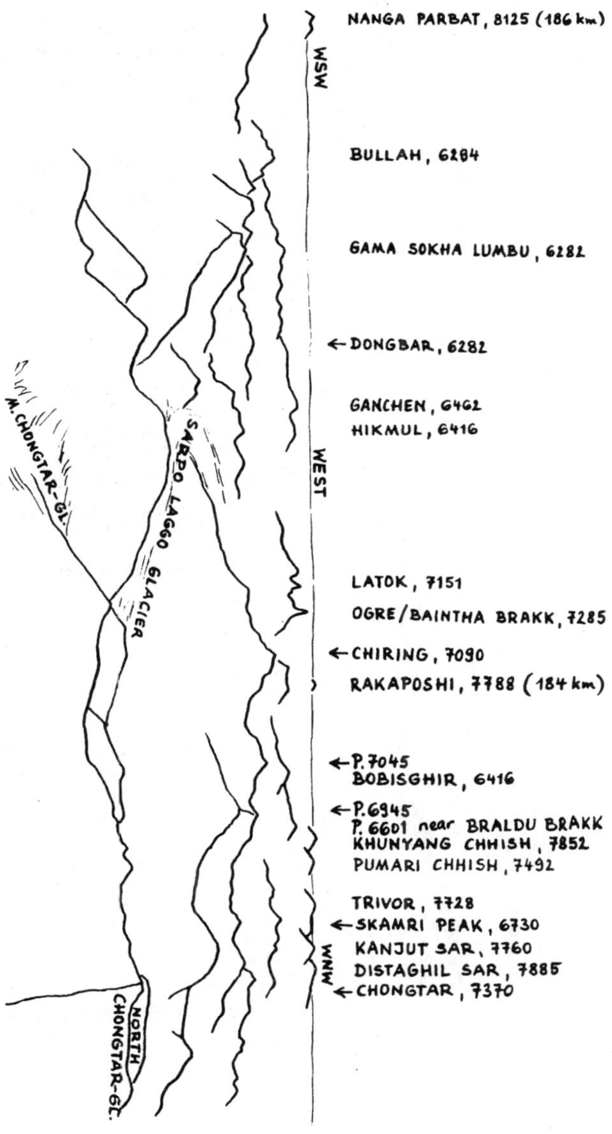

K2-Gipfel, 8616 m. Blick zum Nanga Parbat und zu den Siebentausendern des Hispar Mustagh

Gipfelbestimmung: Rudolf Jauk

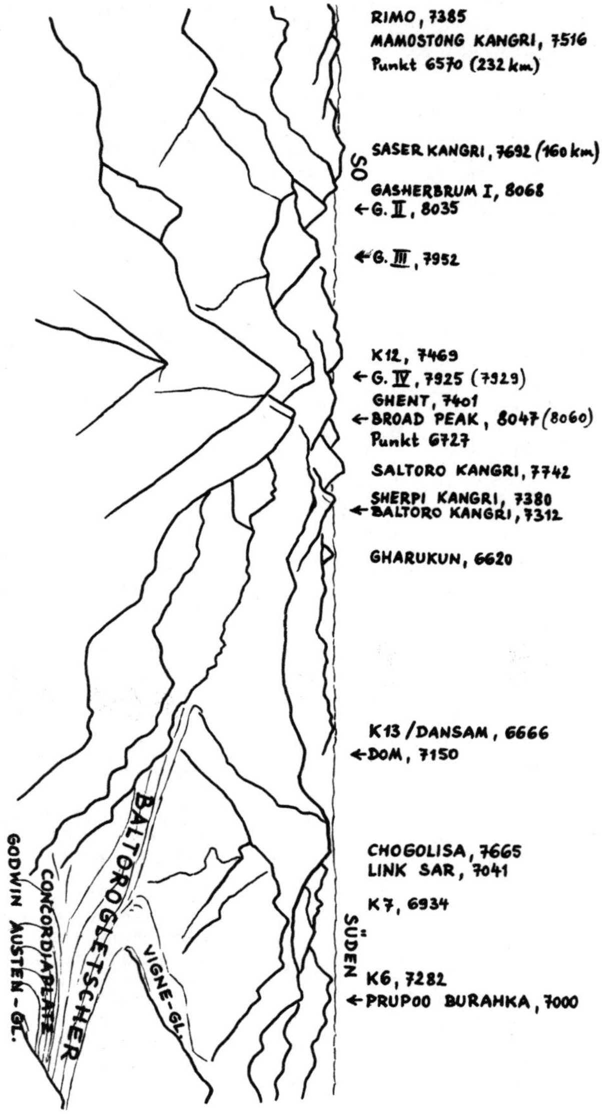

K2-Gipfel, 8616 m. Blick auf Gasherbrum- und Broad-Peak-Gruppe sowie Chogolisa mit Concordiaplatz

Gipfelbestimmung: Rudolf Jauk

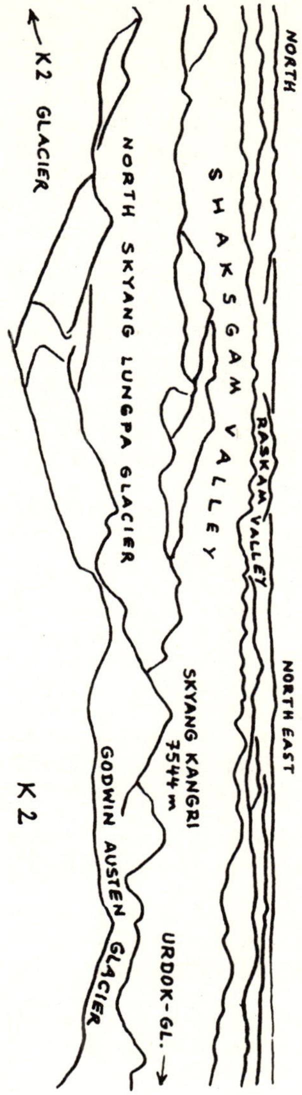

K2-Gipfel, 8616 m. Blick nach Sinkiang

Gipfelbestimmung: Rudolf Jauk

Bibliographie

Mari Abrego, Gregorio Ariz: En la cima, K2/Chogolisa, Inlena, S. A., Pamplon 1987
John Barry: K2 – savage mountain, savage summer, Oxford Illustrated Press, London 1987
Franz Berghold: Bergmedizin heute, Bruckmann, München 1988
Franz Berghold: Sicheres Bergsteigen, Bruckmann, München 1988
Geoff Birtles: Alan Rouse – A mountaineer's life, Unwin Hyman, London 1987
Chris Bonington: Quest for Adventure, Hodder & Stoughton, London 1981, 1987
Hermann Buhl: Achttausend – drüber und drunter. Gedächtnisausgabe mit Nachtrag von Kurt Diemberger, Nymphenburger Verlagshandlung, München 1958
Benoît Chamoux: Le vertige de l'infini, Albin Michel, Paris 1988
Jim Curran: K2, Triumph and Tragedy, Hodder & Stoughton, London 1987
Ardito Desio: K2 – zweiter Berg der Erde, Nymphenburger Verlagshandlung, München 1956
Ardito Desio: Which is the highest mountain in the world? (Report of Ev-K2-CNR-Expedition 1987: G.P.S. – Vermessung von K2 und Everest), Mailand 1988
Kurt Diemberger: Gipfel und Gefährten – zwischen 0 und 8000. Paul Neff Verlag, Wien 1974
G. O. Dyhrenfurth: Zum dritten Pol – die Achttausender der Erde, Nymphenburger Verlagshandlung, München 1953
G. O. Dyhrenfurth: Der dritte Pol – die Achttausender und ihre Trabanten, Nymphenburger Verlagshandlung, München 1960
Mario Fantin: K2 – sogno vissuto, Tamari, Bologna 1958
Filippo De Filippi: Himàlaia, Caracorum e Turchestàn Chinese, Zanichelli, Bologna 1924
Houston und Bates: K2, der wilde Berg, Carta Verlag, Pforzheim 1982
Kim Byung-Joon: Expeditionsbuch über K2 1986 (Der Berg, der den Tod ruft), Seoul 1987
Harald Lechenperg: Himmel, Hölle, Himalaya, Copress Verlag, München 1958
Kenneth Mason: Abode of Snow, Rupert Hart-Davis, London 1955
Bernard Mellet: K2 – la victoire suspendue. Aventures extraordinaires, Paris 1979
Reinhold Messner und Alessandro Gogna: K2 – Berg der Berge, Droemer-Knaur, München 1980
Reinhold Messner: Überlebt – alle 14 Achttausender, BLV, München 1987
Reinhold Messner und Horst Höfler (Hrsg.): Hermann Buhl – kompromisslos nach oben, Steiger Verlag, Augsburg 1997
Gertrude Reinisch und Willi Bauer: Licht und Schatten am K2, Pinguin, Innsbruck 1988
Francesco Santon und Agostino Da Polenza: K2 – lo spigolo Nord, Cooperativa editoriale l'Altra Riva 1983
Francesco Santon und Ardito Desio: Verso il cielo – K2. Appuntamento dal versante Cinese, Cooperativa editoriale l'Altra Riva 1983
Eric Shipton: Blank on the Map. In Neuauflage: Eric Shipton, The Six Mountain Travel Books, Diadem Books, London 1985
Rollo Steffens: Faszination Karakorum, Bruckmann Verlag, München 2000
Julie Tullis: Clouds from Both Sides, Grafton Books, London 1986; Neuauflage 1987, mit Kapitel von Peter Gillman über K2-Tragödie
Wala, Jerzy, SSAF: Karakorum-Karte 1:250 000. Schweizerische Stiftung für Alpine Forschungen (Hrsg.), 1990
Fritz Wiessner: K2 – Tragödien und Sieg am zweithöchsten Berg der Erde
Urs Wiget: K2 1984, Bericht des Expeditionsarztes, vervielfältigtes Manuskript
Urs Wiget: Le Médicin et la préparation d'un trekking, quelqnes idées pratiqués,
Médicine et Hygiéne, Genf 1996, 54; 1067-71
Urs Wiget: Erste Schweizerische Ärzteexpedition zum Skyang Kangri (7544m), Karakorum, Pakistan (1999)

Zeitschriften

Alpenvereinsjahrbücher »Berg 85«, »Berg 86« und »Berg 88«
The Alpine Journal 1987, vol. 92
The Alpine Journal, 1988–1989, vol. 93
Alpinismo, annuario del Club Alpino Accademico Italiano 1987, daraus: Tullio Vidoni: K2 – estate 1986; Roberto Osio: Mountain Wilderness
The American Alpine Journal, vol. 29, 1987: Beiträge von Adams Carter, Charles S. Houston, Janusz Majer, Jerzy Kukuczka
The American Alpine Journal, vol. 30, 1988
Der Bergländer, Sektion Bergland DAV, Juli 88
Der Bergsteiger, H. 3/84, 4/84, 5/84: Franz Berghold: »Höhenkrankheit I–III«
Climber, Dezember 1986: Dennis Kemp/Kurt Diemberger: »K2 – The Facts« (chronologischer Ereignisablauf)
Desnivel Nr. 39, 1988, D. Rodriguez: Gespräch mit Kurt Diemberger
High Nr. 47, 1986; November 1987 und Dezember 1987
Montagnes Magazine Nr. 97, 1987: Beitrag von J. M. Asselin
Mountain Nr. 106/1985 und Nr. 111, 112, 113/1986
Österreichische Alpenzeitung März/Juni 1961: »Die Panoramen vom Broad Peak, 8047 m« von Eduard Sternbach
Österreichische Alpenzeitung März/April 1988: Stellungnahme K. Diemberger bezüglich Robert Renzlers »Versuch einer Analyse – Unglückssommer 86 am K2« (ÖAV – Mitteilungen 4/87)
Outside, März 1987: Greg Child und Jon Krakauer
Pyrenaica Nr. 144, 1986: Beitrag von Mari Abrego
Rivista della Montagna, April 1987: über Renato Casarotto; Nr. 96, April 1988: Roberto Mantovani, Gespräch mit Kurt Diemberger
Salzburger Nachrichten, 22.–28. Oktober 1987, Günther Schneider über Kurt Diemberger
Sonntags-Blick, 16., 23. und 30. September 84: »Der Berg blieb Sieger« von Stefan Wörner
Verticla Nr. 8, Oktober/Dezember 1986: Beitrag von Michel Parmentier
Wisch Nr. 24–86/-6-, Adams Carter über Nordspornversuch der Amerikaner am K2

Weiteres Quellenmaterial:

Clemens Sievert: Tonbänder vom K2-Interview in der Universitätsklinik Innsbruck, August 86
K2-Expedition, Augenzeugenbericht für die Österreichische Botschaft in Islamabad am 18. 8. 86
Aufzeichnungen Filmlog »Highest Filmteam«, K. Diemberger/J. Tullis, Filmtexte und Tonaufnahmen
Informationen und Beiträge von QUOTA 8000, insbesondere Agostino Da Polenza, Gianni Calcagno und Tullio Vidoni

Chronologie der wichtigsten Bergfahrten und Expeditionen

1948 Larmkogel (3014 m) in den Hohen Tauern. Mein erster Berg, als ich mich mit sechzehn Jahren bei einer Kristallsuche (allein) für den Gipfel anstatt für die Fundstelle entschied.

1952 Matterhorn, Breithorn, Monte Rosa, Piz-Bernina-Biancograt, Piz Roseg mit zwei Gefährten, Erich Warta und Gundl Jabornik – ich war unterwegs auf Großvaters robustem Fahrrad, Baujahr 1909.

1953–55 Viele schwierige Bergfahrten im Fels und Eis der Alpen, gemeinsam mit meinem Freund Wolfgang Stefan als unentwegte Zweierseilschaft.

1956 Matterhorn-Nordwand (und viele andere Nordwände); Erstdurchsteigung der Königswand-Direttissima über die Riesenschaumrolle. Sie war damals die schwierigste Schlüsselstelle im Eis der Alpen.

1957 Meine erste Himalaya-Expedition zum Broad Peak (8047 m) mit Hermann Buhl, Marcus Schmuck und Fritz Wintersteller. Diese Erstbesteigung eines Achttausenders im Westalpenstil (ohne Hochträgerhilfe und Sauerstoffgeräte) war eine Idee Hermann Buhls – und diente vielen Kleinexpeditionen späterer Zeit als Vorbild.

1958 Eiger-Nordwand, Grandes-Jorasses-Nordwand (Walkerpfeiler) mit Dauerpartner Wolfgang Stefan; dann eine alpine »Filmexpedition«: fünftägige Überschreitung des integralen Peutereygrats Aiguille Noire – Aiguille Blanche – Montblanc mit Franz Lindner. Erster Preis beim Filmfestival Trient 1962.

1960 Erstbesteigung des Dhaulagiri (8167 m) mit einer internationalen Schweizer Expedition. Aufstieg ohne Sauerstoffgeräte. Das für den Nachschub eingesetzte Gletscherflugzeug »Yeti« stürzte bei einem Start auf 5200 m Höhe ab – Pilot Ernst Sachser und Copilot Emil Wick kamen mit dem Schrecken und einem langen Rückmarsch davon.

1965–69 Expeditionen nach Afrika (Mount Kenya und Hochland von Semyen in Äthiopien), nach Grönland (dreimal zu den Bergen der Westküste), in den Hindukusch (zweimal ins Tirich-Mir-Gebiet); 1967 mehrere Alpinstil-Unternehmungen zu zweit, darunter die Erstbesteigung des Tirich West IV (7338 m) mit Dietmar Proske von Norden, die Besteigung des Tirich Mir (7706 m) mit Masaaki Kondo, und weiterer fünf Gipfel.

1974 Erstbesteigung des Shartse (7500 m) mit Hermann Warth

1978 Besteigung des Makalu (881 m) mit Nawang Tenzing, H. Warth u. Gef. im Frühling und des Everest (8850 m) mit Pierre Mazeaud u. Gef. im Herbst. Erster Tonfilm sowie Rundpanorama vom höchsten Gipfel der Welt. Start meiner Karriere als »Kameramann der Achttausender«.

1979 Besteigung des Gasherbrum II (8035 m) mit Hanns Schell u. Gefährten.

1980 Kameramann der italienisch-nepalesischen Everest-Expedition. Durch die Filmarbeit (bis Südsattel) geht die Chance eines Aufstiegs zum Gipfel des Lhotse verloren.

1981 Kameramann und Regisseur der amerikanischen Everest-Expedition zur noch nie versuchten Ostwand. Zwar werden in ihr nach Bewältigung der extremen Schlüsselstelle nur 6500 m erreicht, doch der gemeinsam mit David Breasheares und Mike Reynolds gedrehte Film erhält einen EMMY.

1982 Erkundung des K2 (8611 m) und der Gasherbrumgruppe mit »Bubu« Enzo De Menech von der Chinaseite (Skaksgam). Anschließend Kameramann der französischen Nanga-Parbat-Expedition. Dies war mein erster Film gemeinsam mit Julie Tullis. Grand Prix des Festivals Les Diablerets 1983.

1983 Italienische K2-Expedition von der Chinaseite. Julie und ich gründen nach unserer Filmarbeit bis 8000 m »das höchste Filmteam der Welt«. Vorher neuerliche Erkundung der Gasherbrumgruppe und des Broad Peak von der unbekannten Chinaseite.

1984 Aufstieg und Filmarbeit mit Julie für eine schweizerische Expedition am Abruzzensporn des K2 bis 7350 m – anschließend besteigen wir beide den Broad Peak (8047 m); für mich ist es der zweite Gipfelgang, 27 Jahre nachdem ich mit Hermann Buhl dort oben stand.

1985 Filmarbeit mit Julie für eine britisch-schottische Expedition am Everest-Nordost- und am Nordgrat, an dem wir wegen Höhensturms auf 7400 m umdrehen; anschließend bringt uns ein Versuch am Nanga Parbat bis 7600 m; im Herbst filmen wir Tashigang, ein Tibeterdorf (mit meiner Tochter Hildegard, Ethnologin).

1986 Neuerliche Filmarbeit in Tashigang, dann geht es mit Julie zum dritten Mal zum K2. Beim zweiten Versuch – ohne Sauerstoffgeräte und bestens akklimatisiert – erreichen wir endlich den Gipfel unseres Traumbergs, aber durch den fatalen Verlust eines Tages beim Aufstieg werden wir zu Gefangenen eines tagelangen Höhensturms auf 8000 m. Julie und vier andere Bergsteiger finden den Tod.

1987–90 Teilnahme an vorwiegend wissenschaftlichen Expeditionen und Erkundungen im Himalaya und im Karakorum. Dokumentation der GPS-Vermessungen des K2 und des Everest (Prof. Ardito Desios Ev-K2-CNR), um festzustellen, welcher der höchste Gipfel der Welt sei. Rückkehr ins Shaksgam und zum Nanga Parbat.

1991–92 Teilnahme als »Shaksgam-Hausmeister« an zwei Expeditionen katalanischer Bergsteiger zur unbekannten Chinaseite des Broad Peak und deren Erstdurchsteigung. Weitere Erkundungen im Gebiet, allein, für künftige Unternehmungen. Filmarbeit und Besteigung des Christobal Colon (5800 m) in Kolumbien.

1993 Filmarbeit »Tibet im Winter« mit Tochter Hildegard.

1994 China, Shaksgam: Erste Traversierung vom Nördlichen Gasherbrumgletscher über namenlose Sättel und unerforschtes Gebiet zum Nördlichen K2-Gletscher. Erkundung von Aufstiegsmöglichkeiten durch die Gasherbrum-Mauer mit dem Profi-Fotografen Rollo Steffens.

1998	Teilnahme als Fotograf an einer italienischen Nanga-Parbat-Expedition. Alleingang durch die Diamirwand (Kinshofer-Route) bis ca. 6000 m.
1999	Wieder als »Shaksgam-Hausmeister« mit einer US-Internet-Expedition, Vorstoß bis zum Kyagargletscher, siebzig Jahre nach Prof. Ardito Desio. Weitere Erkundungen im Gebiet. Ein Versuch am Tupungato in Chile scheitert in 5500 m Höhe in eisigem Sturm.
2000–2001	Ein neuer Versuch am Tupungato scheitert auf 5600 m. Teilnahme als Praktiker an einem Foto- und Filmworkshop ins Tierparadies der Galapagos-Inseln und zu den Vulkanen Ecuadors. Besteigung des Cotopaxi (5897 m) und Versuch bei Schlechtwetter an der Antizana bis 5200 m. Einige Klettereien in den Dolomiten bis IV+ und Aufstieg als Bergführer am Großglockner – abgebrochen am Kleinglockner wegen Überfüllung.

Bildnachweis

Soweit nicht besonders bezeichnet, stammen die Aufnahmen vom Autor (© Kurt Diemberger), aus seinem Archiv oder dem gemeinsamen »Highest Filmteam«-Archiv von Julie Tullis und Kurt Diemberger (wir fotografierten mit Leicaflex R3 und R4, ganz oben mit diversen Pocket-cameras).
Der Autor dankt für folgende weitere Aufnahmen:
Mari Abrego: Seite 241 unten rechts: Gruppe mit Julie und Kurt im Basislager; und Bild Seite 245 oben: auf dem K2-Gipfel.
Bibo-TV-Film: Seite 251 ganz unten: Filmbild 16 mm des Teekessels aus dem Fernsehfilm »K2 – Traum und Schicksal«.
Bryn Colton: Seite 256: Kurt im Hospital, Universitätsklinik Innsbruck.
Martino Moretti: Seite 242 unten: Hochlager 7700 m unterhalb der Eisbarriere.
Wanda Rutkiewicz (†): Seite 244 unten: Gruppenbild.
Sowie für zwei Aufnahmen von ihrem Gipfelgang am 5. Juli 1986: Seite 244 oben: Traversierung nach dem Flaschenhals und Seite 252 oben, im Flaschenhals: Joska Rakoncaj, Soro Dorotel, Tullio Vidoni, Gianni Calcagno. Außerdem Prof. Herbert Finster für zwei Aquarelle.